Uni-Taschenbücher 1795

Eine Arbeitsgemeinschaft der Verlage

Wilhelm Fink Verlag München
Gustav Fischer Verlag Jena und Stuttgart
Francke Verlag Tübingen und Basel
Paul Haupt Verlag Bern · Stuttgart · Wien
Hüthig Verlagsgemeinschaft
Decker & Müller GmbH Heidelberg
Leske Verlag + Budrich GmbH Opladen
J. C. B. Mohr (Paul Siebeck) Tübingen
Quelle & Meyer Heidelberg · Wiesbaden
Ernst Reinhardt Verlag München und Basel
Schäffer-Poeschel Verlag · Stuttgart
Ferdinand Schöningh Verlag Paderborn · München · Wien · Zürich
Eugen Ulmer Verlag Stuttgart
Vandenhoeck & Ruprecht in Göttingen und Zürich

Werk- und Betriebsstoffe im Haushalt

Herausgegeben von Gerhard Wildbrett

Unter Mitarbeit von
Irmgard Alexander, Dorothea Auerswald,
Dieter Grosser, Henderikus W. Logman, Manfred Schätzke,
Karin Siedler-Thul, Gisela Wieter

81 Abbildungen
79 Tabellen

Verlag Eugen Ulmer Stuttgart

Die Deutsche Bibliothek – CIP-Einheitsaufnahme

Werk- und Betriebsstoffe im Haushalt/
hrsg. von Gerhard Wildbrett. Unter Mitarb. von
Irmgard Alexander... – Stuttgart : Ulmer, 1995
  (UTB für Wissenschaft : Uni-Taschenbücher; 1795)
  ISBN 3-8252-1795-7 (UTB)
  ISBN 3-8001-2581-1 (Ulmer)
NE: Wildbrett, Gerhard [Hrsg.]; Alexander, Irmgard;
UTB für Wissenschaft/Uni-Taschenbücher

Das Werk einschließlich aller seiner Teile ist urheberrechtlich geschützt. Jede Verwertung außerhalb der engen Grenzen des Urheberrechtsgesetzes ist ohne Zustimmung des Verlages unzulässig und strafbar. Das gilt insbesondere für Vervielfältigungen, Übersetzungen, Mikroverfilmungen und die Einspeicherung und Verarbeitung in elektronischen Systemen.

© 1995 Eugen Ulmer GmbH & Co.
Wollgrasweg 41, 70599 Stuttgart (Hohenheim)
Printed in Germany
Lektorat: Ingeborg Ulmer
Herstellung: Gabriele Wieczorek
Einbandgestaltung: Alfred Krugmann, Stuttgart
Satz: Hechts Textverarbeitung, Neuhaus/Inn
Druck und Bindung: Friedrich Pustet, Regensburg

ISBN 3-8252-1795-7 (UTB-Bestellnummer)

Verzeichnis der Mitarbeiter

Dr. rer. nat. Irmgard Alexander, Städt. Chemie-Direktorin (i.R.) der Stadt München. Gas- und Wasserwerke, Badebetriebe. Lehrgebiet: Wassergüte und Wasserbeschaffenheit, DVGW-Wassermeisterlehrgang Rosenheim

Dr. oec. troph. Dorothea Auerswald, Fachgebietsleiterin „Betriebshygiene" in Fa. Biebl & Söhne, Taufkirchen/München; vormals Lehrgebiet: Werkstoffe, Reinigungstechnologie, Hygiene in Großküchen an der TU München-Weihenstephan

Dr. rer. nat. Dieter Grosser, Institut für Holzforschung der Universität München. Lehrgebiet: Holzbiologie in der Studienrichtung Forstwirtschaft

Universitätsdozent (i.R.) Ir. Henderikus W. Logman, Fachgruppe Haushalts- und Konsumentwissenschaften der Landwirtschaftlichen Universität Wageningen (Niederlande), vormals Lehrgebiet: Versorgungstechnologie

Prof. Dr. agr. Manfred Schätzke, Institut für Landtechnik, Abt. Haushaltstechnik, der Universität Bonn. Lehrgebiet: Haushaltstechnik, Arbeitslehre, Materialkunde, Gemeinschaftsverpflegung im Studiengang Ökotrophologie

Dr. oec. troph. Karin Siedler-Thul, bis 1989 Institut für Landtechnik, Abteilung Haushaltstechnik der Universität Gießen, vormals Lehrgebiet: Materialkunde, Sensorik, Küchenplanung im Studiengang Ökotrophologie

Gisela Wieter, Institut für Haushaltswissenschaft der Universität Hannover. Lehrgebiet: Haushaltstechnik und Arbeitswissenschaft im Studiengang für das Lehramt an berufsbildenden Schulen, Fachrichtung Hauswirtschaftswissenschaft

Prof. (i.R.) Dr. agr. Gerhard Wildbrett, Institut für Ernährungswissenschaft der T. U. München-Weihenstephan und Institut für Chemie der Süddt. Versuchs- und Forschungsanstalt für Milchwirtschaft in Freising-Weihenstephan; vormals Lehrgebiet: Reinigungstechnologie, Werkstoffe im Haushalt, Hygiene in Großküchen, Entsorgung; derzeit Lehrbeauftragter für „Entsorgung" an der TU München-Weihenstephan

Vorwort

Die zahlreichen Lehr- und Fachbücher über Werkstoffe wenden sich an Werkstoffachleute, Ingenieure oder Technologen der verschiedensten Sparten. Bisher unberücksichtigt blieb der Haushaltssektor, in dem die unterschiedlichsten Werkstoffe unter spezifischen Bedingungen Verwendung finden. Den Mangel haben Studierende, wie Lehrende in der Ökotrophologie immer wieder sehr beklagt. Hier will das Taschenbuch Abhilfe schaffen. Für die Bewältigung der Aufgabe ist es gelungen, Autoren zu gewinnen, die über Lehrerfahrung auf dem Gebiet der Werk- und Betriebsstoffe verfügen, vorwiegend aus dem Bereich der Haushaltswissenschaft. Das gewährleistet die wünschenswerte spezifische Stoffauswahl und -darstellung.

Jeder Werkstoffgruppe ist ein eigenes Kapitel gewidmet. Es beginnt mit der Gewinnung und den für den späteren Einsatz wichtigen Be- und Verarbeitungsverfahren, bevor die speziellen Eigenschaften behandelt werden soweit diese im Hinblick auf die Verwendung im Haushalt bedeutsam sind. Damit sollen eine fundierte Einsicht in Möglichkeiten und Grenzen der Verwendung einzelner Werkstoffe für bestimmte Zwecke gefördert und gleichzeitig die Hinweise auf sachgerechte Pflege und Reinigung verständlich gemacht werden. Als aktuelles Lehr- und Fachbuch berücksichtigt es auch den derzeitigen Stand der Recyclingmöglichkeiten für Altstoffe.

Weitere Kapitel über textile Materialien hätten den Umfang dieses Buches gesprengt. Der Verzicht auf den Textilsektor ist gerechtfertigt, denn der Markt bietet dafür genügend spezielle Literatur an. Hingegen finden Wasser und Brennstoffe als unentbehrliche Betriebsstoffe für den Haushalt, den ihnen gebührenden Platz. In zwei gesonderten Kapiteln werden auch hier neben Grundlagen die den Haushalt besonders interessierenden Fragen einschließlich ökologischer Aspekte behandelt.

Das Buch ist in erster Linie für Studierende der Ökotrophologie als begleitender und ergänzender Text zu einschlägigen Lehrveranstaltungen gedacht. Die Fülle der vielfach in mühsamer Kleinarbeit zusammengetragenen Informationen prädestiniert es darüber hinaus als Nachschlagewerk für Beratungskräfte, die Auskunft über Werk- und Betriebsstoffe im Haushalt suchen. Ferner mag das Buch Lehrkräften für den hauswirtschaftlichen Unterricht an Akademien, Hauswirtschafts- und berufsbildenden Schulen, Gymnasien oder in der Erwachsenenbildung hilfreich sein.

Allen Mitarbeitern danke ich für ihre Bereitschaft, die vorgeschlagene Grundkonzeption mitzutragen und dieses neuartige Buch zu gestalten, vor allem aber dafür, daß sie auf die manchmal zahlreichen, nicht immer einfachen Überarbeitungswünsche eingegangen sind.

Dem Verlag sei gedankt für die Bereitschaft das Buch zu dem neuen Themenkreis der Werkstoffkunde herauszugeben sowie für eine gute, fruchtbare Zusammenarbeit.

Möge das Buch die Werkstoffkunde dem Benutzer als ein interessantes, vielfältiges Teilgebiet der Haushaltswissenschaft nahebringen und die Erwartungen der Ratsuchenden nur selten enttäuschen. Anregungen und Kommentare sind jederzeit für eine verbesserte, zweite Auflage willkommen.

Weihenstephan, Februar 1994   G. Wildbrett

Inhaltsverzeichnis

Vorwort 6

1	Metalle (H. W. LOGMAN, D. AUERSWALD)	11
1.1	Allgemeine Bedeutung und Definitionen	11
1.2	Vorkommen und Gewinnung	14
1.3	Aufbau	24
1.4	Festigkeit und Verformung	27
1.5	Zustandsdiagramme	32
1.6	Wärmebehandlungen	37
1.7	Elektrische und thermische Eigenschaften	41
1.8	Begleit- und Legierungselemente	46
1.9	Werkstoffbezeichnungen	48
1.10	Korrosion	54
1.11	Einsatz im Haushalt	63
1.12	Reinigung und Pflege	71
1.13	Anforderungen (Eignung)	73
1.14	Schrott und Recycling	75
1.15	Literatur	81
2	Glas (G. WIETER)	83
2.1	Begriffsklärung und geschichtliche Entwicklung	83
2.2	Gewinnung	84
2.3	Verarbeitung	88
2.4	Physikalische Eigenschaften	94
2.5	Chemische Eigenschaften	96
2.6	Einsatzgebiete im Haushalt	102
2.7	Reinigung und Pflege	108
2.8	Energie- und Rohstoffprobleme der Glasindustrie, Recycling	110
2.9	Literatur	113
3	Keramische Werkstoffe (K. SIEDLER-THUL)	115
3.1	Einführung	115
3.2	Eigenschaften keramischer Werkstoffe	119
3.3	Gewinnung und Verarbeitung	125
3.4	Einsatz im Haushalt	139

3.5	Pflege	146
3.6	Literatur	149
4	Kunststoffe (G. WILDBRETT)	150
4.1	Einführung	150
4.2	Bildungsreaktionen	153
4.3	Ordnungszustände und Übergänge	160
4.4	Zusatzstoffe	170
4.5	Physikalische Eigenschaften	174
4.6	Physikochemische Eigenschaften	185
4.7	Chemische Eigenschaften	193
4.8	Biologische Eigenschaften	204
4.9	Formgebung	209
4.10	Einsatz und Pflege im Haushalt	213
4.11	Gütesicherung	218
4.12	Recycling	219
4.13	Verwendete Kurzzeichen für Polymere	227
4.14	Literatur	228
5	Holz (D. GROSSER)	230
5.1	Zur Bedeutung des Holzes als Roh- und Werkstoff in Vergangenheit und Gegenwart	230
5.2	Anatomischer Aufbau	234
5.3	Chemische Eigenschaften	252
5.4	Physikalische Eigenschaften	258
5.5	Mechanisch-technologische Eigenschaften	268
5.6	Verwendungsformen	273
5.7	Einsatz im Haushalt	281
5.8	Pflege und Reinigung	288
5.9	Literatur	294
6	Wasser (I. ALEXANDER)	296
6.1	Einleitung	296
6.2	Chemisch reines Wasser	296
6.3	Natürlich vorkommendes Wasser	301
6.4	Warservorkommen und Gewinnung	305
6.5	Wasseraufbereitung im Wasserwerk	309
6.6	Wasserspeicherung und -verteilung	315
6.7	Kriterien der Wasserqualität und der Trinkwassergüte	316
6.8	Nachaufbereitung von Trinkwasser im Haushalt	325
6.9	Physiologischer Wasserbedarf, Wasserverbrauch	329

6.10	Haushaltsabwasser	330
6.11	Daten aus der Trinkwasser-VO	334
6.12	Literatur	335
7	Brennstoffe (M. SCHÄTZKE)	338
7.1	Einleitung	338
7.2	Einteilung und Beurteilung	338
7.3	Feste Brennstoffe	340
7.4	Flüssige Brennstoffe	347
7.5	Gasförmige Brennstoffe	351
7.6	Verbrennung	353
7.7	Schadstoffemissionen	359
7.8	Brennstoffe im Haushalt	364
7.9	Literatur	368

Sachregister 369

1 Metalle

H. W. LOGMAN, D. AUERSWALD

1.1 Allgemeine Bedeutung und Definitionen

1.1.1 Geschichte und allgemeine Bedeutung

Zu den ältesten Kulturgütern der Menschheit gehören metallische Werkstoffe. Ihre Bedeutung kommt u. a. auch darin zum Ausdruck, daß ganze Epochen der Entwicklungsgeschichte nach ihnen benannt sind wie die Bronze- und Eisenzeit.

Heute besitzen unter den metallischen Werkstoffen Stahl und Aluminium die größte Bedeutung. Die technische Gewinnung von Aluminium ist relativ jung. Sie setzte erst Ende des 19. Jahrhunderts ein und stieg sehr schnell an. Zu Beginn der 60er Jahre verdrängte Aluminium das Kupfer, das bis dahin mengenmäßig an zweiter Stelle gelegen hatte. Kupfer wird seit mehr als 9000 Jahren als Werkstoff verwendet. Eisengegenstände wurden in Ägypten um 4000 v. Chr. angefertigt, in Europa ab 1000 v. Chr. Hochöfen gibt es seit dem 14. Jahrhundert. Nach Beginn der modernen Eisenhüttentechnik ab 1850 stieg die Produktion von Eisenwerkstoffen stark an, in den letzten 20 Jahren stagnierte sie.

Die Vorteile von Aluminium gegenüber Stahl liegen in der fast gleich hohen Zugfestigkeit mancher Aluminium-Legierungen bei nur einem Drittel des Stahlgewichtes, in der guten Verformbarkeit, der

Tab. 1.1: Weltproduktion ausgewählter Metalle im Jahr 1988 (METALLGESELLSCHAFT 1990)

Metall		Produktion Mt	Metall		Produktion Mt
Rohstahl		780,5	Zink	(b)	7,26
Aluminium	(b)	17,53	Zinn	(b)	0,22
Kupfer	(c)	10,54	Silber	(a)	0,014

(a) Bergwerksproduktion; (b) Hüttenproduktion; (c) Raffinadeproduktion

sehr guten Leitfähigkeit für Wärme und elektrischen Strom sowie der guten Korrosionsbeständigkeit. Obwohl Aluminium ein sehr unedles Metall ist, ist es gegen Sauerstoff und Luftfeuchtigkeit wesentlich beständiger als z.B. Eisen. Die Ursache ist eine dichte, schützende Oxidschicht auf Aluminium, die im pH-Bereich 4,5–8,5 weitgehend unlöslich ist.

Auch im Haushalt überwiegen unter den Metallen Stahl und Aluminium, auf die sich dieses Kapitel konzentriert.

1.1.2 Definitionen

Werkstoffe sind feste Stoffe, die sich für eine konstruktive Verwendung eignen und dabei zu technisch-funktionellen Gebrauchs-, Kunstgegenständen etc. geformt werden (NEUMÜLLER 1988).

Metallische Werkstoffe können bestehen rein aus einer metallischen Atomart. Häufig jedoch werden in metallischen Werkstoffen Metalle in Mischungen untereinander oder in Mischungen mit anderen Elementen verwendet.

Legierungen sind Werkstoffe mit metallischen Eigenschaften, die aus zwei oder mehr chemischen Elementen bestehen. Man unterscheidet nach der Zahl der Legierungskomponenten binäre (Zweistoff-), ternäre (Dreistoff-) und noch höhere (Mehrstoff-) Legierungen, nach der Zahl der Phasen bzw. Gefügebestandteile einphasige (= homogene) und mehrphasige (= heterogene) Legierungen (Kap. 1.3.3 und 1.5.1). Die überwiegende Komponente heißt Basismetall. Durch Zulegieren anderer Elemente sollen wünschenswerte Eigenschaften des Basismetalles verstärkt (z.B. die Zugfestigkeit von Eisen durch Kohlenstoff) oder diese überhaupt erst ermöglicht (z.B. die Korrosionsbeständigkeit des Stahls durch Zugabe von Chrom und Nickel) werden. Es gibt Tausende von Legierungen.

Nicht nur durch unterschiedliche Zusammensetzung, sondern auch durch Herstellungs- und Behandlungsverfahren ergibt sich eine große Zahl verschiedener metallischer Werkstoffe mit unterschiedlichen Eigenschaften und Anwendungsmöglichkeiten. Zu ihrer eindeutigen Kennzeichnung sind Systeme normierter Kurzbezeichnung geschaffen worden (Kap. 1.9).

1.1.2.1 Eisenwerkstoffe
Eisenwerkstoffe enthalten neben Eisen verschiedene Begleit- und Legierungselemente. Diese beeinflussen bereits in geringen Anteilen die Eigenschaften entscheidend.

Auf Grund des C-Gehaltes teilt man Eisenwerkstoffe ein in Stahl und Gußeisen.

Stahl

Unter Stahl versteht man Eisenlegierungen mit einem Kohlenstoffgehalt ≤ 2 Massen-%, die sich für eine Warmumformung eignen. Neben Kohlenstoff können Stähle weitere Legierungselemente enthalten. Nach deren Gehalt können Stähle, je nach Norm, unterteilt werden in unlegierte, niedriglegierte und hochlegierte Stähle (Kap. 1.9.1). Als unlegiert gelten Stahlsorten, in denen die Legierungselemente bestimmte Grenzwerte nicht überschreiten, z.B. Al 0,10%, Cr 0,30%, Co 0,10%.

Im Laufe der technischen Entwicklung wurden Stähle in großem Umfang in ihren Eigenschaften den verschiedensten Anforderungen angepaßt. Daher und weil Stahl billiger als Aluminium ist, stehen Stähle sowohl in der Breite der Anwendung als auch in der Menge unter den metallischen Werkstoffen an erster Stelle.

Ca. 90% des in der Welt erzeugten Roheisens werden zu Stahl verarbeitet. Spricht man im täglichen Leben von „Eisen"-Gegenständen, „Eisendraht", „Eisennägeln" etc., bestehen diese meist aus Stahl.

Gußeisen

Gußeisen ist die Bezeichnung für Eisenlegierungen mit $> 2\%$ und meist $< 4,5\%$ Kohlenstoff. Es ist kostengünstiger als Stahl, nicht schmiedbar, sehr spröde und schlagempfindlich. Je nachdem, ob der Kohlenstoff im Gefüge als Graphit (grau bis schwarz) oder als Zementit (Fe_3C) vorliegt, erscheint die Bruchfläche grau oder weiß, und man spricht von Grauguß oder Hartguß (weiß).

1.1.2.2 Aluminiumwerkstoffe

Ein Einteilungskriterium für Aluminiumwerkstoffe ist die Reinheit: Reinaluminium enthält 99 bis 99,9% Al, Reinstaluminium $\geq 99,98\%$ Al. Bei den Verunreinigungen handelt es sich u.a. um Eisen und Silicium. Die wichtigsten Legierungselemente sind Magnesium, Silicium und Kupfer.

Nach dem anwendbaren Formgebungsverfahren lassen sich Aluminiumwerkstoffe einteilen in Guß- und Knetwerkstoffe. Erstere zeichnen sich aus durch gutes Formfüllungsvermögen und gute Gießeigenschaften; damit eignen sie sich für die direkte Herstellung von Bauteilen, z.B. Antriebsrädern in Waschmaschinen. Knetwerkstoffe erlangen ihre endgültige Form über plastische Umformung (Beispiel: Leisten in Kühlschränken).

1.2 Vorkommen und Gewinnung

1.2.1 Vorkommen

In der Erdrinde kommen Aluminium mit 8% als dritthäufigstes und Eisen mit 5% als vierthäufigstes Element vor. An weiteren Metallen enthält sie u. a. 0,037% Chrom, 0,020% Nickel, 0,010% Kupfer, 0,004% Zink. Außer Kupfer und den Edelmetallen kommen Metalle in der Natur kaum gediegen (rein) vor, sondern meist in Form chemischer Verbindungen. Bei Eisen sind das v. a. Oxide, Sulfide und Carbonate. Das für die Gewinnung von Aluminium bei weitem wichtigste Mineral, Bauxit, enthält hauptsächlich die Hydroxide $Al(OH)_3$ und $AlO(OH)$. Neben diesen Verbindungen der nutzbaren Metalle sind in den Erzen Beimengungen vorhanden wie z. B. SiO_2.

Die Gewinnung der Metalle aus den abgebauten Erzen umfaßt meist folgende Schritte: Abtrennung der Beimengungen; Überführen in Verbindungen, die sich zur Reduktion eignen (meist Oxide); Reduktion; Raffination. Die Gewinnung von Metallen erfordert in der Regel sehr viel Energie.

1.2.2 Gewinnung von Eisen und Stahl

1.2.2.1 Gewinnung von Roheisen

In sogenannten Hüttenwerken werden zunächst Eisensulfide und -carbonate durch Erhitzen an der Luft (= Rösten) in Oxide übergeführt und dann zusammen mit den natürlichen Eisenoxiden abwechselnd mit Koks und Zuschlägen in einen schachtförmigen Ofen, den Hochofen gefüllt und dort zu Roheisen reduziert.

Ein moderner Hochofen (Abb. 1.1) liefert täglich bis zu 11 000 t Roheisen. Der Koks dient gleichzeitig als Heiz- und Reduktionsmittel. Die Zuschläge (u. a. Quarz, Kalkstein) bilden zusammen mit den Beimengungen des Erzes und der Asche des Kokses eine leichtflüssige Schlacke.

Eine in Winderhitzern auf 1000–1350 °C vorerwärmte Luft, der sog. Heißwind, wird am Boden des Hochofens eingeblasen. Bei den in dieser Zone hohen Temperaturen von 1600–1900 °C verbrennt Koks zu CO:

$$2C + O_2 \rightarrow 2CO$$

Dieses steigt zusammen mit dem Stickstoff der Luft nach oben und reduziert Eisentrioxid:

$$Fe_2O_3 + 3\,CO \rightarrow 2\,Fe + 3\,CO_2$$

Der Kohlenstoff der nächsthöheren Koksschicht reduziert CO_2 wieder zu CO, dieses reduziert wiederum in der nächsthöheren Schicht Eisenoxid usw.

$$CO_2 + C \rightarrow 2\,CO$$

Daneben kann fein verteilter Kohlenstoff Eisenoxide auch direkt reduzieren:

$$Fe_2O_3 + 3\,C \rightarrow 2\,Fe + 3\,CO$$

Oben am Ofen werden die Gase (CO, CO_2 und N_2) neben Wasserdampf als sog. Gichtgas abgezogen, sie dienen in den Winderhitzern zur Vorerwärmung der kalten Luft. Schlacke und Eisen tropfen nach unten und sammeln sich im Gestell; die Schlacke schwimmt wegen ihrer geringeren Dichte auf dem Roheisen und schützt dieses vor Oxidation durch den eingeblasenen Wind. Schlacke und Roheisen können getrennt abgestochen werden.

Infolge des direkten Kontaktes des Eisens mit dem Kohlenstoff aus dem Koks tritt ein „Aufkohlen" ein. Roheisen enthält daher 3 bis 4%

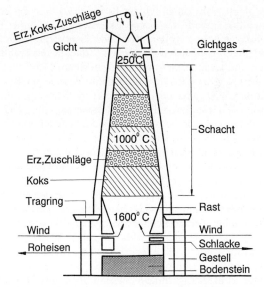

Abb. 1.1: Schema eines Hochofens zur Roheisengewinnung

Kohlenstoff, der das Roheisen spröde macht. Auch die weiteren Verunreinigungen, v.a. Phosphor, Schwefel, Silicium, Mangan, Sauerstoff und Stickstoff, beeinflussen die Eigenschaften in meist unerwünschter Weise. Roheisen erweicht beim Erhitzen innerhalb eines engen Temperaturbereiches schlagartig, eignet sich zum Vergießen, nicht aber zum Schmieden, Walzen und Schweißen. In den nun anschließenden Raffinationsprozessen werden die Begleitstoffe vermindert oder entfernt; 90% des Roheisens werden so zu Stahl weiterverarbeitet.

Statt im Hochofen wird Eisen auch in moderneren Verfahren über die sog. Direktreduktion gewonnen, bis heute 5% der Weltproduktion (WEISZBACH 1988).

1.2.2.2 Stahlgewinnung

Im Stahlwerk wird der C-Gehalt des Roheisens je nach vorgesehenem Verwendungszweck auf 0,02 bis ca. 1,7% vermindert und wie die weiteren Begleitstoffe durch Oxidation weitgehend entfernt.

Dieses sog. *Frischen* geschieht heute zum größten Teil im LD-Verfahren (in Linz und Donawitz entwickelt). Dabei bläst man reinen Sauerstoff unter Druck auf die Schmelze aus Roheisen, Schrott und Zuschlagstoffen. Unter heftiger Reaktion oxidiert der Sauerstoff die meisten Begleitstoffe des Eisens. Es entsteht Stahl hoher Reinheit. Als Zuschlag dient v.a. gebrannter Kalk. Er erleichtert die Abscheidung von Verunreinigungen als Schlacke, die auf der Stahlschmelze schwimmt und somit leicht vom Metall zu trennen ist.

Hochwertige Qualitäts- und Edelstähle werden im Induktions-, Widerstands-, meist aber im Elektrolichtbogen-Ofen gewonnen. Da bei diesen Elektrostahlverfahren die Beheizung durch elektrische Energie erfolgt, wird die Verunreinigung des Stahls durch Feuerungsgase vermieden.

Wird der Rohstahl nach dem Frischen als Rohguß (Kap. 1.2.4.1) in Formen vergossen, kann es beim Erstarren zu Fehlerscheinungen kommen, die die Eigenschaften des Materials beeinträchtigen. Dazu gehören die ungleichmäßige Verteilung von Begleitelementen im Gußstück *(Seigerungen)* und die Gasblasen-Bildung. Das Erstarren der Schmelze verläuft von außen nach innen. Dabei entsteht eine an Verunreinigungen arme Randzone, während sich im Kern des Gußstückes langsam diffundierende, nicht lösliche sowie niedrigschmelzende Bestandteile sammeln. Derartige Entmischungserscheinungen in Rohblöcken heißen Blockseigerungen. Sie sind besonders stark beim Auftreten von Gasblasen. Beim Abkühlen reichern sich Gase zunächst in der Schmelze an, in der sie besser löslich sind als im auskristallisierten Metall. Überschreitet mit fortschreitender Kristallisation der Gasgehalt die Löslichkeitsgrenze auch in der Restschmelze, vereinigen sich die ausgeschiedenen Gase zu Blasen, die unter heftiger Bewegung in der Schmelze hochsteigen. Ein Teil der Gasblasen bleibt im Gußstück eingeschlossen. Das „unruhige" Erstarren von Stahl wird v. a. verursacht durch den nach dem Frischen zurückgebliebenen, in Form von Eisenoxiden vorliegenden Sauerstoff; er reagiert mit Restkohlenstoff zu Kohlenmonoxid.

Zur Desoxidation fügt man der Rohstahlschmelze Elemente mit hoher Affinität zu Sauerstoff, wie Si und Al, zu. Die dadurch entstehenden Oxide steigen z. T. in die Schlacke (SiO_2), größtenteils bleiben sie fein verteilt in der Schmelze. Der so entstehende beruhigte Stahl ist blasenfrei und weist über dem gesamten Blockquerschnitt eine relativ gleichmäßige Zusammensetzung auf. Legierte Stähle müssen stets beruhigt vergossen werden, damit eine gleichmäßige Verteilung der Legierungselemente gewährleistet ist.

Hochwertige Stähle werden zunehmend mit der Vakuumtechnik entgast. Hierbei werden außer Sauerstoff auch andere Verunreinigungen wie Stickstoff und Wasserstoff entfernt, und es entstehen keine neuen Verunreinigungen.

1.2.3 Gewinnung von Aluminium

1.2.3.1 Gewinnung von Hüttenaluminium

Aluminium besitzt eine sehr hohe Affinität zu Sauerstoff. Die natürlichen Rohstoffe der Aluminium-Gewinnung enthalten Beimengungen mit Elementen, die leichter zu reduzieren sind als Aluminium. Aus diesen Gründen erfordert die Gewinnung von Aluminium einen sehr energieaufwendigen, zweistufigen Prozeß.

Die erste Stufe ist die chemische Isolierung von nahezu reinem Al_2O_3 (Tonerde) aus Bauxit, welches neben den Aluminiumhydroxiden Beimengungen wie Fe_2O_3, SiO_2, TiO_2 sowie Wasser enthält. Dies geschieht meist im hier nicht näher erläuterten BAYER-Verfahren (Hufnagel 1988).

Die zweite Stufe ist die Gewinnung von Aluminium aus der Tonerde in der Schmelzflußelektrolyse nach dem Prinzip von Hall und Héroult. Dazu wird Tonerde in der 10–20fachen Menge Kryolith (Na_3AlF_6) gelöst, wodurch sich der Schmelzpunkt von 2050 °C (Al_2O_3) auf 950 °C (Gemisch) erniedrigt. Die Wanne des Elektrolyseofens ist mit Graphit ausgekleidet, nimmt das Gemisch auf und dient gleichzeitig

18 Metalle

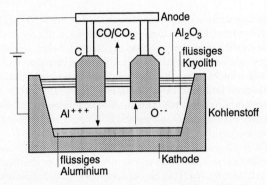

Abb. 1.2: Prinzip der Aluminiumgewinnung durch Schmelzflußelektrolyse

als Kathode. Als Anoden tauchen Graphitelektroden in die Schmelze ein (Abb. 1.2). Unter Gleichstrom wird Aluminiumoxid zerlegt. Das freigesetzte Aluminium sammelt sich, infolge der gegenüber der Schmelze höheren Dichte, am Boden der Wanne und wird periodisch abgesaugt. Der Sauerstoff verbrennt mit der Anodenkohle zu CO_2 und CO. Die dabei sowie durch Stromdurchgang in der Schmelze entstehende Wärme reicht aus, um den Elektrolyten flüssig zu halten.

Die Gewinnung von 1 t Hüttenaluminium verbraucht im wesentlichen:
4 t Bauxit
20–50 GJ zur Al_2O_3-Gewinnung[1]
15 MWh in der Elektrolyse
0,5 t Elektroden (HUFNAGEL 1988)
Umweltbelastungen ergeben sich v.a. durch den im BAYER-Verfahren anfallenden Rotschlamm, der größtenteils deponiert werden muß, und durch Emissionen phytotoxischen Fluors im Hall-Héroult-Verfahren. Weniger energieaufwendig und umweltbelastend sind Verfahren zur Gewinnung von Aluminium über $AlCl_3$, die in den 70er Jahren entwickelt wurden, aber bisher wenig praktische Bedeutung besitzen.

Hütten- oder Primäraluminium besitzt eine Reinheit von 99,5–99,9 %. Durch weitere elektrolytische Raffination lassen sich Reinheiten > 99,999 % erreichen, die z.B. für die Anwendung in der Elektrotechnik erforderlich sein können.

---

[1] Die höheren Werte gelten für alte Anlagen, modernste Anlagen benötigen < 20 GJ

1.2.3.2 Gewinnung von Sekundäraluminium

In eigenen Hütten wird Aluminium-Schrott speziellen Schmelz- und Raffinationsprozessen unterworfen und damit Sekundär- oder Umschmelzaluminium hergestellt. Dieses erspart gegenüber der Gewinnung aus Bauxit 96% Energie (Tab. 1.19). Auch der Kapitalaufwand für die Anlagen und die Umweltbelastungen sind wesentlich geringer. Allerdings enthält Umschmelzaluminium unerwünschte Beimengungen und ist daher chemisch weniger beständig als Hüttenaluminium.

1.2.3.3 Gewinnung der Aluminiumwerkstoffe

Um den speziellen Erfordernissen der Verarbeitung und des späteren Einsatzes Rechnung zu tragen, kann Aluminium mit genau dosierten Mengen an Legierungselementen und Zusätzen zusammengeschmolzen werden (Kap. 1.8.2).

Eine unerwünschte Eigenschaft von Aluminium besteht in seinem hohen Aufnahmevermögen für Wasserstoff. Dieser entsteht durch Reaktion der Schmelze mit Wasserdampf:

$$2\,Al + 3\,H_2O \rightarrow Al_2O_3 + 3\,H_2$$

Der Wasserstoff scheidet sich beim Erstarren aus. Die Bläschen stören das Gefüge und mindern die Festigkeit. Daher muß er entfernt werden, z. B. durch Vakuumentgasung.

1.2.4 Formgebung

Der Gewinnung und Raffination schließt sich die Formgebung an. Behandelt werden sollen die üblichsten Ur- und Umform- sowie Fügeverfahren, nicht jedoch spanende (z. B. Bohren, Schleifen, Drehen, Fräsen, Sägen, Polieren) Nachbearbeitung und mechanische (Schrauben, Nieten) Verbindungstechniken.

1.2.4.1 Urformverfahren

Urformen ist das erstmalige Formen von Vormaterial oder von Fertigteilen. Urformverfahren sind Gießen, Sintern sowie das hier nicht behandelte Aufdampfen und galvanische Formen.

Gießen

Am bedeutendsten ist das Gießen. Das Gußverhalten metallischer Werkstoffe hängt ab von ihrer Zusammensetzung. Es ist am günstigsten bei eutektischen Legierungen (Kap. 1.5.2.1). Diese haben eine niedrigere Schmelztemperatur als nichteutektische und zeigen das im

Hinblick auf günstige mechanische Eigenschaften häufig erwünschte feinkörnige Gefüge.

Die Gießtechnik bestimmt die Eigenschaften des Endproduktes mit. Fehlerscheinungen beim Gießen, die durch die Raffination zu beeinflussen sind (Poren, Blockseigerungen), wurden in Kap. 1.2.2.2 und 1.2.3.3 behandelt. Weitere Fehler beim Gießen entstehen durch die Volumenkontraktionen beim Übergang vom flüssigen in den festen Zustand (Schwindung) sowie nach dem Erstarren (Schrumpfen). Die dadurch entstehenden Formabweichungen und Hohlräume (Lunker) sind z. T. durch gußtechnische Maßnahmen zu vermeiden; die Modelle müssen um das Schwindmaß (bei Stahlguß 2%) größer ausgeführt werden. Spannungen, die u. a. zu Schrumpfrissen führen können, und Kristallseigerungen (Kap. 1.5.2.1) können durch anschließende Wärmebehandlungen z. T. beseitigt werden (Kap. 1.6.1).

Die Gießverfahren teilt man nach verschiedenen Kriterien ein. Zum einen wird danach differenziert, ob es sich bei den Formen um Dauerformen (Kokillen aus verschiedenen Metallen) für viele Abgüsse handelt oder um sog. verlorene Formen für nur einen Abguß (z. B. aus Sand, Wachs, Kunststoff). Zum anderen unterscheidet man zwischen Rohguß und Formguß. Rohgußverfahren dienen der Herstellung von Halbzeug, das weiter verformt werden soll, Formgußverfahren der Erzeugung von Fertigteilen.

Rohguß kann erfolgen diskontinuierlich als Blockguß oder kontinuierlich als Strangguß, jeweils in Kokillen. Beim Strangguß läßt man das flüssige Metall in eine oben und unten offene, wassergekühlte Kokille einlaufen und zieht das erstarrte Material unten ab (Abb. 1.3). Mit Strang- und Bandguß lassen sich hohle oder massive, auch profilierte Halbzeuge herstellen. Strang- und Bandgußverfahren haben mittlerweile überragende Bedeutung gewonnen wegen der hohen Produktivität, des geringeren Schrottanfalles und der stark verminderten Gießfehler (Lunker, Gasblasen, Seigerungen).

Formguß liefert Teile in der bereits der späteren Anwendung angepaßten, zweckmäßigen Gestalt; es sind keine oder nur geringfügige Nachbearbeitungen notwendig. Formguß geschieht als eigenes, sehr altes Handwerk in speziellen Gießereien.

Kokillenguß ermöglicht eine hohe Anzahl von Abgüssen und führt wegen der guten Wärmeableitung durch die metallene Kokille zu einem sehr feinen Gefüge. Eine besondere Art des Kokillengusses ist der *Druck- oder Spritzguß*. Dabei wird das flüssige Metall – v. a. sind das Metalle mit niedrigerem Schmelzpunkt wie Aluminium-, Zink- und Kupferlegierungen – unter einem hohen Druck in Kokillen aus

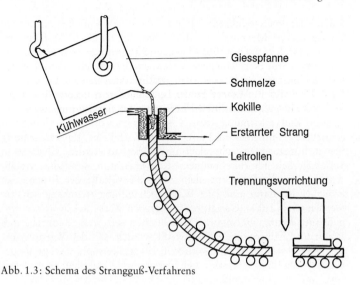

Abb. 1.3: Schema des Strangguß-Verfahrens

hochwertigem Stahl gepreßt. Maßgenauigkeit und Oberflächenbeschaffenheit sind hierbei besonders gut.

Als weitere Formgußverfahren nur genannt seien Schleuderguß (v. a. für rotationssymmetrische Hohlteile), Sand- und Feinguß (GUY 1983).

Sintern
Neben den schmelztechnologischen Gußverfahren werden Halbzeug und Fertigteile auch durch *Pulvermetallurgie* (Sintern) hergestellt. Das Pulver wird in einer Preßform bei Drücken von mehreren MPa zu einem Rohling verdichtet und – zur Vermeidung von Oxidation – unter Vakuum oder Schutzgas einer Wärmebehandlung, dem Sintern, unterworfen. Dabei schmelzen die Pulver nicht durch; durch Platzwechselvorgänge werden Lücken aufgefüllt. Sintertechnisch lassen sich sehr feinkörnige Gefüge erzeugen, z. B. aus Al-Ni-Co-Legierungen für Dauermagneten (Kap. 1.7.4), außerdem Werkstücke aus Metallen mit sehr hohem Schmelzpunkt (z. B. Mo, W, Ta). Kleinere Formteile wie z. B. Zahnräder sind in Massenfertigung abfallarm zu produzieren. Durch unvollkommene Sinterung erhält man poröse Bauteile wie selbstschmierende Lager; die Poren dienen als Schmierölreservoir.

1.2.4.2 Umformverfahren

Ein besonderes Merkmal von Metallen ist ihre plastische Verformbarkeit. Dadurch können Rohblöcke und -stränge umgeformt werden. Ist die Temperatur beim Umformen so hoch, daß im Metallgitter Platzwechselvorgänge, d. h. eine Rekristallisation, stattfinden können, handelt es sich um eine Warmformgebung; wird unterhalb der für jedes Metall spezifischen Rekristallisationstemperatur umgeformt, ist es eine Kaltverformung (Kap. 1.4). Warmverformung erlaubt ein schnelleres Umformen und erfordert weniger Kraft, Kaltverformung bringt höhere Maßgenauigkeit und Oberflächengüte. Gleichzeitig verfestigt sich mit zunehmendem Kaltverformungsgrad das Metall, wobei u. U. die Endform nicht ohne die Gefahr des Bruches zu erreichen ist; dann muß eine Wärmebehandlung zwischengeschaltet werden (Kap. 1.6.1). Gegenüber gegossenen Werkstücken weisen umgeformte häufig günstigere Eigenschaften auf, z. B. dadurch, daß Poren und Mikrolunker verschweißt werden. Bei der Warmverformung wird das grobe Gußgefüge in ein feinkörniges Gefüge umgewandelt. Dadurch verbessern sich Festigkeit und Duktilität (Kap. 1.4.1) und zwar in Längsrichtung einer Streckung stärker als quer dazu.

Eine Auswahl von Umformverfahren sei kurz erläutert.

Walzen. Beim Walzen wird Metall zwischen mehreren aufeinanderfolgenden Walzen hindurchgeführt und dadurch gestreckt. Dabei kann eine ausgesprochene Walztextur entstehen mit anisotropen Werkstoffeigenschaften (Kap. 1.3.5). Warm gewalzt werden Profile, dagegen Bleche, Bänder und Folien meist kalt.

Schmieden. Das Schmieden bringt den erhitzten Werkstoff durch Schlagen mit Hämmern in die gewünschte Form. Beim Gesenkschmieden wird das bis in den plastischen Bereich erwärmte Metall auf schnelle und wirtschaftliche Weise in Hohlformen hineingeschlagen.

Strangpressen. Beim Strangpressen (Stangen, Profile) wird das bis zur Plastizität erhitzte Metall mit Hilfe eines Stempels durch eine Matrize gedrückt.

Fließpressen. Metalle mit genügender Verformbarkeit wie Aluminium und Blei können kalt durch Fließpressen zu Hülsen, Tuben, Dosen etc. geformt werden. Dabei wird eine Scheibe dieses Metalles in eine zylindrische Hohlform gelegt. Ein Stempel mit geringfügig kleinerem Durchmesser wird aufgedrückt; er preßt das Metall als dünnes Blech in den Raum zwischen Stempel und Hohlkörper.

Tiefziehen. Ein wichtiges Verfahren der Kaltumformung ist das Tiefziehen, mit dem z. B. einteilige Dosenkörper geformt werden. Der

Vorkommen und Gewinnung 23

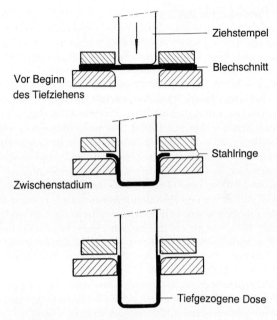

Abb. 1.4: Tiefziehen einer Konservendose

zuvor aus einem größeren Blech ausgestanzte Zuschnitt wird zwischen zwei Stahlringen eingespannt. Ein Stempel drückt das Blech bis zur gewünschten Tiefe. Dabei rutscht das Blech seitlich aus der Halterung nach (Abb. 1.4), so daß Dosen mit annähernd gleicher Blechstärke an Boden und Wand entstehen. Zum Schutz vor Reaktionen mit dem Füllgut ist das Blech in der Regel mit einem elastischen Lack beschichtet. Es ist auch möglich, an einer Maschine mit einer größeren Anzahl von Stempeln aus einem Blech oder Band gleichzeitig viele Formen tiefzuziehen und anschließend herauszustanzen. U. U. sind bis zum Erreichen der endgültigen Form mehrere Stufen notwendig, zwischen denen das verformte Blech geglüht werden muß.

Drahtziehen. Ebenfalls eine Kaltverformung ist das Drahtziehen. Dabei wird das Metall durch eine Anzahl von Düsen mit abnehmendem Durchmesser gezogen und dann aufgewickelt. Befindet sich in der Mitte der Düse ein Dorn, können auf ähnliche Weise nahtlose *Rohre gezogen* werden.

24 Metalle

1.2.4.3 Verbindungstechniken

Sollen Metallteile unlösbar miteinander verbunden werden, kommen weniger mechanische Verfahren (Schrauben, Nieten und dergleichen), sondern vorwiegend Verfahren wie Schweißen und Löten in Betracht:

Schweißen vereinigt metallische Werkstoffe unter Anwendung von Wärme und ohne Druck ohne bzw. mit Schweiß-Zusatzwerkstoff: Die Teile des Grundmetalles werden vorzugsweise im plastischen oder flüssigen Zustand – begrenzt auf die Wärme-Einflußzone – vereinigt. Um Schädigungen in der Wärme-Einflußzone (z. B. Gefügeänderungen, Versprödung) durch starkes Erwärmen und rasches Abkühlen bzw. unerwünschte Oxidation zu vermeiden oder wenigstens zu begrenzen, sind häufig besondere Vorsichtsmaßnahmen wie beispielsweise bei Edelstählen und Aluminiumlegierungen Schutzgas-Schweißen oder Zulegieren von Stabilisatoren notwendig. Der verwendete Schweißdraht soll die gleiche Zusammensetzung wie das Grundmetall aufweisen; andernfalls ist im Kontakt mit Elektrolyten Korrosion infolge Bildung eines galvanischen Elementes zu erwarten. Die erwärmte Schweißstelle wird mit CO_2 oder Ar als Schutzgas gegen Sauerstoffzutritt abgeschirmt. Schweißnähte sind sorgfältig nachzuarbeiten, um Unebenheiten, Spalten und Haarrisse zu beseitigen, welche die Reinigung erschweren und Korrosion fördern können.

Löten verbindet metallische Werkstoffe mittels eines geschmolzenen Zusatzmetalls (Lot), gegebenenfalls unter Einsatz von Flußmitteln: Die Schmelztemperatur des Lotes liegt unterhalb derjenigen der zu verbindenden Grundwerkstoffe, die selbst nicht geschmolzen werden. Damit das flüssige Lot die Werkstoffe vollständig benetzen kann, müssen etwaige Deckschichten (z. B. Fette, Oxide, Rost) sorgfältig mechanisch oder chemisch entfernt werden. Flußmittel sollen während des Lötens neu entstehende Oxide lösen und die Benetzung der Werkstücke durch das Lot gewährleisten.

1.3 Aufbau

Charakteristische Eigenschaften von Metallen sind Glanz, Festigkeit, gute Leitfähigkeit für Strom und Wärme sowie meist geringe chemische Beständigkeit. Jedoch sind diese Eigenschaften nicht für die einzelnen Atome bezeichnend, sondern für größere Atomverbände, die metallischen Festkörper.

1.3.1 Metallbindung

Die besonderen Eigenschaften metallischer Festkörper sind wesentlich bedingt durch die metallische Bindung: Die Valenzelektronen der Metallatome bewegen sich als sog. Elektronengas fast frei zwischen den positiv geladenen Atomrümpfen. Im festen Zustand besetzen die Atomrümpfe die Gitterpunkte der Kristalle. Der Zusammenhalt des Metallgitters ergibt sich aus den elektrostatischen Wechselwirkungen zwischen den Atomrümpfen und dem Elektronengas.

Da bei der metallischen Bindung gerichtete Bindungskräfte fehlen, sind die Metallatome bestrebt, sich möglichst eng mit Nachbaratomen zu umgeben. Daher bilden Metalle bevorzugt Kristalle mit dichtester Kugelpackung.

1.3.2 Struktur

Kristallstruktur bedeutet die Anordnung der Atome zu einem regelmäßigen, dreidimensionalen Gitter. Die kleinste Einheit dieses Ordnungssystems bildet die Elementarzelle. Deren Struktur setzt sich in periodischer und identischer Folge im Kristallgitter fort.

Manche Elemente, Legierungen und Verbindungen können in verschiedenen Gittertypen, den sog. Modifikationen, kristallisieren (Polymorphie). Eine technisch wichtige polymorphe Umwandlung ist die des γ-Fe zum α-Fe (Kap. 1.5.3).

1.3.3 Mischkristalle, Kristallgemische, intermetallische Verbindungen

Elementarzellen können Atome verschiedener Elemente enthalten. Sind Gitterplätze der Matrix ersetzt durch Atome eines Elementes (B), die eine ähnliche Größe besitzen wie die Atome des Basismetalls (A), handelt es sich um einen *Substitutions-Mischkristall*. Meist läßt sich eine begrenzte Menge von (B) in (A) auflösen. Die Verteilung der B-Atome in den Zellen ist oft unregelmäßig.

Bei *Einlagerungs-Mischkristallen* befinden sich in Lücken zwischen den Atomen des Basismetalls, den sog. Zwischengitterplätzen, kleinere Atome. Beispiele solcher interstitiellen Unterbringung sind Kohlenstoff, Stickstoff, Wasserstoff und Sauerstoff in Eisen.

Einlagerungs-Mischkristalle kommen viel weniger häufig vor als Substitutions-Mischkristalle, haben aber großen Einfluß auf die mechanischen Eigenschaften der Werkstoffe.

Fehlen die Voraussetzungen für eine Mischkristallbildung und entsteht ein Gemenge verschiedener Kristallarten, handelt es sich um ein *Kristallgemisch*.

Kristallisieren zwei oder mehr Elemente in einem bestimmten Verhältnis und entsteht dabei eine Struktur, die von den Gittern der beteiligten Komponenten abweicht, spricht man von einer *intermetallischen* oder intermediären *Verbindung*. Beispiele sind CuZn, Al_3Fe, Al_2CuMg, Fe_3C.

1.3.4 Gitterbaufehler

Jeder reale Metallkristall weist Baufehler auf. Solche Störungen im Kristallgitter entstehen beispielsweise beim Kristallisieren infolge von Spannungen, Temperaturgradienten oder bei Verformungen. Leerstellen treten auf, wenn Atome temperaturbedingt so stark schwingen, daß sie ihren Platz verlassen.

Gitterfehler wirken sich u. a. auf mechanische Eigenschaften aus. So ist die Streckgrenzenerscheinung (Kap. 1.4.1) auf Wechselwirkungen zwischen Versetzungen und Fremdatomen zurückzuführen.

1.3.5 Gefüge

Die Kristallbildung geht beim Erstarren einer Schmelze von Keimen aus, an die sich in gleicher Orientierung Atome anlagern. Normalerweise sind viele Kristallisationszentren vorhanden, so daß sich die ausbreitenden Kristalle irgendwann behindern und unregelmäßige Vielflächner bilden (= Kristallite). Deren Erscheinungsform im Gefüge wird als Korn bezeichnet. Der Begriff „Gefüge" schließt neben der Größe, Form, Anordnung und Orientierung der Kristallite auch die Gitterbaufehler ein. Die Korngröße hängt u. a. von der Abkühlgeschwindigkeit ab. Die Richtung des Wärmeabflusses in der Schmelze kann die Wachstumsrichtung der Kristallite derartig beeinflussen, daß sich Dendriten (Tannenbaum- oder Fiederkristallite) bzw. Stengelkristallite bilden.

Liegen die Kristallite eines polykristallinen Werkstoffs nicht regellos, sondern gleich oder ähnlich orientiert im Gefüge, ist das eine „Textur". Infolge der Ordnung der Textur sind viele Eigenschaften wie Festigkeit, Leitfähigkeit für Wärme und Strom, Härte etc. richtungsabhängig (= anisotrop). Auch Kristalle sind auf Grund ihrer Symmetrieeigenschaften anisotrop. Das äußert sich in der elastischen und plastischen Verformungsfähigkeit und im Magnetismus.

1.3.6 Gleitebenen

Die plastische Verformung eines Kristalls erfolgt durch (Ab)gleiten (Scheren) von Atomschichten längs bestimmter Ebenen (Netz- oder Gleitebenen) und kristallographischer Richtungen. Als Gleitebenen wirken bevorzugt die am dichtesten mit Atomen besetzten Ebenen, weil hier die größten Bindungskräfte herrschen.

1.4 Festigkeit und Verformung

Die mechanischen Eigenschaften eines Metalles ergeben sich aus den Reaktionen seines Atomverbandes auf eine von außen angelegte Beanspruchung. Festigkeit und Härte sind Kennzeichen der Widerstandsfähigkeit gegenüber der Einwirkung äußerer Kräfte.

1.4.1 Verformung im Zugversuch

Die drei Stadien der Formänderung fester Stoffe – reversible und irreversible Verformung sowie Bruch – und einige Festigkeitsparameter lassen sich an Hand des Zugversuches darstellen:

Ein genau dimensionierter, genormter Stab mit dem Ausgangsquerschnitt A_0 (in mm^2) wird in eine Testvorrichtung eingespannt und einer in Längsrichtung wirkenden, zunehmenden Kraft F (in N) ausgesetzt, wobei sich der Stab von der Ausgangslänge l_0 auf l verlängert. Aus Kraft und Weg wird ein Spannungs-Dehnungs-Diagramm abgeleitet mit

$$\sigma = F/A_0 \text{ (in N mm}^{-2}\text{)}$$
$$\varepsilon = (l - l_0)/l_0,$$

wobei σ die Zugspannung und ε die relative Dehnung sind.

Das für die meisten metallischen Werkstoffe charakteristische Diagramm zeigt eine zunächst linear mit der Spannung ansteigende Dehnung (Abb. 1.5). Diese ist reversibel: Die Stäbe verkürzen sich nach Entlasten wieder auf ihre ursprüngliche Länge, d. h. sie verhalten sich elastisch. Die bis zur Proportionalitätsgrenze, σ_p, geltende lineare Beziehung $\sigma = E \cdot \varepsilon$ heißt HOOKE'sches Gesetz; der Proportionalitätsfaktor, der Elastizitätsmodul E, ist werkstoffspezifisch (Tab. 1.2). Die elastische Verformung beruht auf einer zeitweiligen Entfernung der Gitterbausteine aus ihrer Ruhelage. Beispiele elastischen Verhaltens

28 Metalle

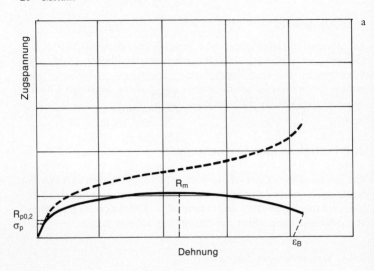

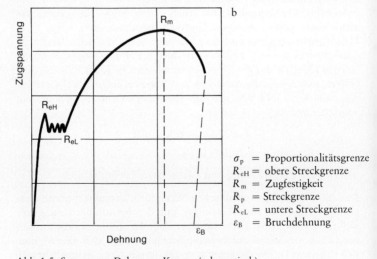

σ_p = Proportionalitätsgrenze
R_{eH} = obere Streckgrenze
R_m = Zugfestigkeit
R_p = Streckgrenze
R_{eL} = untere Streckgrenze
ε_B = Bruchdehnung

Abb. 1.5: Spannungs-Dehnungs-Kurven (schematisch)
a ohne ausgeprägte Streckgrenze (Beispiel: Aluminium)
b mit ausgeprägter Streckgrenze (Beispiel: Baustahl)
——— scheinbares σ-ε-Diagramm
- - - - wahres σ-ε-Diagramm (nur in a eingezeichnet)

Tab. 1.2: Elastizitätsmodul E ausgewählter Stoffe (Richtwerte)

Stoff	E 10^4 N mm^{-2}	Stoff	E 10^4 N mm^{-2}
Diamant	120	Silber	8
Eisen und Stahl	21	Aluminium	7
Kupfer	12	Glas, technisch	5–10
Neusilber	11	Hartgummi	0,5
Messing	10	Gummi	0,01
Zink	10		

sind Messerklingen und Federn. So wird u. a. die Tür eines Herdes von Federn gehalten.

Oberhalb einer bestimmten Spannung, der Fließ- oder Streckgrenze R_p (früher σ_s), bleibt nach Entlasten ein Teil der Dehnung als plastische Verformung erhalten. Dieser Anteil nimmt mit der Dehnung zu. Der Übergang von der elastischen zur plastischen Verformung ist nicht genau festzustellen. Wegen der technischen Bedeutung des Übergangsbereiches wurde als Ersatzfließgrenze die Größe $R_{p0,2}$ (früher $\sigma_{0,2}$) festgelegt; das ist die Zugspannung, bei der die bleibende Verlängerung des Normstabes 0,2% beträgt; sie ist im Zugversuch gut meßbar. Manche Stähle zeigen als besonderes Verhalten Unstetigkeiten mit einer oberen und unteren Streckgrenze R_{eH} (früher σ_{So}) bzw. R_{eL} (früher σ_{Su}) (Abb. 1.5b). Dabei wird die untere Streckgrenze als Übergang zwischen elastischer und plastischer Formänderung angenommen.

Im weiteren Verlauf des Zugversuches krümmen sich die σ-ε-Kurven zur Dehnungsachse. Dabei werden Längenzunahme und Querschnittabnahme zunehmend irreversibel. Der Maximalwert der Zugspannung ist die Zugfestigkeit R_m (früher σ_m oder σ_B). Je weiter rechts R_m liegt, umso höher ist die Duktilität (Dehnbarkeit). – Eine hohe Duktilität ist z. B. erforderlich, um Tuben aus Aluminium zum Entleeren zusammendrücken zu können. – Schließlich tritt Bruch ein. Die Spannung an diesem Punkt heißt Bruchfestigkeit, die relative, bleibende Dehnung Bruchdehnung, ε_B. Beispiele von Festigkeitswerten zeigt Tab. 1.3. Bricht ein Werkstoff, ohne sich vorher merklich plastisch zu verformen, ist er spröde; geht dem Bruch eine stärkere plastische Verformung voraus, ist er zäh. Jedoch hängen Zähigkeit und Sprödigkeit stark von den äußeren Beanspruchungsbedingungen,

30 Metalle

Tab. 1.3: Festigkeitswerte ausgewählter metallischer Werkstoffe

Werkstoff	Zugfestigkeit $N\,mm^{-2}$	Bruchdehnung %
allgemeiner Baustahl	430	27
nichtrostender Stahl	550	18
Aluminium, weichgeglüht	110	42
AlMg2,5, weichgeglüht	260	7

z. B. der Temperatur ab, so daß sie nicht Werkstoffeigenschaften im engeren Sinne darstellen.

Der Verformungsvorgang im plastischen Bereich heißt Fließen bzw. bei Kristallen Gleiten. Dabei ist es energetisch sehr viel günstiger, wenn nicht ganze Gitterebenen starr aneinander abgleiten, sondern sich Versetzungen (linienhafte Gitterstörungen) schrittweise längs der Gleitebenen durch das Gitter bewegen.

1.4.2 Verfestigung

Berücksichtigt man die im Zugversuch erfolgende Abnahme des Querschnitts, indem man die Zugkraft jeweils auf den sich neu ausbildenden Querschnitt bezieht, fällt der lineare Teil der neuen (wahren) Spannungs-Dehnungs-Kurve annähernd mit dem der ursprünglichen (scheinbaren) zusammen (Abb. 1.5a). Anschließend jedoch steigt die wahre Dehnungskurve dauernd bis zum Bruch an. Das bedeutet, zur weiteren Verformung benötigt man eine ständig größer werdende Spannung. Die Festigkeit hat sich infolge der kalten Umformung erhöht.

Die Verfestigung läßt sich damit erklären, daß durch die plastische Verformung neue Versetzungen entstehen und die Versetzungen einander mit ihrem Spannungsfeld zunehmend in der Bewegung behindern. Erst durch Erhöhen der angelegten äußeren Spannung sind die inneren Spannungen zu überwinden, so daß weiteres Gleiten möglich ist.

Bei der technischen Kaltverarbeitung von Metallen steigt also mit zunehmendem Verformungsgrad der Widerstand gegen weitere Verformung. Außer auf die Festigkeit bzw. Verformbarkeit können sich die entstehenden Eigenspannungen auch auf andere Eigenschaften wie elektrische Leitfähigkeit und Korrosionsbeständigkeit auswirken.

Die in Richtung eines Ungleichgewichtes verschobene innere Energie läßt sich durch Zufuhr von Wärme teilweise oder ganz abbauen. Zunächst lösen sich bei relativ niedriger Temperatur Versetzungsanhäufungen auf, und Punktfehler wie Leerstellen heilen aus (Erholung). Höhere Temperaturen ermöglichen die Bildung eines neuen, spannungsärmeren Gefüges (Rekristallisation).

Formgebungsverfahren unterhalb der Rekristallisationstemperatur werden als Kaltverformung, darüber als Warmverformung bezeichnet. Rekristallisation kann während bzw. kurz nach der Warmverformung oder durch Glühbehandlung nach Kaltverformung erfolgen (Kap. 1.6.1).

Wie die Kaltverformung beruhen weitere Methoden zur Erhöhung der Festigkeit auf dem Blockieren der Versetzungsbewegungen. Solche Hindernisse stellen in Mischkristallen die Fremdatome dar, die in Größe und Bindungsstärke von den Atomen des Basismetalls abweichen und somit in ihrer Umgebung Spannungsfelder verursachen. Diese können mit den Spannungsfeldern der sich bewegenden Versetzungen Wechselwirkungen eingehen und sind die Ursache für die größere Festigkeit von Mischkristallen.

1.4.3 Härte

Die Härte kennzeichnet den Widerstand eines Körpers gegen das Eindringen eines anderen, härteren Körpers. Sie ist physikalisch nicht eindeutig definiert, sondern eine von der Prüfmethode abhängige Kennzahl.

Die meisten Prüfverfahren beruhen darauf, daß unter genormten Bedingungen ein genormter, harter und kleiner Eindringkörper mit einer Kraft F in eine Werkstoffoberfläche hineingedrückt und der durch plastische Verformung hervorgerufene Eindruck in Durchmesser, Diagonale oder Tiefe gemessen wird (Tab. 1.4).

Weitere Prüfmethoden beruhen auf ähnlichen Prinzipien. Die mit verschiedenen Methoden erhaltenen Härtewerte sind, sofern sie unter genormten Bedingungen gewonnen wurden, über Umrechnungsdiagramme bzw. -tabellen vergleichbar.

Die Härteprüfung ist, zumal billig, ein wichtiges Instrument zur Materialprüfung. Innerhalb gewisser Grenzen korrelieren Härtewerte mit Festigkeitswerten aus dem Zugversuch, z. B. die Brinell-Härte mit der Zugfestigkeit.

Tab. 1.4: Verfahren zur Prüfung der Härte

Bezeichnung	Eindring-körper	Kenngröße	Norm DIN	ISO
Brinell (HB)	Kugel	HB = F/O	50 351	6506-1981
Vickers (HV)	Pyramide	HV = F/O	50 133	6507-1982, '83
Rockwell-B (HRB)	Kugel	Eindring-tiefe	50 103	6508-1986
Rockwell-C (HRC)	Kegel	Eindring-tiefe	50 103	6508-1986

F = wirkende Last
O = Oberfläche des bleibenden Eindrucks
Brinell- und Vickers-Härte haben die Dimension $N\,mm^{-2}$ (früher $kg\,mm^{-2}$, $kp\,mm^{-2}$); jedoch werden die Werte ohne Dimension angegeben.

1.5 Zustandsdiagramme

1.5.1 Grundlagen

Bei Verarbeitung und Anwendung von Werkstoffen spielen Änderungen ihres Zustandes, z. B. Lösungs- und Ausscheidungsvorgänge, Bildung und Zerfall von Phasen, Erstarren und Schmelzen, eine entscheidende Rolle. Ein Zustandsdiagramm beschreibt das System eines oder mehrerer Stoffe in Abhängigkeit von verschiedenen Zustandsvariablen oder -größen. Das sind üblicherweise Temperatur, Zusammensetzung und Druck; Systeme von Metallen jedoch sind im Gleichgewicht normalerweise druckunabhängig. In Abhängigkeit von der Zahl der am Aufbau beteiligten, voneinander unabhängigen Ausgangsstoffe, den Komponenten, heißen Systeme unär, binär, ternär usw. Ein heterogenes System enthält mehrere, durch Grenzflächen (Phasengrenzen) voneinander getrennte, in sich homogene Bestandteile, die „Phasen". Eine Legierung ist homogen, wenn sie ausschließlich aus einer Sorte von Mischkristallen besteht, und heterogen, wenn ein Kristallgemisch vorliegt.

1.5.2 Grundtypen

1.5.2.1 Binäre Zustandsdiagramme

In Abhängigkeit vom Erstarrungsvorgang und der Zusammensetzung der sich ausscheidenden Kristallphasen können sich verschiedene Zustandsdiagramme ergeben. Die folgende Auswahl beschränkt sich auf solche binäre Systeme, bei denen die Metalle in der Schmelze in allen Verhältnissen mischbar sind (Abb. 1.6 und 1.7).

Auf der Abszisse ist in Richtung B der prozentuale Massenanteil der Komponente B aufgetragen; der Gehalt der Komponente A beträgt dann 100% bei A und (100-X)% bei X. Auf der Ordinate ist die Temperatur aufgetragen; T_{SA} und T_{SB} sind die Schmelztemperaturen der reinen Komponenten A und B.

Oberhalb der Liquiduskurve ($T_{SA}FT_{SB}$ in Abb. 1.6 und $T_{SA}ET_{SB}$ in Abb. 1.7) besteht eine Legierung als flüssige Phase, unterhalb beginnt das Erstarren. Unterhalb der Soliduslinie ($T_{SA}JT_{SB}$ in Abb. 1.6 und FEG in Abb. 1.7) existieren eine bzw. zwei feste Phasen, oberhalb setzt das Schmelzen ein. Zwischen den Grenzkurven liegen Schmelze und Kristalle in verschiedenen Mischungsverhältnissen nebeneinander vor.

Völlige Mischbarkeit in der festen Phase (Abb. 1.6)

In diesem Falle ist neben dem Bereich oberhalb der Liquiduslinie auch der Bereich unterhalb der Soliduslinie einphasig, es handelt sich dabei

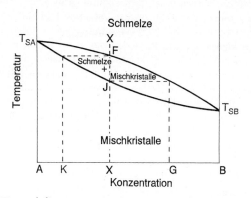

Abb. 1.6: Zustandsdiagramm eines Systems mit vollständiger Mischbarkeit der Komponenten A und B im flüssigen und im festen Zustand (Erklärung der Symbole im Text)

um feste Mischkristalle. Zwischen diesen beiden homogenen Phasen liegt ein heterogener Zweiphasenbereich mit Schmelze und Mischkristallen.

Verfolgt man den Abkühlungsprozeß einer Legierung der Zusammensetzung X aus der Schmelze, so beginnt ab der Temperatur T_F bei F die Ausscheidung der ersten Mischkristalle. Sie setzt sich fort, bis ab T_J nur noch feste Mischkristalle existieren. Die Legierung hat eine Schmelzstrecke. Zwischen T_F und T_J verschiebt sich das Verhältnis zwischen Schmelz- und Mischkristallmenge.

Die ersten Mischkristalle enthalten zunächst einen höheren Anteil der Komponente A (100%-K%) als es der Zusammensetzung der Gesamtlegierung in J entspricht. Im Verlauf des Erstarrens verschiebt sich also die Zusammensetzung der Kristalle von K nach X, die der Schmelze von X nach G. Dabei findet Konzentrationsausgleich durch Platzwechselvorgänge statt. Ist infolge zu schnellen Abkühlens kein vollständiger Konzentrationsausgleich durch Diffusion möglich, entstehen innerhalb der einzelnen Kristallite Konzentrationsunterschiede, die als Kristallseigerungen bezeichnet werden. Die entstehenden Kristalle heißen Zonenmischkristalle. Sind diese Ungleichgewichte unerwünscht, lassen sie sich durch Diffusionsglühen mindern bzw. beseitigen (Homogenisieren) (Kap. 1.6.1).

Beispiele von Zweistoffsystemen mit vollständiger Mischbarkeit im flüssigen und festen Zustand sind Fe-Pt, Cu-Ni, Au-Cu und Au-Ni.

Völlige Unmischbarkeit in der festen Phase (Abb. 1.7)
In diesem zweiten, ebenfalls relativ einfachen Fall einer Zweistoff-Legierung führt das Abkühlen der homogenen Schmelze zu zwei kristallinen Phasen (A und B). Jede besteht aus reinen Kristallen jeweils einer Komponente.

Die Erstarrungstemperaturen, T_{SA} und T_{SB}, der reinen Komponenten, erniedrigen sich durch Zugabe der zweiten Komponente. Die beiden Zweige der Liquiduskurve treffen sich im eutektischen Punkt E.

Kühlt eine homogene Schmelze der Zusammensetzung X ab, beginnt bei Erreichen der Liquiduskurve im Punkt S die Ausscheidung von reinen Kristallen der Komponente A. Mit weiter sinkender Temperatur und zunehmender A-Ausscheidung verringert sich der Anteil von A in der Schmelze, bis diese bei der Solidus- oder eutektischen Temperatur, T_E, die eutektische Zusammensetzung (E) aufweist. Dann scheiden sich gleichzeitig ganz feine Kristalle A und B beider Komponenten aus (Eutektikum). Dabei bleibt die Temperatur so lange konstant, bis die gesamte Schmelze verbraucht ist; danach

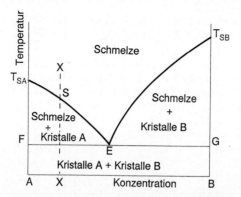

Abb. 1.7: Zustandsdiagramm eines Systems mit vollständiger Mischbarkeit der Komponenten A und B im flüssigen und vollständiger Unmischbarkeit im festen Zustand (Erklärung der Symbole im Text)

sinkt sie weiter. Das auf diese Weise entstandene Gefüge der untereutektischen Legierung X enthält also Primärkristalle A und das Eutektikum. Analoge Vorgänge gelten für übereutektische Legierungen, wobei primär Kristalle der Komponente B ausgeschieden werden. Eutektische Legierungen besitzen wegen ihres feinzelligen Gefüges gute mechanische, wegen ihrer relativ niedrigen Schmelztemperatur gute Gußeigenschaften.

Legierungen mit Zustandsdiagrammen des in Abb. 1.7 dargestellten Typs gibt es wenig. Häufig besteht *im festen Zustand begrenzte Mischbarkeit*, u. a. bei Fe mit C oder Al mit Cu bzw. Si. Es können Kristallgemische mit Mischkristallen entstehen. Findet die Entmischung nicht aus der homogenen Schmelze statt, sondern wird ein homogener Mischkristall in mehrere feste Phasen umgewandelt, entsteht ähnlich dem Eutektikum ebenfalls ein feines Gefüge, das Eutektoid.

1.5.2.2 Ternäre Zustandsdiagramme

Dreistoffsysteme spielen als technische Werkstoffe eine bedeutende Rolle, weil eine dritte Komponente zu einer weiteren Verbesserung der Materialeigenschaften führen kann. Die Darstellung ihrer Phasengleichgewichte erfordert ein Raumdiagramm mit einem gleichseitigen Dreieck als Bodenfläche (vgl. einschlägige Fachbücher).

Tab. 1.5: Phasen im Eisen-Kohlenstoff-System[1]

Phase	δ-Eisen	γ-Eisen	α-Eisen	Fe$_3$C
Kristallaufbau[2]	krz	kfz	krz	rhomboedrisch
Existenzbereich[3]	1536 > T > 1392 °C	1392 > T > 911 °C	T < 911 °C	T < 1147 °C
max. C-Gehalt (%)	0,1 bei 1493 °C	2,06 bei 1147 °C	0,02 bei 723 °C	konstant 6,7
Gefügebezeichnung	(δ-)Ferrit	Austenit	(α-)Ferrit	Zementit
Eigenschaften des Gefügebestandteils	nicht wesentlich	weich, zäh, unmagnetisch	weich, zäh, bei T < 768 °C magnetisch	hart, spröde

[1] Die richtigere Bezeichnung „Eisen-Eisenkarbid-System" wird kaum benutzt
[2] krz = kubisch-raumzentriert, kfz = kubisch-flächenzentriert; beide Kristallformen entsprechen der „dichtesten Kugelpackung".
[3] Alle Werte bei C-Gehalt = 0%

1.5.3 Das Zweistoffsystem Eisen-Kohlenstoff

Für technische Werkstoffe hat im Fe-C-Zustandsschaubild nur die eisenreiche Seite bis 6,7% C Bedeutung. Der Kohlenstoff kann in diesem System elementar in Form von hexagonal kristallisierendem Graphit oder als rhomboedrisch kristallisierende, intermediäre Phase Eisenkarbid, Fe_3C, vorkommen. Langsames Abkühlen oder langsames Erwärmen (Tempern) sowie bestimmte Legierungselemente, v. a. Si, begünstigen die Entstehung von Graphit. In Gußeisen können beide Kohlenstoff-Formen vorliegen; technische Fe-C-Legierungen erstarren überwiegend nach dem Eisen-Eisenkarbid-System. Die vier Phasen dieses Systems sind in Tab. 1.5 kurz beschrieben.

Das kfz γ-Eisen wird als Austenit, die krz Modifikationen (α- und das δ-Eisen) als Ferrit, das Fe_3C als Zementit bezeichnet. Das Eutektikum entsteht bei 1147 °C und heißt Ledeburit; es ist zusammengesetzt aus Austenit und Zementit. Das Eutektoid entsteht bei 723 °C und wird wegen seines perlmuttartigen Schimmers als Perlit bezeichnet; es besteht aus Ferrit und Zementit, die meist lamellenartig dicht nebeneinander liegen.

Unter 723 °C im Zweistoff-System Eisen-Kohlenstoff existiert Austenit nicht mehr, sondern nur noch α-Ferrit, Perlit und Zementit bei Stahl, bei Gußeisen Perlit, Ledeburit und Zementit (Tab. 1.6).

Mit zunehmendem C-Gehalt steigen der Zementitgehalt und folglich die Härte und Sprödigkeit des Werkstoffs.

Die beschriebenen Gleichgewichte gelten für Fe-C und beschränkt auch für unlegierte Stähle (Kap. 1.9.1). Sie können sich bei Zusatz weiterer Elemente erheblich verändern. So kann Si das Gefüge von Gußeisen beeinflussen. Wichtig ist auch die Erweiterung des γ-Gebietes bei Stählen durch Ni, Co und Mn.

1.6 Wärmebehandlungen

Wärmebehandlungen sind Verfahren kontrollierter Erwärmung und Abkühlung von Werkstücken mit dem Ziel, über Gefügeänderungen bestimmte Werkstoffeigenschaften zu erreichen. Die Wärmebehandlung, der das Werkstück unterworfen werden muß, beeinflußt die Phasenänderungen und damit die Zusammensetzung des Werkstoffs.

Die Ägypter kannten die Wärmebehandlung schon vor mehr als 4000 Jahren. Zu den Wärmebehandlungsverfahren zählen Glühen, Aushärten bzw. Härten und thermochemische Verfahren.

38 Metalle

Tab. 1.6: Das Gefüge von Eisen-Kohlenstoff-Legierungen bei Raumtemperatur

Bezeichnung	Ferrit	Stahl untereutektoid	Stahl eutektoid = Gußstahl	Gußeisen übereutektoid	Gußeisen untereutektisch	eutektisch
c-Gehalt (%)	$c < 0{,}02$	$0{,}02 < c < 0{,}8$	$c = 0{,}8$	$0{,}8 < c < 2$	$2 < c < 4{,}3$	$c = 4{,}3$
Gefüge-bestandteile	Ferrit, Korngrenzen Zementit	Ferrit, Perlit	Perlit	Zementit, Perlit	Perlit, Ledeburit Zementit	Ledeburit
Bild des Gefüges	Polyeder	c-abhängig: körnig Ferritnetz um Perlit	feinverteilte Ferrit- + Zementit-Lamellen	feinverteiltes Zementitnetz auf den Korngrenzen des Perlits	abhängig u. a. vom C- und Si-Gehalt; oft lanzettförmige Graphit-Insel zwischen den anderen Phasen	

c: C-Gehalt

1.6.1 Glühen

Glühen bedeutet Erwärmen, Halten auf der Glühtemperatur für eine bestimmte Dauer und langsames Abkühlen. Von den wichtigsten Glühverfahren sind das Normal- und Weichglühen an die bei Stahl auftretenden Gefügeänderungen gebunden, während Diffusions-, Spannungsarm- und Rekristallisationsglühen auch bei anderen Werkstoffen angewandt werden.

Das Diffusionsglühen (langdauernd, bei Stahl im Bereich 1050–1150 °C) dient dazu, Kristallseigerungen zu beseitigen und nicht gelöste Bestandteile zu lösen (daher auch als *Lösungsglühen* bezeichnet). Es führt zu einem homogeneren Gefüge *(Homogenisierungsglühen* oder *Homogenisieren)*.

Das Spannungsarmglühen (Spannungsfreiglühen) beseitigt Eigenspannungen im Werkstück, die entstanden sein können als Folge ungleichmäßiger Abkühlung oder Formänderung, also beim Schmieden, Schweißen, Walzen, Gießen oder durch spanende Formung (Fräsen, Hobeln, Drehen). Diese Behandlung soll hauptsächlich die Rißgefahr verringern, ohne die Festigkeitseigenschaften wesentlich zu verändern. Sie erfolgt bei relativ niedrigen Temperaturen (bei Stahl meist unter 650 °C, d. h. im Zustandsdiagramm genügend weit unter dem Austenitgebiet).

Beim Rekristallisationsglühen entsteht aus einem infolge von Kaltverformung verspannten, verfestigten Gefüge ein neues, entspanntes. Die Versetzungsdichte geht zurück, so daß der Werkstoff weiter verformbar wird. Die Korngröße des neugebildeten Gefüges hängt ab vom Verformungsgrad und der Glühtemperatur. Das Rekristallisationsglühen wird bei Nichteisen(NE)-Metallen oft *Weichglühen* genannt. So werden Aluminiumtuben nach dem Fließpressen weichgeglüht.

Das Weichglühen bei Stahl bezeichnet das Umformen des Korngrenzenzementits und der Karbidlamellen des Perlits zu einem energiearmen, körnigen Gefüge. Das schafft optimale Ausgangsbedingungen für spanende Bearbeitung und zum Härten.

Beim Normalglühen oder Normalisieren wird Stahl kurzzeitig bis ins Austenitgebiet, d. h. auf > 723 °C (in Abhängigkeit vom C-Gehalt) erwärmt. Durch die α-γ-α-Umwandlung entsteht ein gleichmäßiges, feinkörniges, ferritisch-perlitisches Gefüge; Streckgrenze, Zugfestigkeit und Bruchdehnung erhöhen sich gegenüber dem ungeglühten Werkstück.

1.6.2 Aushärten, Härten

Das *Aushärten* bezeichnet eine kombinierte Wärmebehandlung mit folgenden Schritten:
Beim Lösungsglühen oder Homogenisieren bildet sich eine homogene Phase von Mischkristallen. Das anschließende Abschrecken ist ein Abkühlen mit so hoher Geschwindigkeit, daß die Ausscheidung von Legierungsbestandteilen verhindert wird und übersättigte Mischkristalle entstehen. Die in diesen vorliegenden Gitterspannungen lassen sich durch ein weiteres Warmhalten (Auslagern) wesentlich vergrößern. Die Gitterspannungen erschweren das Weiterlaufen von Versetzungen und damit das Abgleiten auf Gitterebenen: Durch die entstandene „Aushärtung", auch als *„Auslagerungshärtung"* bezeichnet, nehmen Festigkeit, Härte und Streckgrenze zu, die Dehnung ab. Das Aushärten wird vor allem für Aluminium- und auch bestimmte Eisen-Legierungen angewandt.

Beim *(Abschreck-)Härten* wird bis ins Austenitgebiet erwärmter Stahl in Wasser, Öl oder bewegter Luft mit so großer Geschwindigkeit abgekühlt, daß den zur Perlitbildung notwendigen Diffusionsvorgängen nicht genügend Zeit bleibt. Das kubisch-flächenzentrierte γ-Gitter klappt diffusionslos in das kubisch-raumzentrierte α-Gitter um, wobei der Kohlenstoff im übersättigten α-Gitter (Martensit) bleibt und dieses verzerrt. Martensitische Kristallite haben Nadel-, Lanzetten- oder Plattenform. Haltezeit, -temperatur und Abschreckgeschwindigkeit sind der Zusammensetzung des Stahls anzupassen. Legierungselemente beeinflussen die Diffusion von Kohlenstoff im γ- und α-Eisen und damit auch Umwandlungstemperatur und -zeit sowie die Eigenschaften des Umwandlungsgefüges.

Abgeschreckter Martensit ist infolge der inneren Spannungen so hart und spröde, daß er technisch nicht brauchbar ist. Eine anschließende weitere Wärmebehandlung, das *Anlassen*, verringert die Verspannungen, wobei die Härte etwas abnimmt und die Zähigkeit steigt. Durch die Wahl der Anlaßtemperatur (unter dem Austenitgebiet, im Bereich zwischen 200 und 680 °C) lassen sich unterschiedliche Gefüge mit entsprechenden mechanischen Eigenschaften erzeugen. Bestimmte Kombinationen von Härten und Anlassen werden als *Vergüten* bezeichnet.

Für viele Werkstücke (z. B. Messerklingen, Bolzen, Wellen, Zahnräder) ist es zweckmäßig, die geforderte Verschleißfestigkeit oder Druckbelastbarkeit durch Härten nur der Oberfläche zu erzielen und den Kern zäh zu belassen. Zur *Oberflächenhärtung* von Stahl können die Randschichten kurzzeitig in einer Flamme, einem Bad oder induktiv bis ins Austenitgebiet erhitzt und anschließend mit Wasser abgeschreckt werden.

1.6.3 Thermochemische Behandlung

Harte und feste Stahloberflächen können auch durch Eindiffundieren von nachträglich zugefügten Elementen wie C, N oder Cr erzielt werden. Dabei verbessert sich auch die Korrosionsbeständigkeit.

Aufkohlungsmittel für das sogenannte *Einsatzhärten* sind z.B. Cyansalz-Schmelzen. Durch die hohe Badtemperatur zersetzt sich das Cyanid, und der freiwerdende Kohlenstoff wandert in die Werkstoffoberfläche.

Im Gegensatz zum Einsatzhärten bedarf das *Nitrierhärten* keiner nachträglichen Abschreckung. Das Nitrieren kann im Ammoniakstrom (Gasnitrieren) oder in Cyansalzbädern (Badnitrieren) erfolgen. Der dabei freiwerdende Stickstoff diffundiert in die Randschicht ein und bildet Nitride. Bestimmte Legierungselemente wie Al und Cr bilden sehr harte, chemisch und thermisch beständige Nitride.

Beim *Chromieren* wird das erhitzte Werkstück eingebettet in eine feinkörnige, chromhaltige Masse. Das freiwerdende Chrom diffundiert in die Randschicht ein und reichert sich dort auf etwa 35% an.

1.7 Elektrische und thermische Eigenschaften

1.7.1 Elektrische Eigenschaften

Die gute elektrische Leitfähigkeit der Metalle beruht auf den quasifreien Außenelektronen. Ein angelegtes äußeres elektrisches Feld führt diese Elektronen in einen höheren Energiezustand über, so daß sie das Wirkungsfeld des Atomrumpfes verlassen und eine Bewegung in Richtung des Potentialgradienten ausführen können, bis sie in den Wirkungsbereich eines anderen Atomes gelangen.

Besonders gute elektrische Leitfähigkeit besitzen Metalle mit einzelnen Elektronen in der äußersten Schale und vollbesetzten inneren Schalen. Dabei sind s-Niveaus günstiger für Platzwechsel bzw. Änderung des Energiezustandes als p-Niveaus. Daher weisen z.B. Silber und Kupfer sehr gute, Aluminium eine gute Leitfähigkeit auf (Tab. 1.7).

Tab. 1.7: Elektrische Leitfähigkeit (κ) ausgewählter metallischer Werkstoffe (20 °C)

Werkstoff	κ $\mathrm{S\,m\,mm^{-2}}$	Werkstoff	κ $\mathrm{S\,m\,mm^{-2}}$
Silber	62,9	Nickel	14,0
Reinst-Kupfer	59,3	Reineisen	10,3
E-Kupfer, weich[1]	$\geq 57,1$	Chrom	8,0
Reinst-Aluminium	37,7	NiCr 80 20[2]	0,93
E-Aluminium, weich[1]	$\geq 36,0$		

[1] E-Kupfer bzw. E-Aluminium: für Elektrotechnik
[2] ca. 80% Nickel, ca. 20% Chrom; Einsatz als Widerstandslegierung

Vollständig besetzte Energiebänder liefern keinen Beitrag zur Leitfähigkeit, es sei denn, ein nicht besetztes Band liegt dicht daneben, so daß ein Austausch von Elektronen stattfinden kann.

Bezogen auf die Dichte hat Aluminium unter den Metallen die höchste Leitfähigkeit. Da auch sein Kilopreis günstig ist, kann Aluminium Kupfer dann in der Elektrotechnik verdrängen, wenn Volumen und Lötbarkeit keine Rolle spielen.

Der elektrische Widerstand von Metallen nimmt mit sinkender Temperatur ab und sollte im idealen Gitter am absoluten Nullpunkt verschwunden sein. Im Realkristall jedoch verursachen Gitterfehler wie Leerstellen, Fremdatome und Versetzungen einen Restwiderstand. Das bedeutet, daß z. B. Kaltverfestigung, Verunreinigungen und Legierungselemente die Leitfähigkeit erniedrigen. Die Zunahme des Widerstandes mit der Temperatur ist durch thermische Gitterschwingungen der Atomrümpfe, die den Platzwechsel der Elektronen erschweren, bedingt.

Die Erwärmung (JOULE'sche Wärme) eines stromdurchflossenen Leiters wiederum läßt sich dadurch erklären, daß Elektronen an den Gitterstörstellen abgelenkt werden und einen Teil ihres Impulses an die Atomrümpfe abgeben.

Bei vielen Metallen fällt der elektrische Widerstand in der Nähe des absoluten Nullpunktes diskontinuierlich auf einen unmeßbar niedrigen Wert. Diese Erscheinung heißt *Supraleitung*.

1.7.2 Wärmeleitfähigkeit

Wie die elektrische Leitfähigkeit beruht die gute Wärmeleitfähigkeit der Metalle (Tab. 1.8) auf dem Vorhandensein und der Beweglichkeit der freien Elektronen. Sie nimmt ebenfalls mit steigender Temperatur ab und wird im wesentlichen von Reinheitsgrad und Gitterstörungen beeinflußt. Die zahlreichen Korngrenzen in feinerem Korn behindern die Wärmeleitung.

Tab. 1.8: Wärmeleitfähigkeit (λ) einiger metallischer Werkstoffe (20 °C)

Werkstoff	λ W m^{-1} K^{-1}	Werkstoff	λ W m^{-1} K^{-1}
Silber	418	Aluminium-Magnesium 1[1]	190
Kupfer	380	Aluminium-Magnesium 5[1]	125
Aluminium	235	X 5 CrNi 18 10[2]	15

[1] Aluminium mit 1% bzw. 5% Mg
[2] Chrom-Nickelstahl mit 17–19% Chrom und 8,5–10,5% Nickel

Das Verhältnis von Wärme- und elektrischer Leitfähigkeit ist für die meisten Metalle nahezu konstant und ändert sich nur proportional zur absoluten Temperatur (WIEDEMANN-FRANZ'sches Gesetz: $\lambda = c \cdot \kappa$).
c = Materialkonstante
Gute Wärmeleitfähigkeit verhindert örtliche Überhitzung z.B. bei Koch- und Bratgeschirr (s. Kap. 1.11.1).

1.7.3 Thermische Ausdehnung

Die Schwingungen der Gitteratome und damit ihr Abstand zueinander nehmen mit steigender Temperatur zu. Der Werkstoff dehnt sich proportional zu seiner Ausgangslänge (l_0), der Temperaturänderung ($\Delta \delta$) und dem werkstoffspezifischen, thermischen Längenausdehnungs-Koeffizienten (α) aus:

$$\Delta l = \alpha \cdot l_0 \cdot \Delta \delta$$

Der Wärmeausdehnungs-Koeffizient ist temperaturabhängig; für kleinere Temperaturbereiche, z.B. 50 K, kann er als konstant angesehen werden.

Tab. 1.9: Thermische Längenausdehnungskoeffizienten (α) ausgewählter metallischer Werkstoffe (20 °C)

Werkstoff	α $10^{-5}\,K^{-1}$	Werkstoff	α $10^{-5}\,K^{-1}$
Aluminium	2,2	Kupfer	2
Stahl	1,1	Invar	0,12
Edelstahl	1,9		

Eine zwischen 0 und 100 °C besonders geringe thermische Ausdehnung zeigt Invar, eine Fe-Ni-Legierung mit 36% Ni (Tab. 1.9). Sie wird daher in Bimetallen und im Meßinstrumentenbau eingesetzt (Kap. 1.1.11.4). Verschiedene, häufig ternäre Fe-Ni-Legierungen werden verwendet, wenn ganz bestimmte Wärmeausdehnungskoeffizienten erforderlich sind, z. B. als Einschmelzlegierungen in Glas, als Durchführungsdrähte durch Glas beim Bau von Glühlampen etc. Dabei wird über den Nickel-Gehalt der Ausdehnungskoeffizient auf den von Glas abgestimmt.

1.7.4 Magnetismus

Bewegte elektrische Ladungen erzeugen magnetische Felder, so auch Elektronen durch ihre Bewegung um den Atomkern (Bahnmoment) und um ihre eigene Achse (Spinmoment). Dieses innere Feld kann die Kraftliniendichte eines angelegten Magnetfeldes schwächen (Diamagnetismus) oder verstärken (Paramagnetismus). *Ferromagnetische Stoffe*, in erster Linie Fe, Ni und Co verstärken ein äußeres Feld besonders stark und werden von ihm angezogen.

Diamagnetische Stoffe besitzen abgeschlossene Elektronenschalen, in denen sich die Spinmomente aufheben, so daß der Stoff nach außen magnetisch neutral ist. Neben Edelgasen, Salzen und vielen organischen Verbindungen sind auch solche Metalle diamagnetisch, die ihre locker gebundenen Valenzelektronen zum Elektronengas abgeben und deren Atomrümpfe voll besetzte Schalen besitzen, also Cu, Ag, Au, Zn und Cd.

Atome mit nicht voll besetzten Zwischenschalen (Pt, Al) verhalten sich paramagnetisch. Zusätzlich bestehen in ferromagnetischen Werkstoffen zwischen den Atomen Wechselwirkungen, die eine Parallelisierung der Spinmomente begünstigen. Im Gegensatz zum Dia- und

Paramagnetismus kann Ferromagnetismus nur in Festkörpern auftreten.

Bestimmte Metalloxide, Ferrite, verhalten sich ferrimagnetisch. Dabei kompensieren sich antiparallel gerichtete Atom- und Ionenmomente nur teilweise, so daß ein magnetisches Moment resultiert.

In ferromagnetischen Stoffen sind bereits im unmagnetischen Zustand innerhalb begrenzter Bereiche (WEISS'sche Bezirke) die Elementarmagnete in sich gleichmäßig, gegeneinander aber verschieden ausgerichtet (spontane Magnetisierung). Durch ein äußeres Magnetfeld lassen sich die Elementarbereiche so richten, daß der Körper zum Magneten wird (technische Magnetisierung). Sättigung ist erreicht, wenn alle Elementarmagnete parallel zum äußeren Feld gerichtet sind. Nach Aufhebung des äußeren Feldes bleibt je nach Art des Körpers eine mehr oder weniger hohe Polarisation bestehen (Remanenz).

Wärme schwächt einen Magneten. Oberhalb der sogenannten CURIE-Temperatur (Fe 768 °C, Ni 358 °C, Co 1130 °C) sind ferromagnetische Stoffe nur noch paramagnetisch.

Die magnetischen Eigenschaften sind an bestimmte Vorzugsrichtungen im Kristallgitter gekoppelt, also anisotrop. Bei *weichmagnetischen* Werkstoffen läßt sich die Ausrichtung durch entsprechendes Glühen, Walzen, Pressen etc. fördern. Zu den in der Elektrotechnik wichtigen weichmagnetischen Stoffen gehören Fe-Si-Legierungen für Trafo- und Dynamobleche und verschiedene Fe-Ni-Legierungen für Relais, Schalter, Ventile etc.

Dauermagnete (hartmagnetisch) zeichnen sich aus durch eine von äußeren Feldern wenig abhängige, remanente Magnetisierung. Sie dienen z. B. als Möbelverschlüsse. Dauermagnetisch sind Fe-Ni-Al- und Co-Ni-Al-Legierungen (z. B. ALNICO 500) sowie einige Ferrite. In der Mikrowellentechnik werden bestimmte Mg-Ferrite und Yttrium-Silikate eingesetzt, um elektromagnetische Wellen zu beeinflussen. Eine weitere Anwendung magnetischer Werkstoffe ist die Informationsspeicherung in der Elektronik (v. a. Fe-Ni-Legierungen).

Der Ferromagnetismus wird in gewerblichen Geschirrspülern beim Transport von Besteck genutzt. Als Müllschrott werden magnetische Werkstoffe aus dem Abfall sortiert.

1.8 Begleit- und Legierungselemente

In reinster Form werden Metalle, v. a. Kupfer und Aluminium, in der Elektrotechnik eingesetzt. Reine Metalle spielen gegenüber Legierungen keine Rolle, wenn an einen Werkstoff primär mechanische Ansprüche gestellt sind. Der Einfluß wesentlicher Begleit- und Legierungselemente auf die Eigenschaften von Eisen- und Aluminiumwerkstoffen wird im folgenden erläutert.

1.8.1 Eisenwerkstoffe

Während Legierungselemente in genauen Mengen zugesetzt werden, um bestimmte Eigenschaften zu erzielen, sind „Eisenbegleiter" meist unbeabsichtigte Verunreinigungen. Sie stammen aus den Erzen, Schrott oder dem Herstellungsprozeß, z. B. aus Desoxidationsvorgängen (Kap. 1.2.2.1). Eisenbegleiter sind: P, S, H, N, O, Mn, Si. Die fünf erstgenannten machen Stahl spröde.

Sowohl als Legierungselemente als auch zum Desoxidieren und Denitrieren werden Aluminium und Zirkonium zugesetzt, letzteres auch zum Entschwefeln. Es verlängert die Lebensdauer von Heizelementen. Zum Entschwefeln kann auch Mn zugesetzt werden.

Das wichtigste Legierungselement für Eisen ist Kohlenstoff. Mit zunehmendem Kohlenstoff-Gehalt steigen wie erwähnt Härte und Sprödigkeit und sinken Zähigkeit, Schmied- und Walzbarkeit.

Die Legierungselemente der Eisenwerkstoffe werden eingeteilt nach ihren wesentlichen Wirkungen. Das sind die Bildung von α- oder γ-Mischkristallen bzw. die Beeinflussung des Existenzbereiches von Austenit und die Bildung intermediärer Verbindungen (Karbide, Nitride, Karbonitride).

Elemente, die das γ-Gebiet so erweitern, daß das Austenit-Gefüge bei Raumtemperatur beständig ist (austenitische Stähle), sind Ni, Mn und Co. In entsprechender Weise begünstigen Al, Si, Ti, Cr, Mo, Be, V und W die Entstehung ferritischer Stähle. Austenitische Stähle haben als korrosionsbeständige Stähle große technische Bedeutung.

Mn, Cr, Mo, W, Ta, V, Nb und Ti bilden Karbide. Mit diesen und geeigneter Wärmebehandlung lassen sich Stähle mit hoher Härte und Verschleißfestigkeit erzeugen. Ebenfalls harte intermediäre Verbindungen sind die Nitride. Nitride bilden Al, Cr, Zr, Nb, Ti und V.

Die wichtigsten Legierungselemente von Stahl sind Cr, Ni und Mo. Chrom erhöht die Härte, Festigkeit und Korrosionsbeständigkeit. Chromstähle eignen sich daher hervorragend als Schneidwerkzeuge.

1.8.2 Aluminiumwerkstoffe

Obwohl Aluminium ein sehr unedles Metall ist, weist es eine gute Korrosionsbeständigkeit auf (Kap. 1.10). Legierungs- und Begleitelemente verringern zwar diese etwas und die elektrische Leitfähigkeit deutlich, verbessern aber die Festigkeit des sonst sehr weichen Aluminiums.

Die wichtigsten Metalle zur Herstellung von Aluminium-Legierungen sind Cu, Mg, Si, Mn und Zn. Deren Einfluß auf wesentliche Eigenschaften ist in Tab. 1.10 dargestellt.

Legierungen des Zweistoffsystems Aluminium-Silizium sind sehr beschränkt aushärtbar, weisen aber bei Si-Gehalten von 5–20% gute Gießeigenschaften auf. Am wichtigsten sind dabei Legierungen im Bereich der eutektischen Zusammensetzung mit 12% Si. Sie sind bekannt unter dem Handelsnamen SILUMIN und werden u. a. für Haushaltsmaschinen und Geräte der Lebensmittelindustrie verwendet. Ohne Vorsichtsmaßnahmen bildet sich beim Abkühlen ein grobkörniges eutektisches Gefüge mit ungünstigen technischen Eigenschaften aus. Ein wesentlich feineres Gefüge mit höherer Festigkeit und Dehnung entsteht, wenn man der Schmelze einer eutektischen AlSi-Legierung einige Hundertstel Prozent Natrium (elementar oder als Salz) zusetzt (Veredeln).

Tab. 1.10: Einfluß der wichtigsten Al-Beimengungen auf wesentliche Werkstoffeigenschaften

Eigenschaft	Einfluß von				
	Mg	Cu	Si	Zn	Mn
Festigkeit	+ +	+ +	+	+ +	+
Korrosionsbeständigkeit	+ +	−	+ +	−	+ +
Gießbarkeit	+	0	+ +	0	0
Spanbarkeit[1]	+	0	+	+	−

+ + sehr positiv
 + positiv
 0 kein Einfluß
 − negativ
[1] Der Begriff bezieht sich auf die spanende Formgebung. Positiver Einfluß auf die Spanbarkeit bedeutet kürzere Späne bei der Bearbeitung und höhere Oberflächengüte des Werkstücks.

48 Metalle

Tab. 1.11: Zusammensetzung und Aushärtbarkeit ausgewählter Aluminium-Legierungen

Aushärtbarkeit	Knetlegierungen		Gußlegierungen	
nicht aushärtbar	AlMg:	0,6–7,2% Mg 0 –0,6% Mn	AlSi:	11–13,5% Si 0– 0,5% Mn
aushärtbar	AlMgSi: AlCuMg:	0,6–1,6% Mg 0,6–1,6% Si 0,2–1 % Mn 3,5–4,9% Cu 0,2–1,8% Mg 0,3–1,1% Mg	AlSiMg:	9–11 % Si 0,2–0,4 % Mg 0–0,5 % Mn

Die Hauptlegierungselemente Si, Mg und Cu bilden die Basis für verschiedene Drei- und Vierstoffsysteme. Beispiele sind AlCuMg-Knetlegierungssysteme, die zusätzlich Si, Mn oder beide enthalten können. Einige dieser Legierungen sind bekannt unter dem Handelsnamen DURALUMIN. Ausgewählte Aluminium-Legierungen sind nach den beiden üblichen Einteilungskriterien in Tab. 1.11 aufgelistet.

Magnesium in Form von Mg_2Si verbessert die Aushärtbarkeit des Al-Si-Systems. Ein Beispiel sind AlSi1 Mg0,6-Knetlegierungen; sie besitzen gute Festigkeitseigenschaften und Korrosionsbeständigkeit.

Titan bewirkt in Al-Si-Cu-Legierungen eine Kornverfeinerung und damit gute Zähigkeit, Schlagfestigkeit und Bearbeitbarkeit.

Weitere Begleitelemente, z.T. als Verunreinigungen, z.T. als Zusätze, sind Fe, Cr, B und Sr.

1.9 Werkstoffbezeichnungen

Wie für Eisen- und Aluminiumwerkstoffe ansatzweise dargestellt, ergibt sich allein aus den Kombinationsmöglichkeiten der Elemente in Art und Menge eine kaum übersehbare Zahl von Werkstoffen. Als weiterer Faktor prägen Gewinnungs-, Herstellungs- und Behandlungsverfahren, z.B. Wärmebehandlungen, die Eigenschaften des Endproduktes, so daß sie ebenfalls in die Bezeichnung des Werkstoffes eingehen bzw. Einteilungskriterien darstellen können. Auch Eigenschaften selber, bei Metallen insbesondere mechanische, können Bestandteil der Benennung sein.

Neben verschiedenen genormten Kennzeichnungs- und Einteilungssystemen, wie DIN, EURONORM und den ISO-Normen enthalten Werkstoffblätter Eigenschaftsprofile, und Firmen verwenden häufig eigene Handelsnamen (z. B. V2A und NIROSTA für korrosionsbeständige Stähle, DURALUMIN und SILUMIN für bestimmte Aluminiumwerkstoffe).

1.9.1 Bezeichnung von Stählen

Kern der Benennung von Stählen können sowohl nach EURONORM 27–74, nach DIN-Ausgaben als auch seit 1989 nach ISO/TR 4949 die chemische Zusammensetzung oder mechanische Eigenschaften, vor allem die Festigkeit, sein. Die Benennungssysteme stimmen teilweise überein.

Bezeichnung nach der chemischen Zusammensetzung

„Unlegierte Stähle" enthalten neben Kohlenstoff kleine Mengen an Legierungselementen unterhalb bestimmter Grenzwerte. Der Bezeichnung „C" folgt eine Zahl, die das Hundertfache des mittleren prozentualen Kohlenstoffgehaltes angibt. Z. B. bezeichnet C 15 nach EURONORM, DIN oder ISO einen unlegierten Stahl mit 0,15% Kohlenstoff (Kap. 1.1.2.1).

„Niedriglegierte Stähle" sind Stähle, in denen nach EURONORM 27–74 jedes einzelne Legierungselement 5% nicht übersteigt. Die Bezeichnung besteht aus der Kohlenstoffkennzahl (das Hundertfache des prozentualen Kohlenstoffgehaltes), den chemischen Symbolen der Legierungselemente in der Reihenfolge fallenden Anteils und der Legierungskennzahl. Diese gibt die mit 4, 10, 100 oder 1000 multiplizierten, prozentualen Legierungsgehalte an, nämlich Faktor

   4 für Co, Cr, Mn, Ni, Si, W
  10 für Al, Be, Cu, Mo, Pb, Nb, Ta, Ti, V, Zr
 100 für P, S, N, Ce
1000 für B.

Beispiele

14 MoV 6 3 (sprich: sechs drei): ist ein niedriglegierter Stahl mit 0,14% C, 0,6% Mo, 0,3% V. 17 Mn 4 ist ein niedriglegierter Stahl mit 0,17% C und 1% Mn. 18 NiCr 16 ist ein niedriglegierter Stahl mit 0,18% Ni und Chrom in geringer, nicht angegebener Menge.

„Hochlegierte Stähle" heißen nach EURONORM 27–74 Stähle, wenn mindestens ein Legierungselement einen Anteil $\geq 5\%$ hat. Die Bezeichnung beginnt jeweils mit dem Buchstaben „X". Es folgen die Kohlenstoffkennzahl (niedriglegierte Stähle), die Symbole der Legierungselemente und deren Anteile direkt in Prozent, also nicht über Multiplikatoren verschlüsselt.

Beispiele
X 10 CrNi 18 8 (sprich: achtzehn acht) ist ein hochlegierter Stahl mit 0,1% C, 18% Cr, 8% Ni; X 10 CrNiTi 18 9 ist ein hochlegierter Stahl mit 0,1% C, 18% Cr, 9% Ni und Ti in nicht angegebenem, geringem Gehalt.

Bezeichnung nach der Festigkeit
Die DIN-Bezeichnung besteht aus „St" für Stahl und der Zugfestigkeitskennzahl in kg mm^{-2}. Die Bezeichnung nach EURONORM besteht aus „Fe", gefolgt vom Wert der Mindestzugfestigkeit in N mm^{-2}. Steht zwischen St bzw. Fe und der Zahl ein „E", gibt der folgende Wert statt der Zugfestigkeit die Mindeststreckgrenze an.

Beispiel
Fe 360 bzw. St 37 ist ein unlegierter Stahl mit Mindestzugfestigkeit 360 N mm^{-2}. Nach ISO ist die Bezeichnung Fe 360.

Zusätzliche Merkmale, Spezialbezeichnungen
Der oben erläuterte Kern der Bezeichnungen kann ergänzt werden durch weitere, genormte Symbole. Bestimmte Buchstaben und Ziffern können dabei je nach Norm und Position in der Zeichenfolge für unterschiedliche Merkmale stehen.

Eine große Zahl von Stählen ist nach der chemischen Zusammensetzung und der Festigkeit bezeichnet und eingeteilt in verschiedenen EURONORMEN und DIN, z.B. EURONORM 25, DIN 17100, DIN 17200. Auf ähnlichen Prinzipien beruhen ISO-Normen, z.B. ISO R 630.

1.9.2 Bezeichnung von Aluminiumwerkstoffen

Aluminiumwerkstoffe werden als NE-Metalle nach DIN 1700 auf Basis der chemischen Zusammensetzung bezeichnet:
Rein- und Reinstaluminium (DIN 1712, Teil 3): Dem Symbol Al folgt die Konzentrationsangabe in Masseprozent, z.B. Al99,5.

Die anderen Al-Werkstoffe: Dem Symbol Al folgen direkt die Symbole der wichtigsten Zusätze mit nachgestellter Konzentrationsangabe in Masseprozent, soweit diese zur Unterscheidung erforderlich ist.

Bei Al-Knetwerkstoffen (DIN 1725, Teil 1) kennzeichnen der chemischen Zusammensetzung nachgestellte Großbuchstaben und Zahlen den Behandlungszustand und die Mindestzugfestigkeit (in $N\,mm^{-2}$).

Beispiel
AlMg5MnF38 bedeutet Al-Knetlegierung mit 5% Mg, unbekanntem Mn-Gehalt, F = kaltgewalzt, Mindestzugfestigkeit 380 $N\,mm^{-2}$ (= u. a. Material für Aufreißdeckel).

Der Behandlungszustand von Al-Gußwerkstoffen (DIN 1725, Teil 2) wird durch der chemischen Zusammensetzung nachgestellte Kleinbuchstaben bezeichnet. Vorangestellte Großbuchstaben kennzeichnen das Gießverfahren (u. a. GK- = Kokillenguß, GD- = Druckguß).

Beispiel
G-AlSi10Mgwa ist eine Aluminium-Gußlegierung mit 10% Si, unbekanntem Mg-Gehalt, G- = Sandguß, wa = warmausgehärtet. Zusätzliche Merkmale, Spezialbezeichnungen: wie unter Kap. 1.9.1.

1.9.3 Werkstoffnummern

DIN 17007 enthält das häufig angewandte System der Bezeichnung der Werkstoffe mit einer Werkstoff-Nummer. Zwei Punkte teilen die sieben Ziffern ein in 3 Gruppen:
 Die erste Ziffer bezeichnet die Werkstoff-Hauptgruppe, z. B. 1 = Stähle, 3 = Leichtmetalle, 4–8 = nichtmetallische Werkstoffe. Die ersten beiden Stellen der dem Punkt folgenden 4 Sortennummern bezeichnen die Sortenklasse, die beiden weiteren sind Zählnummern und lassen keine Rückschlüsse zu. Sortenklassen der Hauptgruppe 1 sind z. B. 15...18 unlegierte Werkzeugstähle, 20...28 legierte Werkzeugstähle, 40...45 nichtrostende legierte Edelstähle. Die beiden letzten Ziffern der Werkstoff-Nummer, die Anhängezahlen, kennzeichnen Verschmelzungs- oder Vergießungsart und Behandlungszustand wie Kaltverformung, Vergütung etc.

52 Metalle

Beispiele

Nichtrostende Stähle	X 5 CrNi 18 10	= 1.4301
	X 6 Cr 17	= 1.4016
Aluminium	Al99,5 F17	= 3.0255.34
	AlMn0,6G18	= 3.0506.33

International findet für Aluminium auch die AA-Nummerbezeichnung Anwendung, entwickelt von der Aluminium Association, Washington, USA. Das System enthält u. a. DIN-Legierungen.

In EURONORM- und ISO-Ausschüssen wird an einem internationalen System von Werkstoff-Nummern gearbeitet, damit in Zukunft die Hemmnisse im Handelsverkehr in- und außerhalb Europas weiter abgebaut werden können.

1.9.4 Werkstoffblätter

Eigenschaftsprofile viel benutzter, aber (noch) nicht genormter Stähle werden in Stahl-Eisen-Werkstoffblättern (SEW) beschrieben. Beispiel: W092: Warmgewalzte Feinkornstähle zum Kaltumformen.

1.9.5 Die Bezeichnung „Edelstahl"

Nach den Gebrauchsanforderungen werden Edelstähle von den Grund- und den Qualitätsstählen unterschieden. Gegenüber letzteren weisen Edelstähle im allgemeinen eine größere Reinheit, vor allem von nichtmetallischen Einschlüssen auf.

Zu den Edelstählen gehören Stahlsorten für Spezialzwecke wie Edelbau-, Wälzlager-, Schnellarbeits-, Werkzeugstahl und Edelstahl Rostfrei. „Edelstahl Rostfrei" ist ein Sammelbegriff für Stähle, die im allgemeinen $\geq 12\%$ Chrom enthalten und beständig gegenüber oxidierenden Angriffsmitteln sind. Neben den erwähnten V2A und NIROSTA sind REMANIT und CHROMARGAN Handelsnamen für bestimmte nichtrostende Stähle. Einige der im Haushalt gebräuchlichen nichtrostenden Stähle sind in Tab. 1.12 definiert.

Drei Gruppen nichtrostender Stähle werden unterschieden: Bei niedrigen Kohlenstoff- und Nickel-Gehalten entstehen die ferritischen Chromstähle; sie sind magnetisch und können verspröden. Die perlitisch-martensitischen Chromstähle enthalten 13–18% Chrom und 0,1–0,4% Kohlenstoff; sie sind härtbar und vergütbar. Als wichtigster Austenitbildner hebt Nickel die ferritstabilisierende Wirkung von Chrom auf. Die austenitischen Chrom-Nickel-Stähle (6–36% Ni)

Tab. 1.12: Bezeichnung und Zusammensetzung der im Haushalt gebräuchlichsten nichtrostenden Edelstähle

Werkstoff-Nr.	DIN-Bezeichnung	Chemische Zusammensetzung (Massenanteil in %)					Gefüge
		C	Cr	Ni	Mo	sonst.	
1.4016	X 6 Cr 17	≤ 0,08	15,5–17.5	–	–	–	f
1.4511	X 6 CrNb 17	≤ 0,08	16,0–18,0	–	–	Nb	f
1.4021	X 20 Cr 13	0,17–0,25	12,0–14,0	–	–	–	m
1.4034	X 46 Cr 13	0,42–0,50	12,5–14,5	–	–	–	m
1.4116	X 45 CrMoV 15	0,42–0,50	13,8–15,0	–	0,45–0,60	V	m
1.4122	X 35 CrMo 17	0,33–0,45	15,5–17,5	≤ 1,0	0,8 –1,3	–	m
1.4301	X 5 CrNi 18 10	≤ 0,07	17,0–19,0	8,5–10,5	–	–	a
1.4401	X 5 CrNiMo 17 12 2	≤ 0,07	16,5–18,5	10,5–13,5	2,0 –2,5	–	a
1.4541	X 6 CrNiTi 18 10	≤ 0,08	17,0–19,0	9,0–12,0	–	Ti	a
1.4571	X 6 CrNiMoTi 17 12 2	≤ 0,08	16,5–18,5	10,5–13,5	2,0 –2,5	Ti	a

Gefüge: f = ferritisch, m = martensitisch, a = austenitisch

stellen die größte und wichtigste Gruppe dieser Stähle dar. Sie sind unmagnetisch und hervorragend verformbar.

1.10 Korrosion

Metalle kommen in der Natur überwiegend in Form von chemischen Verbindungen vor. Um die reinen Metalle zu gewinnen, ist hoher Energieaufwand notwendig. Abgesehen von den Edelmetallen ist der elementare Zustand wenig stabil. Die unedlen Metalle, zu denen Eisen und Aluminium gehören, kehren leicht in chemische Verbindungen zurück. Dabei verhalten sie sich elektropositiv, d. h. sie erreichen die energetisch stabile Elektronenbesetzung durch Elektronenabgabe.

In Anlehnung an DIN ist Korrosion eine chemische oder elektrochemische Reaktion metallischer Werkstoffe mit ihrer Umgebung, die die Werkstoffeigenschaften in meist unerwünschter Weise verändert. Der Begriff wird auch für andere Werkstoffgruppen verwendet. In den industrialisierten Ländern verursacht Korrosion Kosten in Höhe von 2 bis 4% des Brutto-Sozialprodukts.

1.10.1 Elektrochemische Grundlagen

Stoffe, die in einer Lösung oder in der Schmelze zu mehr oder weniger frei beweglichen Ionen zerfallen und demzufolge den elektrischen Strom leiten, werden als Elektrolyte bezeichnet. Zu den Elektrolyten gehören Säuren, Basen, Salze sowie natürliche und technische Wässer. Taucht man ein Metall in einen Elektrolyten, können sich an der Phasengrenze Reaktionen folgender Arten abspielen:

(1) anodische Reaktion (Oxidation, Elektronenabgabe)

$$Me \rightarrow Me^{n+} + ne^-$$

(2) kathodische Reaktion (Reduktion, Elektronenaufnahme)

(2.1) $Me^{n+} + ne^- \rightarrow Me$

(2.2) $EA + e^- \rightarrow EA^-$

EA = Elektronenakzeptor
(Oxidationsmittel aus dem Elektrolyten).

Reaktion (1) ist typisch für unedle Metalle in einem Elektrolyten. Aus dem Gitter gehen Metallionen in die Lösung, bleiben jedoch in der

Nähe der Elektrode, da ihnen dort die in der Metalloberfläche verbliebenen Elektronen gegenüberstehen. An der Metalloberfläche baut sich eine elektrochemische Doppelschicht auf. Im zweiten Fall nimmt die Metalloberfläche durch Entladung sich abscheidender Metallionen (2.1) oder durch Abgabe von Elektronen an einen anderen Elektronenakzeptor (2.2) gegenüber der Lösung eine positive Ladung an. Welche Reaktion im Einzelfall überwiegt, hängt ab von der Temperatur, der Art des Metalles und der Art des Elektrolyten.

Die elektrochemische Doppelschicht führt zu einem Potentialunterschied zwischen dem Metall und der Flüssigkeit. Die Spannung an einer einzelnen Elektrode (Halbelement) läßt sich nicht direkt messen. Man kann jedoch die Differenz zur Spannung einer zweiten Elektrode bestimmen. Als Bezugssystem dient normalerweise eine von Wasserstoff umspülte Platinelektrode in 1 mol l^{-1} HCl. Ordnet man die auf diese Standardelektrode bezogenen Potentialwerte der einzelnen Metalle, erhält man die Spannungsreihe (Tab. 1.13). Die meisten Gebrauchsmetalle haben ein negatives Potential und gelten als unedel. Je höher das Potential, umso edler ist das Metall.

Tab. 1.13: Elektrochemische Spannungsreihe mit Standardpotentialen (25 °C, 1 mol l^{-1})

Ionen	V	Ionen	V	Ionen	V
Mg/Mg^{2+}	−2,37	Cr/Cr^{2+}	−0,56	Fe/Fe^{3+}	−0,04
Al/Al^{3+}	−1,67	Fe/Fe^{2+}	−0,44	H/H^{+}	0,00
Mn/Mn^{2+}	−1,18	Ni/Ni^{2+}	−0,23	Cu/Cu^{2+}	+0,34
Zn/Zn^{2+}	−0,76	Sn/Sn^{2+}	−0,14	Ag/Ag^{+}	+0,80
Cr/Cr^{3+}	−0,74	Pb/Pb^{2+}	−0,13	Pt/Pt^{2+}	+1,2

Zwei verschiedene, in einen Elektrolyten tauchende Metalle bilden ein galvanisches Element (Abb. 1.8). Verbindet man die beiden Metalle über einen äußeren elektrischen Leiter, fließen unter dem Einfluß der Potentialdifferenz Elektronen vom unedleren (Zink) zum edleren (Kupfer) Metall. Das unedlere Metall bildet die Anode. Je höher der Potentialunterschied zwischen den beiden Metallen ist, umso mehr Elektronen wandern von der Anode (unedleres Metall) über den äußeren Leiter zur Kathode, und das unedlere Metall löst sich auf.

56 Metalle

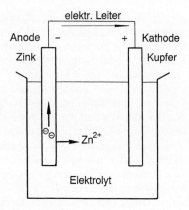

Abb. 1.8: Galvanisches Element

Die der Kathode zufließenden Elektronen führen dort zu einer Reduktion. Der häufigste Kathodenvorgang ist die Bildung von Hydroxylionen:

$$O_2 + 2H_2O + 4e^- \rightarrow 4OH^- \quad \text{(Sauerstoffkorrosion)}$$

Der dazu notwendige Sauerstoff kann in Wässern gelöst sein. Zur Sauerstoffkorrosion können aber bereits Feuchtigkeit und Sauerstoff aus der Atmosphäre genügen. Die bedeutendste Sauerstoffkorrosion ist das Rosten von Eisen und Stahl:

Anodenreaktion: $2Fe \rightarrow 2Fe^{2+} + 4e^-$

Kathodenreaktion: $2H_2O + O_2 + 4e^- \rightarrow 4OH^-$

Gesamtreaktion: $2Fe + 2H_2O + O_2 \rightarrow 2Fe^{2+} + 4OH^-$

Durch weitere Oxidation entsteht Eisen-III-hydroxid und daraus nach Wasserabspaltung FeO(OH), der Hauptbestandteil des Rosts.

In einem sauren Elektrolyten mit einem hohen Angebot an Hydronium-Ionen scheidet sich an der Kathode Wasserstoff ab:

$$2H^+ + 2e^- \rightarrow H_2 \quad \text{(Wasserstoffkorrosion, Säurekorrosion)}$$

1.10.2 Korrosionselemente und -ursachen

In der Praxis fehlt in der Regel eine äußere leitende Verbindung zwischen den Elektroden; Anode und Kathode berühren sich, der

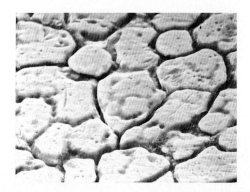

Abb. 1.9: Interkristalline Korrosion an der Oberfläche eines Edelstahles (INTERNATIONAL DAIRY FEDERATION, 1988)

Elektronenfluß erfolgt durch die Metalle hindurch (kurzgeschlossenes galvanisches Element). Ein *Makroelement* für *Kontaktkorrosion* stellen dar z. B. eine Schraubverbindung zwischen einer eisernen Rohrleitung und einer Messingarmatur oder ein Messer, wenn Heft und Klinge aus unterschiedlichen Metallen bestehen. Kontaktkorrosion muß nicht unbedingt durch verschiedene Bauteile ausgelöst werden. Anode und Kathode können sehr klein sein, unmittelbar nebeneinander liegen und so ein *Lokalelement* bilden. Es entsteht vor allem durch Fremdeinschlüsse, an den Phasen- und Korngrenzen (Beispiel: kupferreiche Ausscheidungen in Aluminiumlegierungen) einer heterogenen Legierung oder wenn eine Schutzschicht nicht geschlossen ist, so daß etwa das Metalloxid zur Kathode wird.

Von *selektiver Korrosion* spricht man, wenn bestimmte Gefügebestandteile bevorzugt zerstört werden. Bei der *interkristallinen Korrosion* sind dies korngrenzennahe Bereiche (Abb. 1.9). Die Ursachen dafür liegen in der höheren Energie der Korngrenzen oder in der Bildung von Lokalelementen, an denen Einschlüsse oder Korngrenzen-Ausscheidungen beteiligt sind. Interkristalline Korrosion führt im Endstadium zum völligen Zerfall des Werkstoffes in einzelne Kristallite. Empfindlich gegen interkristalline Korrosion sind neben AlCuMg-Legierungen vor allem austenitische Chrom-Nickelstähle mit chromreichen Mischkarbiden. Daher wird bei der Herstellung versucht, die Chromkarbid-Ausscheidung zu unterdrücken; das kann geschehen durch Einstellen niedriger Kohlenstoffgehalte, Lösungsglühen oder durch Stabilisieren mit Ti, Nb oder Ta.

Korrosion kann durch Konzentrationsunterschiede in Elektrolyten ausgelöst werden. Ein spezielles *Konzentrationselement* entsteht als Folge unterschiedlicher Versorgung der Metalloberfläche mit Sauerstoff (Belüftungselement). Unterschiedliche Sauerstoffkonzentrationen können auch die Ursache für die *Spaltkorrosion* sein. Spalten bilden sich nicht nur an Metallen, sondern u. U. auch an den Berührungsflächen an Metallen mit anderen Werkstoffen wie Plasten (z. B. unter Gummidichtungen).

1.10.3 Erscheinungsformen der Korrosion

Korrosionsbedingte Werkstoffveränderungen treten in verschiedenen Erscheinungsformen auf.

Flächenabtrag. Das Metall wird gleichmäßig von der gesamten Oberfläche abgetragen, oder es bilden sich muldenförmige Vertiefungen.

Lochfraß. Beim Lochfraß sind begrenzte Bereiche von der Korrosion betroffen, und es treten nur geringe Masseverluste ein. Es entstehen kraterförmige, nadelstichartige oder die Oberfläche unterhöhlende Vertiefungen. Charakteristisch für Lochfraß ist das Verhältnis von Tiefe (h) zu Länge (d) der korrodierten Stelle: $h/d > 0{,}2$. Ursachen sind z. B. Belüftungselemente oder Fehlstellen bzw. Verletzungen einer Schutzschicht. Die ansonsten leicht passivierbaren und allgemein chemisch gut beständigen Chrom- und sogar höher legierte Chromnickelstähle unterliegen der Lochkorrosion vor allem in sauren, halogenidhaltigen Lösungen; betroffen sind z. B. Messerklingen. Bei Aluminium können säurehaltige Lebensmittel (z. B. mit 1–2% Essigsäure) zu Lochkorrosion führen.

Rißbildung. Wie die Lochkorrosion ist Rißbildung am Anfang schwer zu erkennen. Rißbildung tritt auf, wenn ein Werkstoff unter einer statischen inneren (als Folge von Kaltverformung oder Wärmebehandlung) oder äußeren Spannung steht und gleichzeitig ein korrosives Medium einwirkt. Korrosionsrisse können interkristallin, also entlang der Korngrenzen, oder transkristallin, d. h. quer durch die Körner verlaufen.

1.10.4 Deckschichtenbildung und Passivität

Die Oxidation kann ein Metall in einen mehr oder weniger stabilen Zustand der Passivität versetzen, der u. U. die weitere Korrosion hemmt. Außer Oxiden können sich je nach Metall und angreifendem

Medium Schichten bilden aus Hydroxiden, Carbonaten und Sulfaten. Damit eine Deckschicht vor Korrosion schützt, muß sie gut haften, porenfrei und im angreifenden Medium unlöslich sein.

Eisen. In dem an Eisen-Werkstoffen gebildeten Rost liegt Eisen, wie schon erwähnt, in verschiedenen Oxidationsstufen in Form von Oxiden und Hydroxiden wie Fe_2O_3, Fe_3O_4, $Fe(OH)_2$, $Fe(OH)_3$ und auch als $FeO(OH)$ vor. Diese Deckschichten aus Rost sind unbeständig, sehr porös, feuchtigkeits- und luftdurchlässig, haften schlecht und vermögen die weitere Korrosion in feuchter Umgebung kaum zu hemmen.

Chrom, Nickel und Titan überziehen sich bereits an Luft mit einer beständigen Oxidschicht. Sind sie in höheren Anteilen in Stahl enthalten, übertragen sie ihre Passivierbarkeit auf Eisen. Daher bildet sich auf Chrom- und höherlegierten Stählen mit mindestens 13% Chrom ein dichter, zäher, sehr dünner Oxidfilm, der sie beständig gegen oxidierende Medien, nicht jedoch gegen halogenidhaltige Säuren macht. Nickel schützt gegen nicht oxidierende Medien.

Aluminium überzieht sich bereits an der Luft oder im Wasser mit einem Oxidfilm, der ihm eine bessere Korrosionsbeständigkeit verleiht, als das Normalpotential von Aluminium erwarten ließe. Das an der Atmosphäre gebildete Häutchen ist im allgemeinen amorph und 0,01 bis 0,02 μm dick. Die Deckschicht läßt sich verstärken und damit die Korrosionsbeständigkeit erhöhen durch Wärmebehandlung wie z. B. Glühen (bis 0,1 μm), Einwirkung von mindestens 70 °C heißem Wasser oder Wasserdampf (bis 2 μm), chemische Oxidation (bis 5 μm) oder anodische Oxidation (10–30 μm). Dabei entstehen verschiedene kristalline Oxid- (in trockener Atmosphäre) und Oxidhydrat-Modifikationen (bei Feuchtigkeit). Besonders γ-AlO(OH) (Böhmit) bildet gute Schutzschichten. Anwesende Fremdmetalle stören die Ausbildung kontinuierlicher Oxidschichten.

Korrosiv gegenüber Aluminiumwerkstoffen wirken daher Substanzen, die die Deckschicht durchdringen (Halogenid-, besonders Chlorionen) oder sie auflösen (Alkalien und viele Säuren). Dagegen verstärken Chromate, Wasserstoffperoxid und in bestimmten Konzentrationen Salpetersäure und Schwefelsäure die Oxidschicht.

Kupfer bildet unter Einwirkung von Kohlendioxid aus der Luft bzw. Kohlensäure Kupfercarbonat, die „Patina", die vor weiterer Korrosion schützt. Auch Zinn überzieht sich an der Luft oder im Wasser mit einer relativ beständigen Oxidschicht, die gegen den Angriff schwacher Säuren schützt.

1.10.5 Korrosionsschutz

Als Folge von Korrosion können metallische Gegenstände ästhetisch und funktionell beeinträchtigt werden. Daneben vermag durch Korrosion eventuell freigesetzter Wasserstoff Konservendosen zu bombieren. Gehen bei der Korrosion von Anlagenteilen, Verpackungsmaterial, Geschirr oder Besteck Metalle auf Lebensmittel über, können sie deren physiologische und sensorische Qualität direkt oder indirekt beeinträchtigen, indem sie z. b. die Oxidation von Lebensmittelbestandteilen katalysieren, Enzyme hemmen oder aktivieren. Da also Korrosion meist unerwünscht ist, werden Maßnahmen getroffen, um sie zu verhindern oder zumindest zu verzögern.

1.10.5.1 Zusammensetzung und Gefüge des Werkstoffes
Maßnahmen zur Homogenisierung des Gefüges und zum Abbau innerer Spannungen verbessern allgemein die Korrosionsbeständigkeit.

Rein- und Reinstaluminium gelten prinzipiell als besser beständig als Aluminiumlegierungen, vor allem wenn letztere Kupfer enthalten.

Die üblichen un- und niedriglegierten Stähle sind wenig korrosionsfest. Rost- und säurebeständige Stähle (nichtrostende Stähle; Kap. 1.9.5) können zusätzlich zu 13–30% Chrom Nickel, Molybdän, Mangan, Titan bzw. Niob enthalten. Molybdän erhöht die Beständigkeit gegen organische und verschiedene Mineralsäuren. Der Kohlenstoffgehalt muß gering sein, oder die Chromkarbidausscheidung wird durch andere Maßnahmen, z. B. Binden des Karbids mit Titan oder Tantal/Niob verhindert.

1.10.5.2 Konstruktive Maßnahmen
Zur Verhinderung der Kontaktkorrosion müssen verschiedene Metalle gegeneinander isoliert werden. An isolierenden Zwischenschichten, Dichtungen etc. ist die Ansammlung von Feuchtigkeit zu verhindern, um der Spaltkorrosion vorzubeugen.

Geschliffene, polierte, kratzer- und riefenfreie Oberflächen verhalten sich günstiger als rauhe.

1.10.5.3 Vermeiden angreifender Medien
Da zur Korrosion immer Wasser notwendig ist, ist die Luftfeuchtigkeit in Garagen, Lagerräumen etc. durch Belüften niedrig zu halten. Aus Gebrauchswässern sind Sauerstoff und Kohlensäure zu entfernen

(Beispiel: geschlossene Systeme wie Heizungsanlagen); chlor- und salzhaltige Wässer stellen ebenfalls eine Gefahr dar. Das Entfernen von Verschmutzungen dient auch dem Korrosionsschutz; z. B. können feuchte Speisereste, insbesondere kochsalzhaltige, Besteck und Geschirr aus Metall angreifen. Beim Reinigen von Geschirr und Anlagen ist die Verschleppung von Chlor, das neben dem Schmutz und dem Wasser aus Reinigungsmitteln stammen kann, in saure Reinigungs- bzw. Spülschritte zu vermeiden. Nachspülen und Trocknen von Reinigungsgut trägt ebenfalls zum Korrosionsschutz bei.

1.10.5.4 Zusatz von Stabilisatoren und Inhibitoren zu Elektrolyten

Ist der Kontakt zwischen Metall und Elektrolyt nicht zu vermeiden, weil etwa die Oberfläche gereinigt werden muß, können dem Elektrolyten zugesetzte Stabilisatoren darin die Bildung aggressiver Komponenten verhindern. Inhibitoren schützen vor Korrosion, indem sie an der Oberfläche adsorbiert werden. Reinigungsmittel enthalten als Korrosionsinhibitoren bestimmte Silikate und Phosphate.

1.10.5.5 Kathodischer Schutz

Das zu schützende Metall wird zur Kathode gemacht, indem man es leitend mit einem unedleren Metall verbindet. Solche „Opferanoden" für Stahl bestehen meist aus Magnesium oder Zink. Sie sind beispielsweise in geschlossene Warmwasserspeicher eingebaut: Bekommt die Emailschicht des Behälters einen Riß, löst sich allmählich die Opferanode auf und nicht der Stahlbehälter.

Statt mit einer Opferanode kann ein Metall auch mit Fremdstrom kathodisch geschützt werden. Dazu wird es an eine äußere Gleichstromquelle angeschlossen und mit einer Hilfsanode aus Graphit verbunden. Beispiel: unterirdisch verlegte Kabel sowie Wasser- und Gasrohre.

1.10.5.6 Beschichten

Damit Beschichtungen gut haften, sind die Oberflächen vorher mechanisch oder chemisch zu reinigen, insbesondere zu entfetten, von Oxidschichten zu befreien, die z. B. von Wärmebehandlungen oder vom Schweißen herrühren (Zunder), ggf. aufzurauhen oder zu grundieren (Lösungen mit Chromaten, Kunstharzen oder Phosphorsäure).

Reaktionsbeschichten

Anodische Oxidation. Wie bereits angedeutet, läßt sich die natürliche Oxidschicht auf Aluminiumwerkstoffen unter Anwendung von Gleich-

strom und bestimmten Säuren, vorzugsweise Schwefel-, Oxal- oder Chromsäure um das Hundertfache verstärken. Beispiel eines Handelsnamens ist ELOXAL (elektrisch oxidiertes Aluminium). Die zunächst porenhaltige Oxidschicht wird in heißem Wasser oder bestimmten Lösungen nachverdichtet. Sie leitet elektrischen Strom nicht und ist gut anfärbbar. Beispiel: dekoratives Kochgeschirr.
Phosphatieren. Durch Behandlung mit phosphorsauren Lösungen von Schwermetallen entsteht an der Oberfläche von Eisenwerkstoffen eine dünne, festhaftende Phosphatschicht. Sie bildet einen guten Haftgrund für Anstriche und vermindert die Gefahr des Unterrostens.
Chromatieren. In ähnlicher Weise und ebenfalls als korrosionsbeständiger Haftgrund werden Aluminium und Zink in Chromatlösungen chromatiert.

Metallische Überzüge
Metallische Beschichtungen schützen das darunterliegende Material
- als edleres Überzugsmetall (Beispiel: Kupfer und Zinn auf Eisenwerkstoffen),
- indem sie eine dichte und beständige Eigenschutzschicht entwickeln (Chrom und Nickel auf Eisenwerkstoffen) oder
- indem sie als unedleres Metall bei einem gleichmäßigen Angriff zur Opferanode werden (kathodische Schutzwirkung; Beispiel: Zink auf Eisenwerkstoffen).

Die wichtigsten Überzugsverfahren sind Galvanisieren, Diffundieren, Schmelztauchen (Zinn, Zink und Aluminium auf Stahl), Spritzen und Aufdampfen (Aluminium auf Stahl im Hochvakuum). Das Galvanisieren bezeichnet die elektrolytische Metallabscheidung aus Salzbädern an dem als Kathode geschalteten Werkstück. Da dekorative Chromüberzüge (Verchromen) mit feinen Rissen und Poren durchsetzt sind, empfiehlt sich eine ebenfalls galvanisch erzeugte Zwischenschicht aus Nickel oder Kupfer. Weißblech ist galvanisch verzinnter Stahl; zusätzliches Glanzschmelzen verschließt seine Poren (Kap. 1.11.5.2). Bei den Diffusionsverfahren, z. B. Chromieren, dringt das Beschichtungsmetall in die erhitzte Metalloberfläche ein (Kap. 1.6.3).

Emaillieren
Email ist anorganisches Glas (Kap. 2.5.1.5), chemisch sehr gut beständig, aber spröde. Das Glaspulver (Fritte) wird in zwei getrennten Arbeitsgängen als Grund- und Deckemail, oder in einer Schicht, aufgebracht und eingebrannt. Emailliert werden u. a. Gehäuse von Haushaltsgeräten, Kochgeschirr (immer in zwei Schichten), Sanitär-

einrichtungen (z. B. Waschbecken); dabei wird für Geschirr säurebeständiges, für Waschmaschinentrommeln laugenbeständiges Email verwendet. Kritisch ist der Sanitärbereich: Die meisten Emailbadewannen sind empfindlich gegenüber Säuren, selbst der schwachen Zitronensäure.

Beschichtung mit organischen Stoffen
Durch Einölen und Fetten werden Gleitflächen, Gewinde und Bolzen geschützt. Beständiger sind, auch bei mechanischer Beanspruchung, Kunststoffbeschichtungen. Große Bedeutung als Verpackungsmittel haben lackierte Dosen und kunststoffbeschichtete Aluminiumfolie.

1.11 Einsatz im Haushalt

1.11.1 Küchenbereich

Besteck und Schneidgeräte
Für Bestecke spielen nichtrostende Stähle die wichtigste Rolle. Heft und Klinge von Messern können aus einem Stück gefertigt sein (Monoblock) oder aus unterschiedlichen Werkstoffen (Hohlheft-Messer). Messerklingen und andere schneidende Geräteteile (wie die Messerscheiben von Küchenmaschinen) bestehen aus härtbaren, martensitischen Chromstahlsorten mit Härten von 50–55 HRC. Gegenüber den früher verarbeiteten Chromstählen 1.4021 und 1.4034 sind die heute vorwiegend verwendeten Mo-haltigen Stähle 1.4116 und 1.4122 wesentlich beständiger gegenüber Korrosion.

Für die nichtschneidenden Besteckteile (Messerheft, Gabel, Löffel u. a.) eignen sich der ferritische Chromstahl 1.4016 und der austenitische Chrom-Nickel-Stahl 1.4301. Die Oberflächen von Besteckteilen sind gebürstet (seidenmatt) oder poliert.

Scheren können ebenfalls aus härtbarem, nichtrostenden Edelstahl (v. a. 1.4034) gestanzt oder geprägt sein, oder sie werden aus Kohlenstoff-(Werkzeug-)Stählen geschmiedet und gehärtet. Das blanke Aussehen und den Korrosionsschutz erhalten geschmiedete Scheren durch galvanisches Vernickeln und gegebenenfalls zusätzliches Verchromen, meist unter Aussparung der Blattinnenseite.

Für nichtschneidende Besteckteile hat nach wie vor Silber Bedeutung. Da Feinsilber (reines Silber) für Herstellung und praktischen Gebrauch zu weich ist, bildet es stets nur die Auflage. Grundwerkstoff galvanisch versilberter Bestecke ist normalerweise austenitischer Stahl (1.4301), weniger oft Alpaka (Neusilber), eine Legierung aus 45−67% Kupfer, 10−26% Nickel und 12−45% Zink. Die Silberauflage wird pro 24 dm^2 angegeben. Die normale Versilberung von 90 g Silberauflage auf 24 dm^2 entspricht rechnerisch einer durchschnittlichen Dicke der Silberschicht von 37 μm; an stärker beanspruchten Stellen wird die Versilberung häufig verstärkt.

Silber ist ein sehr weiches Metall. Es wird vor allem mit Kupfer legiert, um die Härte zu erhöhen. Entsprechend den Gepflogenheiten der Silberwarenindustrie beziffert die übliche Zahlenangabe (z. B. 800) den Silberanteil in 1000 Teilen der Legierung − im gewählten Beispiel also 80%. Sterling-Silber muß mindestens 92,5% Silber enthalten.

Aluminium wird nur noch wenig verwendet, z. B. für Löffelgarnituren, Eierschneider und neuerdings in Form lackierter Besteckgriffe.

Arbeitsflächen und Spülen
Bevorzugter metallischer Werkstoff ist Chrom-Nickel-Stahl 1.4301. Er ist bei dieser Anwendung häufig mustergewalzt; diese auch Prägedessinierung genannte Oberflächenausführung soll neben dem Dekoreffekt Fingerabdrücke, Wasserflecken, Kratzer etc. weniger gut sichtbar erscheinen lassen. Spülen können auch aus emailliertem Stahlblech gefertigt sein (nach ISO 5001, EURONORM 130 oder DIN 1623, Teil 3).

Kleingeräte
Für Stahlteile wird hauptsächlich die Sorte 1.4016 verwendet. Beispiele für den Einsatz von Aluminium-Druckguß sind die Innenschalen von Eierkochern und die Heizschlangen von Kaffeemaschinen.

Koch-, Brat- und Backgeschirr
Lange Tradition als Koch- und Bratgeschirr besitzen emailliertes Stahlblech (EURONORM 130) und emailliertes Gußeisen. Seit Beginn dieses Jahrhunderts gibt es Geschirr aus Aluminium, meist eloxiertem Al99,5; Pfannen und Kuchenbleche können aus AlMg2,5 (3.3523) oder AlMnCu (3.0517) (ISO Al-Mn1Cu) sein. In jüngerer Zeit hat Edelstahl Rostfrei, v. a. 1.4301, stark an Bedeutung gewonnen. Wegen der relativ geringen Wärmeleitfähigkeit von Edelstahl erhalten diese Kochgeschirre zusätzlich einen Kupfer- oder Aluminiumboden, damit sich die Wärme gleichmäßig verteilt.

Säurebeständig emailliert verwendet werden neben Stahlblech auch Aluminium- oder Edelstahlblech. Die Innenseite von Kochgeschirr kann PTFE-beschichtet sein. Ein Beispiel für einen dreischichtig gewalzten Werkstoff sind Pfannen mit einer Außenseite aus Edelstahl oder Kupfer, einer Innenseite aus Edelstahl und dazwischenliegender Aluminiumschicht.

Herde
Emailliertes Stahlblech eignet sich für Gehäuse, Garraum und Kochmulde, nichtrostender Stahl für Garraum und Mulde. Kochplatten bestehen aus Gußeisen, Heizwiderstände aus einer Nickel-Chrom-Legierung, z. B. NiCr 80 20 und die Wärmeisolierung des Ofens aus Aluminiumfolie kombiniert mit Stein- oder Glaswolle.

Beim Gasherd wird für Rippenrost und Brennerdeckel emailliertes Gußeisen verwendet, für Brennerdeckel auch Aluminium-Druckguß, z. B. GD-AlSi8Cu1 (GD = Druckguß).

Geschirrspülmaschinen
Als Außenverkleidung dient lackiertes oder emailliertes Stahlblech. Beim Spülbehälter konnte sich Kunststoff trotz gewisser Vorteile bezüglich Geräuschbildung und Korrosionssicherheit nicht gegenüber Chrom-Nickel-Stahl durchsetzen. Edelstahl 1.4301 erfüllt die hohen Anforderungen an Beständigkeit gegenüber Spülmittel, Speiseresten, Dampf und Heißwasser. Die Geschirrkörbe bestehen aus kunststoffummanteltem Stahldraht, Sprüharme und Siebe aus Edelstahl Rostfrei.

Kühl- und Gefriergeräte
Lackiertes Stahlblech ist das übliche Material für die Außenwände und kann zum Verdampferfach sowie – neben Kunststoff – zu Innenwänden verarbeitet werden. Weitere Werkstoffe für Verdampfer bilden Al99 (3.0205) sowie reines Kupfer.

1.11.2 Geräte zur Reinigung und Pflege der Wäsche

Die Gehäuse von Waschmaschinen, Schleudern und Trommeltrocknern bestehen aus lackiertem oder emailliertem Stahl- (z. T. auch Aluminium-)Blech. Sehr bedeutend für Trommeln und Laugenbehälter sind nichtrostende Stähle wie 1.4016, für Trockner auch der Nb-haltige Edelstahl 1.4511. Für Schleudertrommeln kann verzinktes Stahlblech eine Rolle spielen. Stabilisierungskreuze und Riemenantriebsräder bestehen aus Aluminium-Druckguß, z.B. GD-AlSi9Cu3 (GD-3.2162) oder GD-AlSi8Cu1. Heizschlangen sind meist aus Edelstahl, mitunter aus porenfrei vernickeltem Kupfer hergestellt. Bügeleisen haben eine Sohle aus poliertem oder geschliffenem Aluminium bzw. Edelstahl Rostfrei, verchromtem Stahlguß oder PTFE-beschichtetem Aluminiumguß. Der − ähnlich der Kochplatte − in die Sohle eingegossene Rohr- oder eingepreßte Masseheizkörper enthält den Heizleiter (z.B. aus NiCr 80 20), der in eine Isoliermasse (z.B. aus Magnesiumoxid) eingebettet ist. Die Haube ist meist aus verchromtem Stahlblech. Die Temperatur wird über ein Bimetall geregelt (Kap. 1.11.4).

1.11.3 Maschinenelemente

Lagerwerkstoffe (Lg) müssen verschleißfest, hart (auch bei hohen Lagertemperaturen), korrosionsbeständig sowie mit dem Schmierstoff benetzbar sein, die Reibungswärme ableiten und gute Notlaufeigenschaften bei kurzzeitigem Ausfall der Schmierstoffzufuhr besitzen. Als Lagerwerkstoffe eignen sich deshalb Legierungen aus Kupfer, Zinn, Zink, Aluminium und Blei; Beispiele sind CuSn20, LgPbSn10, LgSn80. Lager aus Sinterwerkstoffen (-bronzen, -aluminium; Kap. 1.2.4.1) dienen auf Grund ihrer Porosität als Schmiermittelspeicher, d.h. sie werden vor dem Einbau mit Öl oder Fett getränkt und benötigen im allgemeinen während der Nutzung keine Schmierung mehr.

Wellen und Zahnräder müssen verschleißfest und hart sein und eine hohe Zugfestigkeit besitzen. Sie können u.a. aus einsatzgehärtetem Stahl wie C 10 bestehen, Zahnräder auch aus Spezialbronzen wie CuSn10Zn2.

Federwerkstoffe müssen elastisch und dauerschwingfest sein und eine hohe Zugfestigkeit besitzen. Zu den Federstählen gehören unlegierte Qualitätsstähle wie C 75, unlegierte Edelstähle wie Ck 75 und legierte Edelstähle wie 66 Si 7; besonders hohen Ansprüchen genügt der ausscheidungshärtbare, nichtrostende Stahl 1.4568 (X 7 CrNiAl 17 7). Außerdem werden Kupfer- und Nickel-Knetlegierungen verwendet. Kupfer-Zinn-Knetlegierungen eignen sich für Federn, die korrosionsbeständig sein müssen, sowie für Kontaktfedern in der Elektroindustrie.

Zwei Beispiele der Anwendung von Federn bietet die Waschmaschine: Bei Unterbrechung der Stromzufuhr wird der Wasserzulauf über ein spiralfederbelastetes, elektrisch gesteuertes Ventil gesperrt. Die dafür verwendete Feder kann aus einem austenitischen Chrom-Nickel-Stahl, z. B. 1.4401, oder bestimmten Messingsorten wie CuZn37 bestehen. Die Zugfeder zur Aufhängung des Laugenbehälters ist z. B. aus C 60 gefertigt.

1.11.4 Bimetalle

Sie bestehen aus zwei miteinander verbundenen Metallstreifen mit stark unterschiedlichen Wärmeausdehnungskoeffizienten. Bei Erwärmung krümmt sich das Bimetall zur Seite des Bleches mit der geringeren Ausdehnung, z. b. eine Nickel-Eisen-Legierung mit 36 (Invar), 38, 42 oder 54% Ni. Als Werkstoffe mit großer Ausdehnung dienen Eisen- oder Nickel-Eisen-Legierungen mit 20 oder 25% Ni. Bimetalle werden verwendet für thermisch auslösende Schutzschalter, Regler für Kühl- und Wärmegeräte, Gasflammensicherungen, Glimmzünder und zur Messung und Aufzeichnung thermischer Größen.

1.11.5 Verpackung

Metallische Packstoffe haben an der Produktion von Verpackungen einen massemäßigen Anteil von 13%. Dabei handelt es sich fast ausschließlich um Aluminium und Weißblech. Der geschätzte Verpackungsverbrauch in der Bundesrepublik Deutschland beträgt derzeit pro Einwohner und Jahr u. a. 10 kg Weißblech und 1,7 kg Aluminium.

1.11.5.1 Aluminium

10−12% der Aluminium-Produktion der westlichen Welt gehen in die Verpackung. Seine Bedeutung als Verpackungsmaterial verdankt Aluminium vor allem der niedrigen Dichte und der guten Umformbarkeit: Durch Tiefziehen lassen sich nahtlose Hohlkörper (Dosen, Tuben, Flaschen), durch Walzen dünne Bänder (21−350 µm dick) und Folien (4,5−20 µm dick) herstellen (Tab. 1.14). Selbst dünne Folien besitzen noch gute Sperrwirkung gegenüber Strahlen, Gasen und Flüssigkeit.

Ungeschütztes Aluminium ist im allgemeinen beständig gegen trockene und viele pastöse Güter. Korrosionsprobleme und Beeinträchtigungen des Packgutes ergeben sich vor allem, wenn dieses Säure oder Kochsalz enthält (Beispiele: flüchtige Säuren des Brotaromas können zu Lochfraß führen, Reifeprodukte von Käse zu Geschmacksveränderungen).

Tab. 1.14: Aluminium als Packstoff (ALUMINIUM-ZENTRALE, o. J.)

Form und Ausführung (Packmittel)		Qualität und Verarbeitung des Packstoffes
Folien, dünne Bänder	Folienverpackungen Durchdrückpackungen Leichtbehälter (z. B. Schalen) Folienbeutel Haushaltsfolien	blankes Al unterschiedlicher Reinheit oder eloxiert oder lackiert oder kaschiert
Dosen	Konservendosen	AlMn, AlMgMn, AlMg3; tiefgezogen, nahtlos; meist lackiert
	Aerosoldosen	meist Rein-Al (99,5), lackiert, nahtlos
	Laminatdosen	kaschierter Verbund aus Karton, Papier, Al-Folie und Kunststoff
Tuben	Monobloc	Reinheitsgrad d. Al ≥ 99,6%; fließgepreßt, nahtlos, häufig Innenlackierung
	Laminattuben	Verbund aus Al und Kunststoff, Schweißnähte
Flaschen	(z. B. für Lösungsmittel, Gifte, Gase, Farben)	Rein-Al (fließgepreßt) oder Legierungen (tiefgezogen)
Verschlüsse	Weithals-, Enghals-, Schraub-, Anroll-, Aufreiß-, Abreißverschlüsse	häufig lackierte Bänder oder Tafeln oder Verbünde, z. T. mit Pappeinlage
Kannen, Fässer		AlMg3, AlMgSi1; z. T. innen mit Rein-Al plattiert, und/oder anodisch oxidiert bzw. lackiert
Etiketten		meist papierkaschierte Folie
Zier- und Wickelkapseln Flaschenhalsfolien		lackierte Folie

Es wird reines (mind. 99,35%) oder anodisch oxidiertes, häufiger jedoch und besonders für Konservendosen lackiertes Aluminium verwendet. Neben den lackierten besitzen kaschierte Aluminiumverpackungen für Lebensmittel größere Bedeutung. Solche Verpackungen, z. B. Laminatdosen und -tuben, bestehen aus einem Verbund von Aluminium, Kunststoff und evt. Papier oder Pappe. Laminat- oder Combidosen eignen sich für die Heißabfüllung von Getränken und werden außerdem für Instantprodukte, Gewürze und Tee verwendet. Zu den in Aluminium verpackten Lebensmitteln gehören Fisch, Fleisch- und Wurstwaren, Öl, Bier und Milchprodukte. In jüngster Zeit haben Kunststoff-Folien und Papiere, die im Vakuum mit Aluminium bedampft werden, für die Verpackung von Gebäck, Bonbons, Kaffee und Ölprodukten stark an Bedeutung gewonnen.

1.11.5.2 Weißblech

Weißblech ist kaltgewalzter, kohlenstoffarmer (unlegierter) Stahl von einer Dicke unter 0,5 mm, auf den elektrolytisch ein Überzug aus Zinn hoher Reinheit aufgebracht ist. Die Dicke der Zinnauflage richtet sich nach dem Verwendungszweck und beträgt 1,0 bis 2,8 g m^{-2}. Weißblech ist magnetisierbar und besitzt eine glänzende bis silbermatte, bedruckbare Oberfläche.

Die Hälfte der Weißblechprodukte machen Getränke- und Konservendosen aus, vor allem für Kondensmilch, Gemüse, Obst, Fleisch und Fisch (Tab. 1.15).

Tab. 1.15: Weißblechprodukte (VÖLZ 1988)

Produkt	Anteil (%)
Getränkedosen	20
Konservendosen	19
Kondensmilchdosen	11
Tiernahrung	6
Aerosoldosen	8
Verschlüsse	14
Verschiedenes, wie Mineralöl-, Farben-, Lack-, Film-, Schmuckdosen, Spielwaren, Tabletts, Eimer, Küchengeräte, Batteriehülsen	Rest

Die heute gebräuchlichen, zweiteiligen Dosen werden tiefgezogen. Sie sind in der Regel nicht mehr gelötet, sondern geschweißt und innen mit einem elastischen Schutzlack versehen.

1.11.5.3 Sonstige Packstoffe
In Herstellung und Verwendung mit Weißblech vergleichbar und an Bedeutung gewinnend ist elektrolytisch verchromtes Stahlblech, z.T. als „tin free steel" bezeichnet. Lack haftet darauf besser als auf Weißblech. Das aus dünner Zinnfolie bestehende Staniol ist heute meist durch Aluminiumfolie ersetzt. Die fälschlicherweise als Staniol bezeichneten Metallkapseln für Weinflaschen (beidseitig mit Zinn bedecktes Blei) sind nicht mehr zulässig (Kap. 1.13).

1.11.6 Bauwesen

Baukonstruktionen
Stähle für Bauteile mit tragender Funktion haben bestimmte Mindestanforderungen an Streckgrenze und Zugfestigkeit zu erfüllen; verwendet werden v. a. St 37 und St 44. Dabei kann es sich je nach den äußeren Bedingungen um allgemeine (unlegiert), wetterfeste (niedriglegiert) oder auch nichtrostende Baustähle (1.4301, 1.4541, 1.4401 und 1.4571, jeweils mit einem Zusatz für die Mindestfestigkeit) handeln. Für Befestigungselemente und Natursteinanker ist 1.4571 zwingend vorgeschrieben. Unter den Aluminiumwerkstoffen eignen sich für Tragkonstruktionen insbesondere AlMgSi0,5- und AlMgSi1-Knetlegierungen.

Nicht tragende Bauelemente
Für Fensterrahmen, Türen, Fassadenverkleidungen, Dachbedeckungen, Beschläge, Profile, Briefkästen, Schilder etc. werden hauptsächlich verwendet: unbehandeltes, kunststoffbeschichtetes oder anodisch oxidiertes Aluminium, v. a. AlMgSi0,5-Knetlegierungen, nichtrostende Stähle, wie 1.4401, 1.4301, 1.4016 (letzterer nur für Innenarchitektur, Regale und Möbelgestelle), Kupfer und Messing, emailliertes Stahl- und Aluminiumblech.

1.11.7 Installationen

Für geschlossene Kreislaufsysteme der Heizungs- und Klimatechnik genügt in der Regel unlegierter, ungeschützter, sogenannter schwarzer Stahl, da das Umlaufwasser nach kurzer Betriebsdauer praktisch keinen Sauerstoff mehr enthält, der Innenkorrosion verursachen könnte. Im Gegensatz zu offenen Kreisläufen verursachen dabei auch Mischinstallationen, also der Zusammenbau mit Bauteilen aus edleren Metallen wie Kupfer und nichtrostendem Stahl keine Korrosionsprobleme. Heizkessel bestehen häufig aus Gußeisen oder nichtrostenden Stählen, Heizkörper aus außen lackiertem Stahlblech.

Höhere Anforderungen an den Korrosionsschutz stellen offene Systeme: Wichtige Werkstoffe sind für Trinkwasserinstallationen feuerverzinkter Stahl, für Armaturen Kupferlegierungen. Dabei gilt zur Vermeidung von Lochkorrosion die Fließregel. Danach dürfen Bauteile und Apparate mit großen wasserberührenden Innenoberflächen aus Kupferwerkstoffen in Fließrichtung nicht vor solchen aus verzinkten Eisenwerkstoffen angeordnet werden. Für Warmwasserbereiter werden emailliertes Stahlblech, Kupfer, sowie Mo-haltige Edelstähle wie 1.4571 verwendet. Gasleitungen in der Wohnung bestehen, abgesehen von den flexiblen Anschlußleitungen, aus Stahl oder Kupfer. Genaue Ausführungen über Gas- und Wasserleitungen enthalten die Arbeitsblätter des Deutschen Vereins der Gas- und Wasserfachmänner (DVGW).

Elektrische Leiter bestehen aus Kupfer (Reinst- oder Elektrolytkupfer), speziellem Reinaluminium oder Aluminiumlegierungen, wie E-AlMgSi und E-AlMg. Die Bedeutung liegt dabei weniger in der Hausinstallation als bei Freileitungen. Zur Erhöhung der Zugfestigkeit erhalten Freileitungsseile aus Aluminium häufig eine Stahlseele.

1.11.8 Sanitärbereich

Im Privathaushalt bestehen Badewannen und Duschtassen meist aus emailliertem Stahlblech, in sanitären Gemeinschaftseinrichtungen sowie für medizinische Bäder werden nichtrostende Stähle (1.4401 und 1.4301) eingesetzt. Armaturen sind meist verchromt; oft bestehen sie aus Messing (CuZn-Legierungen).

1.12 Reinigung und Pflege

Die im Haushalt und Gewerbe zu reinigenden Metalloberflächen bestehen im wesentlichen aus nichtrostenden Stählen, Aluminium, Silber, Kupfer und Messing.

Im Gegensatz zur landläufigen Meinung sind sie relativ weich. Grobe und harte Scheuermittel, Stahlwolle, Schmirgel- (enthält vor allem sehr hartes Al_2O_3) und Sandpapier (mit sehr hartem SiO_2) verkratzen die meisten Metalloberflächen und zerstören Passivschichten. Die in vielen Metallreinigern und -pflegemitteln enthaltenen Schleif- und Poliermittel, z. B. Schlämmkreide, sind feinkörnig und weich. Sie verursachen, ebenso wie die auf Edelstahl abgestimmten, sogenannten Rostfrei-Pads, stets gewissen Abrieb, aber keine Kratzer.

Neutral- und Allzweckreiniger sind für alle Metalloberflächen anwendbar. Der in vielen alkalischen Produkten enthaltene Ammoniak eignet sich besonders gut für Silber, blankes Kupfer und Messing.

Säuren greifen in der Regel Metalle an. Auch Edelstahl Rostfrei und Chrom sind gegenüber Salzsäure und Halogenidionen in sauren Medien nicht beständig. Auf Kupfer bildet sich unter Einwirkung von Essigsäure giftiges Kupferacetat (Grünspan); es läßt sich mit Salmiak, verdünnten Säuren und Komplexbildnern wieder entfernen. Um anorganische Ablagerungen wie Kalk und Rost von metallischen Oberflächen zu entfernen, können auf das jeweilige Material abgestimmte, saure Reiniger, die häufig Korrosionsinhibitoren enthalten, eingesetzt werden. Verdünnte Phosphor-, Salpeter- und Sulfaminsäure können für nichtrostende Stähle und verchromte Oberflächen angewendet werden.

Aluminium darf, wiederum abgesehen von Spezialreinigern, weder mit stark sauren noch mit stark alkalischen Mitteln, zu denen auch Schmierseife gehört, behandelt werden (amphoteres Metall). Außerhalb des pH-Bereiches 5–8 ist mit einem Angriff auf die Oxidschicht zu rechnen. Zum Schutz von Aluminium sind alkalischen Geschirrspülmitteln und Reinigern Silikate zugesetzt.

Metallpolish-Reiniger zur kombinierten Reinigung und Pflege sowie Metallkonservierer in Form von Wachsemulsionen oder Wachslösungen sollen, insbesondere im Außenbereich, die Wiederanschmutzung verzögern und vor schädlichen Substanzen der Umgebung, wie Flugrost, schützen.

Beim maschinellen Spülen von Besteck und Metallgeschirr sind einige Regeln zu beachten:

Verschmutzte Gegenstände sollten nicht über längere Zeit ungespült liegenbleiben, da Speisereste das Material angreifen (Kochsalz) bzw. Verfärbungen verursachen können (Anlaufen von Silber bei Kontakt mit Schwefelwasserstoff). Besteckteile sind mit dem Griff nach unten locker in den Besteckkorb zu stellen, Silber und Edelstahl voneinander zu trennen (Kontaktkorrosion). Der Kontakt mit konzentrierten Reinigern ist zu vermeiden. Neben Silber kann auch Edelstahl anlaufen. Zum Entfernen dieser blauvioletten oder regenbogenartigen Verfärbungen wird warme, 10%ige Zitronensäure-Lösung empfohlen. Beginnende Dunkelfärbung von Aluminiumoberflächen deutet auf zu geringe Reiniger-Dosierung hin. Die sogenannte Brunnenwasser-Schwärzung von Aluminium kann durch Leitungswasser verursacht sein. Sie läßt sich verhindern, indem man die blanke Aluminiumoberfläche 1 Std. lang heißem Wasserdampf oder 75–85 °C heißer Soda-Lösung ($25\,\mathrm{g\,l^{-1}}$) aussetzt. Anlaufflecken, Rost und Rückstände können eine Nachbehandlung, z. B. mit Poliermitteln erforderlich machen. Für Silber gibt es spezielle Tauchbäder und Pasten, nach deren Anwendung gründlich mit Wasser nachzuspülen ist.

Eßbestecke, die nach RAL-RG 604 als spülmaschinenfest gekennzeichnet sind, weisen nach 1000 Spülgängen keine nennenswerten Veränderungen im Hinblick auf Aussehen, Form und Gebrauchstüchtigkeit auf. Bei Besteckteilen aus Chromstahl mit einem Chromgehalt von ca. 13% kann nicht von Spülmaschinenfestigkeit ausgegangen werden. Als allgemein spülmaschinenfest im Sinne der RAL-Güte- und Prüfbestimmungen gelten: Besteckteile aus Chrom-Nickel-Stahl (uneingeschränkt), härtbaren Chrom- und Chrom-Molybdän-Stählen mit > 15% Chrom sowie Silber. Da die austenitischen Chrom-Nickel-Stähle nicht magnetisierbar sind, empfiehlt die Arbeitsgemeinschaft Gewerbliches Geschirrspülen bei automatischer Besteckabnahme (mit Magnet) in Großküchen 17%ige (also ferritische) Chrom-Stähle.

1.13 Anforderungen (Eignung)

Der Haushalt besitzt nur bedingt die Möglichkeit, über die Art des Werkstoffes zu entscheiden, da er meist vorgefertigte Güter kauft. Er läßt sich dabei besonders von ökonomischen und subjektiven Gesichtspunkten, wie der ästhetischen Einschätzung, leiten. Ein Beispiel sind Bestecke: Das Preisverhältnis hat sich eindeutig zugunsten von Edelstahl verschoben; er hat Alpaka als Basismaterial für versilberte Bestecke stark zurückgedrängt, ausgenommen für tiefausgearbeitete Muster wegen der leichten Verformbarkeit. Massivsilber und versilberte Bestecke werden trotz des höheren Preises und der schwierigeren Pflege nach wie vor nachgefragt (Gütebedingungen in RAL-Richtlinie 691 B 3). Kriterien der Werkstoffauswahl für den Hersteller sind neben der Beanspruchbarkeit die Verarbeitbarkeit sowie Werkstoff- und Fertigungskosten.

Die wesentlichen Anforderungen an Werkstoffe sind technische Eignung sowie Unbedenklichkeit im Kontakt mit Lebensmitteln. Technische Eignung bedeutet die Abstimmung der physikalischen und chemischen Eigenschaften eines Werkstoffes auf den späteren Anwendungszweck.

Beispiele für technische Eignung
Günstige Festigkeit mit geringer Verformungsfähigkeit, d. h. hoher Streckgrenze weisen unter den Aluminiumwerkstoffen Legierungen wie AlMg2,5 und AlMnCu auf. Sie werden daher für Kochgeschirr insbesondere mit Stiel und als Trägerwerkstoff für PTFE-Beschichtungen verwendet. Dagegen eignet sich Al99,5 wegen seiner niedrigen Streckgrenze für Tuben, Folien und Drähte.

Bewegte Teile, Schneidgerät, Maschinen- und Bedienelemente (z. B. Armaturen, Bügelmulden, Schneid- und Schlagmesser, Wellen, Zahnräder) erfordern hohe Verschleißfestigkeit und Härte. Diese lassen sich zwar an Aluminium durch Aushärten, Anodisieren oder Hartverchromen um ein Vielfaches verbessern, jedoch sind in diesen Eigenschaften härtbare, martensitische Chromstähle (z. B. Schneidwaren) und verchromte Oberflächen (z. B. Armaturen) überlegen. Einsatzgehärtete Werkstoffe bieten eine verschleißfeste Oberfläche bei gleichzeitig zähem Kern und eignen sich daher für Wellen und Zahnräder.

Je nach Verwendungszweck können außer mechanischen auch andere Eigenschaften wie Wärmedurchgang (Koch-, Kühl- und Gefriergerät) oder Korrosionsbeständigkeit (Bestecke, Geschirrspüler) dazu dienen, die technische Eignung zu beurteilen.

Unbedenklichkeit im Kontakt mit Lebensmitteln und Haut
Der Übergang von Metallen auf Lebensmittel ist unerwünscht, selbst wenn, wie für gewerbsmäßig verwendete Bedarfsgegenstände gesetzlich vorgeschrieben, gesundheitliche, geschmackliche und geruchliche Beeinträchtigungen ausgeschlossen sind.

Toxikologische Bedenken bestehen gegen Silber, Aluminium und nichtrostende Stähle kaum: 18/10 Chrom-Nickel-Stähle werden auch durch saure Lebensmittel nicht angegriffen. Versuche mit organischen Säuren als Lebensmittelsimulantien weisen zwar auf eine mögliche Freisetzung von Nickel hin, doch erscheinen solche Modellversuche wenig geeignet, um die Nickelabgabe während der Lebensmittelzubereitung in Edelstahltöpfen und die daraus resultierende Gefahr einer Nickelallergie praxisgerecht zu bewerten. Säurehaltige Lebensmittel wie Sauerkraut, Spinat oder Rhabarber weisen nämlich nach praxisgerechtem Garen in Töpfen aus 18/10 Chrom-Nickel-Stahl keine erhöhten Nickelwerte auf. Dabei ist noch ungeklärt, ob bzw. welche Inhaltsstoffe der Lebensmittel die Edelstahloberfläche gegen Korrosion durch Säuren und Kochsalz schützen (VROCHTE et al. 1991). Eine Freisetzung des als toxisch bekannten sechswertigen Chroms aus nichtrostendem Stahl dürfte nur unter kaum zu erwartenden Bedingungen wie in stark oxidierenden Medien stattfinden. Aluminium kann freigesetzt werden, wenn bei unsachgemäßer Behandlung die Al_2O_3-Deckschicht zerstört wird. Nicht ganz sicher ist, ob Aluminium Menschen mit eingeschränkter Nierenfunktion schaden kann (PRESCOTT 1989).

In den 50er Jahren wurde festgestellt, daß sich Blei von sehr dünn verzinnten Flaschenkapseln auf der Korkoberfläche ablagern und bei irrtümlich umgekehrt aufgesetzten Korken in den Wein gelangen kann (TROOST 1980). Um das Risiko einer solchen Kontamination auszuschließen und die Belastung der Umwelt mit bleihaltigem Müll zu reduzieren, verbietet die EG seit 1. Januar 1993 die Verwendung bleihaltiger Verschlußkapseln und -folien für Behältnisse von Wein, Traubenmost und Schaumwein. Giftig ist auch das bei Kontakt mit Essigsäure an Kupfer entstehende, bereits erwähnte Kupferacetat.

Mit Bestandteilen von Lebensmitteln können Metallionen chemische Reaktionen eingehen und dadurch u. a. zu Farbveränderungen führen. Durch Schwermetallionen sind unspezifische Eiweißfällungsreaktionen möglich. Außerdem wirken sie als Katalysatoren für unerwünschte Reaktionen, die z. B. zur Oxidation von Fettsäuren und zum Abbau von Ascorbinsäure führen. Schließlich können sie Enzyme hemmen oder aktivieren.

Direkter Kontakt der Haut mit Nickel (Schmuck) kann allergische Reaktionen verursachen. Das zweiwertige Nickelion wirkt dabei sensibilisierend. Freisetzung von Nickelionen bei nichtrostenden Stählen scheint nicht möglich zu sein (SCHEUER 1981).

1.14 Schrott und Recycling

Recycling, d. h. die Rückführung von bei Produktion und Verbrauch anfallenden Reststoffen, Neben- und Abfallprodukten in den Produktions-Verbrauch-Kreislauf, wird bei Metallen nicht erst praktiziert, seit Deponieraum knapp geworden ist. Die Verwertung von Sekundärrohstoffen bzw. Schrott ist so alt wie die metallverarbeitende Industrie selbst.

Tab. 1.16: Arten von Metallverpackungen im Hausmüll[1] nach der Sekundärstatistik (KOCH et al. 1986)

Verpackung	Menge in $t\,a^{-1}$	Anteil in Masse-%
Eisenmetalle:	394 900	100
Getränkedosen	98 000	24,8
sonstige Dosen, Eimer	197 000	49,9
Spraydosen	20 000	5,1
Kannen, Kanister	3 400	0,9
Packhilfsmittel	76 500	19,3
NE-Metalle:	112 400	100
Dosen[2]	27 200	24,3
Spraydosen	5 000	4,4
Tuben und Kleinbehälter	11 500	10,2
Kannen, Kanister	700	0,6
Folien	37 800	33,6
Packhilfsmittel	30 200	26,9

[1] Hausmüll: Siedlungsabfälle ohne Sperrmüll, Straßenkehricht, Marktabfälle und hausmüllähnliche Abfälle aus Gewerbe, Behörden etc.
[2] davon ca. 8000 t in Form von Aluminium-Getränkedosen

Das Schrottaufkommen setzt sich zusammen aus Produktions-, Neu- und Altschrott. Der Produktionsschrott ist der Eigenschrott der Hüttenwerke und Gießereien, der Neuschrott stammt aus der Metallverarbeitung wie Dosenherstellung und Automobilindustrie, und der Alt- oder Konsumschrott entsteht am Ende der Gebrauchs- und Nutzungszeit der Güter. Er setzt sich zusammen aus Abwrack-, Maschinen-, Abbruch-, Automobil- und Müllschrott. Letzterer wiederum besteht im wesentlichen aus Baumüll-, Gewerbe-, Hausgeräte- und Verpackungsschrott. Dieser ist in Tab. 1.16 nach Packmitteln aufgeschlüsselt.

Die Angaben über den Anteil der Metalle im Haus- und Gewerbemüll schwanken zwischen 3 und 8 Masse-%. Davon entfallen 90% auf magnetische Eisenteile, 8% auf Aluminium und -legierungen und 2% auf Buntmetalle. Weißblechverpackungen verursachen in der

Tab. 1.17: Verwendung und Recycling von Aluminium in der Industrie Westeuropas (ALUMINIUM-ZENTRALE 1988)

Industriezweig	Anteil am Gesamt-Al-Verbrauch %	Lebensdauer Jahre	Anteil des Recycling %
Verkehr	25–30	10	50–75
Bauwesen	18–22	10–30	50–70
Maschinenbau	6–9	10	50–70
Elektrotechnik	8–10	10–30	60–70
Haushaltswaren	6–9	4–12	25–30
Verpackung	10–12	1	3–20

alten BRD etwa die Hälfte der jährlichen 1,3 Mio t Eisenmetalle in den Siedlungsabfällen.

Anteilmäßig gering, aber als potentielle Schadstoffe erwähnenswert sind Schwermetalle. Kupferquellen, z. T. in Form von Messing, im Müllkompost sind u. a. Drähte, Schrauben, Reißverschlüsse und Kugelschreiberminen, Bleiquellen sind Lametta und Kapseln von Weinflaschen (zum EG-Verbot bleihaltiger Kapseln siehe Kap. 1.13).

Ein großer Teil der Altmetalle gelangt nicht in den Abfall, sondern wird über getrennte Sammlung erfaßt.

Das Recycling von Aluminium aus dem Hausmüll ist in Deutschland bisher sehr gering. Es ist allerdings geplant, die Rückgewinnung voranzutreiben durch mechanische Trennung, Handauslese, verbesserte Demontage- und Separierungstechniken in Shredderbetrieben. Auch die getrennte Erfassung von Aluminium im Haushalt ist schwierig, vor allem dadurch, daß es für den Laien schwer von Eisenmetallen zu unterscheiden ist und häufig im Verbund vorliegt. Schraubverschlüsse sind – auch zum Schutz des Flaschenhalses – während des Leerguttransportes auf Mehrwegflaschen zu belassen, um sie im Abfüllbetrieb zu sammeln; 85% davon bzw. 7000 t Aluminium werden bisher pro Jahr recycliert. Gegenüber Verpackung und Haushaltswaren sind die Recycling-Raten bei anderen Gütern größer (Tab. 1.17).

Höher als bei NE-Metallen sind die eingesetzten Schrottanteile in der Eisen- und Stahlindustrie (Tab. 1.18). Sie bestehen zur Hälfte aus Produktions- und zu je einem Viertel aus Neu- und Altschrott. Am Altschrott hat der Automobilschrott einen Anteil von 35%, der

Tab. 1.18: Einsatz von Schrott zur Herstellung von Werkstoffen (VAN STEIN CALLENFELS et al. 1981)

Metall	Schrottanteil in %	Metall	Schrottanteil in %
Aluminium	21	Nickel	8
Blei	35	Zink	27
Eisen	46	Zinn	28
Kupfer	19		

Müllschrott 5%. Von den Eisenmetallen in den Siedlungsabfällen (einschließlich Weißblech) erfaßt das Recycling etwa 40%. Den Schwerpunkt der Müllschrott-Sortierung bildet der magnetische Entzug aus Kompostierungs-, Wertstoffaufbereitungs-, vor allem aber Müllverbrennungsanlagen. Hinzu kommen Handsortierung von Sperrmüll, die vorwiegend sog. „Weiße Ware" (größere Hausgeräte) erfaßt, getrennte Sammlung in Containern und die Recyclinghöfe der Kommunen.

Um Stahlschrott verstärkt im Stahlwerk und nicht, wie bisher, auf dem Weg über den Hochofen einschmelzen zu können, muß er strengere Qualitätsansprüche erfüllen. Das sind vor allem ein Eisengehalt von mindestens 92%, eine Schüttmasse von mindestens 900 kg m^{-3} und möglichst geringe Anteile unerwünschter Begleitelemente wie Kupfer und Zinn.

Zum Abtrennen von Verunreinigungen und Verdichten des Materials ist es notwendig, die Aufbereitungstechniken zu verbessern, insbesondere durch Shreddern und Sieben. Probleme bereiten u. a. im Müllverbrennungsschrott die mitgeführte Asche, im unverbrannten Müllseparationsschrott anhaftende organische Verunreinigungen, im Weißblech-Sammelschrott die Aluminiumdeckel der Getränkedosen.

Da sich Zinn und Kupfer aus dem Eisenschrott im Stahlwerk zu Bronze verbinden, muß Weißblech entzinnt werden, meist in heißer Natronlauge, die je nach Verfahren ein Oxidationsmittel (Natriumnitrat, -nitrit) enthalten kann. Aus der Mutterlauge kann das Zinn direkt oder nach chemischer Aufbereitung elektrolytisch gewonnen werden. Die heute auf fast alle Weißbleche aufgebrachten Lacke vermag die Natronlauge nicht oder zu langsam anzuquellen und anzulösen; dazu sind spezielle Lacklösemittel notwendig.

Der Materialkreislauf von Weißblech ist in Abb. 1.10 dargestellt.

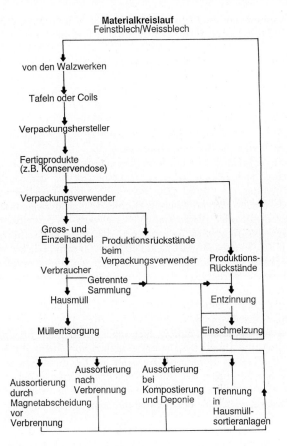

Abb. 1.10: Materialkreislauf von Weißblech
(VERBAND METALLVERPACKUNGEN 1989)

Neben der Einsparung von Deponieraum für Abfälle schont das Recycling Ressourcen in Form von Rohstoffen, Wasser und Energie und vermindert die Belastung der Umwelt. Dazu gehören auch die Eingriffe in die Landschaft beim Erz- und Bauxitabbau. Durch den Ersatz von Bauxit durch Aluminiumschrott entfallen die Deponierung von Produktions-Reststoffen (2,3–2,7 t Rotschlamm pro t Hüttenaluminium) und das beim Abtrennen des Aluminiumhydroxids anfallende Abwasser. Ferner reduzieren sich die Emissionen an Fluor um $0{,}4\,\mathrm{kg\,t^{-1}}$, an Staub um $12{,}3\,\mathrm{kg\,t^{-1}}$, an SO_2 um $90\,\mathrm{kg\,t^{-1}}$ und an NO_x um $41{,}3\,\mathrm{kg\,t^{-1}}$. Durch Einsatz von Eisenschrott entfallen die Emissionen der Roheisenherstellung ($1{,}8\,\mathrm{kg}\,SO_2\,t^{-1}$, $1{,}6\,\mathrm{kg}\,NO_x\,t^{-1}$ und $2{,}7\,\mathrm{kg}\,\mathrm{Staub\,t^{-1}}$) (KOCH et al. 1986). Nach ENVIRONMENTAL PROTECTION AGENCY (in: VAN STEIN CALLENFELS 1981) vermindern sich durch die Bereitung von Stahl aus Schrott die Luftverschmutzung um 86%, die Wasserverunreinigung um 76%, der Wasserverbrauch um 40% und die Bergbauabfälle um 97%.

Die Angaben zu den mit Recycling erzielbaren Entlastungen unterscheiden sich jedoch teilweise, insbesondere bei der energetischen Beurteilung. Ein Grund dafür liegt darin, ob und wie berücksichtigt wird, welche Art an Energie (Kohle, Öl, elektrische Energie aus Wasserkraft oder aus Steinkohlekraftwerken) in den einzelnen Verfahren eingesetzt wird. So verringert sich die in der Stahlherstellung erzielbare Energieeinsparung auf 40%, wenn man berücksichtigt, daß der Eisenschrott zum größten Teil elektrisch eingeschmolzen wird, und einen Wirkungsgrad der Stromerzeugung von 0,3 annimmt (KOCH et al. 1986). Für die Produktion von Aluminium aus Schrott statt Bauxit ermittelten KOCH et al. (1986) eine Einsparung an Primärenergie von 84%.

Es ist zu beachten, daß die hier angeführten Werte für Energieeinsparung und Umweltentlastung ausgehen von einem 100%igen Ersatz von Hüttenaluminium bzw. Stahl aus Erz durch Schrott.

Neben der durch Recycling möglichen Energieeinsparung sind in Tab. 1.19 auch die großen Unterschiede zwischen den Metallen im Energieverbrauch bei der Herstellung bemerkenswert.

Tab. 1.19: Energieverbrauch für die Erzeugung von einer Tonne Metall in kWh (PREDA et al. 1987)

Metall	aus natürlichen Vorkommen	durch Recycling	Energieersparnis in %
Eisen	4 270	1 666	61
Aluminium	51 379	2 000	96
Kupfer	13 532	1 727	87
Titan	126 115	52 416	58

1.15 Literatur

ALUMINIUM-ZENTRALE: (Aluminium-Journal) Zum Verpacken unentbehrlich: Aluminium. Düsseldorf, o. J.
ALUMINIUM-ZENTRALE: Ein Metall überall: Aluminium. Düsseldorf 1988
BARGEL, H.-J.; SCHULZE, G.: Werkstoffkunde. 5. Auflage. VDI-Verlag, Düsseldorf 1988
GUY, A.: Metallkunde für Ingenieure. 4. Auflage. Akademische Verlagsgesellschaft, Wiesbaden 1983
HORNBOGEN, E.: Werkstoffe. Aufbau und Eigenschaften von Keramik, Metallen, Polymer- und Verbundwerkstoffen. 5. Auflage, Springer Verlag, Berlin 1991
HUFNAGEL, W.: Aluminium-Taschenbuch. 14. Auflage, 3. datenaktualisierter Druck, Aluminium-Verlag, Düsseldorf 1988
HUFNAGEL, W.: Aluminium-Schlüssel, Normbezeichnungen, Zusammensetzungen, Markenwörter von Aluminiumwerkstoffen. 4. Auflage, Aluminium-Verlag, Düsseldorf 1991
ILSCHNER, B.: Werkstoffwissenschaften, Eigenschaften, Vorgänge, Technologien. 2. Auflage. Springer Verlag, Berlin 1990
INTERNATIONAL DAIRY FEDERATION: Corrosion. Bulletin No. 236, Brüssel 1988
KOCH, T.; SEEBERGER, J.; PETRIK, H.: Ökologische Müllverwertung: Handbuch für optimale Abfall-Konzepte. Müller Verlag, Karlsruhe 1986
METALLGESELLSCHAFT AG: Metallstatistik. 77. Jg., Frankfurt 1990
MORGAN, E.: Tinplate and modern canmaking technology. Pergamon Press, Oxford et al. 1985
NEUMÜLLER, O. A. (Hrsg.): RÖMPP Chemie Lexikon. 8. Auflage, Band 5 und 6, Thieme Verlag, Stuttgart 1987 und 1988
PREDA, G.; PUMNEA, C.; RUJAN, O.; IRIMIE, N.; ROSCA, M.; MC CARL, H. N.: Energiemodell zum Recycling von Altmetall. In: THOMÉ-KOZMIENSKY K. J. (Hrsg.): Recycling von Metallen. S. 20. EF-Verlag für Energie und Umwelttechnik, Berlin 1987
PRESCOTT, A.: What's the harm in alumin. New Scientist, Vol. 121 Nr. 1647 (1), 58–62, 1989
SCHEUER, B.: Nickelallergie. Schleswig-Holsteinisches Ärzteblatt, Heft 6, S. 279–284, 1981
TROOST, G.: Technologie des Weines. 5. Auflage, Verlag Eugen Ulmer, Stuttgart 1980

VAN STEIN CALLENFELS, G. W.; LAMERS, L. R. J.: Schroot als grondstof voor staalfabricage. Polytechnisch Tijdschrift, 36, Nr. 11, S. 547–550, 1981
VERBAND METALLVERPACKUNGEN: Metallverpackungen aus Weißblech. Herstellung, Rückstände, Wiederverwertung (Faltblatt). Düsseldorf 1989
VÖLZ, M.: Lebensmittel aus der Weißblechdose. Broschüre des Informations-Zentrums Weißblech, Düsseldorf 1988
VROCHTE, H.; SCHÄTZKE, M.; DRINGENBERG, E.; WÖLWER-RIECK, U.; BÜNING-PFAUE, H.: Untersuchungen zur Frage der Nickelfreisetzung aus Edelstahlkochtöpfen. In: Z. Ernährungswiss. 30, S. 181–191, 1991
WEGST, C. W.: Stahlschlüssel. Verlag Stahlschlüssel Wegst, Marbach 1989
WEISZBACH, W.: Werkstoffkunde und Werkstoffprüfung. 9. Auflage, Friedrich Vieweg und Sohn Verlagsgesellschaft, Braunschweig 1988

2 Glas

G. WIETER

2.1 Begriffsklärung und geschichtliche Entwicklung

2.1.1 Glas als Begriff

Im Sprachgebrauch bezeichnet man damit einen Gegenstand (z. B. Trinkglas, Fensterglas, Glasauge), eine Tätigkeit (z. B. verglasen, glasen), eine Eigenschaft (glasig, gläsern), eine Mengenangabe (ein Glas Mineralwasser), eine halbe Stunde (1 Glas) oder einen Werkstoff, der bearbeitet wird.

DIN 1259: Glas ist ein anorganisches Schmelzprodukt das fast ohne Kristallisation erstarrt. Im physikalisch-chemischen Sinn handelt es sich um eine eingefrorene, unterkühlte Flüssigkeit. Gemische von Siliciumdioxid (SiO_2) mit Metalloxiden zeigen diese Eigenschaft.

Bei den Gläsern werden unterschieden:
- natürliche Gläser wie Obsidian und Pechstein
- Silikatgläser
- Borat- und Phosphatgläser
- Borosilikatgläser
- Alumosilikatgläser
- Bleigläser
- organische Gläser, z. B. Acrylglas, wobei es sich um einen Kunststoff handelt und kein Glas im Sinne der obigen Definition (vgl. Kap. 4.5.6).

Alle Glasarten haben eines gemeinsam: Sie sind keine festen Stoffe. Die Teilchen können sich durch die Zähflüssigkeit der Schmelze und große innere Reibung beim Abkühlen nicht schnell genug zu einem Kristallgitter ordnen. Die Bausteine des Glases sind untereinander vernetzt und müßten aufgebrochen werden. Da wegen der strukturellen Unordnung im eingefrorenen, anscheinend festen Zustand starke und schwache Bindungen nebeneinander vorliegen, brechen diese nicht bei einer bestimmten Temperatur auf, sondern entsprechend ihrer Stärke innerhalb eines weiten Temperaturbereiches. Dieses Intervall ermöglicht es, Glas zu be- und verarbeiten (wie blasen, pressen, ziehen oder walzen).

84 Glas

Glas kann u. a. folgende Eigenschaften haben: elastisch, starr, undurchsichtig, durchsichtig, durchscheinend, spröde, hart, erweichend, hoch- und niedrigschmelzend, absorbierend, chemisch indifferent, hitzebeständig, preiswert, teuer, leicht, schwer, farblos, bunt, funktional, dekorativ, phototrop, photocrom, elektrocrom, isolierend, leitfähig, druckfest, zugfest, glänzend, trüb, matt, glatt, rauh, säurefest, laugenfest, porenfrei, porös, lasernd, farbzerlegend, hoch- oder niedrigbrechend.

2.1.2 Stichworte zur geschichtlichen Entwicklung

5000–4000 v. Chr. in Ägypten, älteste Glasfunde von Perlen und Ringen, die durch Gießen oder Eindrücken in Formsteine hergestellt wurden;
669–626 v. Chr. in Assyrien, ältestes Glasrezept in der Tontafelbibliothek;
Christi Geburt Erfindung der Glasmacherpfeife;
1.–4. Jahrhundert im Römischen Reich, hohe handwerkliche Fertigkeiten, Verbreitung der Glasmacherkunst in Mittel- u. Westeuropa (um 100 in Köln), Entstehung zahlreicher Glashütten. Niedergang der Glasmacherkunst durch die Völkerwanderung (4. Jh.), schlechte Qualitäten;
14. Jahrhundert Glasfenster in Wohnhäusern;
1882 Abbé und Schott gründen Werke für optische Gläser in Jena;
1904 Herstellung erster Neonleuchtröhren;
1915 Herstellung hitzebeständiger Gläser;
1957 Beginn der Glaskeramikproduktion;
1965 Lichtleitfaser (Glasfaserkabel) für die Nachrichtentechnik;
1966 Beginn der Produktion der Einwegflaschen;
1974 Organisation des Altglas-Recyclings durch das neugegründete Umweltbundesamt in Berlin.

2.2 Gewinnung

2.2.1 Bestandteile

Glasbildende Grundstoffe (Netzwerkbildner)
Das Siliciumdioxid (SiO_2) eine wasserfreie Form der Kieselsäure, auch als Quarzsand bezeichnet, ist mit ca. 60% der technisch wichtigste Grundstoff für die Glasherstellung. Es wird als Glasbildner bezeich-

net, da es ohne Zusätze bei Temperaturen von 1750 °C ein Glas bildet.
Andere glasbildende Oxide sind z. B. Bortrioxid (B_2O_3) und Phosphorpentoxid (P_2O_5).

Flußmittel (Netzwerkwandler; ca. 20 Gew.-%)
Natriumcarbonat (Na_2CO_3, Soda), Natriumsulfat (Na_2SO_4, Glaubersalz) und Kaliumcarbonat (K_2CO_3, Pottasche) haben einen Schmelzpunkt von ca. 900 °C. Sie sind damit in der Lage, den Schmelzpunkt des Siliciumdioxids herabzusetzen. Die Si−O−Si-Bindungen werden aufgeschlossen, die Kristallisation wird verhindert, und die Viskosität des Schmelzflusses sinkt. Zusätze von Al_2O_3, ZnO und B_2O_3 verbessern netzwerkbildende und -wandelnde, d. h. chemische und mechanische Eigenschaften.

Glasbildende Füllstoffe (ca. 20 Gew.-%)
Calciumcarbonat ($CaCO_3$, Kalk) ist ein sehr schwerlösliches Salz, welches in der Glasmasse als Stabilisator, bzw. Härtungsmittel dient. Ferner verleiht Kalk dem Glas Glanz und erhöht seine Beständigkeit gegen Feuchtigkeit. Ohne diesen Zusatz entsteht aus Siliciumdioxid und Natriumcarbonat Wasserglas. Calciumcarbonat schmilzt bei ca. 2500 °C und bildet erst mit dem glasbildenden Grundstoff (SiO_2) einen leicht schmelzbaren Fluß.

2.2.2 Entfärbungs- und Läuterungsmittel

Um leicht färbende, qualitätsmindernde Bestandteile wie z. B. Eisen optisch zu eliminieren, werden z. B. Arsen oder Salpeter eingesetzt. Metalloxide, die in fast allen Rohstoffen enthalten sind, rufen Farbeffekte im fertigen Gegenstand hervor. Da reine Rohstoffe teuer sind, werden für preiswerte Waren eisenhaltige Rohstoffe verwendet.

Entfärbung
Durch Oxidation wird das Eisen in die dreiwertige, weniger färbende Oxidationsstufe überführt. Das chemische Verfahren eignet sich für eisenarme Gläser unter 0,1% Fe_2O_3. Durch Zugabe sauerstoffarmer Zusätze (z. B. As_2O_5 oder Na_2SO_4) werden färbende Oxide verhindert. Zur physikalischen Entfärbung wird ein komplementärer Farbstoff, z. B. Mangan-, Kobalt- oder Nickeloxid beigemischt, der die gelbgrüne Eigenfarbe optisch kompensiert. Der Zusatz bewirkt aber eine Minderung der Lichtdurchlässigkeit.

Läuterung

In der Schmelze entstehen Bläschen und Schlieren (z. B. aus Gemengerohstoffen, der Ofenatmosphäre, durch Grenzflächenreaktionen der Schmelze mit dem feuerfesten Material). Trotz der hohen Temperaturen bei der Feinschmelze ist die Masse noch so zähflüssig, daß nur ein Teil der Bläschen entweichen kann. Beim chemischen Verfahren werden Verbindungen, die bei höheren Temperaturen Gase entwickeln (vor allem Natriumsulfat und Arsentrioxid, daneben auch Chloride und Bromide) zugeführt. Die freigesetzten Gase transportieren die in die Schmelze eingeschlossenen Bläschen zur Oberfläche. Läuterungsmittel wirken als Beschleuniger und werden häufig kombiniert eingesetzt. Die mechanischen Verfahren (Bubbling, Bülvern, Homogenisieren durch Ultraschall) beruhen auf der Durchmischung der Schmelze. Der blasenhaltige Anteil der Schmelze steigt nach oben, so daß die Bläschen leichter und schneller zur Oberfläche ansteigen können.

2.2.3 Färbungsmittel

Als Färbung wird die definierte oder ungewollte Verringerung der Lichtdurchlässigkeit von Gläsern durch färbende Metallionen im Glasgemenge vor dem Schmelzen oder durch nachträgliches Ausscheiden von Metallen bezeichnet (Tab. 2.1).

Eine weitere, bekannte Färbung ist die Goldrubin-Färbung, die durch geringe Mengen von Goldchlorid hervorgerufen wird, aus dem sich während des Schmelzens kolloidale Goldeinlagerungen bilden.

Gläser lassen sich auch nachträglich durch Farbbeizen färben, z. B. Silberbeize oder keramische Farben, die bei ca. 600 °C eingebrannt werden.

2.2.4 Trübungsmittel

Wird undurchsichtiges Glas gewünscht, z. B. bei Röntgenbildbetrachtern, Fenstern von Sanitärräumen oder Kochgeschirren, wird das klare Glas mit einer farbigen oder getrübten Schicht umgeben (umfangen). Der bekannteste Vertreter dieser Gruppe ist das Milchüberfangglas. Es eignet sich zur gleichmäßigen und blendungsfreien Raumausleuchtung, für durchscheinende Trennwände bzw. Fenster oder als Skalenuntergrund für technische und medizinische Geräte. Das Opak-(Opal-, Trüb-)glas ist durch eine inhomogene Zusammensetzung gekennzeichnet. Undurchsichtigem Glas werden z. B. Flußspat, Kryo-

Tab. 2.1: Farbgebende Glaszusätze in Ionenform

Färbende Metalle	Farbe	Oxidationsstufe/Anmerkung
Chrom	grün	dreiwertig
	gelb	sechswertig
Eisen	blau	zweiwertig
	gelb bis braun	dreiwertig
Kobalt	blau	zweiwertig, Silikat- und Phosphatglas dreiwertig,
	rosa	niedriger
	grün	hoher Alkaligehalt
Kupfer	blau	zweiwertig, Silikatglas
	grün	Phosphat-, Boratglas
Mangan	violett	dreiwertig, alkalihaltiges Glas
	hellgelb	zweiwertig
Nickel	olivgrün-braun	zweiwertig bei Silikatgläsern
	gelb	höherer Alkaligehalt im Glas
	graubraun	geringer Alkaligehalt im Glas

lith, Calciumphosphat zugegeben. Es sind Gemische von mindestens zwei verschiedenen Phasen, deren unlöslicher Anteil fein dispergiert in der kontinuierlichen Glasphase vorliegt. Wegen unterschiedlicher Lichtbrechung sind diese Gläser stark lichtstreuend (opaleszierend).

2.2.5 Glasscherben

Ein „Rohstoff" bei der Herstellung sind Scherben, da sie wie Flußmittel wirken und die Schmelztemperatur des Siliciumdioxids erniedrigen. Bei 30% Scherbenanteil (weißes Glas) werden z.B. 7,5% weniger Heizenergie benötigt. Die Altglasquote bei Farbglas erreicht etwa 90%. Die benötigten Scherben stammen von der Glashütte oder aus Altglasbehältern. Scherben können nicht jedem Glas und auch nicht unbegrenzt zugesetzt werden, sonst entsteht Glas von milchig grauer Farbe (in Israel als „Umweltglas" bekannt; Kap. 2.8).

2.2.6 Vom Gemenge zum Produkt

Die Produktion von Glasgegenständen umfaßt eine Reihe von Arbeitsgängen, die zusammen mit der jeweiligen Zielsetzung Tab. 2.2 widergibt.

Tab. 2.2: Arbeitsschritte für die Herstellung von Glasartikeln

Arbeitsschritt	Aufgabe
Abwiegen und Mischen der glasbildenden Grundstoffe + Flußmittel + glasbildende Füllstoffe	Herstellen der Rezeptur je nach gewünschter Glasart
Zusatz von bis zu 70% Altglasscherben	Recycling, Senkung der Schmelztemperatur, dadurch Einsparung an Schmelzenergie
Erhitzen des Gemenges auf 1200–1600 °C	Herstellen einer Schmelze
Zusatz gasbildender Stoffe	Läuterung der Schmelze
Zusatz von Entfärbungsmitteln	Beseitigung von Verfärbungen durch verunreinigte Rohstoffe
Schmelzdauer ca. 10 Stunden	Entstehung einer flüssigen, klaren Glasschmelze
Glasmasse im Ofen langsam abkühlen lassen	Einstellen auf verarbeitungsgeeignete Zähflüssigkeit
Formen	Hohlkörper und Flachgläser
Kühlen (im Kühlofen)	Abbau von Spannungen im Glas
Veredeln (chemisch oder physikalisch)	Verschönerung oder Erhöhung der Gebrauchstauglichkeit
Kontrollieren	Aussondern minderwertiger Ware

2.3 Verarbeitung

Bevor ein Trinkglas entsteht, wird das Design entwickelt. Den ersten Ideenskizzen folgt die genaue Schnittzeichnung. An Gipsmodellen wird der Entwurf überprüft, es werden Mustergläser geblasen.

2.3.1 Hohlglasherstellung

2.3.1.1 Mundblasen

Das wichtigste Werkzeug des Glasmachers ist die Glasmacherpfeife (ca. 1,5 m langes, eisernes Blasrohr mit hölzernem Griff und einem Mundstück). Der Anfang eines geblasenen Trinkglases ist eine kleine Kugel aus heißem, zähflüssigem Glas, das sogenannte Kölbel. Durch Drehen und Schwenken wird der Glasposten für die Holzform (das Model) vorgeformt und dann unter ständigem Drehen und Blasen in diese eingeblasen. Soll das Glas einen Stiel erhalten, setzt der Glasbläser an den abgekühlten, erstarrten Kelch die benötigte Menge heißer, zähflüssiger Glasmasse an und zieht mit einer Zange den Stiel. Ein zweiter angesetzter und zu einer Platte geformter Glasposten bildet den Fuß.

Die Kappe wird von der Pfeife abgeschlagen. Die Gläser werden noch einmal bis nahe an den Erweichpunkt erwärmt und danach gleichmäßig abgekühlt, um die Spannungen im Glas abzubauen. Der Abkühlungsprozeß dauert bis zu 4 Stunden. Die scharfen, unebenen Mundränder werden an Schleifscheiben geglättet, verschmolzen und anschließend glatt poliert. Die Politur der Schnittflächen erfolgt mit korkbeschichteten Werkzeugen oder als Säurepolitur. Für die freie Herstellung individueller Hohlglasformen werden Zangen und Walkhölzer als Hilfsmittel eingesetzt.

2.3.1.2 Maschinenblasen

Die automatische Herstellung ermöglicht große Stückleistungen von bis zu 10 000 Flaschen pro Stunde zu geringem Preis und bei gleichbleibender Qualität. Glas als Verpackungsmaterial wurde zu einem Massenartikel. Das Maschinenblasen läuft in vergleichbaren Arbeitsschritten ab wie die handwerkliche Fertigung. Verschiedene Verfahren wurden entwickelt, wie z. B. Saug-, Blas- oder Preßblasen. Dabei wird ein Glasposten in eine Vorform gepreßt, geblasen oder gesaugt und in einer Fertigform endgeblasen. Je nach Verfahren entstehen unterschiedliche Oberflächenqualitäten und Wandstärken. Durch Einführung des Preßblasens konnten Behälter sehr viel leichter werden: Das Gewicht einer 0,33 l Bierflasche betrug 1955 noch 360 g, heute dagegen nur noch 100 g. Besonders geeignet für die dünnwandigen, automatengerechten Einwegflaschen und -gläser ist das Drehformverfahren. In einem kontinuierlich drehenden Rundläufer erfolgen automatisiert die drei Arbeitsschritte: Vorformung der Glasmasse zur Bildung eines Kölbels, Rückerwärmung zum Ausgleich von Temperaturschwankungen in der Glasmasse und Fertigblasen.

2.3.1.3 Pressen

Massenwaren, wie z. B. Teller, Schüsseln, Schalen und Gläser werden gepreßt. Dabei preßt ein Stempel, der die innere Form des herzustellenden Gegenstandes bildet, das Glas in die äußere Form. Unebenheiten werden u. a. durch Verschmelzen mit einer Stichflamme beseitigt. Gepreßte Gläser werden zum Schluß mit Säure poliert (Kap. 2.3.3.1), wodurch sie einen besonderen Glanz erhalten. Der gesamte Prozeß ist automatisiert und ermöglicht die preiswerte Versorgung der Haushalte mit Glaswaren.

2.3.1.4 Schleudern

Der Glasposten wird in eine Stahlform eingespeist, die anschließend in Drehung versetzt wird. Die Zentrifugalkraft drückt die Glasmasse an der Formenwandung empor. Der Rotationskörper nimmt die Größe und Form des Hohlraumes an.

2.3.2 Flachglasherstellung

Unter Flachglas werden die in flacher Form hergestellten Gläser verstanden, wie z. B. Platten oder Scheiben. Ihre maschinelle Produktion begann in größerem Umfang erst nach 1920. Der größte Teil des Flachglases besteht aus Kalk-Natron-Glas. Bei größerer Dicke erhalten diese Gläser einen merklichen Grünstich (Eisengehalt der Rohstoffe). Ebenso wie das Hohlglas lassen sie sich durch Metalloxide unterschiedlich einfärben. Für Spezial-Spiegel-Gläser und Tafelgläser wird Borosilikatglas verwendet, da es nahezu farblos ist (Eisengehalt $\leq 0,03\%$).

2.3.2.1 Gußglasherstellung

Diese Gläser werden durch Gießen und Walzen hergestellt. Es entstehen vielfältige weiße, farbige, ein- oder doppelseitig ornamentierte Gläser. Sie sind gut lichtdurchlässig und durchscheinend oder je nach Prägung lichtstreuend und lichtlenkend (DIN 1249). Die Oberflächen sind herstellungsbedingt trotz hoher Lichtdurchlässigkeit nicht völlig glatt und eben; dies ist der Grund für die Undurchsichtigkeit. Gußgläser, die in der Durchsicht ein Objekt in 30 cm Abstand nicht mehr erkennen lassen, werden als „durchsichtvermindert" gehandelt. Zunehmende Durchsichtverminderung bedeutet größere Raumtiefen-Ausleuchtung infolge der lichtstreuenden Wirkung des Glases. Die Durchsichtminderung hängt von der Art der Prägung ab. Eine flache und breite Prägung bedingt ein stärkeres Durchscheinen der Objekte.

2.3.2.2 Ziehglasherstellung

Erst nach jahrelangen Versuchen gelang es den Glasmachern, Flachglas aus Wannen mit flüssigem Glas zu ziehen. So wurde es noch bis 1900 im Mundblasverfahren hergestellt. 1905 gelang es dem Belgier Fourcault zum ersten Mal, eine Glastafel unmittelbar aus der Schmelze zu ziehen. Dieses Fourcault-Verfahren wird heute noch angewendet. Der Nachteil ist, daß sich an der Glasoberfläche feine Ziehstreifen bilden. In Amerika wurde das Libbey-Owens-Verfahren entwickelt, das die doppelte Produktionsgeschwindigkeit wie das Fourcault-Verfahren ermöglichte. 1928 entstand in Amerika eine Technik, die die Vorteile des Fourcault- und des Libbey-Owens-Verfahrens miteinander verbindet: hohe Produktionsgeschwindigkeit und rascher Übergang auf wechselnde Glasstärken bei guter Qualität („Pittsburgh-Verfahren"). Seit Anfang der 60er Jahre werden Fenster- und Spiegelglas im Float-Verfahren hergestellt. Bei diesem schwimmt die erstarrende Glasmasse in Form eines endlosen Bandes auf geschmolzenem Zinn. Oberflächenspannung und Eigengewicht bewirken eine planparallele Scheibe von 7 mm Gleichgewichtsdicke. So kann ein Glas produziert werden, welches Spiegelglasqualität besitzt, jedoch in einem einzigen Fertigungsprozeß hergestellt werden kann.

Da Spiegelglas weitgehend verzerrungsfrei sein muß, werden Guß- oder Dickglas für die Spiegelherstellung mit Schleifmitteln grob- und feingeschliffen und blankpoliert. Beim Twin-Verfahren laufen Schleifen und Polieren gleichzeitig als ein Prozeß ab.

2.3.3 Veredelung

2.3.3.1 Chemisches Verfahren (Ätzen und Polieren)

Säuren wirken auf die Glasoberfläche ein und tragen einen Teil des Glases ab. Das häufigste Verfahren ist das Mattätzen (Säuremattieren): Das, mit Ausnahme der Dekorflächen, mit einem Schutzlack oder Wachs abgedeckte Glas wird in einem Bad aus Flußsäure und Natrium- oder Ammoniumfluorid geätzt. Nach dem Entfernen der Schutzschicht erscheint das Dekor als matte, leicht vertiefte Zeichnung. Ein Verfahren der Tiefätzung ist das Radierätzbad, wie z.B. „Guillochieren" und „Pantographieren". Dabei werden die Muster durch Nadeln in die Wachsschicht eingeritzt. Die verdünnte Flußsäure ätzt die Muster ein, und die Schutzschicht kann entfernt werden.

Um ein einheitliches, transparentes, hochglänzendes Glas zu schaffen, wird ein Säurepoliturbad aus Fluß- und Schwefelsäure verwendet. Aus der Oberfläche des Glases verbinden sich Teile des Siliciumdioxids mit der Flußsäure zu dem gasförmigen Siliciumfluorid. Die aufsteigenden Gasblasen bewirken das „blankscheuern" des Glases.

2.3.3.2 Physikalische Verfahren im heißen Zustand
Durch verschiedene Maßnahmen können bei der Formgebung bereits Muster in das Glas eingebracht oder farbige Gestaltungen vorgenommen werden, wie z. B.
Überfangglas entsteht durch Tauchen des Kölbels in andersfarbiges oder getrübtes Glas und anschließendes Ausblasen. Es entsteht ein Zweischichtenglas mit einer farbigen Schicht innen (Innenüberfangglas) oder außen (Außenüberfangglas). Wird innen und außen „überfangen", entsteht ein Dreischichtenglas. Aus teilweisem Abschleifen der farbigen Schicht resultieren besondere Effekte, wie z. B. bei „Römern".
Lufteinschlüsse entstehen durch das Einstechen von Luftblasen durch Nadeln. Durch nochmaliges Tauchen in flüssiges Glas werden die Löcher geschlossen, bleiben aber optisch sichtbar.
Craqueléeglas entsteht durch das Eintauchen des noch warmen Glases in kaltes Wasser. Die entstehenden feinen Risse und Sprünge werden anschließend verschmolzen. Das fertige Glas ist dicht, die Sprünge bleiben sichtbar.

2.3.3.3 Physikalische Verfahren im kalten Zustand
Bei dem Schleifen wird das Glas unter Druck gegen eine Schleifscheibe oder ein Schleifmittel bewegt. Die Oberfläche wird angeritzt, kleine Glaspartikel werden abgetragen. Je nach Form und Körnung des Schleifmittels entstehen verschieden tiefe und breite Muster. Die aufgerauhten Schleifstellen werden anschließend poliert. Je nach Schleiftechnik entstehen z. B. Flächen- oder Schälschliff, Kanten-, Kugel-, Keilschliff (Vielzahl tiefer Schliffe, die sich millimetergenau treffen und besonders starke Lichteffekte bewirken, bevorzugt für Bleikristall verwendet) oder Mattschliff (die herausgearbeiteten Linien und Flächen werden nicht poliert, es entsteht ein Kontrast zwischen dem seidenmatten Schliff und der sonstigen Transparenz des Glases). Wappen, Schriften, Ornamente oder Figuren werden freihändig eingearbeitet.

Andere Verfahren
Glasschnitt, auch Gravur genannt, bei dem mit Hilfe kleiner Kupferrädchen an definierten Stellen Glas abgetragen wird und dadurch das Muster entsteht, wie Linien-, Tief- und Hochgravur zum Verzieren

der Glasoberfläche mit Linien, Punkten, Ovalen, Wappen, Landschaften, Pflanzen- oder Blumenmustern.
Sandstrahlverfahren. Glas wird mit einer Spezialschablone, aus der das gewünschte Dekor ausgestanzt ist, abgedeckt, Druckluft schleudert feinste Sandteile auf, die die Flächen aufrauhen und mattieren.
Glasmalerei. Aufbringen farbiger Dekore mit Hilfe von Folien oder mit dem Pinsel. Gold- und Platinbänder sind in der Regel handgemalt.

Auf einfache Massengläser werden mittels Abziehbildern oder Gummistempeln farbige Dekore aufgebracht und anschließend eingebrannt.

2.3.4 Glasfehler und ihre Ursachen

Bei *mangelhafter Mischung* der Schmelze können Blasen entstehen, die durch unterschiedliche Lichtbrechung als Streifen oder Fäden sichtbar werden. Werden die in der Schmelze befindlichen Gase nicht ausreichend entfernt, verbleiben gasgefüllte Hohlräume, die als Blasen im fertigen Glas sichtbar werden.

Grobe Verunreinigungen oder Ablösungen von der Schamotte-Ofenwand sowie *nicht ausreichende Schmelztemperatur* verursachen „steinartige" Einschlüsse („steiniges Glas").
Schlechte Formen bewirken Abweichungen bei Wandstärken, Höhe oder Durchmesser, schlecht versäuberten Mundrand oder kreisförmige Unebenheiten.
Falsche Abkühlung ergibt Spannungen, die z.B. bei Trinkgläsern als Kühlrisse (glatter, vertikaler Verlauf) und Kühlsprünge (gleichmäßig abgesprengter Ring parallel zum Trinkrand) sichtbar werden. Sie treten oft erst nach längerer Zeit auf und können, bis zu einem Jahr nach dem Kauf, reklamiert werden.

Abweichungen im Dekor, unsauberer Schliff oder rauher Rand sind **Veredelungsmängel.** Mundgeblasene, handgearbeitete Gläser weisen Unterschiede auf, die keine Qualitätsmängel sind (Zeichen für Handarbeit). Kleinste Lufteinschlüsse sind materialbedingt.
Starkes Sonnenlicht (Schaufenster) kann arsenhaltiges Glas gelb verfärben. Feuchtigkeit laugt das Glas aus und läßt es „blind" und trüb werden. (Zur Schadensvermeidung sind 60–70% relative Luftfeuchtigkeit günstig).

2.4 Physikalische Eigenschaften

2.4.1 Struktur

Entsprechend der Netzwerkhypothese von Zachariasen (KÜHNE 1976) bestehen nur geringfügige Energieunterschiede zwischen glasigem und kristallinem SiO_2. Beide Formen haben die gleichen Struktureinheiten (SiO_4-Tetraeder) und Bindungskräfte. In der kristallinen Form sind die Tetraeder über Sauerstoffbrücken verbunden und zu einem regelmäßigen dreidimensionalen Kristallgitter angeordnet. Beim Glas liegt dagegen eine unregelmäßige dreidimensionale Gitterstruktur vor (Abb. 2.1).

Diese Hypothese zur Glasstruktur wurde teilweise modifiziert bzw. erweitert, insbesondere dahingehend, daß auch gewisse Bereiche größerer Ordnung in einem Glas vorhanden sind. Als Grundlage für weitere Untersuchungen gilt aber immer noch diese Netzwerkhypothese.

2.4.2 Optische Eigenschaften

Durch Brechung und Reflexion des Lichtes erhält Glas seinen Glanz. Die Lichtdurchlässigkeit beträgt z. B. bei Fensterglas ca. 93% des senkrecht auf die Fläche auftreffenden Lichtes (400–740 nm). Bis zu 3% des Lichtes werden durch die Eisenpartikel des Fensterglases, ca. 3% von der Oberfläche reflektiert und je nach Glasdicke bis zu 2,5% absorbiert. Hinter Fensterglas sind ca. 4% UV-, 51% IR- und 45% sichtbare Strahlung meßbar. Quarzglas läßt auch UV-Licht (> 200 nm) durchtreten.

2.4.3 Thermische Eigenschaften

Die lineare Wärmeausdehnung von Glas hängt von seiner Zusammensetzung ab. Ein Kalk-Natron-Glasstab von 1 m Länge verlängert sich infolge von 1 K Erwärmung um 0,01 mm.

Bei raschem Wechsel der Temperatur treten Spannungen auf, die das Glas „springen" lassen. Starke Temperaturveränderungen sind deshalb zu vermeiden. Je höher der Anteil an Netzwerkwandlern ist, desto lockerer ist die Struktur des Glases und um so größer die lineare Wärmeausdehnung. Gläser mit einem Ausdehnungskoeffizienten $\alpha < 6 \cdot 10^{-6} K^{-1}$ werden als Hart- und solche mit $\alpha > 6 \cdot 10^{-6} K^{-1}$ als Weichgläser bezeichnet. Borosilikatgläser weisen eine Wärmeausdeh-

Physikalische Eigenschaften 95

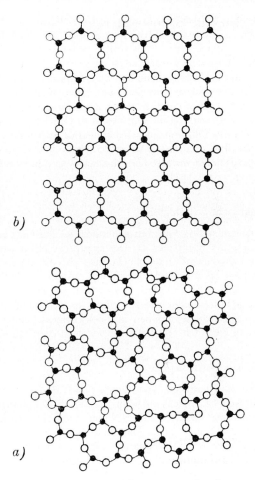

Abb. 2.1: Schematische, ebene Darstellung eines regelmäßigen Kristallgitters und eines unregelmäßigen Glasnetzwerkes (KÜHNE 1976)

nung von $3,3 \cdot 10^{-6}\,\mathrm{K}^{-1}$ auf und liegen damit bei etwa 60% der von Tafelglas. Bei Glaskeramiken liegt der Wert bei Null. – Die Werte beziehen sich auf den Temperaturbereich von 20 bis 300 °C. – Aus dieser geringen linearen Ausdehnung von Spezialglas läßt sich die bessere Toleranz gegenüber Temperaturwechseln erklären.

Wegen der fest fixierten Elektronen liegt die *Wärmeleitzahl* je nach Zusammensetzung zwischen 0,6 und 1,3 W m^{-1} K^{-1} und damit zwischen der von Metallen und Kunststoffen. Soll Glas starken Temperatursprüngen ausgesetzt werden, so ist die geringe Wärmeleitfähigkeit zusammen mit der Wärmedehnung und der Sprödigkeit zu beachten. Es können sich zwischen Oberfläche und Innerem des Glases größere Temperaturdifferenzen ergeben, die zur Zerstörung des Glases führen. Rasches Erhitzen versetzt die Oberfläche in Druckspannung und ist weniger gefährlich als plötzliches Abkühlen (Zugspannungen an der Oberfläche). Runde Formen z. B. können bis zu 10 mal schneller aufgeheizt als abgekühlt werden. Phosphatzusatz verringert das Wärmehaltevermögen des Glases.

2.4.4 Elektrische Leitfähigkeit

Die Elektronen sind in Glas fest gebunden, so daß Glas bei Raumtemperaturen ein Nichtleiter ist. Der spezifische elektrische Widerstand liegt zwischen 10^8 und 10^{16} Ω m. Die im Glas gelösten Metallionen bewirken bei genügend hohen Temperaturen (über 600 °C), daß das Glas elektrisch leitend wird. Diese Abhängigkeit des spezifischen elektrischen Widerstandes muß für jedes Glas meßtechnisch ermittelt werden. – Spezialgläser können auch elektronenleitend hergestellt werden

2.4.5 Mechanische Festigkeit

Die theoretische Festigkeit von Glas ist > 10 N mm^{-2}, wobei die Druckfestigkeit ca. 10 mal so hoch ist, wie die Zugfestigkeit. Die Zugfestigkeit liegt zwischen 30–90 N mm^{-2} und die Druckfestigkeit bei 400 bis 1200 N mm^{-2}. Der Elastizitäts (E)-Modul beträgt je nach Glasart zwischen $6-9 \cdot 10^4$ N mm^{-2}. Glas ist bei Raumtemperatur spröde (nicht verformbar).

2.5 Chemische Eigenschaften

2.5.1 Zusammensetzung

Quarzglas und Wasserglas (Na$_2$O · 3–4 SiO$_2$) sind einfache Gläser, die unmittelbar zum „eigentlichen" technischen Glas führen. Wird Siliciumdioxid bei 1700 bis 1800 °C geschmolzen, so erhält man eine glasige Masse, das *Quarzglas*. Es wird häufig für Laborgeräte, in chemischen Fabriken und für Lampen (Quarzlampen) verwendet.

Ein Siliciumdioxid-Natriumcarbonat-Gemisch (seltener Kaliumcarbonat) schmilzt bei 1300 °C und ergibt *Wasserglas*. Es dient als Feuerschutzmittel zum Imprägnieren von Holz und Leinwand.

Tab. 2.3 zeigt die unterschiedliche Zusammensetzung einiger Glasarten und in Abhängigkeit davon einige Glaseigenschaften.

2.5.1.1 Kalk-Natron-Glas
Der größte Anteil der industriell hergestellten Gläser gehört dieser Gruppe an und wird als „Wirtschaftsglas" bezeichnet. Es weist eine leicht grünliche Färbung auf. Einsatzgebiete sind Flaschen, Einkochgläser, Spiegel und Fensterscheiben.

2.5.1.2 Kristall- und Bleikristallglas
Diesen Gläsern werden anstelle von Calciumoxid, Oxide von Blei, Barium, Kalium oder Zink zugesetzt (Tab. 2.4). 1971 führte der Gesetzgeber Vorschriften über die Begriffe Bleikristall, Kristallglas u. a. ein. Das beigemengte Bleioxid ist in der Schmelze fest gebunden. Nur bei längerer Aufbewahrung saurer Speisen in Behältern aus Bleikristall können Spuren aus der Oberfläche in das Nahrungsmittel gelangen (Tab. 2.3).

2.5.1.3 Borosilikatglas
Durch den Zusatz von Bor- und Aluminium-, Fluor-, Phosphat- oder Bariumverbindungen ist dieses Glas fast unempfindlich gegen Temperaturänderungen, wie z. B. Jenaer Glas (durchsichtig) oder Vycor (opak bzw. farbig). Da es sich bei wechselnden Temperaturen nur relativ geringfügig ausdehnt bzw. zusammenzieht (Tab. 2.4), entstehen kaum schädigende innere Spannungen.

2.5.1.4 Glaskeramik
Diese Alumosilikatgläser mit entsprechender chemischer Zusammensetzung werden bis nahe an die Erweichungstemperatur erhitzt. Durch die dosierte Wärmezufuhr läßt sich eine gesteuerte teilweise Kristallisation (Keramisierung) erreichen. Spezielle Zusätze im Gemenge bewirken Glaskeramiken mit porenfreier Oberfläche, geringem Gewicht und infolge geringer Wärmeausdehnung höchster Tenperaturwechsel-Beständigkeit (feuer-frost-fest). Sie können durchsichtig (z. B. Jena 2000) oder undurchsichtig (z. B. Pyroflam, Ceradur), aber kaum glasklar hergestellt werden. Für Garbehälter im Haushalt werden

Tab. 2.3: Zusammensetzung und Eigenschaften unterschiedlicher Glasarten

Glasart	Zusammensetzung	Dichte g cm^{-3}	Wärmedehnungskoeffizient $10^{-6}\,\text{K}^{-1}$	sonstige Eigenschaften
Wasserglas	$SiO_2 + Na_2O$ oder K_2O			löst sich in Wasser und unter hohem Druck auf
Quarzglas	99% SiO_2	2,23	0,5	schwer schmelzbar, sehr widerstandsfähig gegen Chemikalien, besonders gegen Säuren (außer Flußsäure), verträgt schroffen Temperaturwechsel, hohe Durchlässigkeit für UV-Strahlen, hoher Preis
Kalk-Natron-Glas	71–75% SiO_2 12–16% Na_2O 10–15% CaO $SiO_2 : Na_2O : CaO$ 6 : 1 : 1	2,50	9,0	lichtdurchlässig, glatte Oberfläche, gute Reinigung, geschmacksneutral, ausreichende Wasserbeständigkeit auch bei wiederholtem Gebrauch, sehr preiswert

Kristall-glas	54–65% SiO_2 13–18% Na_2O, K_2O min. 10% PbO kann teilweise ersetzt werden durch BaO, ZnO oder K_2O	2,45	7,5–9,0	Durch die Zusätze wird die Lichtbrechung erhöht, verstärkter Glanz und gute Eignung für Schliff mit zunehmendem PbO-Anteil, gleichzeitig sinkt die Schmelztemperatur, das Material ist weicher und empfindlicher als Kalk-Natron-Glas und Borosilikatglas
Preß-Bleikristall	s. o. mindestens 18% PbO	2,70		
Bleikristall	s. o. mindestens 24% PbO	2,90		
Hoch-Bleikristall	s. o. mindestens 30% PbO	3,00		
Borosilikat-glas	70–80% SiO_2 7–13% B_2O_3 4–8% Na_2O, K_2O 2–7% Al_2O_3, K_2O, BaO, MgO, CaO oder Na_2O	2,23	3,5 Klarglas 4,5 Trübglas	hitzebeständig, da durch geringfügige Ausdehnung kaum zerstörerische innere Spannungen auftreten, formbeständig bis ca. 500 °C, chemikalienresistent
Glaskeramik	$Li_2O + Al_2O_3 + SiO_2$ oder $HgO + Al_2O_3 + SiO_2$ und TiO_2 oder ZrO_2 als Keimbildner	2,20	0,0 ± 0,1	feuer-frost-fest

Lithium-Aluminium-Silikat-Gläser eingesetzt. Der Schmelzbereich dieses Materials liegt bei 1250–1300 °C.

2.5.1.5 Email

Das Email (die Emaille, französisch = Schmelzglas) ist eine Sonderform des Glases, das als feingemahlene „Fritte" aufgetragen und geschmolzen wird. Es handelt sich um ein mit Trübungsmitteln oder durch Farbzusätze verändertes Glas. Als Überzug soll das Email Eisen oder auch Aluminium vor Korrosion schützen. Darüber hinaus kommt ihm hohe dekorative Bedeutung zu.

Email ist gegen plötzliche Temperaturänderungen sowie Schlag und Stoß empfindlich. Beschädigtes Geschirr muß ausgesondert werden, da absplitternde Emailstücke in Speisen Verletzungen im Magen-Darmtrakt verursachen können. Deshalb sollen in der Gemeinschaftsverpflegung keine emaillierten Geschirre verwendet werden.

Bei der „Mehrschichtemaillierung" besteht die Emailleschicht aus 2 bis 3 etwa 0,2 mm dicken Schichten (Qualitätsrichtlinien des Deutschen Email-Zentrums e.V., z.B. DEZ Q5 = Kochgeschirre). Das Qualitätszeichen „e – echtes email" gewährleistet die Einhaltung der RAL-Qualitätsrichtlinien. Vielfältige Normen (z.B. DIN 51031, Untersuchung von Bedarfsgegenständen, Bestimmung der Abgabe von Blei und Cadmium aus Bedarfsgegenständen mit silikatischer Oberfläche; DIN 51032 Keramik, Glas, Glaskeramik, Email, Grenzwerte für die Abgabe von Blei und Cadmium aus Bedarfsgegenständen (Tab. 2.4); DIN 51152, 51155, 51161, 51167, 51170, 51171 Prüfung von Emaillierungen/von Emails …) und ISO-Normen enthalten Prüfvorschriften für Email.

2.5.2 Beständigkeit

Gegenüber haushaltsüblichen Säuren und Laugen ist Glas je nach seiner Zusammensetzung mehr oder weniger widerstandsfähig; gegenüber Laugen ist es in der Regel empfindlicher. Wäßrige Lösungen chemischer Stoffe bewirken einen Angriff auf die Oberfläche. Für die Säure-, Laugen- und Wasserbeständigkeit der verschiedenen Gläser sind Normen festgelegt. Bei längerem Einwirken von Feuchtigkeit können aus der Glasoberfläche Alkalien ausgelaugt werden, die mit dem Kohlendioxid der Luft einen Belag bilden. Bleibt Glas längere Zeit in dem feuchten Milieu, wird es dauerhaft „blind". Die Verwendbarkeit von Glas für CO_2-haltige Getränke ist jedoch nicht einge-

Tab. 2.4: Grenzwerte der Schwermetallabgabe aus Bedarfsgegenständen aus keramischem Werkstoff, mit emaillierter Oberfläche sowie aus Glas und Glaskeramik mit innen dekorierter Oberfläche (DIN 51032)

		flacher Gegenstand		hohler Gegenstand	
		Blei mg dm^{-2}	Cadmium mg dm^{-2}	Blei mg dm^{-2}	Cadmium mg dm^{-2}
Tafelgeschirr, Küchengeräte	aus Keramik, Glas und Glaskeramik	0,8*	0,07*	4,0*	0,3*
	emailliert	0,8	0,07	0,8	0,07
Koch- und Backgeräte, Verpackungsbehältnisse, Lagerbehälter	aus Keramik, Glas und Glaskeramik	0,4	0,05	1,5*	0,1*
	emailliert	0,1	0,05	0,4	0,04

In Übereinstimmung mit der EG-Richtlinie für Materialien und Gegenstände, die bestimmungsgemäß mit Lebensmitteln in Berührung kommen (89/109 EWG vom 21. 12. 1988)

*

schränkt, da ein Glasangriff nur unter Normal-Partialdruck und an Anwesenheit von Luftsauerstoff erfolgt.

Prüfnormen für die chemische Beständigkeit sind:

DIN 12 111 Hydrolytische Klassen (Klasse I wasserbeständiges Glas, Klasse II resistentes Glas, Klasse III härtere Apparategläser, Klasse IV weichere Apparategläser, Klasse V unbeständige Gläser),

DIN 12 116 Säureklassen (Klasse I säurefest, Klasse II schwach säurelöslich, Klasse III mäßig bis stark säurelöslich),

DIN 52 322 Laugenklassen (Klasse I schwach laugenlöslich, Klasse II mäßig laugenlöslich, Klasse III stark laugenlöslich).

2.6 Einsatzgebiete im Haushalt

2.6.1 Behälterglas

Hohlglaswaren sind alle geformten Gläser, wie z. B. Kleinbehälterglas für medizinische, chemische und kosmetische Güter, Weithalsgläser für Nahrungsmittel sowie Weithals- und Enghalsflaschen als Ein- und Mehrwegverpackungen für Getränke. Durch die vielfältigen positiven Eigenschaften des Glases wurde es zu einem wichtigen Verpackungsmaterial.

Einige entscheidende Vorteile
- hygienische Verpackungsart,
- schnell und hygienisch (meist vollautomatisch) befüllbar,
- bei entsprechender Formgebung standfest und handlich,
- Preiswürdigkeit der Verpackung,
- einfärbbar für lichtempfindliche Waren, wie z. B. Speiseöl und Kosmetika,
- selbst bei längerer Lagerung keine Materialveränderungen und Alterungsprozesse,
- keine Veränderungen in Geschmack, Aroma oder Konsistenz des Füllgutes, da chemisch weitgehend beständig,
- Inhaltskontrolle bezüglich Qualität und Quantität der Waren möglich bei durchsichtigem Glas, z. B. bei Konserven,
- gasdicht verschließbar,
- leichte und bei entsprechender Verschlußgestaltung gasdichte Wiederverschließbarkeit, d. h. Inhalt kann portionsweise entnommen und ein Rest vor Umwelteinflüssen geschützt aufbewahrt werden,

- produkt- und firmentypische Form- und Farbgestaltungen möglich und zu Marketingzwecken einsetzbar,
- Image der „hochwertigen Ware",
- leere Behälter wiederverwendbar.

Nachteile des Glases als Verpackungsmaterial sind die leichte Zerbrechlichkeit und das hohe Gewicht. Das Verhältnis von Glasbehältnis zu flüssigem Inhalt betrug vor 15 Jahren annähernd 1:1, heute dagegen nur noch etwa 1:2,5. Durch die Verringerung der Wandstärken bei besserer Festigkeit wurden die Flaschen leichter. Die Rundeck-Glasflaschen für 1 l Milch sind nur noch 370 g schwer und sollen bis zu 40 mal zirkulieren.

Zu Beginn der 80er Jahre wurden zwei Pre-Labelling-Methoden entwickelt.

- Schaumstoffummantelung (Plasti-Shield, Mini-tain): Flaschen werden mit geschrumpftem Schaumpolystyrol ummantelt
- Folien-Ummantelung (Dacor-Pack, Lack-i-Pack): Flaschen sind mit einem Schlauch aus einer transparenten PVC-Folie umhüllt.

Die Vorteile dieser Verfahren
Gewichtsreduzierung der Flasche durch dünnwandigeres Glas bei ausreichender mechanischer Stabilität, Verringerung der Transportkosten, Schutz gegen Transport- und sonstige Schäden, da die Ummantelung auch den Flaschenboden einschließt, gute Kühleigenschaften bei Schaumstoffummantelung, der Inhalt hält bis zu 30% länger die Ausgangstemperatur als in herkömmlichen Flaschen, die Ummantelung liegt gut in der Hand, ein Abrutschen der Hand bei feuchten Flaschen wird vermieden, verminderte Geräuschpegel bei der Handhabung, geringe Verletzungsgefahr durch zerbrechende Flaschen, Lesbarkeit der EAN-Nummern.

Der wesentliche Nachteil liegt darin, daß ein Glas-Recycling durch den zusätzlichen Einsatz von Schaumpolystyrol bzw. PVC erschwert wird. Die Trennung von Kunststoff und Glas und die umweltfreundliche Kunststoffentsorgung sind noch problematisch.

Zum Schutz der Verbraucher vor Irreführung sind DIN-Regelungen bereits in Kraft bzw. in Vorbereitung. Schon geregelt sind Flaschenformen z.B. für Bier, Wein, Erfrischungsgetränke, Obst, Gemüse und Schaumwein. Weist der Flaschenboden ein „M" auf, handelt es sich um ein Maßbehältnis gemäß der Fertigpackungs-Verordnung. Die Normung oder Standardisierung führt nicht zur Verpflichtung, solche Behältnisse zu verwenden.

Die vollautomatische Abfüllung stellt an die Gläser präzise Anforderungen. Die Festigkeit von Glasbehältern ist abhängig von Form, Glasqualität, -dicke und Oberflächenbeschaffenheit. Günstige Innendruckwerte erreichen kugelige bzw. zylindrische Formen. Zur Vermeidung von festigkeitsmindernden Oberflächenkratzern können Glasbehälter vor dem Kühlbrand bei ca. 600 °C mit Zinn- oder Titantetrachlorid besprüht werden. Es bildet sich ein schützender Metalloxidfilm. Nach dem Abkühlen können noch Oberflächenbehandlungen mit wäßrigen Wachslösungen oder Emulsionen angewendet werden. Dadurch erhöht sich die Gleitfähigkeit, Beschädigungen werden vermindert und die Gebrauchsfestigkeit verbessert. Neben Flaschen sind Konservengläser ein wichtiges Einsatzgebiet. Diese Gläser müssen mindestens den Anforderungen gemäß der hydrolytischen Klasse III, besser der Klasse II der DIN 12 111 entsprechen, damit sie auch bei wiederholter Verwendung zu Konservierungszwecken (Einkochen) und jeweiliger Reinigung keine sichtbaren Veränderungen der Glasoberfläche, wie z. B. Flecken- oder Rißbildungen bzw. Trübungen durch mechanische Beschädigungen aufweisen. Beschädigte Glasoberflächen weisen einen Alkaliverlust der Oberfläche auf. Die erhöhte SiO_2-Konzentration in der Oberfläche ist bevorzugter Angriffspunkt für Korrosion.

Gläser mit stärkeren Wand- und Bodendicken dürfen keinen schroffen Temperaturwechseln ausgesetzt werden, da sie zum Bruch führen können.

2.6.2 Wirtschaftsglas

Bei diesen Hohlglaserzeugnissen handelt es sich um Gläser für den täglichen Gebrauch oder, wie es die Werbung formuliert, um „Gläser für den gedeckten Tisch". Dabei machen Trinkgläser wertmäßig etwa 60% der Erzeugung aus, der Rest verteilt sich auf sonstige Glasartikel im hauswirtschaftlichen Bereich.

Damit Gläser kein Luxus sind, werden sie überwiegend automatisch erzeugt. Die traditionelle Handfertigung findet sich nur noch für komplizierte und individuell gestaltete Formen. Die Kelchglas-Automaten arbeiten dabei so präzise, daß auch anspruchsvolle Garnituren aus Kristall- oder Bleikristallglas hergestellt werden, die nur der Fachmann von handgefertigten Gläsern unterscheiden kann.

Hinsichtlich der Zusammensetzung dieser Wirtschaftsglas-Erzeugnisse kann man drei Hauptgruppen unterscheiden:
1. Kalk-Natron-Glas, die größte und preiswerte Gruppe,

2. Kristall- und Bleikristallglas als hochwertige Produkte und
3. Hauswirtschaftsgläser aus Spezialglas:
   - Borosilikatglas, transparent, z. B. Duran, Pyrex,
   - Borosilikatglas, weiß, z. B. Opakglas,
   - Glaskeramik, z. B. Pyroflam, Jena 2000, Ceradur.

Die Spezialgläser aus Borosilikatglas und Glaskeramik werden verstärkt im Bereich der Nahrungszubereitung eingesetzt. Borosilikatgläser werden für Tee- und Kaffeegeschirre, Kannen, Babyflaschen, Schüsseln, Backformen und Garbehälter verwendet. Neben dem transparenten Material gibt es insbesondere im Bereich der Garbehälter opake, meist farbig dekorierte Töpfe und Schüsseln. Diese Glaswaren sind hitzebeständig und in Grenzen auch temperaturwechselbeständig.

Weit bessere Gebrauchseigenschaften haben Garbehälter aus Glaskeramik. Sie sind feuer-frost-fest (-40 bis $300\,°C$). Bei den Ceradur-Töpfen ist es gelungen, einen elektroplanen Boden herzustellen, der energiesparendes Garen ermöglicht. Auch ernährungsphysiologischen Forderungen nach Vitamin- und Mineralstofferhaltung durch kurze Ankochzeiten wurde damit Rechnung getragen. Aus arbeitstechnischer Sicht ist die Verringerung des Topfgewichtes eine angenehme Folge der verbesserten Formgebungstechnik.

Das Gewicht für einen 2 l-Topf (incl. Deckel) mit einem Durchmesser von 180 bis 185 mm beträgt z. B. bei Jenaer Glas = 1500 g, Jena 2000 = 1810 g und Ceradur = 760 g (zum Vergleich: Edelstahl mit starkem Kompensboden = 1535 g und in leichterer Ausführung ohne diesen Boden = 1135 g).

Der Einsatz zum Garen ist bei Glaskeramik problemlos. Der Energiebedarf zum Ankochen liegt um ca. 10 bis 20% höher als bei Edelstahltöpfen, zum Fortkochen auf Glaskeramikfeldern ist er gleich.

Für die Messungen in Tab. 2.5 wurden Edelstahl- und Stahlemailtöpfe mit einem Durchmesser von 180 mm und ein Glaskeramikgeschirr mit 170 mm eingesetzt. Der höhere Energiebedarf gegenüber den anderen Geschirren muß somit relativiert werden.

Die Kennzeichnung von Glaserzeugnissen erfolgt nach den Vorschriften des Kristallkennzeichnungs-Gesetzes von 1971 und den Änderungen von 1975. Das Gesetz gilt für alle EG-Staaten. Für die einzelnen Glasarten ist folgendes vorgeschrieben:

Gläser mit $\geq 30\%$ Bleioxid = runde goldfarbene Etiketten mit der Aufschrift „Hochbleikristall 30%".

Gläser mit $\geq 24\%$ Bleioxid = runde goldfarbene Etiketten mit der Aufschrift „Bleikristall 24%".

Tab. 2.5: Energiebedarf zum Erhitzen von 1 l Wasser auf Siedetemperatur und 15 min Fortkochen in unterschiedlichen Gargeschirren (Abtlg. Haushaltstechnik, Universität Hannover 1993)

Energiequelle	Topfmaterial	Energiebedarf		Summe
		Ankochen Wh	Fortkochen Wh	Wh
Schnellkochplatte (Guß) 18 cm 2300 W	Edelstahl	242	41	283
	Stahlemail	223	45	268
	Glaskeramik	301	28	329
Glaskeramikkochfeld, Strahlungs-Heizkörper (Normalkochfeld) 18 cm 1500 W	Edelstahl	195	50	245
	Stahlemail	191	50	241
	Glaskeramik	218	51	269
Glaskeramikkochfeld, PureHalogen 18 cm 1700 W	Edelstahl	169	41	210
	Stahlemail	164	41	205
	Glaskeramik	202	40	242

Das Wasser wurde küchentechnisch richtig (hohe Anheizleistung, rechtzeitiges Zurückschalten der Energiezufuhr, geschlossener Topf) in Töpfen ($\varnothing$ = 170–180 mm) auf Siedetemperatur gebracht.

Eine Sonderregelung für den deutschen Markt ist die Bezeichnung „Preßbleikristall" oder „Bleikristall gepreßt" für gepreßte Gläser mit ≥ 18% Bleioxid.

Gläser, die ≥ 10% Blei-, Barium-, Kalium- oder Zinkoxid in reiner oder gemischer Form enthalten, werden durch quadratische, silberfarbene Etiketten mit der Aufschrift „Kristallglas" gekennzeichnet.

Gläser, die < 10% Blei-, Barium-, Kalium- oder Zinkoxid in reiner oder gemischter Form enthalten, werden durch dreieckige, silberfarbene Etiketten mit der Aufschrift „Kristallglas" gekennzeichnet.

Darüber hinaus sind Hinweise auf Spülmaschineneignung oder auch besondere Veredelung, wie z. B. „handgemalt", „mundgeblasen" zulässig.

Die Kennzeichnung der Gläser ist nicht verpflichtend vorgeschrieben. Bringt·der Hersteller jedoch eine Kennzeichnung an, so muß er sich an diese Vorschriften halten. Es können auch Firmenzeichen angebracht werden.

2.6.3 Flachglas

Gußglas ist lichtstreuend und wird dort eingesetzt, wo klare Durchsicht nicht erwünscht ist, z. B. in Fenstern von Sanitärräumen, Türen von Wohnräumen oder Büros, zur Raumteilung, für Tischplatten oder Lampen. Farbiges Gußglas dient zur optischen Gestaltung von Gebäuden (Außenfassaden).

Tafel- oder Ziehglas, wie Fensterglas wird in unterschiedlichen Stärken, je nach Belastung, z. B. Größe und damit verbundener mechanischer Beanspruchung hergestellt. Antikglas mit Merkmalen der vorindustriellen Fertigung (unregelmäßige Oberfläche, eingeschlossene Gasbläschen) dient als Möbelglas für rustikale Einrichtungen. Drahtglas hat eine Drahteinlage, die beim Bruch die Öffnung verschlossen hält, es ist einbruchhemmend und splitterbindend.

Spiegel bestehen aus silberbeschichtetem Kristallglas. Qualitätsspiegel tragen das RAL-Gütesiegel (Deutsches Institut für Gütesicherung und Kennzeichnung e. V. Bonn).

Sondergläser, wie Verbund-Sicherheitsglas (Personenschutzglas) besteht aus mindestens zwei Scheiben, die durch eine Polybutyralfolie (identischer Brechungsindex wie Glas) zu einer Einheit verklebt sind. Bei Bruch haften die Stücke an der Folie. Sollen Objekte und Personen z. B. vor Waffengewalt geschützt werden, wird zwischen die Gläser hochschlagfestes Polycarbonat eingesetzt. Vorgespanntes Einscheiben-Sicherheitsglas wird thermisch erzeugt, indem man die Scheibe über den Transformationspunkt (thermodynamisch bedingter Ordnungszusammenhang wird fixiert) erhitzt und beidseitig beschleunigt an den Außenflächen abkühlt. Daraus resultieren erhöhte Elastizität und Biegezugfestigkeit. Dieses Glas ist hochbelastbar, weitgehend stoß-, schlag-, biegebruchfest und temperaturwechselbeständig. Bei Bruch bilden sich kleine Krümel.

Weitere Spezialkonstruktionen sind Wärme-, Schall-, Sonnen- und Brandschutz-Isoliergläser. Borosilikatgläser werden im Haushalt als hitzebeständige Sichtscheiben, z. B. bei Backöfen oder Waschmaschinen eingesetzt. Glaskeramik-Kochflächen (z. B. Ceran) werden nach der Herstellung zugeschnitten und thermisch bis 900 °C behandelt. Das ursprünglich glasige Material wird durch die Temperaturbehandlung zum glasig-kristallinen Mischkörper umgewandelt. Die Fertigung erfolgt vollautomatisch.

2.7 Reinigung und Pflege

Glaswaren sind problemlos zu reinigen und zu pflegen, wenn sich die Maßnahmen an den Eigenschaften orientieren.
- Spülmittel ohne die drei gefährlichen S (Sand, Soda, Seife) verwenden. (Scheuersand zerkratzt die Oberfläche, Soda macht Glas blind, bei hartem Wasser ausfallende Kalkseife hinterläßt einen Schmierfilm.)
- Gläser in handwarmem (heißes Wasser greift Glas und Haut an) Spülwasser reinigen, klar nachspülen, mit einem nicht fusselnden Tuch (Leinen) trocknen und polieren.
- Gläser sofort nach dem Spülen abtrocknen. Wasser kann mit dem Kohlendioxid der Luft die Oberfläche zerstören.
- Kelch und Stiel beim Trocknen mit dem Tuch mitlaufen lassen. Den Stiel nicht gegen den Kelch verkanten – Bruchgefahr!
- Bemalte, mit Ätzgoldkanten, Gold- oder Platinrändern dekorierte Gläser von Hand abwaschen, sie sind empfindlich.
- Bei Biergläsern verhindern minimale Spülmittelreste die Entwicklung der „Blume", deshalb nur in klarem Wasser spülen oder falls Spülmittel verwendet wurde, sehr ausgiebig nachspülen.
- Kalkflecken auf Gläsern mit Essig oder Zitronensäure entfernen.
- Eingebrannte Speisereste in hitzebeständigen Glasgeschirren in Spülmittellösung einweichen, mit flüssigem Scheuermittel oder verseifter Stahlwolle abreiben und spülen.

Entsprechend gekennzeichnete Gläser können auch in der Spülmaschine gereinigt werden. Ein normales Spülprogramm bedeutet eine starke thermische Belastung (Tab. 2.6). Falsches Einordnen bewirkt die Gefahr von Rüttelschäden. Spülmaschinenfeste Gläser werden berührungsfrei in die Spülkörbe gestellt und im Spezialprogramm (verminderte Temperatur und Zeit) gespült. Die Verwendung alkaliarmer Spülmittel ist zu empfehlen, die Dosierung erfolgt nach den

Tab. 2.6: Abhängigkeit der Glasschäden von der Temperatur-Zeit-Kombination während des maschinellen Geschirrspülens (2 g/l alkalischer Reiniger, 0,5 g/l saurer Klarspüler, enthärtetes Wasser; ALTENSCHÖPFER 1967)

Glasart	maximale Temperatur °C	Spülzeit	Zahl der Programme bis zum Auftreten erster Glasschäden
Bleiglas 24% Pb	70	kurz	90
	57	mittel	100
	50	lang	100
Bleiglas 30% Pb	70	kurz	80
	57	mittel	100
	50	lang	120
Kaliglas	70	kurz	40
	57	mittel	100
	50	lang	80
Preßglas	70	kurz	60
	57	mittel	90
	50	lang	100

Herstellerangaben. Für die benötigte Menge des sauren Klarspülers ist die Wasserhärte ausschlaggebend. Unter- bzw. Überdosierung können Wasserflecken bzw. Schlieren bewirken, die in einem Spülgang mit Zitronensäure statt des Reinigers zu beseitigen sind. Mechanische Vorschädigungen durch Stoßen, In- oder Aufeinanderstellen oder durch Aneinanderscheuern begünstigen vorzeitige Schäden.

Temperaturwechsel durch Einfüllen heißer oder kalter Speisen müssen vermieden werden, da Spannungen auftreten, die zum Bruch führen können. Zugießen kalter Flüssigkeiten in heiße Formen und umgekehrt vermeiden. Kalte Formen nicht auf heiße Herdplatten setzen. Bei Gasherden dient ein Drahtsieb zur Wärmeverteilung. Ovale Formen aus Borosilikatglas nur im Backofen verwenden (Wärmeverteilung nicht so gleichmäßig wie bei runden Formen, die auch für den Kochstelleneinsatz geeignet sind). Diese Einschränkung gilt nicht für Geschirr aus Glaskeramik. Glas ist sehr stoßempfindlich und bedarf einer schonenden Behandlung. Bei Trinkgläsern ist der Mundrand besonders anfällig. Trotz der Härte kann die Oberfläche durch Schneiden und Kratzen beschädigt werden. Nicht mit Messer arbeiten, Klebeetiketten vor dem Entfernen einweichen und Farbe mit Rasierklingen entfernen. Klebeetiketten lassen sich rückstandsfrei mit flüssiger Seife (Schmierseife) entfernen.

2.8 Energie- und Rohstoffprobleme der Glasindustrie, Recycling

Der Energieaufwand zur Herstellung von Glas richtet sich nach der jeweiligen Produktgruppe (Flach- oder Hohlglas) und dem thermischen Wirkungsgrad der verwendeten Produktionsanlage. Im Schnitt werden für die Herstellung von 1 kg Glaswaren ca. 11 000 kJ (Heizwert von 250 g Erdöl) benötigt.

Zur Senkung des Energieverbrauchs wurden eine Reihe von Maßnahmen entwickelt, z. B. eine Verbesserung des Wirkungsgrades der Herdöfen (durch Isolation oder neue Brennerkonstruktionen) und der Wärmerückgewinnung aus den Rauchgasen.

Die Rohstoffe finden sich in großer Menge in Deutschland. Ihre qualitativen Unterschiede erfordern teilweise intensive Aufbereitung. Die Rohstoffbasis ist nach Hochrechnungen für die nächsten 3000 Jahre gedeckt. Rohstoffeinsparungen durch verbessertes Recycling sind dabei nicht berücksichtigt.

Altglas kann neben der Verwendung für Neuglas auch als Basisrohstoff für Glasasphalt, Glasbausteine, Glaspulver und Glaswolle verwendet werden.

Umweltbelastungen entstehen insbesondere bei der Produktion von Soda. Bei der Herstellung von jährlich $1,4 \cdot 10^6$ t Soda fallen ca. $1,3 \cdot 10^6$ t Chlorid an, welches die Salzfracht der Flüsse mit verursacht (besonders gravierend im Rhein). 60% der Sodaproduktion werden für die Glasherstellung benötigt. 600 000 t Altglas (1987 recycelte Altglasmenge) ersetzen ca. 130 000 t Soda.

1974 wurde, angesichts der immer größer werdenden Altglasmengen, das Recycling eingeführt. Es handelt sich dabei um die Wiederverwertung von Glas im prinzipiell unendlichen Kreislauf (Abb. 2.2). Das Altglas wird in den Aufbereitungsanlagen zertrümmert, damit es sich leichter von den Fremdstoffen trennen läßt. Danach wird es durch Magnetbänder, Absaugdüsen, Sieben und Schütteln gereinigt und farbig nachsortiert. Diese Zerkleinerungs- und Sortierprozesse werden mehrmals wiederholt. Nach dem Waschen liegt ofenfertiges Altglas vor (Altglas kostete 1987 pro Tonne 50–60 DM und die Aufbereitung etwa 25 DM).

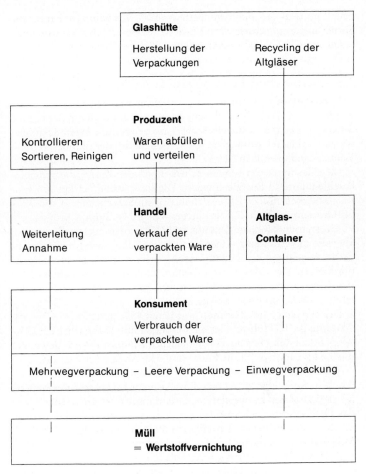

Abb. 2.2: Mögliche Wege einer Glasverpackung

1977 beschloß der Fachverband der Hohlglasindustrie e.V. eine „Vorläufige Richtlinie über Reinheitsanforderungen an ofenfertiges Altglas". Sie enthält präzise Hinweise für die Sammlung und Aufbereitung von Altglas und Reinheitsanforderungen. Ab 1.7.1995 müssen verschärfte Erfassungs- und Sortierungsquoten eingehalten werden. Für Glas gilt dann mindestens: 80% Erfassung, davon 90% Sortierung entsprechend 72% Wiederverwertung. Scherbeneinschmelzungen von bis zu 90% bei Grün- und 30% bei Weiß- und Braunglas sind vorgesehen. In der Schweiz gelten folgende Werte: 99% Scherbenanteil bei Grünglas, 63,1% bei Weißglas und 53,6% bei Braunglas.

Dem Grünglas können auch andersfarbige Scherben zugesetzt werden, beim Weiß- und Braunglas jeweils nur weiße bzw. braune Scherben. Für die „Umweltflasche" aus gemischtfarbigen Scherben, wie sie in Israel produziert wird, besteht in der Bundesrepublik Deutschland noch kein Markt.

Die Glashütten verwenden Scherben, da der Zusatz die Schmelze beschleunigt und Energie einspart. Die Einsparung beträgt pro Prozent Scherbenzusatz 0,25%, d. h. bei einem Scherbenanteil von 90% bei Grünglas werden 22,5% Energie weniger benötigt.

Theoretisch kann ein Glas aus 100% Scherben hergestellt werden, aber die physikalischen Eigenschaften sind dann nicht mehr ausreichend zu steuern, da die dafür erforderliche Vorsortierung undurchführbar ist. Der Glasindustrie-Bedarf wird durch Eigenabfälle und Containersammlungen nicht gedeckt. Bis zu 30% der Scherben mußten 1987 importiert werden.

Der Glasanteil im Hausmüll wurde um 40% gesenkt (1987 = 5% Glasanteil). 1987 führte jeder Bundesbürger durchschnittlich ca. 20 kg Altglas dem Recycling zu. Das bedeutet eine Entlastung pro Bewohner um 3,6 kg Chloride für die Flüsse und 5 kg Abgase für die Luft.

Wird Altglas nicht in irgendeiner Form wiederverwendet (Pfandflaschen, Recycling) droht eine Einschränkung oder sogar ein gesetzliches Verbot von Einwegflaschen. Richtungsweisender Ansatz waren das Gesetz über die Vermeidung und Entsorgung von Abfällen von 1972, in der mehrfach novellierten Fassung von 1990 (BGBl. II, S. 885) und die aufgrund dieses Gesetzes erlassene Verordnung über die Vermeidung von Verpackungsabfällen von 1991.

Mit dem Fremdscherbeneinsatz erhöhen sich für die Glashütten auch die Risiken, vor allem durch Blei- und Aluminiumanteile.

Recycling entlastet die kommunale Müllentsorgung und spart Deponieraum ein. Die beste Entlastung ist die Verwendung von Mehrwegflaschen, die bis zu 40mal umlaufen und einen großen Teil der jährlich produzierten $4 \cdot 10^9$ Einwegflaschen ersetzen könnten (Tab. 2.7).

Die Verpackungskosten pro Liter Füllgut (z. B. Mineralwasserflasche 0,50 DM pro Mehrwegflasche) betragen 0,0125 DM (40 Um-

Tab. 2.7: Einsparung von Rohstoffen und Abfallmengen durch Einsatz von Mehrweg- statt Einwegflaschen (Universität Hannover, Abtlg. Haushaltstechnik, 1988)

Verpackung	Pro Liter Füllgut	
	Rohstoffeinsatz	Altglas/Müllanfall
Mehrwegglas 0,5 l, 360 g, 35 Umläufe, 18% Altglasrecycling	10,2 g Quarzsand 3,3 g Soda	17,1 g
Einwegflasche, 0,33 l, 160 g, 18% Altglasrecycling	235,0 g Quarzsand 76,0 g Soda	394,0 g

läufe) gegenüber 0,40 DM für die Einwegflasche. Die Kosten für die Wiederverwendung der Mehrwegflaschen trägt der Produzent, die der Entsorgung der Einwegflaschen die Kommune und damit der Bürger. Für den Haushalt müßte die Verringerung der Abfallmenge eine Senkung der Müllgebühren (bei bedarfsbezogener und nicht pauschalierter Abrechnung) bewirken.

Der Energieverbrauch für die Herstellung und Entsorgung von Einwegflaschen steht zu dem der Mehrwegflaschen (incl. Rücktransport und Reinigung) pro Liter Füllgut im Verhältnis 4:1.

2.9 Literatur

ALTENSCHÖPFER, T.: Das Verhalten von Glas in der Geschirrspülmaschine. Fette, Seifen, Anstrichmittel **69**, 182–188, 1967

ALTENSCHÖPFER, T.: Gläser in der Geschirrspülmaschine. Fette, Seifen, Anstrichmittel **73**, 613–622, 1971; **74**, 36–48, 1972

ALTENSCHÖPFER, T.: Maschinelles Geschirrspülen hochaktuell. Hauswirtschaft und Wissenschaft **20**, 172–181, 1972

DEUTSCHES EMAIL-ZENTRUM (Hrsg.): Informationsbroschüre, Hagen 1984

FRIEDL, H.: Warum? Weshalb? Wieso? 100 Fragen über Glas (Wirtschaftsglas). 5. Auflage, Selbstverlag Marktredwitz o. J.

GLIEMEROTH, G., MÜLLER, G.: Glas und Glaskeramik. In: ULLMANNS Enzyklopädie der Technischen Chemie. 4. Auflage, Bd. 12, S. 317–366. Verlag Chemie, Weinheim 1976

HALLENSLEBEN, V.: Normenrekord. In IZG-Report 2/82

HEIDENREICH, K.: Betriebs-, Hilfs- und Nichtmetallische Werkstoffe, Westermann-Verlag, Frankfurt 1967

ILLIG, H.-J. (Hrsg.): ABC Glas, VEB-Verlag, Leipzig 1983

KÜHNE, K.: Werkstoff Glas. Theodor Steinkopff Verlag, Berlin 1976

KYRI, H.: Email. In: Ullmanns Enzyklopädie der technischen Chemie. 4. Auflage, Bd. 10, S. 435–448. Verlag Chemie, W., Weinheim 1975, Band 10

LOHMEYER, S.: Werkstoff Glas I und II. Expert Verlag, Grafenau 1979

PFAENDER, H. (Hrsg.): Schott-Glaslexikon. o.V., München 1980

SCHATT, W., Hrsg.: Einführung in die Werkstoffwissenschaft. Deutscher Verlag für Grundstoffindustrie, Leipzig 1986

SCHOLZE, H.: Glas – Natur, Struktur und Eigenschaften. Springer Verlag, Berlin 1988

SPRINGER, L.: Lehrbuch der Glastechnik. Wilhelm Knapp Verlag, Düsseldorf 1963

WIETER, G.: Werkstoffkunde für den Haushalt. unveröffentlichtes Vorlesungsmanuskript, Hannover 1988

WILDBRETT, G.: Technologie der Reinigung im Haushalt. Eugen Ulmer Verlag, Stuttgart 1981

3 Keramische Werkstoffe

K. SIEDLER-THUL

3.1 Einführung

Der Begriff Keramik ist dem Griechischen entlehnt. Er leitet sich von dem Wort „Keramos" ab, das ursprünglich die Bezeichnung für ein Trinkgefäß war. Später verwendete man diesen Begriff für alle irdenen Gefäße, und auch der Hersteller dieser Gefäße, der Töpfer, heißt Keramos. Heute umfaßt der Begriff ein sehr weites Gebiet von Erzeugnissen, deren Ursprung die Verwendung von Tonmineralien war und immer noch in großem Umfang ist.

Keramik ist der Sammelbegriff für anorganische, nichtmetallische Werkstoffe auf Silikatbasis. Dazu gehören die traditionellen keramischen Erzeugnisse wie Tonwaren, Steingut, Steinzeug und Porzellan, aber auch eine Vielzahl neuer Erzeugnisse, die einen sehr hohen Anteil Metalloxide (z. B. Aluminium-, Magnesium- und Eisenoxid) enthalten.

Sie werden aus natürlichen, auf der Erdrinde vorkommenden Mineralen gewonnen, unter Wasserzugabe geformt, durch einen anschließenden Brennvorgang verdichtet und ausgehärtet. Die Höhe der Brenntemperatur bestimmt die Eigenschaften des Endproduktes, ist jedoch von der Zusammensetzung der Rohstoffe abhängig.

3.1.1 Rohstoffe

Keramische Rohstoffe sind in der Erdrinde in großen Mengen vorkommende, mineralische Naturprodukte. Natürliche Rohstoffe unterscheiden sich in ihrer Zusammensetzung je nach Lager- bzw. Abbaustätte. Die Hauptbestandteile sind: Tonsubstanzen, Feldspat und Quarz. Diese drei Stoffe kommen häufig mit anderen Mineralien gemischt vor, die gegebenenfalls die Eigenschaften des keramischen Produktes beeinflussen können.

3.1.1.1 Rohstoffe für keramische Massen
Der Begriff „keramische Massen" bezeichnet die Mischung der einzelnen Rohstoffe, die in einem festgelegten Mischverhältnis zusam-

mengestellt werden. Die Anteile der einzelnen Rohstoffe im Mischverhältnis bestimmen die Eigenschaften der Endprodukte.

Je nach Formgebungsverfahren wird der Masse eine bestimmte Menge Flüssigkeit zugegeben. Nach der Formgebung der Masse spricht man von einem ungebrannten oder rohen Scherben. Bis zu diesem Zeitpunkt kann das Produkt noch in die Masseherstellung zurückgeführt und wieder verarbeitet werden. Wird es aber durch den keramischen Brand in einen gebrannten Scherben überführt, ist dieser Zustand irreversibel. Der ausgehärtete, gebrannte Scherben ist der eigentliche keramische Werkstoff, der die wesentlichen Gebrauchseigenschaften beinhaltet und in weiteren Arbeitsgängen glasiert und evtl. dekoriert wird.

Die Einteilung der Rohstoffe für keramische Massen erfolgt in zwei Gruppen:
- plastische Rohstoffe
- nicht plastische Roh- oder Hartstoffe.

Plastische Rohstoffe

Die Gruppe der plastischen Rohstoffe beinhaltet als Hauptbestandteil Tonsubstanzen (Tone, Kaoline, Bentonite). Es sind u. a. Aluminiumsilikate.

Tonsubstanzen verfügen über die Eigenschaft, durch Zugabe von Flüssigkeit formbar zu werden. Die kleinen Tonteile gleiten dabei auf einer Wasserhülle, ohne jedoch den Zusammenhalt zu verlieren. Ein in diesem Zustand gebildeter Gegenstand behält seine Form auch nach der Trocknung bei. Lediglich ein bestimmter Verlust der ursprünglichen Größe ist zu verzeichnen, der als „Trockenschwindung" bezeichnet wird.

Die Rohstoffe Kaolin und Ton unterscheiden sich wesentlich im Gehalt an Verunreinigungen. Kaoline enthalten bedeutend weniger färbende Eisen-, Mangan- oder Titanverbindungen. Sie werden deshalb häufig auch „weißer Ton" genannt. Verständlicherweise können aus Kaolinen hellere bis weiße Scherben gebrannt werden, während Tone gelblich bis ziegelrot werden. Die Entfernung der färbenden Verbindungen in Tonen ist so kostspielig, daß der Einsatz z. B. für Porzellan ausgeschlossen wird. Auch beim keramischen Brand üben die färbenden Verbindungen einen beträchtlichen Einfluß auf die Höhe der Brenntemperatur aus. Tone sind weniger feuerfest als Kaoline. Sie verdichten daher während des Brandes weniger und bleiben porös; im Gegensatz zu Kaolin, das nach dem Brand einen glatten dichten Scherben ergibt.

Hartstoffe

Zur Gruppe der Hartstoffe gehören alle anderen Minerale und Verbindungen. Die wichtigsten sind Feldspat und Quarz. Sie dienen als Fluß- und Magerungsmittel und haben folgende Aufgaben:
- Einstellen der Plastizität der Tonsubstanzen auf verschiedene Formgebungsverfahren
- Bestimmen des Verglasungsgrades
- Mindern der Schwindung beim Trocknen und Brennen.

Flußmittel wie Feldspat, Kalkspat, Dolomit haben die Aufgabe, die Massebestandteile während des Brandes zu verbinden. Das ist möglich, weil ihr Schmelzpunkt niedriger liegt als der der anderen Rohstoffe (Tonsubstanzen, Quarz). So erweicht das Flußmittel früher, umfließt als glasartiges Bindemittel die anderen Bestandteile und schließt die Poren. Je nach Anteil der glasartigen Phase wird die Dichte und die Transparenz des Scherbens beeinflußt, d. h. je höher der Flußmittelanteil ist, desto dichter und transparenter wird der Scherben.

Als Magerungsmittel dient Quarz. Er „magert" die bildbaren Rohstoffe, d. h. er lockert die Masse auf, vermindert dadurch das Verziehen der Form beim Trocknen und die Schwindung. Besonders seine chemische Beständigkeit sowie die hohe Feuerfestigkeit sind die wichtigsten Eigenschaften dieses Rohstoffes in keramischen Massen.

3.1.1.2 Rohstoffe für Glasuren

Der Begriff „Glasur" umfaßt alle glasartigen Überzüge auf den Scherben. Glasuren sind in ihrer Zusammensetzung dem Glas sehr ähnlich. Sie haben einen hohen Quarzanteil in der Masse und enthalten darüberhinaus Feldspat, Soda und Pottasche. Die Glasurmasse wird mit reichlich Wasser versetzt, so daß es sich um eine flüssige Aufschlämmung handelt, in die die keramischen Produkte eingetaucht oder mit der sie besprüht werden. In einem gesonderten Brennverfahren werden sie auf den tonigen Scherben aufgeschmolzen. Voraussetzung ist, daß die Glasur früher vom festen in den flüssigen Zustand übergeht als der Scherben. Sie überzieht den Scherben glasartig, ohne seine Feuerstandfestigkeit zu beeinflussen. Beim Einbrennen verbindet sich die Glasur fest mit der Oberfläche des Scherbens; je höher die Brenntemperatur, desto intensiver diese Verbindung. Die Eigenschaften von Glasuren sind denen von Glas sehr ähnlich. Im ausgehärteten Zustand stellen sie eine unterkühlte, homogene Schmelze dar. Die Glasur erhöht den Gebrauchswert keramischer Produkte durch Schutz und Veredlung der Oberfläche:

- Poröse Oberflächen können dicht verschlossen werden. Ein Gegenstand aus poröser Keramik wird dadurch wasserdicht.
- Die Oberfläche wird glatt. Dadurch wird die Reinigung erleichtert und die Hygiene erhöht.
- Die mechanische Festigkeit wird erhöht. Es entstehen weniger Schäden durch Abrieb.
- Die chemische Resistenz wird erhöht. Wasser, Säuren, Laugen greifen die Erzeugnisse nicht an.
- Die Abgabe von Schadstoffen aus dem Scherben kann verhindert werden.
- Dekore werden durch die Glasur getragen und meistens auch geschützt.
- Das Aussehen wird durch eine glatte, glänzende Oberfläche verbessert.

Glasuren können transparent oder farbig deckend aufgetragen werden.

3.1.2 Geschichtliche Entwicklung

Keramische Erzeugnisse gehören mit zu den ältesten handwerklichen Gegenständen. Überall, wo Spuren alter menschlicher Kultur nachgewiesen werden, liegen zusammen mit Steinmessern und geschnitzten Knochenstücken auch einfache Keramiken vor. Mit dem Seßhaftwerden der Menschen bereits in der Steinzeit (8000 v. Chr.) und der damit verbundenen „Vorratswirtschaft" entstand der Bedarf an haltbaren Gefäßen. Die erforderlichen Rohstoffe – Tone und Lehme – waren ausreichend vorhanden, so daß erste, einfache Gefäße hergestellt werden konnten. Zunächst waren diese noch wasserdurchlässig und somit nur für die Aufbewahrung trockener Produkte geeignet (Getreide, Samen, Mehl). Mit der Weiterentwicklung des Herstellungsprozesses und der Entwicklung der Glasur konnten später auch Flüssigkeiten in keramischen Gefäßen aufgehoben werden.

Die Töpferei ist also einer der ältesten Berufe. Das erste charakteristische Produktionsmittel war die Töpferscheibe, die das Prinzip der Rotationssymmetrie nutzt.

Steigender Bedarf an keramischen Erzeugnissen führte zur Spezialisierung der Tätigkeiten und Entwicklung anderer Verfahren, die schnellere Herstellung und größere Produktion ermöglichen. So hat sich aus dem Familienbetrieb „Töpferei", bei dem noch alle Arbeitsschritte in einer Hand waren, die Manufaktur entwickelt, die bereits Arbeitsteilung vorsieht. Hieraus entstand schließlich die industrielle

Massenfertigung, deren hoher Produktionsausstoß durch Automatisierung vieler Arbeitsschritte möglich war.

3.2 Eigenschaften keramischer Werkstoffe

3.2.1 Physikalische Eigenschaften

Die Eigenschaften der keramischen Werkstoffe werden durch die Wahl der Rohstoffe und das Herstellungsverfahren bestimmt.

3.2.1.1 Formgebungseigenschaften

Die Tonsubstanzen besitzen in feuchtem bzw. aufgeschlämmten Zustand eine ausgezeichnete Formbarkeit, der nur durch mechanisierte Formgebungsverfahren Grenzen auferlegt sind. In allen Arbeitsphasen *vor dem Brennen* ist auch die Rückführung des Materials ins Rohstoffgemisch möglich. In diesem Zustand können Teile zusammengefügt werden, z. B. die Henkel von Kannen und Tassen. Dieser Arbeitsschritt wird „Garnieren" genannt. *Nach dem Brennen* ändert sich diese Eigenschaft. Das Material härtet aus; es ist nicht mehr – wie Glas oder Metall – einzuschmelzen und erneut zu bearbeiten. Zerbrochene Glasgegenstände können in das Rohstoffgemisch zurückgeführt werden. Auf diese Weise geht kein Material verloren, außerdem senken sie den Schmelzpunkt des Gemisches und sparen dabei Energie ein. Zerbrochene Keramikprodukte sind Ausschuß, d. h. sie gehen für den Produktionsprozeß verloren.

3.2.1.2 Schlagfestigkeit

Im ausgehärteten Zustand nach dem Brennen neigen keramische Erzeugnisse unter plötzlicher Druck-, Schlag- oder Zugbelastung zum Zerspringen. Die Elastizität ist gering und damit Bruchgefahr gegeben. Das Bruchverhalten ändert sich mit der Dichte des Scherbens: Mit steigender Dichte steigt die Belastbarkeit. Ein Porzellanteller, der einen sehr dichten Scherben hat, neigt weniger zum Abplatzen als ein Steingutteller mit porösem Scherben.

3.2.1.3 Temperaturverhalten

Keramische Werkstoffe sind feuerfest und neigen auch bei Langzeitbelastung in höheren Temperaturbereichen nicht zur Formveränderung. Auch die Wärmeausdehnung ist relativ klein. Diese Werkstoffe werden daher als „temperaturwechselbeständig" bezeichnet.

Einige Eigenschaften sind eindeutig von der anteiligen Zusammensetzung der Rohstoffe und dem dadurch bedingten Anteil der Verunreinigungen abhängig. Anteil und Art der Verunreinigungen bestimmen die Höhe der Brenntemperatur sowie Farbe und Transparenz des gebrannten Scherbens. Letztere Merkmale werden aber gleichzeitig auch durch die Brenntemperatur beeinflußt, so daß hier wechselseitige Einflüsse vorliegen. Die Dichte bzw. Porosität des Scherbens ergibt sich ebenfalls aus der Höhe der Brenntemperatur und entscheidet über wichtige Gebrauchseigenschaften des Werkstoffes wie Feuchtigkeitsaufnahme, Härte und Bruchverhalten. Außerdem können dichte Scherben dünnwandiger ausgeformt werden.

Zusammenfassend kann festgehalten werden, daß erst durch den Brennprozeß die charakteristischen Eigenschaften keramischer Werkstoffe entstehen. Sie sind ausschlaggebend für die Einteilung keramischer Erzeugnisse in die Gruppen Tonwaren, Steingut, Steinzeug und Porzellan (Kap. 3.2.3).

In Tab. 3.1 sind die physikalischen Daten für Steinzeug und Porzellan zusammengefaßt. Die angegebenen Werte sind z.T. nur Größenordnungen bzw. Anhaltswerte, da sie von der stofflichen Zusammensetzung wie auch der Porosität abhängig sind.

3.2.2 Chemische Eigenschaften

Keramische Erzeugnisse werden – wie Glas – nur von Flußsäure und Fluorsalzen angegriffen, so daß man von einer hohen chemischen Beständigkeit ausgehen kann. Für den Haushalt ist besonders ihre Resistenz gegen Laugen und Säuren interessant. Nahrungsmittel enthalten z. B. Säuren oder werden sauer zubereitet, so daß hierfür säureresistente Materialien unverzichtbar sind. Für die Reinigung werden seit altersher alkalisch reagierende Mittel verwendet. Also ist auch die Alkaliresistenz für den haushaltsüblichen Einsatz von keramischen Produkten ausschlaggebend. Mit steigender Scherbendichte steigt auch die chemische Resistenz. Poröse Scherben können Säuren und Laugen aufsaugen, was ihre Verwendung einschränkt.

3.2.3 Einteilung keramischer Erzeugnisse

Die Einteilung erfolgt nach den charakteristischen Eigenschaften, die je nach stofflicher Zusammensetzung und Brandführung variieren können. Wesentliche Einteilungsmerkmale sind die Dichte des Scher-

Tab. 3.1: Physikalische Kennwerte keramischer Werkstoffe (Steinzeug und Porzellan; BARGEL u. SCHULZE 1988)

Kenngröße	Kennwert	Bemerkung
mechanisch		
Rohdichte g cm^{-3}	2,2 bis 2,7	Anhaltswert; genaue Daten stark von der Porosität abhängig
Festigkeit N mm^{-2}		
– Zugfestigkeit		Für höchste Ansprüche
Steinzeug	16 bis 18	werden höhere Werte
Porzellan	15 bis 40 (25)	erreicht
– Druckfestigkeit	450 bis 1200	bis zu 30 mal höher als die Zugfestigkeit
Elastizitätsmodul N mm^{-2}	10^5 (50)	Nimmt mit zunehmender Porosität stark ab
thermisch		
max. Temperatur °C	1680	Formbeständigkeit handelsüblicher Produkte
Wärmeleitfähigkeit Wm^{-1} K^{-1}		
– Ziegel	ca. 0,6	
– Porzellan	ca. 1,0	
Ausdehnungskoeffizient 10^{-6} K^{-1}	etwa 3,5	schlechte Wärmeleiter, daher temperaturwechselbeständig
elektrisch (nur Porzellan)		
spezifischer Durchgangswiderstand bei 50 Hz, 20 °C [Ω cm]	10^{11} bis 10^{12}	Kenngröße für Isolierstoffe; Porzellan ist ein durchschnittlich guter Isolierstoff
Dielektrizitätskonstante	6	
Dielektrischer Verlustfaktor bei 20 °C 50 · 10^3 Hz	0,006 bis 0,012	

122 Keramische Werkstoffe

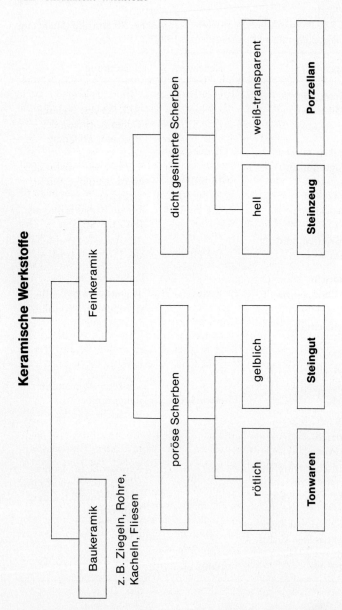

Abb. 3.1: Einteilung keramischer Werkstoffe

bens und sein Weißegrad sowie die Transparenz (Abb. 3.1). Diese Merkmale sind gleichzeitig auch Qualitätsmerkmale.

3.2.3.1 Tonwaren

Zu den Tonwaren zählen alle Produkte mit einem farbigen und stark porösen Scherben. Die Rohstoffbasis sind Tone, Feldspate, auch Kalkspat oder Dolomit, die beide nur geringe Brenntemperaturen vertragen und Quarz. Der Tonanteil in der Masse liegt besonders hoch. Diese Zusammensetzung verträgt eine Brenntemperatur zwischen maximal 850–1100 °C; sie ist niedriger als für alle übrigen keramischen Massen. Die typischen Eigenschaften sind durch den reichlich vorhandenen Porenraum des Scherbens bedingt. Aufgrund der relativ niedrigen Brenntemperaturen verdichtet die Masse nicht so stark.

Durch den Porenraum ist das Gefüge des Scherbens eher locker und daher nur von geringer Festigkeit. Er zerbricht leicht, oder es brechen Ecken und Kanten ab. Die Bruchstellen sind porös und bröseln stark aus. In den freien Porenraum kann außerdem viel Feuchtigkeit eindringen, so daß Tonwaren für den häuslichen Gebrauch nur begrenzt einsetzbar sind. Ein typisches Produkt sind Blumentöpfe, bei denen die Fähigkeit des Tonscherbens, Wasser zu speichern, gezielt eingesetzt und die Pflanzenpflege erleichtert wird. Allerdings kann durch das Versiegeln der Oberfläche mit einem Glasurüberzug die Gebrauchstauglichkeit erhöht werden. Jedoch sind – ebenfalls durch die niedrige Brenntemperatur bedingt – die Glasuren weniger widerstandsfähig als bei Porzellan. Glasierte Tonwaren sind weitaus häufiger im Haushalt vorzufinden als unglasierte.

3.2.3.2 Steingut

Dieses Produkt unterscheidet sich von den Tonwaren durch eine leicht geänderte Massezusammensetzung. Durch gesenkten Tonanteil und die Verwendung von Kaolin sowie ausschließlich Feldspat entsteht eine Masse, die wesentlich geringere Verfärbung aufweist und eine höhere Brenntemperatur zuläßt (1000–1200 °C). Das Ergebnis ist im Vergleich zu Tonwaren ein heller Scherben mit größerer Festigkeit. Im Vergleich zu den anderen keramischen Erzeugnissen gilt Steingut aber immer noch als wenig schlagfest und wird den porösen Scherben zugeordnet. Wenn auch der freie Porenraum geringer ist, so nimmt der Scherben doch Feuchtigkeit auf. Ohne Veredlung wäre der Einsatzbereich ebenfalls begrenzt. Durch eine Glasur kann jedoch die Feuchtigkeitsaufnahme unterbunden werden, so daß die Anwendungspalette von Gebrauchskeramik bis zu Fliesen und Kacheln reicht. Auch Geschirr wird aus Steingut gefertigt.

Charakteristisch für Steingutgeschirr ist die derbe Form. Der Scherben kann aufgrund seiner Massezusammensetzung nicht so dünn ausgeformt werden wie z. B. bei Porzellan. Außerdem stößt sich Steingut schnell ab, da seine Festigkeit aufgrund des porösen Scherbens niedrig ist. Die Bruchflächen sind rauh und nehmen, da die Glasur fehlt, Feuchtigkeit auf.

3.2.3.3 Steinzeug

Durch Erhöhung von Flußmittelanteilen, die Verwendung von hellbrennenden Tonen sowie Kaolinen liegt eine Massezusammensetzung vor, die eine Brenntemperatur von 1200–1300 °C ermöglicht. Es entsteht ein dicht gesinterter, heller Scherben. Die Festigkeit von Steinzeug nimmt dadurch erheblich zu und gleichzeitig die Aufnahme von Feuchtigkeit ab. Eine minimale Porosität ist bei Steinzeugprodukten zulässig, sofern die Feuchtigkeitsaufnahme 2% vom Eigengewicht nicht übersteigt. Durch die Glasur wird auch hier die Oberfläche völlig abgeschlossen. Die höhere Dichte und Festigkeit steigern den Gebrauchswert von Steinzeug wesentlich gegenüber den vorher genannten Warengruppen.

Die Qualität des Steinzeugscherbens steigt bei Herstellung eines weißen Scherbens, der noch fester ist als der leicht gefärbte. Das Feinststeinzeug oder auch „Vitreous-Porzellan" nimmt eine Zwischenstellung zwischen Steinzeug und Porzellan ein.

3.2.3.4 Porzellan

Porzellan gilt als edelster Werkstoff im keramischen Bereich. Porzellan ist ursprünglich eine Erfindung der Chinesen, die aber das Herstellungsrezept und -verfahren hüteten, so daß Porzellan im Jahre 1709 von Johann Friedrich Böttger in Dresden neu erfunden wurde. Böttger war dabei, in einer Versuchswerkstätte von König August dem Starken Gold zu erfinden und stieß dabei auf die Porzellanrezeptur. Daher stammt auch die Bezeichnung „weißes Gold". Der Name Porzellan soll von Marco Polo (Weltreisender und Kaufmann aus Venedig) geprägt worden sein, der das chinesische Porzellan mit einer Muschel verglich, die weiß und transparent war und den Namen „Porchella" trug.

Die Porzellanmasse kann bei 1250–1450 °C gebrannt werden. Der Scherben zeichnet sich durch Transparenz und den höchsten Weißgrad aller keramischen Erzeugnisse aus. Er ist dicht gesintert, nimmt also kein Wasser auf und hat völlig glatte Bruchstellen. Porzellan hat die höchste mechanische Festigkeit und chemische Beständigkeit. Es kann sehr dünnwandig ausgearbeitet werden, so daß im Vergleich zu den anderen Keramikarten die gleiche Form ein geringeres Gewicht hat. Auch die Porzellanglasur ist sehr widerstandsfähig gegenüber mechanischen und chemischen Angriffen, da sie bei sehr hohen Temperaturen (1400 °C) gebrannt wird. Ihre Ritzhärte ist größer als bei Stahl, woraus der Vorteil von Porzellan gerade für den täglichen Gebrauch offensichtlich wird. Die Verbindung von Scherben und Glasur ist sehr intensiv. Porzellan zeigt durch den dicht gesinterten Scherben keine Rißanfälligkeit und keine Alterungserscheinungen. Aus diesen Eigenschaften ergibt sich für Porzellan der höchste Gebrauchsnutzen.

3.3 Gewinnung und Verarbeitung

Trotz der Vielzahl keramischer Erzeugnisse und deren unterschiedlicher Verwendung ist ihr Herstellungsverfahren prinzipiell gleich. Es gliedert sich in folgende Schritte:
- Rohstoffaufbereitung
    Zerkleinern
    Mischen
- Masseherstellung
    Plastifizieren der Rohstoffe mit Wasser
    (Ausnahme: Trockenpressen)
- Formgebung
    Verfahren: Drehen
              Gießen
              Pressen
- Brennvorgang
    Verdichten und Verfestigen der Masse
- Dekoration
    Auftragen von Dekor und/oder Glasur.

3.3.1 Rohstoffaufbereitung

Die Hartstoffe müssen zerkleinert werden, um in der Masse besser mischbar zu sein. Dieses geschieht fast ausschließlich in zentralen Mahlwerken, so daß in den verarbeitenden Betrieben mit der Dosierung der Rohstoffe und deren Mischung begonnen wird. Die Korngröße nach der Mahlung ist wichtig für die Art der Keramik. Für die Porzellanherstellung werden die kleinsten Korngrößen benötigt, die unter 0,08 mm liegen, während die Mahlfeinheit bei den anderen Keramikerzeugnissen nur unter 0,2 mm betragen muß. Wichtig ist auch hier eine möglichst einheitliche Korngröße.

3.3.2 Masseherstellung

Die mengenmäßig abgestimmte Dosierung entscheidet über die Keramikart, so wird z. B. für Porzellan Kaolin, Quarz und Feldspat im Verhältnis 50:25:25 dosiert. Anschließend erfolgt das Aufschlämmen der Rohstoffmischung mit Wasser. Die Aufschlämmung wird als „Masseschlicker" bezeichnet. Für die Herstellung des Porzellanschlickers muß die Masse von Eisenverunreinigungen befreit werden. Das kann durch Führung über einen Magneten geschehen. Andere Verunreinigungen wie auch gröbere Kornanteile werden durch mechanisches Absieben zurückgehalten. Die zugegebene Wassermenge ist vom anschließenden Formgebungsverfahren abhängig. Es werden die Zustände trocken, plastisch und gießfähig unterschieden.

3.3.3 Formung

Die Formung erfolgt in zwei Stufen. Die erste ist die Entwicklung und Gestaltung eines Modells, das in eine Negativform überführt werden muß. Diese dient schließlich im Produktionsprozeß der Vervielfältigung der keramischen Erzeugnisse. Die zweite Stufe sind die eigentlichen Formgebungsverfahren, die sehr unterschiedlich ablaufen. Jedes Verfahren hat seine bestimmten Vorteile, so daß sie gleichberechtigt nebeneinander bestehen.

3.3.3.1 Entwicklung des Modells

Zunächst wird aus einem skizzenhaften Entwurf ein Papierschnitt in der natürlichen Größe des Gegenstandes erstellt, an dem es Linienführung und Proportionen auszufeilen gilt. In diesem Stadium müssen bereits bestimmte Gebrauchsanforderungen berücksichtigt werden, damit die Form später ihre Funktion erfüllen kann. Wird dieses beim Entwurf nicht bedacht, ist möglicherweise das Keramikprodukt als Gebrauchsgegenstand wertlos. Nach dem Entwurf erfolgt die maßstabsgetreue Übertragung des Papierschnittes auf ein Gipsmodell. Dieses Modell dient bei Serienanfertigung als Vervielfältigungsgrundlage, deshalb ist bei der Herstellung auf absolute Exaktheit und

Gewissenhaftigkeit zu achten. Alle Ungenauigkeiten oder Unebenheiten der Oberfläche übertragen sich auf jedes hergestellte Stück. Bei der Entwicklung des Modells ist zu bedenken, daß die keramische Masse bei der Trocknung und während des Brennprozesses sintert und dadurch an Größe verliert. Dieser Schwund, der bis zu 20% betragen kann, muß bei der Berechnung der Modellgröße selbstverständlich berücksichtigt werden. Das Maß der Schwindung ergibt sich aus der Massezusammensetzung, dem Wassergehalt, dem Sinterungsgrad und der Scherbendicke.

3.3.3.2 Formverfahren

Die keramische Form entwickelte sich aus der rein manuellen Formung der keramischen Masse ohne technische Hilfsmittel über die Mechanisierung mit Hilfe von Töpferscheiben, Schablonen, Formen bis hin zur automatischen Taktstraße. Je nach Produktionsmenge und Betriebsgröße sind alle Technisierungsgrade der Formverfahren heute noch aktuell.

Die vielfältigen Gestaltungsmöglichkeiten gestatten einen großen Formenreichtum keramischer Produkte. Damit können sie den zahlreichen, unterschiedlichen Gebrauchsanforderungen gerecht werden.

Tab. 3.2: Formverfahren für Keramikteile

Verfahren	Feuchte %	Arbeitsmittel	Produkttyp	Gebrauchsgut (Beispiele)
Gießen	30–35	– Gießform	– Hohlguß – Vollguß – Kombinationsguß	– Kannen, Vasen – Henkel, Platten – Sanitäreinrichtung
Drehen	20–25	– Schablone – Rollerkopf	– rotationssymmetrische Formen	– Becher, Schüsseln, Teller
Pressen	2–15	– Presse	– Preßformen	– Geschirr – technische Keramik

128 Keramische Werkstoffe

Die wichtigsten Formverfahren sind das
- Gießen
- Drehen
- Pressen.

Jedes Verfahren erfordert eine bestimmte Massekonsistenz, die vom Wassergehalt abhängt (Tab. 3.2).

Gießen

Das Arbeitsmittel beim Gießen ist eine Gießform aus Gips, die mindestens zweiteilig ist, also geöffnet werden kann (Abb. 3.2). Die geschlossene Gießform wird randvoll mit Masse aufgefüllt. Die Bildung des Gegenstandes erfolgt durch das Aufsaugen des Wassers aus der Masse in die Poren der Gipsform. Die festen Bestandteile werden an der Formseite zurückgehalten, so daß sich dort eine

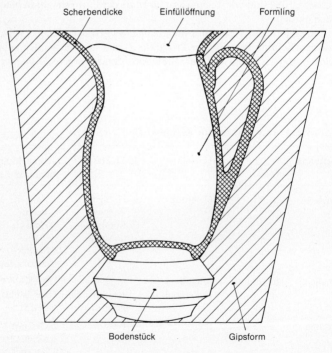

Abb. 3.2: Schema einer zweiteiligen Gießform mit Formling

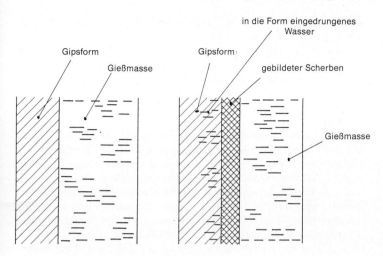

Abb. 3.3: Scherbenbildung im Gießverfahren
a Beginn des Vorganges nach dem Eingießen
b Ende des Vorganges nach erfolgter Scherbenbildung

feststoffreiche Schicht bildet, die mit längerer Standzeit immer dicker wird (Abb. 3.3). Ist die gewünschte Scherbendicke erreicht, wird die überschüssige Masse durch Kippen der Form entfernt. Nach einer gewissen Festigungszeit, während der durch fortschreitenden Wasserverlust der Gegenstand schrumpft, kann die Form geöffnet und der Rohling entnommen werden.

Zu unterscheiden sind Hohl-, Voll- und Kombinationsguß. Beim Hohlguß wird ein Hohlraum erzeugt, z. B. bei einer Kanne oder Vase; beim Vollguß füllt der Scherben die ganze Form wie z. B. bei Henkeln und Platten. Das Kombinationsguß-Produkt erzeugt einen Hohlraum und verfügt darüber hinaus über Bereiche, die voll ausgegossen sind. Sanitäreinrichtungsgegenstände sind typische Beispiele für Kombinationsguß-Erzeugnisse. Auch Kannen, deren Henkel gleich mitgegossen werden, gehören in diese Kategorie. Häufiger werden Henkel jedoch nachträglich an Kannen und Tassen garniert, denn es ist wirtschaftlicher, die Teile anzusetzen und den Korpus mit einem einfacheren Verfahren herzustellen. Das Formverfahren „Gießen" hat nämlich keine sehr hohe Arbeitsproduktivität. Es findet hauptsächlich dort Anwendung, wo asymmetrische Formen oder reliefartige Oberflä-

130 Keramische Werkstoffe

chen gewünscht werden. Ist das nicht der Fall, ist die Anwendung der Dreh- und Preßverfahren sinnvoller.

Typisch für gegossene Rohlinge sind die Nähte, die durch die mehrteiligen Formen entstehen. Bei nicht gut schließenden Formen können sie recht breit sein; sie werden beim Nacharbeiten abgeschliffen.

Drehen
Für das Drehen wird eine plastische Konsistenz der Masse benötigt, die auf einer rotierenden Scheibe durch Ein- oder Überstülpen der endgültigen Form oder durch Bearbeiten mit den Fingern geformt wird. Es können rotationssymmetrische Gegenstände erzeugt werden wie z. B. Becher, Teller, Tassen. Das Freihanddrehen auf der Töpferscheibe wird nur noch in kleinen Familienbetrieben und im Kunsthandwerk eingesetzt. Für die Produktion einer hohen Stückzahl ist der Prozeß heute weitgehend automatisiert worden. Bei der Massenanfertigung wird das Formen mit Schablone und das Formen mit Rollerkopf eingesetzt. Beide Verfahren sind automatisierbar.

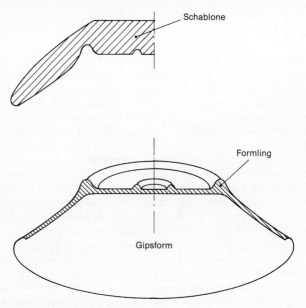

Abb. 3.4: Formgebung durch Drehen mit Schablone

Formen mit Schablone

Die Werkzeuge dieses Verfahrens sind Töpferscheibe und Schablone. Auf der Töpferscheibe wird die Gipsform befestigt und in Bewegung versetzt. Eine bestimmte Menge der plastischen Masse wird über die Form gelegt und die an einem Ständer beweglich befestigte Schablone auf die Masse gedrückt. Gipsform und Schablone ergeben die Negativform des Erzeugnisses. Der verstellbare Anschlag der Schablone bestimmt durch den Abstand zur Gipsform die gewünschte Scherbendicke (Abb. 3.4). Die überschüssige Masse wird von der Schablone abgearbeitet. Um die erforderliche Gleitfähigkeit zu gewährleisten, muß die Masseoberfläche feucht gehalten werden. Die nur in der Höhe verstellbare Schablone ist erschütterungsfrei zu befestigen, da sonst beim Drehen eine wellige Oberfläche entsteht.

Formen mit Rollerkopf

Die Formgebung mit Rollerköpfen ist eine Weiterentwicklung der Schablonentechnik und ein bei der Geschirrherstellung verbreitetes Verfahren (Abb. 3.5). Die Töpferscheibe wird durch eine Spindel ersetzt, die einer topfartigen Halterung entspricht und die Form des zu fertigenden Gegenstandes aufnimmt. An die Stelle der Schablone tritt der Rollerkopf, der die gesamte Form einer Flächenseite des Gegen-

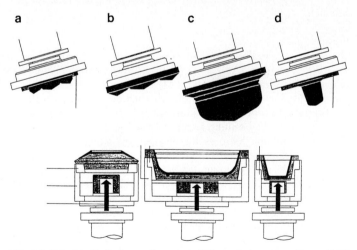

Abb. 3.5: Beispiele für Rollenwerkzeuge und Formenhalterungen (LENK 1984)
a für Untertassen, b für Teller, c für Schüsseln, d für Tassen

standes wiedergibt und nicht – wie bei der Schablone – nur das Profil. Der beheizbare Rollerkopf wird in die mit Masse versehene Form gesenkt und dreht mit der Spindel in gleicher Richtung, jedoch mit unterschiedlicher Geschwindigkeit. Auf diese Weise wird die Masse in der Form hochgedrückt und gleichmäßig verteilt. Eine Beheizung des Rollerkopfes sorgt für die Verdampfung des in der Masse enthaltenen Wassers, welches als Gleitmittel zwischen Rollerkopf und Masse wirkt und ein Festkleben verhindert. Das Formen mit Rollerkopf geht schneller als mit Schablone und ist in Produktionsstraßen einsetzbar.

Die Vorteile der Formgebung durch Drehen sind in der Produktion einer hohen Stückzahl zu sehen. Die Produkte weisen eine gleichmäßige Scherbendicke sowie glatte Oberfläche auf. Allerdings können nur rotationssymmetrische, einteilige Formen erzeugt werden. Henkel, Griffe, Schnaupen o. ä. müssen separat hergestellt und nachträglich garniert werden. Zum Garnieren werden die zusammenzufügenden Teile an der Luft bis zu einer bestimmten Festigkeit getrocknet, um dann aneinander „geklebt" zu werden. Dieses Kleben geschieht durch Auftragen einer bestimmten Masseaufbereitung, die weniger Wasser als die Gießmasse enthält und zusätzlich mit einem leimartigen Binder angereichert ist. Die angefeuchteten Teile werden mit leichtem Druck aneinander gefügt. Die im Scherben des Rohlings vorhandene Saugfähigkeit sorgt für eine endgültige feste Verbindung der Teile vor dem Brennen.

Pressen
Die Masse wird in Form von Pulver oder Granulat verarbeitet und in eine Form gepreßt (Abb. 3.6). Je nach Massenzusammensetzung reicht der Preßdruck von 15 bis 32 MPa. Hoher Preßdruck senkt den Lufteinschluß im Rohling und folglich auch den Schwund während des Brandes. Bis vor wenigen Jahren wurde dieses Verfahren hauptsächlich für die Herstellung technischer Keramik eingesetzt. Für die Geschirrherstellung hatte es kaum eine Bedeutung. Dies hat sich jedoch in letzter Zeit geändert, denn die Vorteile sind nicht zu übersehen: Die Aufbereitung der Masse ist kostengünstiger und eine Trocknung der Rohlinge vor dem Brennen nicht mehr nötig. Gepreßte Produkte weisen eine hohe Maßgenauigkeit auf, haben eine glatte Oberfläche und können in hoher Stückzahl produziert werden. Allerdings können nicht alle Formen im Preßverfahren hergestellt werden.

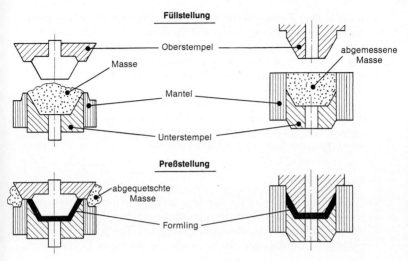

Abb. 3.6: Formung durch Pressen. a mit Masseüberschuß, b mit dosierter Massemenge

3.3.4 Brennprozeß

Durch den Brand werden die Formlinge in den Zustand überführt, der sie zu benutzbaren Gegenständen macht. Die qualitativen Eigenschaften wie Festigkeit und Dichte sowie Glanz und Glätte der Glasur und die Transparenz bei Porzellan entstehen erst durch den Brennprozeß. Der keramische Brand wird in Glüh- und Glattbrand unterteilt.

Die Aufgabe des *Glühbrandes* ist es, die Rohware zu verfestigen und zum Glasieren vorzubereiten. Die dünnen, noch plastisch verformbaren Scherben würden sonst beim Glasieren erweichen. Außerdem soll während des Glühbrandes im Scherben eine gewisse Reinigung von organischen Verbindungen sowie das Verdampfen gasabgebender Substanzen erfolgen. Der Glühbrand erreicht Temperaturen bis 1000 °C. Die Masse wird dabei „totgebrannt", d. h. sie ist danach nicht mehr mit Wasser plastifizierbar. Zwischen Glüh- und Glattbrand erfolgt das Glasieren entweder per Hand im Tauchbad oder durch automatisierbare Aufsprühverfahren.

Im *Glattbrand* (Temperatur 1200 °C für Weichporzellan, 1450 °C für Hartporzellan) wird der Scherben „gargebrannt". Bei diesem Vorgang verlieren die Tonmineralien ihre Schichtstruktur. Es bilden sich kristalline Phasen, die unter starkem Schwinden ($\leq 20\%$) zusammensintern. Gleichzeitig schmelzen die glasigen Bestandteile auf und betten die Kristallphasen ein. Außerdem erweicht die Glasurschicht und bildet einen glatten, gleichmäßigen Überzug. Bei kontinuierlich hoher Produktion erfolgt der Brand in Durchlauf-Tunnelöfen; bei kleinerem Ausstoß wird in chargenweise arbeitenden Öfen gebrannt.

An das Brennen ist eine Abkühlphase angeschlossen, während der eine allmähliche Abkühlung der Produkte erfolgt. Es muß verhindert werden, daß Spannungen im Scherben entstehen, die zur Rißbildung oder sogar zum Zerspringen führen könnten.

3.3.5 Dekoration

Unter Dekoration wird die Verzierung der keramischen Erzeugnisse verstanden, die den Wert des Produktes anheben. Zur Dekoration stehen vielfältige Techniken und Farben zur Verfügung. Allein die Glasur, ob farblos oder farbig, stellt ein wichtiges Dekorelement dar.

3.3.5.1 Farben

Keramische Farben sind anorganische Verbindungen (z. B. Metalloxide) zur dauerhaften Dekoration keramischer Erzeugnisse. Die Anzahl und Brillanz der Farbtöne konnte im Laufe der Zeit immer weiter verbessert werden. Die Farben werden mit Hilfe der Glasur auf der Oberfläche des Scherbens fixiert. Je nach Art der Verbindung von Farbkörper – das jeweilige farbgebende Metalloxid – und Glasur werden drei Techniken unterschieden: Aufglasur-, Inglasur- und Unterglasurdekoration.

In der genannten Reihenfolge nimmt die chemische und mechanische Resistenz der Dekoration zu, die Farbvielfalt jedoch ab.

Aufglasurfarben

Sie werden auf den glasierten, glattgebrannten Scherben aufgeschmolzen. Die Farbe besteht aus Flußmittel und Farbkörper. Beim Dekorbrand schmilzt das Flußmittel, fließt über den Farbkörper, fixiert ihn dabei auf der Glasur und gibt ihm gleichzeitig Glanz, eine gewisse Abriebfestigkeit und eine begrenzte chemische Beständigkeit. Abriebfestigkeit und chemische Resistenz sind bei der Aufglasurdekoration jedoch nicht besonders hoch, was sich nachteilig für die Pflege auswirkt. Die Temperatur, mit der die Aufglasurdekoration geschmolzen wird, liegt bei 800–850 °C, also unter der Erweichungstemperatur der

Scherbenglasur. Dieser Temperaturbereich gestattet die Anwendung der größtmöglichen Farbpalette, so daß Dekore von Blumen, Landschaften, ja sogar Gemälden in ihrer ganzen Farbigkeit wiedergegeben werden können. In diesem Bereich sind besonders häufig handgemalte Dekore anzutreffen.

Inglasurfarben
Sie werden auch Einsinkfarben genannt und nehmen eine Mittelstellung zwischen Auf- und Unterglasurdekoration ein. Der Auftrag des Dekors erfolgt auf den glasierten, glattgebrannten Scherben. Für den Dekorbrand werden jedoch viel höhere Temperaturen (1200–1300 °C) angewandt als bei Aufglasurfarben. Bei diesen Temperaturen erweicht die Scherbenglasur. Die Farben sinken in die Glasur ein und werden von ihr beim Abkühlen überzogen. Durch die hohen Temperaturen wird die Palette der Farben eingeschränkt, da nur bestimmte Verbindungen dem Dekorbrand standhalten. Die Konturen des Dekors sind infolge des Verschmelzungsprozesses mit der Glasur weicher als beim Aufglasurdekor. Der Vorteil dieser Dekorationsart liegt in der höheren mechanischen und chemischen Widerstandsfähigkeit. Das Dekor ist beim Gebrauch und der Reinigung besser geschützt.

Unterglasurfarben
Bei der Unterglasurdekoration werden die Farben auf den rohen, verglühten Scherben aufgebracht, mit roher Glasur überzogen und beim Glattbrand bei 1400 °C mit eingebrannt. Ein spezieller Dekorbrand erübrigt sich demnach. Es können theoretisch die reinen Farbkörper allein verwendet werden. Zur besseren Fixierung der Farben beim Brand ist es jedoch üblich, einen geringen Flußmittelanteil zuzusetzen.
Infolge der hohen Einbrenntemperaturen eignen sich nur wenige Farben für diese Dekorationstechnik, so daß die Farbpalette stark eingeschränkt ist. Dafür ist die mechanische und chemische Resistenz ausgezeichnet.

Edelmetalldekoration
Früher war (z. B. zur Zeit des Barock und Empire) eine Dekoration mit Silber, Gold und Platin weit verbreitet. Es wurden z. T. ganze Flächen unterlegt. Heute beschränkt sich diese Dekorationsart mehr auf Rand- und Reliefauflagen. Die mechanische Resistenz dieser Verzierungen ist von der Schichtdicke der Auflage abhängig, aber im allgemeinen nicht besonders hoch.

3.3.5.2 Verfahren

Es gibt eine Vielzahl von Auftragetechniken, die von der Handmalerei über die Schiebebilddekoration zum Stempeln und Spritzen reichen, um nur einige Verfahren zu nennen. Auch bei diesem Arbeitsabschnitt des Erzeugungsprozesses können viele Techniken mechanisiert und teilweise sogar automatisiert werden. Die meisten Betriebe spezialisieren sich – je nach Anforderung – auf eine oder einige wenige Dekorationstechniken. Im folgenden wird nur auf die wichtigsten Verfahren eingegangen, wenngleich zuvor alle genannt werden sollen (Tab. 3.3).

Während der Formgebung kann bereits eine reliefartige Gestaltung der Oberfläche stattfinden, die eine reizvolle Licht- und Schattenwirkung hervorruft. Diese Reliefs können durch Farben oder Edelmetalle noch betont werden.

Tab. 3.3: Dekorationstechniken für Keramik

Verfahren	Dekor
Handmalerei	Pinselarbeiten wie Staffagen, Ränder oder bildliche Darstellungen
Malerei mit Gerät	Linien, Ränder, Bänder
Stahldruck	Motive aus feinen, zarten Linien wie Zweige, Embleme, Schriftzüge; keine flächigen Verzierungen
Siebdruck	Dekore aller Art
Schiebebilddekoration	Dekore aller Art
Stempeln	für stets wiederkehrende Dekore oder bei größerer Anzahl gleicher Motive. Es gibt Boden-, Zierkanten- und Flächen-Dekorstempel
Spritzen	Anlegen farbiger Flächen; auszusparende Flächen oder Linien werden vorher abgedeckt

Malerei

Die Handmalerei wird heute noch in Familienbetrieben und für besondere Dekore eingesetzt. Sie ist zeitaufwendig und daher teuer.

Erkennbar ist sie durch kleine Abweichungen in der Ausführung der Motive.

Die Handmalerei kann durch Malgeräte mechanisiert werden, wenn es sich um Dekorationselemente wie Linien, Ränder oder Bänder handelt. Dazu werden Führungsschienen mit Abstandhaltern verwendet, so daß exakte Dekoration mit definiertem Abstand und gleicher Linienführung möglich ist. Mit Malmaschinen, die mehrere Erzeugnisse gleichzeitig dekorieren, hat auch die Automatisierung in der Dekormalerei Einzug gehalten. Sie wird jedoch erst durch den Ausstoß einer hohen Stückzahl sinnvoll.

Stempeln
Beim Stempeln handelt es sich um ein mechanisiertes Dekorationsverfahren. Es kann per Hand mit einem Einzelstempel oder einer Stempelrolle gearbeitet werden, oder es werden Stempelmaschinen eingesetzt. Für immer wiederkehrende Dekore oder gleiche Motive ist dieses Verfahren sehr gut geeignet. Das Stempeln ist produktiver als die Malerei und deshalb bei entsprechend hohen Produktionszahlen angebracht.

Schiebebilddekoration
Die Schiebebilddekoration ist eine weitverbreitete Dekorationstechnik, die besonders häufig bei der Verzierung von Haushaltsgeschirr eingesetzt wird. Es ist ein relativ preisgünstiges Verfahren und liefert bei einfacher Herstellung gute Qualität. Das Verfahren ist ebenfalls automatisierbar.

Bei der Schiebebildtechnik wird nach dem Prinzip der Abziehbilder gearbeitet. Das Motiv ist auf einem Papierbogen aufgebracht. Die Farbkörper werden durch eine Trägerschicht gehalten. Beim Einweichen in Wasser löst sich die Trägerschicht mit den Farben vom Papier und kann auf die Keramikoberfläche geschoben werden. Hier ist für glatten, luftfreien Sitz des Bildes zu sorgen. Beim Brennprozeß verbrennt die Trägerschicht und die Farbkörper brennen in die Oberfläche des Scherbens ein.

3.3.6 Endbearbeitung

3.3.6.1 Schleifen

Das Schleifen gehört zur Nachbearbeitung aller keramischen Erzeugnisse am fertig gebrannten Produkt. Es ist notwendig zur Verbesserung der Gebrauchseigenschaften und zur Beseitigung von Fehlern.

Beim *Fußschleifen* werden die Standflächen und Füße von Kannen, Tassen etc. aufgerauht und eventuell von der Glasur befreit. Dadurch erhalten die Gegenstände eine bessere Standsicherheit und Rutschfestigkeit. Das *Bordschleifen* beseitigt Unebenheiten an den oberen Tassenrändern, ohne die Glasur abzunehmen und verleiht so ein besseres Mundgefühl beim Benutzen der Tasse. Schließlich dient das *Fehlerschleifen* der Beseitigung von Produktionsfehlern wie z. B. Erhöhungen auf einer glatten Oberfläche.

3.3.6.2 Sortieren

Das Sortieren der keramischen Erzeugnisse erfolgt in verschiedenen Arbeitsphasen des Herstellungsprozesses. Es dient dazu, fehlerhafte Stücke rechtzeitig auszusondern, um keine weitere Arbeit zu verschwenden. Verbindliche Vorschriften für eine Sortierung existieren nicht. Jeder Hersteller macht sich seine Auflagen selbst.

Das Erzeugnis, welches noch *vor dem Glühbrand* als fehlerhaft aussortiert werden kann, wird als „Rohbruch" bezeichnet. Es kann in den Produktionsprozeß zurückgeführt werden. Nach dem Glühbrand und allen folgenden Arbeitsphasen ist das Material nicht wiederverwertbar. Um nicht unnötig Arbeitszeit zu verlieren, wird ständig auf Fehler kontrolliert und sortiert.

Nach dem Glattbrand erfolgt die sogenannte Weißsortierung, sie unterscheidet drei Kategorien:
- Es werden die Stücke ausgeschieden, die unverwendbar erscheinen und gar nicht erst zur Dekoration kommen.
- Fehlerstücke werden markiert, wenn die Fehler durch Abschleifen zu beseitigen sind oder durch Dekoration verdeckt werden können.
- Einwandfreie Stücke gehen direkt weiter zur Dekoration.

Nach dem Dekorbrand wird noch einmal sortiert, um Dekorationsfehler und Farbungleichheiten zu entdecken. Hierbei erfolgt gleichzeitig eine Einstufung in die Qualitätsgruppen der ersten, zweiten und dritten Wahl, die sich nach Anzahl von Fehlern und deren Größenordnung richten. Qualität erster Wahl darf keine Fehler aufweisen. Bei der Qualität zweiter und dritter Wahl dürfen bestimmte Fehler vorhanden sein. Diese Qualitätsgruppen müssen beim Verkauf gekennzeichnet sein und erfahren in der Regel einen Preisnachlaß.

3.4 Einsatz im Haushalt

Die spezifischen Eigenschaften der keramischen Werkstoffe machen sie für bestimmte Bereiche des Haushalts zu einem prädestinierten Werkstoff. Zu nennen sind hier:
- die keramischen Bodenbeläge, also Fliesen, im Sanitär- und hauswirtschaftlichen Bereich, in Küche und Hausarbeitsraum, aber zunehmend auch im Wohnbereich;
- die Sanitäreinrichtungen selbst, wie Badewanne, Waschbecken etc.;
- die Wandverkleidungen, Kacheln im Sanitär- und Hauswirtschaftsbereich;
- Geschirr, das im Haushalt durch seine Nutzungsbreite eine sehr große Bedeutung hat.

3.4.1 Bodenbeläge

Für den Einsatz keramischer Bodenbeläge eignen sich nicht alle Keramikarten. Tonwaren und Steingut sind zu weich und porös und werden deshalb selten als Bodenbelag verwendet. Porzellan ist von seinen Eigenschaften her zwar gut geeignet, jedoch zu teuer, und so haben sich Steinzeugfliesen durchgesetzt. Sie sind billiger als Porzellan, kommen aber bezüglich Dichte und Festigkeit den Porzellaneigenschaften am nächsten.

Im Sanitär- und Hauswirtschaftsbereich sind besonders die Dichte, Unempfindlichkeit sowie Wasserundurchlässigkeit dieses Materials die einsatzbegünstigenden Eigenschaften. Letztere ist gerade für Bäder, Küchen und WCs unverzichtbar. Allerdings ist die Rutschgefahr bei nassem Boden groß. Um dem vorzubeugen, werden Steinzeugfliesen nicht glasiert, sondern aus Sicherheitsgründen mit strukturierter, matter Oberfläche verlegt. Der Boden bleibt auf diese Weise auch in nassem Zustand griffig.

In Großküchen wird aus Sicherheitsgründen besonders auf die rutschhemmende Gestaltung der Fußbodenoberfläche geachtet. Der Hauptverband der gewerblichen Berufsgenossenschaft gibt ein Merkblatt heraus, das speziell die Anforderungen an Rutschhemmung von Fliesen für Großküchen beschreibt und auch zahlreiche Fliesenerzeugnisse entsprechend klassifiziert. Allerdings kann unzweckmäßige Profilgestaltung die Reinigung erschweren (BÖHNER et al. 1991).

Die Reinigung matter keramischer Fliesen mit glatter Oberfläche mit einem feuchten Mob ist ausgesprochen unproblematisch. Es müssen keine Pflegemittel aufgetregen werden. Ein weiterer Vorteil des keramischen Bodenbelages ist seine Dauerhaftigkeit. Er gilt durch die gute Widerstandsfähigkeit gegen Abrieb als langlebig. Dies trifft besonders für die bewährten unglasierten Steinzeugfliesen, die diesbezüglich höchsten Anforderungen genügen. Die Glasur von Fliesen ist eher abriebgefährdet. Hier unterscheidet die Industrie verschiedene Beanspruchungsgruppen mit unterschiedlicher Verschleißbeständigkeit. Der Verschleiß einer Glasur ist von der Begehungsfrequenz und der Verschmutzung – besonders wenn sie quarzhaltig ist – abhängig. Deshalb sind Maßnahmen zu empfehlen, die grundsätzlich das Hereinschleppen von Schleifmitteln (Sand) verhindern. Dies können Fußmatten oder andere Abstreifmöglichkeiten sein. An stark frequentierten Stellen empfiehlt sich die Verwendung von Fliesen mit höherer bis höchster Beanspruchbarkeit.

Durch die vielfältigen Farb- und Dekorgestaltungen können keramische Böden optisch individuellen Bedürfnissen angepaßt werden, was – neben den anderen Vorzügen – sicher zum zunehmenden Einsatz im Wohnbereich beigetragen hat. In diesem Zusammenhang muß allerdings als nachteilig erwähnt werden, daß Keramikböden fußkalt und tritthart sind. Tritthärte wirkt sich zum einen als lästiges Geräusch aus, zum anderen belastet ein harter, unelastischer Boden beim längeren Gehen oder Stehen auch die Wirbelsäule. Deshalb wird die Verlegung der Fliesen auf einer schwimmenden Dämmschicht empfohlen.

Im Wohnbereich, der besonders behaglich sein soll, sind Steinzeugfliesen in Kombination mit einer Fußbodenheizung eine gute Lösung gegen Fußkälte. Fliesen gelten als Deckmaterial für die Heizkörper als gut geeignet.

3.4.2 Wandverkleidung

Keramikkacheln als Wandverkleidung finden sich hauptsächlich in Sanitärbereich, Küche und Hausarbeitsraum. Hier geht es im wesentlichen darum, die Wände vor Feuchtigkeit zu schützen. Deshalb werden die teuren Kacheln mitunter nur in gefährdeten Bereichen angebracht, z. B. in der Küche oberhalb der Arbeitsfläche. Auch hier gestattet die Vielseitigkeit des Werkstoffes und des Dekors eine Anpassung des optischen Eindrucks an individuelle Wünsche. Wandkeramik wird häufig glasiert mit glatter, glänzender Oberfläche verwendet. Die Pflege ist etwas mühsamer als bei einer matten Fläche. Angetrocknete Wassertropfen und Kalkablagerungen fallen deutlich auf. Ansonsten kommen auch hier die Vorteile zum Tragen, die schon für den Bodenbelag genannt wurden.

3.4.3 Sanitäreinrichtungen

Badewannen, Waschbecken und Klosettschüsseln werden aus Keramik hergestellt. Hier wird der Vorteil der vielseitigen Formgebungsmöglichkeiten keramischer Erzeugnisse genutzt. Weitere Gründe sind die Korrosionsbeständigkeit des Materials, das in diesen Funktionen ständig mit Wasser in Berührung kommt, sowie die völlig dichte, porenfreie Oberfläche, die höchsten Hygieneanforderungen genügt und mit Reinigungs- und Desinfektionsmitteln behandelt werden kann.

3.4.4 Geschirr

3.4.4.1 Allgemeine Anforderungen

Die Verwendung als Geschirr ist der älteste haushälterische Einsatzbereich der Keramik. Gleichzeitig verfügt der keramische Werkstoff in diesem Bereich mit Abstand über das vielfältigste Angebot an Formen, Dekoren und Funktionen.

Die Anforderungen an Geschirr sind je nach Einsatzbereich sehr vielfältig und unterschiedlich. Trotzdem gibt es eine Reihe von Anforderungen, die allgemein zutreffen: Geschirr – Tafel- wie Koch- und Backgeschirr – kommt mit säurehaltigen Lebensmitteln und Flüssigkeiten sowie alkalihaltigen Reinigern in Berührung. Es darf unter keinen Umständen von diesen Mitteln angegriffen werden oder gar Schadstoffe abgeben. Hier ist die Säure- und Alkaliresistenz der keramischen Werkstoffe, im besonderen die der Glasur, eine gute und wichtige Voraussetzung. Zum Schutz der Verbraucher regelt die Bedarfsgegenstände-VO vom 19. 4. 1992 (Anlage 7) die zulässigen Abgabehöchstmengen von gesundheitlich bedenklichen Stoffen. Prüfmaßstab sind hierfür die DIN 51031 und 51032, in denen die Grenzwerte für Bedarfsgegenstände festgehalten sind (Kap. 2.5.2).

Die Formbeständigkeit bei hohen Temperaturen ist ein weiterer Vorteil des Geschirrs. Es werden heiße Speisen und Getränke serviert, und es können auch Speisen darin gegart werden.

Der Formgestaltung eines Geschirrs ist durch den keramischen Werkstoff keine Grenze gesetzt, jedoch sollte bedacht werden, daß beim Geschirr die Form nicht Selbstzweck ist, sondern eine Funktion erfüllen soll. Deshalb sind schon bei ihrer Entwicklung spätere

142 Keramische Werkstoffe

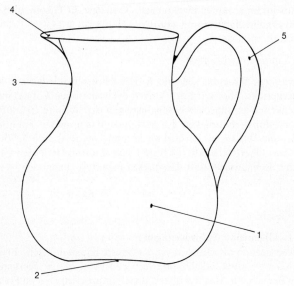

Abb. 3.7: Funktionsmerkmale einer Kanne (Erläuterungen zu den Ziffern 1–5 im Text)

Gebrauchsanforderungen zu berücksichtigen, die eine funktionsgerechte Handhabung ermöglichen und damit den Gebrauchsnutzen des Gegenstandes ausmachen.

Über die Nutzenanforderung eines jeden Gegenstandes bestehen recht genaue Vorstellungen, die durch eine entsprechende Form realisierbar sind. Die Anforderung könnte beispielsweise lauten: „Ein Gefäß zum Aufbewahren und Ausschenken von Flüssigkeit". In diesem Falle müssen folgende Funktionsmerkmale erfüllt werden (Abb. 3.7):

- Es muß ein Hohlkörper (1) vorhanden sein, der es gestattet, eine bestimmte Flüssigkeitsmenge aufzunehmen.
- Eine Standfläche ist wichtig, damit das Gefäß mit genügender Standfestigkeit abgestellt werden kann. Das können eine Bodenplatte (2) oder Füße sein.
- Das Ausschenken wird erleichtert, wenn sich der Korpus verengt und die Flüssigkeit geführt wird (3).

- Die Schnaupe (4) verbessert die Dosierung und Steuerung der Flüssigkeit in ein anderes Gefäß. Sie erlaubt ein gezieltes Ausgießen und verhindert das Verschütten.
- Der Henkel (5) ermöglicht einen sicheren Griff und damit die gute Handhabung des Gefäßes.

Eine andere Nutzenanforderung könnte die maximale Stapelbarkeit bei Kannen mit Deckel sein. Das wird erreicht, indem die Ausbauchungen der Kannen optimal mit Henkel und Schnaupe abgestimmt werden, so daß sie sich versetzt gut aneinanderstellen lassen. Beim Aufeinanderstapeln soll die obere Kanne fest und sicher auf der unteren stehen. Hierfür muß der Deckel umgedreht mit dem Knauf in den Kannenkörper passen und so eine Fläche für die zweite Kanne bilden. Die Füße der oberen Kanne springen so weit zurück, daß sie, gegen Verschiebung gesichert, fest in der Kannenöffnung stehen (Abb. 3.8).

Des weiteren müssen Tassen einen Henkel haben, der es ermöglicht, sie anzuheben, ohne daß sie seitlich wegkippen und eventuell heißen Inhalt verschütten.

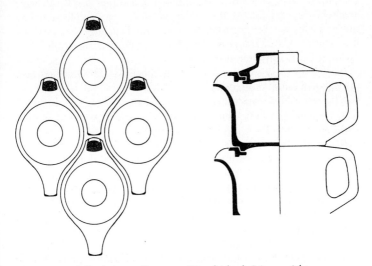

Abb. 3.8: Stapelbarkeit von Kannen. a Draufsicht, b Seitenansicht

3.4.4.2 Tafelgeschirr

Bei Tafelgeschirr hat selbstverständlich der Gebrauchsnutzen einen sehr hohen Stellenwert, hinzu kommt jedoch, fast ebenso wichtig, der ästhetische Nutzen. Er drückt sich im Aussehen, d. h. in der Formgebung, der Art des Materials und dem Dekor aus. Tafelgeschirr war und ist die Zierde des gedeckten Tisches. Die Form gilt – neben dem Gebrauchsnutzen – als ein wichtiges Stilelement zum Ausdruck von Mode und Zeitgeist. So unterscheidet sich z. B. ein Tafelgeschirr aus der Zeit des Barock ganz wesentlich von einem der Neuzeit. Noch deutlicher wird der Einfluß unterschiedlicher Stilepochen beim Dekor. Je nach Zeitgeist wurde üppig oder schlicht dekoriert; mit Goldpräparaten oder mit einer einfachen weißen Glasur.

Zum ästhetischen Eindruck gehört auch die verwendete Keramikart. Porzellangeschirr kann sehr dünnwandig hergestellt werden. Es wirkt dadurch feiner und zarter als Steinzeug- oder gar Steingutgeschirr. Die Zartheit des Geschirrs wird durch den transparenten Scherben noch betont. So gilt Porzellan als der edelste Werkstoff in der Geschirrherstellung. Der Wert des Porzellans liegt nicht nur im ästhetischen Nutzen, sondern auch in seinem Gebrauchswert, der den der anderen Keramikarten übersteigt. Auf Grund des dichten Scherbens hat Porzellan die höchste Festigkeit innerhalb dieser Werkstoffgruppe. Es schlägt weniger schnell ab und kann dadurch als langlebiger angesehen werden. Selbst abgeschlagene Stellen an Porzellangeschirr führen nicht, wie bei porösem Material, zur Feuchtigkeitsaufnahme des Scherbens. Außerdem ist Porzellan leichter, was ebenfalls einen höheren Gebrauchswert ausmacht.

Nachteilig wirkt sich natürlich die Bruchgefahr des Geschirrs aus, die bei allen Keramikarten gegeben ist. Gerade beim Tafelgeschirr mit seiner hohen Nutzungsfrequenz im Haushalt ist diese Gefahr groß. Zerbrochenes Geschirr kann nicht weiter eingesetzt werden; es stellt einen Wertverlust dar.

Im Kunststoffzeitalter ist es natürlich möglich, Tafelgeschirr aus einem geeigneten Kunststoff zu fertigen. Die Kunststoffe sind ebenfalls in vielen Form- und Farbvarianten herstellbar und weitgehend bruchsicher. Trotzdem werden sie nicht als gleichwertiger Ersatz für keramisches Tafelgeschirr akzeptiert. Hier spielen Tradition und Ästhetik eine ganz ausschlaggebende Rolle.

3.4.4.3 Koch- und Backgeschirr

Beim normalen Koch- und Backgeschirr aus Keramik dominiert als Gebrauchseigenschaft die Hitzebeständigkeit, aber es sind auch noch andere Eigenschaften gefragt, wie z. B. die einfache Reinigung, die hygienische Oberfläche, die Möglichkeit, es gleichzeitig auch als Serviergeschirr zu nutzen.

In den meisten Fällen ist das Keramikgeschirr für das Garen im Backofen gedacht und weniger für die Kochstelle, denn Keramik ist ein schlechter Wärmeleiter (Tab. 3.1). Im Backofen, wo die Hitze von allen Seiten einwirkt, tritt diese Eigenschaft in den Hintergrund.

Das Angebot an Koch- und Backgeschirr besteht hauptsächlich aus Auflaufformen oder Fleischbrätern, aber es gibt auch flache Pizza- und Kuchenformen.

Römertopf

Der Römertopf ist eine Bratform mit besonderen Eigenschaften. Er ist aus porösem Tonmaterial hergestellt, kann also Wasser aufnehmen. Diese Eigenschaft wird beim Garen genutzt. Der Römertopf wird vor dem Garen gewässert und saugt sich voll. Beim Erhitzen gibt er das Wasser ab und sorgt so für eine hohe Feuchtigkeit der Garatmosphäre.

Mikrowellengeschirr

Durch das Mikrowellengerät hat Keramik neuerdings als Gargeschirr eine besondere Bedeutung erfahren. Grundsätzlich eignen sich alle Keramikgeschirre hervorragend als Gargefäße im Mikrowellengerät. Sie können von Mikrowellen durchdrungen werden, ohne sich selbst wesentlich zu erwärmen. Keramik nimmt selbst nur wenig Mikrowellenenergie auf, so daß die eingesetzte Energie die Lebensmittel und Speisen weitgehend direkt erreicht.

Von allen Keramikarten ist Porzellan am besten für das Erwärmen im Mikrowellengerät geeignet. Die porösen Arten (Tonwaren, Steingut) nehmen, je nach Feuchtigkeitsgehalt im Scherben, die Mikrowellen stärker auf und erwärmen sich selbst dabei. Dieser Anteil geht für die direkte Erwärmung der Speisen verloren. Der Wirkungsgrad steigt mit zunehmender Scherbendichte, d. h. der Scherben erwärmt sich mit zunehmender Dichte weniger, so daß die Energie zur Erwärmung der Lebensmittel nutzbar ist. So ist der gute Wirkungsgrad des Porzellanscherbens erklärlich.

Für das Garen bzw. Erwärmen im Mikrowellengerät ist kein besonderes Gargeschirr erforderlich. Speisen können in Servierschüsseln oder sogar auf dem Teller erwärmt werden.

3.5 Pflege

3.5.1 Allgemeine Pflegehinweise

Zur Pflege eines Produktes gehört die Werterhaltung desselben. Darunter wird die Erhaltung des Gebrauchsnutzens verstanden. Bei keramischen Werkstoffen ist die Pflege, anders als z. B. bei Textilien, relativ unproblematisch und erfordert nur geringe Sachkenntnis. Sie bezieht sich im wesentlichen auf die Erhaltung der Oberfläche und die Vermeidung von Bruch.

Erhaltung der Oberfläche bedeutet Erhaltung der Glasur. Die Glasur ist – verglichen mit anderen Materialien z. B. Kunststoffen, Aluminium – verhältnismäßig hart; je höher die Brenntemperatur, desto härter die Glasur. Sie ist z. B. härter als Stahl, jedoch weniger hart als Quarz. Übertragen auf den hauswirtschaftlichen Einsatz bedeutet dies, daß eine Messerklinge beim normalen Schneiden auf einer Glasurfläche keine Beschädigung verursachen kann. Ein körniges, scheuersandhaltiges Reinigungsmittel dagegen erzeugt beim Reiben auf einer Glasurfläche Kratzer und zerstört damit die glatte Oberfläche. Ebenso wirken Staubkörner, die Quarzbestandteile enthalten.

Eine zerkratzte Oberfläche ist nicht nur unansehnlich, sie verliert auch ihre Funktion. Der Schutz des Scherbens vor eindringender Feuchtigkeit und Schmutz ist nicht mehr gewährleistet. Deshalb dürfen quarzhaltige Scheuermittel bei der Pflege von Keramikerzeugnissen nicht eingesetzt werden.

Auch thermische Belastung kann die Oberfläche beschädigen. Die Glasur ist ihrer Zusammensetzung nach dem Gebrauchsglas sehr ähnlich. Also reagiert sie auf Temperatursprünge empfindlich. Deshalb sollte Geschirr niemals ohne Inhalt auf der Herdplatte erhitzt werden. Es entstehen Überhitzungen, die der Glasur schaden. Das gilt selbst für einige Gargefäße aus Keramik. Sobald das Gefäß mit Speisen gefüllt ist, kann die Hitze abgeführt werden. Füllt man jedoch kaltes Wasser in ein heißes Geschirr, verursachen thermische Spannungen das Reißen der Glasur, mitunter sogar Risse im Scherben.

Aus Platzgründen wird in den meisten Haushalten das Geschirr in den Schränken gestapelt. Auch hier können Fehler gemacht werden. Nicht alle Formen sind zum Stapeln geeignet. Besonders bei ausladenden oder stark unterschiedlichen Formen können beim Ineinanderstellen Druckspannungen auftreten, die Schäden verursachen bis hin zum Zerplatzen des Geschirrteils. Besonders kritisch ist das Ineinanderstapeln von warmem Geschirr, z. B. gleich nach dem Spülen. Die Geschirrteile ziehen sich beim Auskühlen zusammen und können sich unter ungünstigen Bedingungen so verkeilen, daß sie nur unter Beschädigung der Glasur zu lösen sind. Diese Gefahr besaeht vorwiegend bei Tassen, Schüsseln und dergleichen. Teller oder andere flache Teile können problemlos gestapelt werden. Hier ist allerdings zu bedenken, daß manche Geschirre aus Gründen der besseren Standsicherheit extra abgeschliffene Fußteile haben, die auf die glatte Glasurfläche des unteren Tellers gestellt werden. Die Fläche kann dabei empfindlich verkratzt werden. Besonders anfällig ist das Aufglasurdekor, da dieses eine geringere Oberflächenhärte hat als die anderen Dekorarten. Als einfache Vorsichtsmaßnahme ist zu empfehlen, zwischen die Teller Papier oder Stoff zu legen.

Die mechanische Bruchgefahr ist trotz hoher Festigkeit durch die geringe Elastizität recht groß. Keramikprodukte sind äußerst schlag- und stoßempfindlich. Sie neigen unter solcher Krafteinwirkung zur Rißbildung, schlagen an gefährdeten Stellen wie Rändern oder Kanten ab oder zerspringen sogar.

Am stärksten bruchgefährdet ist Geschirr, wenn es zum einen durch die häufige Benutzung ständig bewegt und geräumt wird. Die Möglichkeit, daß dabei ein Teil herunterfällt oder anstößt, ist groß. Zum anderen ist, bedingt durch die Form eines Geschirrteils, die Bruchgefahr größer als bei Kacheln oder Fliesen, die zudem noch fest eingebunden sind. Aber auch sie können bei punktueller Belastung zerspringen. Die Gefahr ist allerdings wesentlich geringer.

3.5.2 Reinigung keramischer Fußböden und Kacheln

Die Reinigung keramischer Böden und Kacheln ist einfach. Zur Unterhaltsreinigung genügt Kehren oder Abstauben mit weichen Tüchern oder einem Mop. Sandartige, harte Staubteilchen werden darin weich eingebettet und mitgeführt. So können sie keine Schleifwirkung ausüben. Das regelmäßige Entfernen des Staubes ist wichtig, denn Staubkörner können die Oberfläche abschmirgeln und zerkratzen.

Zur Grundreinigung wird mit klarem, warmen Wasser oder einer Seifenlösung feucht gewischt. Die Lösung entfernt haftende Verschmutzungen besser und schonender als mechanisches Abreiben. Beim Nachspülen mit klarem Wasser werden der gelöste Schmutz und die Seifenlösung beseitigt. Bei glasierten, glänzenden Kacheln empfiehlt sich anschließend noch das Trocknen mit saugfähigen Tüchern, weil auf der glänzenden Fläche angetrocknete Wassertropfen zu sehen sind. Pflegeleichter sind deshalb matte Kacheln.

In Großküchen wirkt sich die richtige Bodenpflege positiv auf die Rutschhemmung aus: Durch häufige Entfernung von gleitfördernden Stoffen mit angepaßten Reinigungsmitteln und -verfahren wird die Rutschgefahr gemindert. Zusätzlich bewirkt die sachgemäße Reinigung hygienisch einwandfreie Böden.

3.5.3 Reinigung von Geschirr

Beim schmutzigen Geschirr geht es in den meisten Fällen um die Beseitigung von Speise- und Getränkeresten. Dieses sollte möglichst bald geschehen, damit Reste nicht antrocknen und dann besonders hartnäckig haften. Aber auch angetrocknete oder angebrannte Speisereste lassen sich restlos von Keramikgeschirr entfernen. Solches Geschirr wird schonender gereinigt, wenn es zunächst eingeweicht wird. Langes, heftiges Reiben oder Bürsten könnte die Oberfläche beschädigen. Beim Einweichen quellen die Verschmutzungen und sind dann einfacher zu beseitigen.

Das Reinigen des Geschirrs kann mit der Hand erfolgen oder mit Geschirrspülmaschinen, die immer stärker in den Haushalten vertreten sind. Die wesentlichen Unterschiede des Hand- oder Maschinenspülens bestehen in den Temperaturbereichen und der Zusammensetzung der verwendbaren Reinigungsmittel. Das Spülen von Hand geschieht bei niedrigen Temperaturen und mit milderen Reinigungsmitteln, weil die Hände in das Spülwasser fassen. Der Hautkontakt mit der Flotte entfällt beim Maschinenspülen. Also kann mit höheren Temperaturen gearbeitet werden, die bessere Hygiene versprechen. Die Temperaturen schaden dem Geschirr nicht, solange keine plötzlichen Temperatursprünge auftreten. Deshalb wird die Spülflotte in der Geschirrspülmaschine durch portionsweisen Zulauf kalten Wassers langsam abgekühlt.

Durch die Intensivreiniger beim Maschinenspülen ist lediglich das Aufglasurdekor gefährdet, dessen Farben nur schwach oder gar nicht mit Glasur überzogen sind. Sie werden von den Reinigern angegriffen. Sie sind erkennbar an ihrer stumpfen Oberfläche, die sich anders anfühlt und auch matter aussieht als die Glasur. Solche Dekore spült man besser mit der Hand. Bei In- oder Unterglasurdekoren gibt es auch beim Maschinenspülen keine Probleme, diese Dekore sind durch die Glasur geschützt.

Poröse Geschirre – wie der Römertopf – haben Speisereste in ihren Porenraum aufgenommen. Sie müssen zum Reinigen vorgewässert werden, um den Schmutz zu erweichen. Dann werden sie gespült und abschließend noch einmal gewässert, um das Spülmittel vollständig zu entfernen.

3.6 Literatur

BARGEL, H. J.; SCHULZE, G.: Werkstoffkunde. VDI-Verlag, Düsseldorf 1983

BÖHNER, B.; WILDBRETT, G.; GMEINER, M.: Zur Reinigungsfreundlichkeit rutschhemmender Fliesen. Keramische Zeitschrift 43, 307–311, 1991

HOFFMANN, J.: Technologie der Feinmechanik. VEB-Fachverlag, Leipzig 1979

LENK, S.: Keramik. Fachverband des Deutschen Eisenwaren- und Hausrathandels, Düsseldorf 1984

VILLEROY & BOCH: ABC der Geschirrherstellung. Firmenschrift, Mettlach 1973

DIN 51031/51032. Beuth Verlag, Berlin

4 Kunststoffe

G. WILDBRETT

4.1 Einführung

4.1.1 Wirtschaftliche Bedeutung

Es ist üblich, die vorgeschichtlichen Perioden der Menschheit aufgrund archäologischer Funde an Hand der Werkstoffe zu bezeichnen, aus denen der Mensch seine Werkzeuge gefertigt hat. Für den mitteleuropäischen Raum werden die in Tab. 4.1 wiedergegebenen Zeiträume genannt. So gesehen beginnt derzeit ein neues Zeitalter, das als „Kunststoffzeit" zu bezeichnen wäre. Zwar reichen ihre Anfänge bis in das 19. Jahrhundert zurück – Kunstleder 1824, Celluloid 1869, Kunstseide 1885 – doch kennzeichnet letztlich die Entwicklung der Acetylenchemie in den 30er Jahren des 20. Jahrhunderts den entscheidenden Ausgangspunkt. Nach dem 2. Weltkrieg setzte sich die Gruppe der Kunststoffe immer mehr durch. Wie Abb. 4.1 am Beispiel von Deutschland zeigt, sind Produktion und Verbrauch seit 1950, abgesehen von kurzzeitigen Einbrüchen, ständig und deutlich angestiegen.

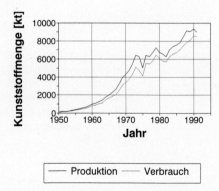

Abb. 4.1: Produktion und Verbrauch von Kunststoffen in Deutschland (Verband der Kunststofferzeugenden Industrie 1992)

Tab. 4.1: Vorgeschichtliche Zeitalter in Mitteleuropa

Annähernder Zeitraum	Zeitalter
− 600 000 bis − 12 000	Altsteinzeit
− 12 000 bis − 2 000	Jungsteinzeit
− 1 800 bis − 1 000	Bronzezeit
ab − 1 000	Eisenzeit

Tab. 4.2: Kunststoffproduktion und -verbrauch in einigen Staaten 1990 (Verband der Kunststofferzeugenden Industrie 1992)

Staaten	Produktion kt	Verbrauch absolut kt	Verbrauch pro Kopf kg
USA	28 113	26 114	104,0
Japan	12 649	11 455	92,6
Deutschland	9 371	8 605	137,0
Frankreich	4 298	3 827	68,0
Belgien	2 932	1 491	151,0
Österreich	914	920	117,7
Indien	340	670	0,8
Israel	233	248	52,6

Mit einem Anteil von rund einem Drittel an der Weltproduktion von 75 Mt (1990) sind die USA weltweit der größte Kunststoffproduzent. Zusammen mit Japan, Frankreich und der Bundesrepublik erzeugen sie rund 70% der globalen Produktionsmenge. Im Pro-Kopfverbrauch führt allerdings Belgien vor Deutschland und Österreich. Dagegen verbrauchen Entwicklungsländer wie Indien unverhältnismäßig wenig Kunststoffe (Tab. 4.2).

Massenbezogene Produktionsangaben eignen sich wenig zum Vergleich mit den Daten für andere Werkstoffe, z. B. Metalle. Dafür sind Volumenangaben wesentlich günstiger und anschaulicher, weil sie die sehr unterschiedlichen Dichten der Materialien berücksichtigen (Tab. 4.3).

Tab. 4.3: Vergleich der jährlichen Weltproduktion (1990) an Rohstahl und Kunststoffen

Werkstoffe	Dichte[2] g cm^{-3}	Weltproduktion Mt	Mm^3
Rohstahl	7,86	780,5	99,3
Kunststoffe	1,20	75,0	62,5
Verhältniszahl[1]	–	10,4 : 1	1,5 : 1

[1] Produktionszahlen Rohstahl : Kunststoffe
[2] Dichte für Eisen bzw. angenäherter Mittelwert für Kunststoffe

Als neuartige Werkstoffe ergänzen Kunststoffe die Palette der „konventionellen" Materialien wie Metalle, Glas oder Holz, denn sie besitzen wegen ihrer speziellen Eigenschaften manche anwendungstechnischen Vorteile. Deshalb sind Kunststoffe in den technisch hochentwickelten Ländern aus dem täglichen Leben nicht mehr wegzudenken. Um sich das zu vergegenwärtigen, genügt das einfache Experiment, in Gedanken alle Kunststoffgegenstände bzw. -teile aus dem eigenen Haushalt zu entfernen. Übrig blieben nur eine Rumpfeinrichtung und eine kaum mehr funktionsfähige Küche. Ebenso ist das heutige Distributionssystem ohne Kunststoffe als Verpackungsmaterialien kaum vorstellbar.

4.1.2 Begriffsdefinition

Die Bezeichnung „Kunststoffe" ist im deutschen Sprachgebrauch allgemein üblich. Sie rührt u. a. daher, daß die ersten derartigen Materialien durch künstliche Umwandlung aus Naturstoffen gewonnen wurden. Zusätzlich beinhaltet der Begriff auch, daß die synthetisierten Substanzen nicht a priori in der Natur vorkommen. Trotzdem befriedigt der Begriff nicht. Es ist nämlich nicht auszuschließen, daß der Laie damit die Vorstellung von Ersatzstoffen – vergleiche beispielsweise Kunsthonig oder -leder – assoziiert, die als solche gegenüber natürlichen Produkten oder herkömmlichen Werkstoffen mindere Qualität aufweisen. Deswegen mag es überzeugender klingen, in Anlehnung an die fremdsprachlichen Ausdrücke „plastics" bzw. „matériaux plastiques" von „Plasten" statt von „Kunststoffen" zu sprechen, weil die Werkstoffe entweder in einem Vorstadium ihrer Gewinnung oder in ihrem Endzustand plastisch verformbar sind. Aber auch Metalle lassen sich plastisch verformen. Folglich befriedigt die Bezeichnung „Plaste" ebenfalls nicht. Deshalb wird, trotz obigen Vorbehaltes, die hier zu behandelnde Werkstoffamilie als „Kunststoffe" bezeichnet.

Obwohl Kunststoffe chemisch und strukturell sehr unterschiedlich aufgebaut sein können, haben sie doch einige wesentliche Eigenschaften gemeinsam; man kann sie wie folgt charakterisieren:

Kunststoffe sind im wesentlichen hochmolekulare organische Verbindungen, die entweder synthetisch oder durch chemische Umwandlung von Naturstoffen gewonnen werden. Die Einschränkung „im wesentlichen" berücksichtigt, daß Zusatzstoffe, etwa Pigmente oder flammenhemmende Zusätze, anorganischer Natur sein können. Eine gewisse Sonderstellung nehmen polymere Silikone ein, deren Ketten aus Siliziumoxid und nicht ausschließlich bzw. hauptsächlich aus C-Atomen bestehen. Im Gegensatz zu dem ebenfalls aus Siliziumoxid aufgebauten Grundgerüst klassischer anorganischer Gläser zählen die Silikone jedoch zu den organischen Verbindungen, da die Seitenglieder der Ketten organischer Natur – z.B. Methylgruppen – sind. Im Gegensatz zu Metallen sind für Kunststoffe kovalente Bindungen der Atome im Molekülverband charakteristisch.

4.2 Bildungsreaktionen

4.2.1 Abgewandelte Naturstoffe

Celluloseester entstehen durch Reaktion der freien Hydroxylgruppen der Glucoseeinheiten mit Säuren (Abb. 4.2). Sind, wie im Triacetat (Kunstseide), alle Hydroxylgruppen mit Essigsäure verestert, läßt sich das Material nur aus der Lösung verarbeiten. Dagegen liefert ein niedrigerer Grad der Veresterung – 2,2 bis 2,8 Estergruppen je Ringeinheit – ein thermoplastisches Material.

Auch regenerierte Cellulose zählt zu den abgewandelten Naturstoffen, obwohl sie in ihrer chemischen Zusammensetzung dem Ausgangsprodukt gleicht. Der wesentliche Unterschied zur nativen Cellulose besteht in der geringeren Kettenlänge, denn die Herstellung nach dem Viscoseverfahren schließt partiellen Kettenabbau ein. Mit Weichmacher versetzt dienen die Folien Verpackungszwecken. Um ihre Gasdichte, insbesondere die Wasserdampfdichte zu erhöhen,

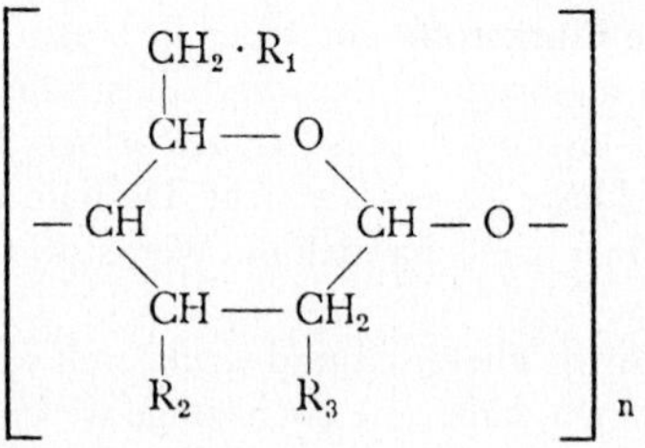

154 Kunststoffe

$$\left[\begin{array}{c} CH_2 \cdot R_1 \\ | \\ CH \!-\! O \\ -CH CH\!-\!O- \\ CH \!-\! CH_2 \\ | | \\ R_2 R_3 \end{array}\right]_n$$

Abb. 4.2: Strukturformeln von Celluloseestern
$R_1, R_2, R_3 : CH_3 - COO \qquad \triangleq CA$
$CH_3 - (CH_2)_2 - COO \triangleq CB$
oder beide Säurereste in Mischung $\triangleq$ CAB

kann die Cellulose mit einem Kunststofflack überzogen werden (Cellophan wetterfest®).
Durch Labenzym ausgefälltes Casein bildet die stoffliche Basis der Galalith®-Produktion. Das ausgefällte, auf einen definierten Wassergehalt eingestellte Protein wird mit den im Hinblick auf den späteren Verwendungszweck erforderlichen Zusätzen wie etwa Weichmachern und/oder Farbstoffen vermischt und dann zu Platten, Stäben, Scheiben gepreßt. Das spröde Halbzeug quillt unter Wasseraufnahme noch stark. Es wird deshalb mit Formaldehyd gehärtet. Dabei reagieren zunächst die freien Aminogruppen des Proteins mit dem Aldehyd:

$$R - NH_2 + H_2CO \rightarrow R - NH - CH_2OH$$

Die entstehenden Methylolamin-Gruppen reagieren dann untereinander oder mit anderen freien Aminogruppen weiter.
Abschließendes Trocknen soll vor allem überschüssigen Formaldehyd entfernen. Das so gewonnene, gelbliche Kunstharz ist über Hauptvalenzen vernetzt, kaum quellbar und elastisch.

Weiterhin gehören zu den abgewandelten Naturstoffen Celluloid (Cellulosedinitrat plus Campher), mit Schwefel vulkanisierter Naturkautschuk – Grundeinheit Isopren – sowie Linoleum. Den Grundstoff für letzteres bildet Leinöl, dessen ungesättigte Fettsäuren oxidativ zu Linoxyn polymerisieren. Dieses wird, mit Zusatzstoffen versetzt, auf Korkment (Kork und Bindemittel) und Jutegewebe als Trägermaterial mittels heißer Walzen oder Pressen aufgebracht und dabei zu einer geschlossenen Schicht verschweißt. Linoleum ist alkaliempfindlich (pH > 9,5).

4.2.2 Synthetische Kunststoffe

Ausgangsprodukte sind aus Erdöl gewonnene, evtl. derivatisierte Monomere. Sie werden durch unterschiedliche chemische Reaktionen miteinander zu Polymeren verknüpft. Der Aufbau der langen Kettenmoleküle setzt generell bifunktionale Monomere voraus. Nachstehend werden aus der Vielzahl der synthetisch hergestellten Polymeren einige typische Vertreter, geordnet nach den zur Kettenbildung angewandten Reaktionstypen, aufgeführt.

4.2.2.1 Polymerisation

Ethylen kann als Prototyp polymerisierbarer Monomerer gelten. Durch Substitution eines oder mehrerer seiner Wasserstoffatome erhält man unterschiedliche Monomere, die sich wie Ethylen zu langen Kettenmolekülen polymerisieren lassen (Tab. 4.4). Als Ausgangsstoffe dienen stets Monomere mit aktivierbarer Doppelbindung. Die notwendige Aktivierung erfolgt durch Erhitzen, Bestrahlen oder zugesetzte Initiatoren wie Peroxide oder Azo-Verbindungen. Initiatoren

Tab. 4.4: Beispiele für Polymerisationskunststoffe

$$(-\underset{\underset{R_1}{|}}{\overset{\overset{R_2}{|}}{C}} - \underset{\underset{R_3}{|}}{\overset{\overset{R_4}{|}}{C}} -)_n$$ Grundgerüst: Ausschnitt aus einer Alkankette

Liganden	Polymeres	Kurzzeichen
$R_1 - R_4$: H	$(-CH_2-CH_2-)_n$	PE
R_1: CH_3 R_2-R_4: H	$(-\underset{CH_3}{\overset{|}{C}H}-CH_2-)_n$	PP
R_1: C_6H_5 R_2-R_4: H	$(-\underset{C_6H_5}{\overset{|}{C}H}-CH_2-)_n$	PS
R_1: Cl R_2-R_4: H	$(-\underset{Cl}{\overset{|}{C}H}-CH_2-)_n$	PVC
R_1-R_4: F	$(-CF_2-CF_2-)_n$	PTFE
R_1: $\underset{O-CH_3}{\overset{C=O}{|}}$ R_2: CH_3 R_3, R_4: H	$(-\underset{\underset{O-CH_3}{C=O}}{\overset{\overset{CH_3}{|}}{C}} - CH_2-)_n$	PMMA

bilden bei erhöhter Temperatur Radikale und erzeugen ihrerseits ebenso wie zugeführte Energie Monomerradikale.

Der Aufbau polymerer Ketten gliedert sich in folgende drei Stufen:

1. Kettenstart: $I^{\cdot} + M_1 \rightarrow I - M_1^{\cdot}$

2. Kettenwachstum: $I - M_1^{\cdot} + M_2 \rightarrow I - M_1 - M_2^{\cdot} + M_i \rightarrow$
   $I - M_1 - M_2 \cdots M_i^{\cdot}$

3. Kettenabbruch: $I - M_1 - M_2 \cdots M_i^{\cdot} + {}^{\cdot}M_i{}' \cdots M_2{}' - M_1{}' - I' \downarrow$
   $I - M_1 - M_2 \cdots M_i - M_i{}' \cdots M_2{}' - M_1{}' - I'$

I, I˙, I' = Initiator bzw. -radikal
M, M˙, M' = Monomeres bzw. Monomerradikal

Der Kettenabbruch tritt zufällig ein, wenn die Radikale zweier wachsender Ketten aufeinander treffen; dadurch endet das Kettenwachstum. Der gleiche Effekt tritt ein, wenn sich ein Makromolekül absättigt, indem es einer anderen Kohlenwasserstoffkette oder einem Monomeren ein Wasserstoffatom entreißt. Dadurch entsteht ein neues reaktionsfähiges Radikal:

$R - (CH_2)_x - CH_2^{\cdot} + R' - (CH_2)_y - CH_2 - CH_2 - CH_3 \rightarrow$
$R - (CH_2)_x - CH_3 + R' - (CH_2)_y - CH_2 - CH^{\cdot} - CH_3$

Im Falle dieser an einer Kette stattfindenden Radikalbildung spricht man von Kettenübertragung. Wie ersichtlich, ist diese Radikalbildung durch Entzug eines Liganden an der Kohlenstoffkette eine mögliche Ursache für Kettenverzweigung. Ein gezielter Abbruch des Kettenwachstums ist durch Zusatz sog. Regler möglich. Sie sind immer dann erforderlich, wenn relativ kurzkettige Endprodukte (Telomere) gewünscht werden.

Polymerisation ist außer durch Radikalbildung auch auf der Basis von Ionenreaktionen (z. B. bei PS und PTFE) bzw. durch Zusatz von Metallkatalysatoren (z. B. PE und PP) auslösbar.

Schon die Wahl der unterschiedlichen Ausgangsstoffe bietet vielfältige Variationsmöglichkeiten, verschiedenartige Kunststoffe zu synthetisieren. Diese werden dadurch noch deutlich vermehrt, daß man nicht, wie bei der bisher behandelten *Homopolymerisation*, lediglich gleiche Moleküle miteinander reagieren läßt, sondern zwei oder mehr unterschiedliche Monomere. So werden beispielsweise Kunststoffe aus Mischungen von Vinyl- und Vinylidenchlorid oder aus den drei Komponenten Acrylnitril, Butadien und Styrol (ABS) copolymerisiert. Eine spezielle Art der Gewinnung von *Copolymerisaten* stellt die

Pfropfpolymerisation dar. Hierbei können die Ausgangsmonomeren bereits zu längeren Ketten vorpolymerisiert sein, bevor sie über reaktive Gruppen miteinander verknüpft werden. Zur Struktur von Copolymerisaten s. Kap. 4.3.1.

Die einfachste Methode der Kombination verschiedenartiger Polymerer besteht darin, diese mechanisch, d. h. unter Einsatz starker Scherkräfte miteinander zu vermischen (z. B. PC und ABS). Allerdings besteht bei solchen „*Polyblends*" die Gefahr, daß Witterungseinflüsse oder allmähliche Entmischungsvorgänge die Gebrauchseigenschaften des Materials mit der Zeit beeinträchtigen. Daher erscheint es in der Regel günstiger, die Monomeren durch Polymerisationsreaktionen fest miteinander zu verknüpfen.

Copolymerisate aus zwei oder mehr monomeren Ausgangsstoffen besitzen Eigenschaften, die zwischen denen der analogen Homopolymeren liegen. Ob diese sich mehr dem einen oder anderen Homopolymerisat nähern, hängt von dem Mischungsverhältnis der Ausgangsmonomeren ab. Somit dient die Copolymerisation ebenso wie die Auswahl der Monomeren für die Homopolymerisation dazu, Kunststoffe zu erzeugen, deren Eigenschaften exakt auf den späteren Verwendungszweck und die dafür gütebestimmenden Anforderungen abgestimmt sind. Daher gelten Kunststoffe auch als „maßgeschneiderte" Werkstoffe.

4.2.2.2 Polyaddition
Bei der Polyaddition reagieren zwei verschiedenartige Monomere miteinander. Im Gegensatz zur Polymerisation findet dabei jedoch eine Umlagerung, meistens von Wasserstoff, statt. In der Epoxidharz-Synthese ist nur der erste Schritt eine Polyaddition; im weiteren Reaktionsverlauf findet Kondensation unter Abspaltung von Wasser statt. Ein ähnliches Beispiel der Kombination unterschiedlicher Verknüpfungsreaktionen zeigt Abb. 4.3 (Seite 158) für UF-Harz.

4.2.2.3 Polykondensation
Charakteristisch für alle Kondensationsreaktionen ist die Abspaltung niedermolekularer Verbindungen wie H_2O (Beispiel SP bzw. UP oder PA) bzw. HCl bei PC (Tab. 4.5). Aus der Reaktion von Dicarbonsäure und zweiwertigem Alkohol entsteht ein linearer Polyester.

PA können durch Polykondensation einer Dicarbonsäure mit einem Diamin gewonnen werden. Eine Variante der PA-Synthese bildet die Polymerisation ringförmiger Lactame mit mindestens fünf Methylengruppen in der Kette:

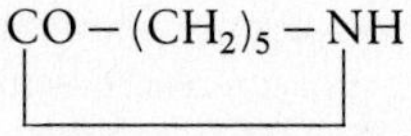

158 Kunststoffe

$$\underset{\underline{\hspace{3cm}}}{CO-(CH_2)_5-NH}$$

6-Amino-hexansäurelactam

Dafür muß vor der Polymerisation zunächst der Ring an der Carbamidbindung durch Wasserzugabe geöffnet werden.

Um die in ihren Gebrauchseigenschaften unterschiedlichen Polyamid-Typen zu charakterisieren, ist nachfolgende, spezielle Kennzeichnung üblich (Zahlen-PA).

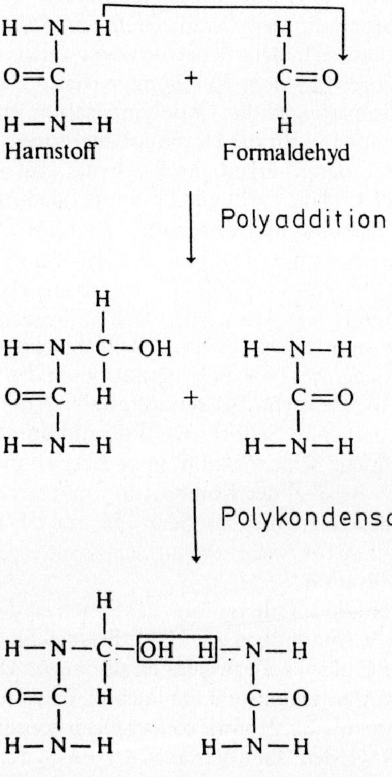

```
    H—N—H               H
      |                 |
    O=C        +        C=O
      |                 |
    H—N—H               H
   Harnstoff         Formaldehyd
```

| Polyaddition

```
        H
        |
    H—N—C—OH          H—N—H
      |   |             |
    O=C   H     +       C=O
      |                 |
    H—N—H             H—N—H
```

| Polykondensation

```
        H
        |
    H—N—C—[OH  H]—N—H
      |   |         |
    O=C   H         C=O
      |             |
    H—N—H         H—N—H
```

Abb. 4.3: Anfangsschritte der Reaktion zwischen Harnstoff und Formaldehyd zu einem Duroplasten

Tab. 4.5: Beispiele für Polykondensations- bzw. Polyadditionskunststoffe

MONOMERE		POLYMERE	KURZZEICHEN
M_1	M_2		
POLYKONDENSATE			
$n\,HO-R_1-OH$	$nHOOC-R_2-COOH$	$(-O-R_1-O-CO-R_2-CO-)_n$	SP bzw. UP
$nH_2N-R_1-NH_2$	$nHOOC-R_2-COOH$	$(-NH-R_1-NH-CO-R_2-CO-)_n$	PA
$nHO-R_1-OH$	$nCl-\overset{O}{\overset{\|}{C}}-Cl$	$(-O-R_1-O-\overset{O}{\overset{\|}{C}}-)_n$	PC
POLYADDUKTE			
$n\,HO-R_1-OH$	$nO{=}C{=}N-R_2-N{=}C{=}O$	$(-O-R_1-O-CO-NH-R_2-NH-CO-)_n$	PUR
$n\,HO-R_1-OH$	$nH_2C\underset{O}{-}CH_2$	$(-O-R_1-O-CH_2-\underset{OH}{CH}-CH_2-)_n$	EP

Polyamid aus Dicarbonsäure und Diamin

$[-NH-(CH_2)_x-NH-CO-(CH_2)_y-CO-]_n$

$x = 6$ Hexamethylendiamin $+\ y = 4$ Hexan-disäure $\,\hat{=}\,$ 6,6-PA
(Adipinsäure) oder
$+\ y = 8$ Dekan-disäure $\,\hat{=}\,$ 6,10-PA
(Sebacinsäure)

Die erste Zahl gibt stets die Anzahl der C-Atome des Diamins an, die zweite Zahl die der Dicarbonsäure; im letzteren Fall werden die C-Atome der Carboxylgruppen mitgezählt.

Polyamid aus Lactamen

(Polymerisate) bzw. aus ω-*Aminosäuren* (Polykondensate)

$$[-CO-(CH_2)_5-NH-]_n \,\hat{=}\, 6\text{-PA}$$
$$[-CO-(CH_2)_{10}-NH-]_n \,\hat{=}\, 11\text{-PA}$$

Es reagiert in diesen Fällen im Gegensatz zur obigen Polykondensation von Dicarbonsäure und Diamin nur ein Monomeres mit sich selbst. Folglich tragen derartige Polyamide auch nur eine einzige Zahl.

4.3 Ordnungszustände und Übergänge

4.3.1 Intramolekulare Strukturen

In einer Polymerkette können die Monomereinheiten unterschiedlich orientiert vorliegen: entweder in regelmäßiger Ordnung als Kopf-Schwanz- bzw. Kopf-Kopf-Polymerisat oder statistisch ungeordnet mit zufällig alternierenden Verknüpfungen. – Kopf-Kopf-Anlagerungen haben zwangsläufig an der jeweils nachfolgenden Verknüpfungsstelle eine Schwanz-Schwanz-Anlagerung zur Folge (Abb. 4.4). – Solange die monomeren Bausteine wie im Falle von Ethylen oder Tetrafluorethylen einheitliche Liganden an der Kohlenstoffkette aufweisen, bleibt der sterische Kettenaufbau unabhängig von der Anord-

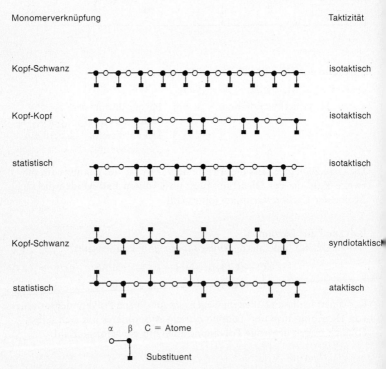

Abb. 4.4: Strukturen der Polymerkette eines β-substituierten Monomeren

nung der Monomereinheiten. Sobald aber letztere wie die meisten Vinyl-Verbindungen – Beispiel Vinylchlorid – unterschiedliche Liganden besitzen, entstehen je nach Orientierung der Grundeinheiten innerhalb der Kette stereoisomere Kettenmoleküle. Gemäß Abb. 4.4 liefern durchgängige Kopf-Schwanz- sowie Kopf-Kopf-Polymerisation regelmäßige Strukturen mit periodisch wiederkehrenden Struktureinheiten. Dagegen verursacht unregelmäßige Anlagerung eine statistische Sequenz der Substituenten in der Kette.

Außer der Orientierung der Monomeren ist auch die Lage der Substituenten oder Seitengruppen in Bezug auf die Hauptkette zu beachten; sie bestimmt die „Taktizität" der Kette: Finden sie sich stets auf der gleichen Seite der Hauptkette, liegt ein „isotaktisches", bei alternierender Anordnung ein „syndiotaktisches" Kettenmolekül vor. Statistische, d. h. unregelmäßig verteilte Stellung der Substituenten oder Seitengruppen beiderseits der Hauptkette wird als „ataktische" Struktur bezeichnet. Somit kennzeichnet Taktizität die Regelmäßigkeit oder Unregelmäßigkeit der Anordnung konfigurativer Strukturelemente im Kettenmolekül (Abb. 4.4).

Copolymerisation von zwei oder mehr unterschiedlichen Monomeren hat weitere Isomeriemöglichkeiten zur Folge: In statistischen Copolymerisaten, die den Normalfall darstellen, folgen die verschiedenen Einzelbausteine unregelmäßig aufeinander, während sie in alternierenden Copolymerisaten regelmäßig abwechseln. Darüber hinaus können gleichartige Monomereinheiten auch – regelmäßig oder unregelmäßig – längere Segmente bilden. Da sie innerhalb einer Kette homopolymere Blöcke bilden, werden sie als *Block-Copolymerisate* bezeichnet.

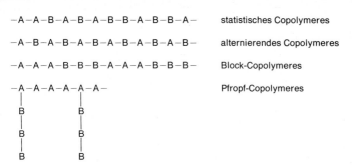

Abb. 4.5: Strukturen von Copolymeren aus den Monomeren A und B

Eine spezielle Form der Copolymerisation stellt die *Pfropf-Polymerisation* dar, denn an die reaktionsfähigen Gruppen eines vorgebildeten Kettenmoleküls werden nachträglich Seitenketten eines andersartigen Monomeren gebunden (aufgepfropft; Abb. 4.5).

Während der Homopolymerisation von Vinylmonomeren entstehen vielfach Kettenverzweigungen, vor allem rein zufällig als Folge einer Kettenübertragung. Gezielt werden Kettenverzweigungen herbeigeführt, um Molekülketten über Hauptvalenzen miteinander zu einem räumlichen Netzwerk zu verknüpfen. Das setzt voraus, daß die zu vernetzenden Ketten reaktionsfähige Gruppen aufweisen, die in einem zusätzlichen Verfahrensschritt nachträglich mit dem vernetzenden Zusatz zur Reaktion gebracht werden. So kann aus einem Polyester mit ungesättigten Doppelbindungen unter Zusatz von Styrol ein vernetzes Endprodukt gewonnen werden. Hierbei fungiert das monomere Styrol primär als Lösungsmittel, sekundär als netzbildender Reaktionspartner für den ungesättigten Polyester. Der Abstand zwischen den reaktionsfähigen Doppelbindungen in den Polyesterketten bestimmt die Maschenweite des entstehenden Netzwerkes (Abb. 4.6).

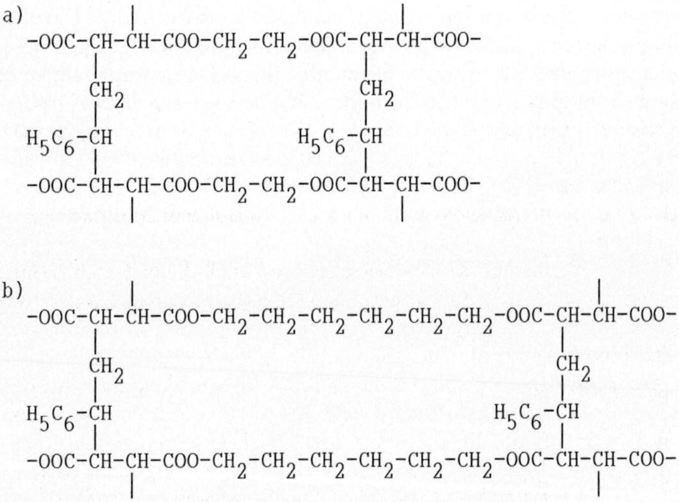

a)
$$-OOC-CH-CH-COO-CH_2-CH_2-OOC-CH-CH-COO-$$
$$CH_2CH_2$$
$$H_5C_6-CHH_5C_6-CH$$
$$-OOC-CH-CH-COO-CH_2-CH_2-OOC-CH-CH-COO-$$

b)
$$-OOC-CH-CH-COO-CH_2-CH_2-CH_2-CH_2-CH_2-CH_2-OOC-CH-CH-COO-$$
$$CH_2CH_2$$
$$H_5C_6-CHH_5C_6-CH$$
$$-OOC-CH-CH-COO-CH_2-CH_2-CH_2-CH_2-CH_2-CH_2-OOC-CH-CH-COO-$$

Abb. 4.6: Struktur vernetzter Polyester mit unterschiedlicher Maschenweite

Ordnungszustände und Übergänge 163

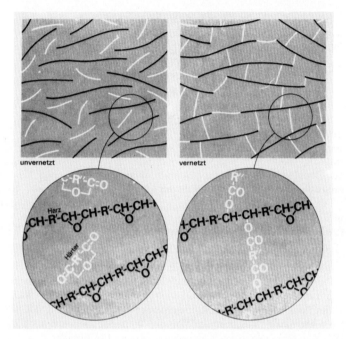

Abb. 4.7: Aushärtung von Epoxid-Harz als Zwei-Komponentenkleber

Vielfach werden vorpolymerisierte EP-Ketten mittels zugesetzter Härter miteinander verknüpft. Abb. 4.7 veranschaulicht diesen Vorgang, der zu einem vernetzten EP-Harz führt. Es eignet sich wegen seiner hohen Festigkeit vorzüglich als Klebstoff (Zweikomponenten-Klebstoff).

Zu den vernetzten Kunststoffen gehören auch die in Geschirrspülmaschinen verwendeten synthetischen Ionenaustauscher. Das Grundgerüst besteht aus Polystyrolketten, die über Divinylbenzol-Brücken miteinander verknüpft sind (Abb. 4.8).

Die aufgezeigten strukturellen Variationsmöglichkeiten im Aufbau hochpolymerer Werkstoffe sind nicht nur von theoretischem Interesse, sondern praktisch sehr bedeutsam, denn sie bestimmen die Verarbeitbarkeit sowie Gebrauchseigenschaften – z. B. Zugfestigkeit, Quellbarkeit, optisches Erscheinungsbild – des Endproduktes entscheidend mit.

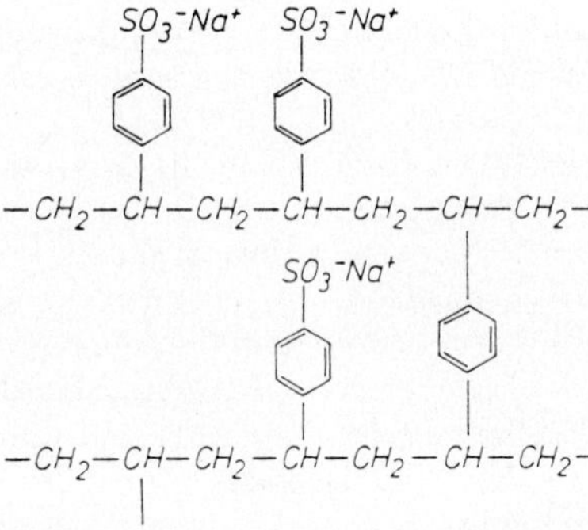

164 Kunststoffe

$$\begin{array}{c} SO_3^-Na^+ \quad SO_3^-Na^+ \\ | \quad | \\ -CH_2-CH-CH_2-CH-CH_2-CH-CH_2- \end{array}$$

$$\begin{array}{c} SO_3^-Na^+ \\ | \\ -CH_2-CH-CH_2-CH-CH_2-CH-CH_2- \\ | \end{array}$$

Abb. 4.8: Struktur eines Ionenaustauscher-Harzes auf Polystyrolbasis

4.3.2 Sekundärstruktur und Zusammenhalt

Nach heutiger Ansicht bilden polymere Kettenmoleküle knäuelartige Strukturen; sie entsprechen dem Zustand maximaler Entropie. Die völlig regellos gelagerten Molekülfäden verschlingen und verhaken sich ineinander. Unordnung und innere Struktur eines solchen Molekülhaufens lassen sich recht anschaulich mit dem Begriff „Wattebauschstruktur" beschreiben. Wie der Wattebausch weist auch das Polymerenknäuel ein freies Volumen (V_{fr}) auf, für das gilt:

$$V_{fr} = V_s - V_k$$

V_s = spezifisches Volumen
V_k = Volumen des zugehörigen Kristalls

Die Knäueldichte nimmt mit steigender Molekülmasse zu.

Beispiele für völlig amorphe, unvernetzte Polymere sind PS oder PVC. Die meisten Polymeren weisen jedoch teilkristalline Struktur auf, stellen somit ein zweiphasiges System aus amorphen und kristallinen Bezirken dar. Dabei kann jede einzelne Molekülkette teils dem amorphen, teils dem kristallinen Bereich angehören.

Kristalline Struktur entsteht nur dort, wo Kettensegmente in einem hinreichend großen Volumenelement dreidimensional geordnet vorliegen. Damit unterscheiden sich die organischen Kristallite (Kap. 1.3.5) von den anorganischen dadurch, daß erstere aus parallel gefalteten Molekülketten-Abschnitten bestehen, während in anorganischen Kristalliten wie Metallen im Kristallgitter regelmäßig angeordnete Atome vorliegen. Die Ausdehnung kristalliner Bereiche in teilkristallinen

Polymeren schwankt in Kettenrichtung je nach Kristallisationsbedingungen zwischen 5 und 50 nm und kann lateral sogar einige Mikrometer erreichen.

Zwischen den Lamellen aus kristallin fixierten Kettensegmenten finden sich amorphe Zwischenschichten. Ihre Kristallisation verhindern störende Verunreinigungen, niedermolekulare Zusätze oder sterische Unregelmäßigkeiten (Ataktizität bzw. größere Seitenketten).

Die „Kristallinität", Maßstab für den kristallinen Massenanteil an der Gesamtmasse des Polymeren, kann zwischen 5 und 95 % schwanken. Zwar bilden regelmäßige Struktur und Sequenz der monomeren Bausteine die notwendige Voraussetzung für die Entstehung kristalliner Bereiche, trotzdem ist die Kristallinität keine substanzspezifische Eigenschaft, da sie sowohl durch die Synthesebedingungen als auch durch die spätere Verarbeitung wesentlich beeinflußt wird. So differieren die nach unterschiedlichen Verfahren gewonnenen PE-Typen deutlich in ihrem kristallinen Masseanteil: Hochdruck-PE mit 65 %, Mitteldruck-PE maximal 95 % (Kap. 4.5.1).

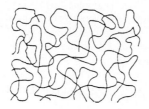

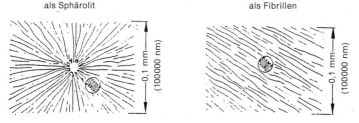

Abb. 4.9: Amorphe (oben) und teilkristalline (unten) Strukturen in organischen Polymeren (schematisch; KÄUFER 1978, BARGEL und SCHULZE 1988)

Im Hinblick auf die Anordnung kristalliner Bereiche in sog. Überstrukturen wird zwischen Sphärolithen und Fibrillen differenziert: Sphärolithe entstehen durch radiale, von einem Zentrum ausgehende Anordnung, Fibrillen als Folge einer Parallel- und Hintereinanderanordnung (Abb. 4.9).

Unvernetzte Molekülketten werden durch zwischenmolekulare Kräfte, beispielsweise Wasserstoffbrücken-Bindungen in PA oder Dipolkräfte in PVC, zusammengehalten. Kräfte dieser Art wirken nur über kurze Distanzen, denn sie fallen mit der vierten bzw. sogar sechsten Potenz des Abstandes zwischen den Molekülen ab. Die dichtere Packung der Kettenmoleküle in kristallinen Bereichen verstärkt den Zusammenhalt in teilkristallinen Polymeren gegenüber völlig amorphen. In letzteren bilden Verschlingungen und Überkreuzungen der Moleküle physikalische Fixpunkte. Diese nehmen, statistisch gesehen, mit steigender Kettenlänge zu. Deshalb ist eine Mindestlänge der Polymerketten Voraussetzung für ausreichende Festigkeit des Werkstoffs.

Wesentlich stabilere Kettenverbindungen stellen Vernetzungen über Hauptvalenzen dar. Die Energie einer einzigen C—C-Bindung entspricht annähernd der von 8—10 Wasserstoffbrücken-Bindungen in PA. Die vernetzenden Brückenglieder fixieren je nach ihrer Häufigkeit die Kettensegmente mehr oder weniger stark und schränken damit ihre Beweglichkeit stark ein. Die Molekülketten bzw. Abschnitte derselben können daher ihre relative Lage zueinander kaum ändern und keinesfalls voneinander abgleiten wie in unvernetzten Polymeren. Diese grundsätzlichen Strukturunterschiede führen zu einer Differenzierung der Polymeren in die drei Hauptgruppen der Thermoplaste, Elaste und Duroplaste (Kap. 4.3.3).

4.3.3 Übergänge

Organische Polymere liegen bei niedrigen Temperaturen im „Glaszustand" vor. Sie sind hart und spröde, die Ketten in ihrer Lage starr fixiert. Weder einzelne Kettensegmente noch die Molekülenden sind beweglich.

Glas entsteht aus einer abkühlenden Schmelze, die nicht kristallisiert. Mit fallender Temperatur steigt ihre Dichte, die näher zusammenrückenden Moleküle hemmen ihre Beweglichkeit gegenseitig, das freie Volumen zwischen den Molekülen nimmt ab. Dabei geht die zunächst unterkühlte Schmelze in den glasigen Zustand über (Tab. 4.6).

Ordnungszustände und Übergänge 167

Tab. 4.6: Zustandsvergleich von Kristall, Glas und Schmelze (BATZER 1985)

Kriterium	Ausprägung bei		
	Kristall	Glas	Schmelze
Aggregats-zustand	fest	fest	flüssig
Ordnungs-zustand	Fernordnung	Nahordnung	momentane Nahordnung
Beweglichkeit	geringe, lokale Bewegungen möglich	geringe, lokale Bewegungen möglich	große, freie Beweglichkeit

Mit zunehmender Erwärmung wird eine für jedes Polymere charakteristische Temperatur erreicht, bei der die Kettensegmente und -enden beweglich werden. Damit geht die glasartige Beschaffenheit der amorphen Anteile in einen kautschuk-elastischen Zustand über (Abb. 4.10). Gleichzeitig ändern sich damit wichtige physikalische Eigenschaften der Polymerwerkstoffe. Die Übergangstemperatur wird

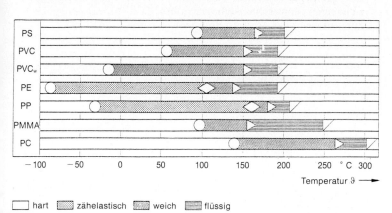

Abb. 4.10: Zustandsbereiche von Thermoplasten in Abhängigkeit von der Temperatur (BARGEL und SCHULZE 1988)

als „Glas-" bzw. „Glasübergangstemperatur" bezeichnet. – Im Falle eines Abkühlungsvorganges entspricht die Glastemperatur der „Einfriertemperatur", bei deren Unterschreitung die Kettenbeweglichkeit einfriert. – Somit zeigen Thermoplaste in diesem Temperaturbereich ein völlig andersartiges Verhalten als anorganische Kristalle wie etwa Eis, das beim Schmelzen unmittelbar aus dem festen in den flüssigen Zustand übergeht.

Oberhalb der Glastemperatur beginnt der Relaxationsbereich. „Relaxation" bezeichnet das zeitliche Abklingen einer Meßgröße als Folge einer verzögerten Gleichgewichtseinstellung im Werkstoff. Verdeutlichen läßt sich der Effekt an Hand der Spannungsrelaxation: Wird ein polymerer Formkörper plötzlich durch Zug beansprucht, entstehen momentan im Inneren hohe Spannungen, die jedoch mit der Zeit abklingen, bis schließlich ein Gleichgewichtszustand zwischen Dehnung und Zugspannung erreicht ist. Die Ursache für den allmählichen Spannungsabbau liegt darin, daß die verknäuelten Kettenmoleküle nur allmählich durch Streckung auf die Zugspannung reagieren. Darüber hinaus ist Spannungsabbau auch über Platzwechselvorgänge möglich (Abb. 4.11).

Bei weiter steigender Temperatur gehen Thermoplaste aus dem kautschuk-elastischen in den flüssigen Zustand über, das Material schmilzt. In teilkristallinen Thermoplasten ist der Erweichungsbeginn zu höheren Temperaturen hin verschoben, da die Kristallite schmelzen müssen, bevor das Material flüssig wird.

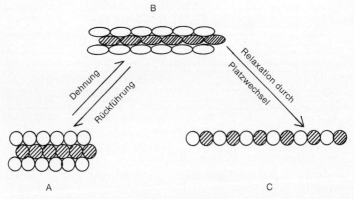

Abb. 4.11: Strukturänderung in amorphem Polymermaterial durch Dehnung und Relaxation (in Anlehnung an VOLLMERT 1978)

Vernetzte Polymere können nicht schmelzen. Bei entsprechend hoher Temperatur werden Hauptvalenzbindungen gesprengt, es tritt Zersetzung ein. Aus dem unterschiedlichen thermischen Verhalten der Polymeren resultieren unterschiedliche Möglichkeiten der Formgebung bzw. -änderung:

- Die *unvernetzten Polymeren* können plastisch verformt werden, vorzugsweise bei gleichzeitig erhöhter Temperatur. Dabei genügen relativ niedrige Zug- bzw. Druckkräfte, um das Rohmaterial in eine bestimmte Form zu bringen. Derartige Polymere werden daher auch „Thermoplaste" genannt. Ihre Schmelztemperatur liegt generell *unterhalb* der Zersetzungstemperatur. Das erlaubt nicht nur eine einmalige, sondern wiederholte Formgebung ohne tiefgreifende Zersetzung des Materials.
- Die *chemisch eng vernetzten Ketten* in Duroplasten sind starr fixiert und deshalb nicht plastisch verformbar. Zuvor müßten die Hauptvalenzbindungen aufgelöst werden. Demnach liegt bei Duroplasten die Schmelztemperatur *oberhalb* der Zersetzungstemperatur.
- Die Elaste mit ihren *chemisch weitmaschig vernetzten Ketten* sind zwischen Thermo- und Duroplasten einzuordnen. Im Gegensatz zu Duroplasten lassen sich Elaste definitionsgemäß bei Raumtemperatur durch Zug- oder Druckkräfte verformen und zwar wiederholt, wobei Dehnung mindestens auf das Doppelte ihrer Ausgangslänge möglich sein muß. Sobald die Beanspruchung endet, kehren die Ketten wieder annähernd in ihre Ausgangslage zurück. Die Rückverformung beruht auf Rückstellkräften in den gestreckten Molekülen, die mit wachsender Dehnung zunehmen. Die Glastemperatur der Elaste liegt unterhalb der Raumtemperatur, so daß sie bei Einsatztemperatur kautschuk-elastisch vorliegen. Von den Thermoplasten unterscheiden sie sich dadurch, daß ihre Zersetzungstemperatur wie bei Duroplasten *unterhalb* der jeweiligen Schmelztemperatur liegt sowie durch eine sehr niedrige Einfriertemperatur (Tab. 4.7).

Infolge einer durch Zugkräfte erzwungenen Verformung rücken die zunächst wie in einem Wattebausch angeordnet vorliegenden Kettenmoleküle zusammen, indem sie sich weitgehend parallel zur Zugrichtung orientieren. Damit kann eine erhöhte Kristallinität verbunden sein. Die zwischenmolekularen Haftkräfte nehmen mit der Dehnung zu. Deshalb werden Synthesefasern nach dem Verspinnen verstreckt, um die Festigkeit in Zugrichtung zu erhöhen.

Auch wenn Elaste gedehnt werden, tritt unter dem Einfluß der Zugkräfte Kristallisation ein, die allerdings nur besteht, solange die

Tab. 4.7: Einfriertemperatur ausgewählter polymerer Substanzen

Polymere	Einfriertemperatur °C
PE	ca. −100
NR	− 72
BR	− 60 bis − 70
PVAC	28 bis 31
PVC	75
PS	90 bis 100
PMMA	ca. +100
SAN	>100

Dehnung anhält. Die Funktion chemischer Brückenglieder zwischen elastomeren Ketten können auch kleine eingefrorene Kettensegmente übernehmen (physikalische Vernetzung).

4.4 Zusatzstoffe

Kunststoffe gelangen nicht als reine Polymere zum Einsatz. Abgesehen von möglichen, minimalen Restmengen an monomeren Ausgangsstoffen enthalten sie in der Regel anorganische oder organische Zusatzstoffe, die für die Gewinnung des Materials oder seine Verarbeitung zu Fertigerzeugnissen benötigt werden (Kap. 4.9). Ein Teil der für die Synthese polymerer Substanzen verwendeten Hilfsstoffe wie Acceleratoren oder auch die vorzeitige Polymerisation verzögernde Inhibitoren wird allmählich verbraucht, so daß ihre Restmengen im Endprodukt deutlich unter den ursprünglichen Zusatzmengen liegen.

Kein Kunststoff enthält alle in Tab. 4.8 aufgeführten Hilfsstoffarten, sondern nur die für den vorgesehenen Verwendungszweck und den dafür evtl. erforderlichen Verarbeitungsprozeß notwendigen Zusätze. Massenanteile der Zusatzstoffe im Endprodukt erreichen vielfach nur wenige Prozente des Polymerwerkstoffes. Soweit Zusätze allerdings gezielt Materialeigenschaften beeinflussen sollen, sind häufig deutlich höhere Mengen erforderlich. Dazu zählen vor allem organische Lösungsmittel in Lacken, Weichmacher in PVC oder Füllstoffe. Letztere können sogar ein Mehrfaches der Masse des Grundmaterials erreichen.

Gleitmittel verbessern das Fließverhalten von Polymeren bei der Verarbeitung über Kalander, im Spritzguß- oder Strangpreßverfahren (Kap. 4.9.1) in der Grenzfläche zu den Verarbeitungsanlagen. Sie werden daher thermoplastischen Massen zugesetzt.

Füllstoffe dienen häufig dazu, die physikalischen Eigenschaften des polymeren Grundmaterials zu verändern. Hierzu zählen vorrangig verfestigende Zusätze, etwa Glas- oder Kohlenstoffasern in vernetzten Polyestern. In Thermoplasten sind solche verfestigenden Zusatzstoffe weniger üblich als in Duroplasten. Zugesetzter Ruß erhöht die Festigkeit von Elasten. Er wird deshalb als „aktiver" Füllstoff bezeichnet, im Gegensatz zu Kreide oder Kaolin, welche die Festigkeit nicht erhöhen, sondern Kautschuk lediglich verbilligen („inaktive" Füllstoffe).

Weichmacher erniedrigen die Einfriertemperatur von Thermoplasten, so daß die Kettensegmente im anwendungsrelevanten Temperaturbereich ausreichend beweglich sind. Weichmacher stellen monomere, gelegentlich auch niederpolymere Esterverbindungen hauptsächlich für PVC, PVAC bzw. Celluloseester dar. Im Weich-PVC tritt die polare Gruppe der Weichmacher mit den Dipolen entlang der Polymerkette in Wechselwirkung, während die apolaren Kettensegmente der Weichmachermoleküle die Polymerketten räumlich auseinanderdrängen und zwar umso wirksamer, je voluminöser die apolare Gruppe im Weichmacher ist. So schwächen Weichmacher die zwischenmolekularen Kräfte im Polymergerüst. Indem dessen Kettensegmente mehr Beweglichkeit gewinnen, wird das Material flexibler (Rohre aus Hart-PVC und Gartenschläuche aus Weich-PVC). Damit die erzielte Elastizität dauerhaft erhalten bleibt, muß der Weichmacher im Polymeren unbegrenzt löslich sein, anderenfalls tritt der „unverträgliche" Weichmacher allmählich wieder aus.

Die praxisüblichen Zusatzmengen von mehr als 20% Weichmacher erscheinen zwar sehr hoch, doch ist zu berücksichtigen, daß bei Zugabe von etwa 30% (V/V) Trioctylphthalat nur ein einziger Säurerest auf 15 Grundeinheiten VC mit ihren Dipolen trifft.

Neben einer solchen „äußeren" Weichmachung besteht auch die Möglichkeit einer „inneren" Weichmachung durch Copolymerisation. Im Vergleich zu Homopolymerisaten enthalten Copolymerisate einen geringeren Anteil an starren, kristallinen Bezirken. Ihre Anteile an amorphen und daher flexiblen Polymeren verbessern u. a. die Schlagfestigkeit des Kunststoffes.

Treibmittel ermöglichen es, weiche oder harte Kunststoffschäume herzustellen. Klassische Treibmittel für wärmedämmende PUR-Schäume

Tab. 4.8: Zusatzstoffe zur Herstellung, Verarbeitung und Anwendung von Kunststoffen

Zusatzstoffe zur			
Herstellung		Verarbeitung und Anwendung	
Bezeichnung	Funktion	Bezeichnung	Funktion
Stabilisatoren	Verhindern vorzeitige Polymerisation	Vulkanisiermittel	Vernetzen Polymerketten zu Elasten
Inhibitoren	Verzögern Polymerisation	Härter	Vernetzen Polymerketten zu Duroplasten
Acceleratoren	Beschleunigen Polymerisation	Acceleratoren	Beschleunigen Härtung von Duroplasten
Regler	Regeln Molekülwachstum hinsichtlich Länge, Verzweigung und Vernetzung	Gleitmittel	Erhöhen Fließfähigkeit von Thermoplasten an Kontaktflächen bei der Formgebung
Emulgatoren	Dispergieren Monomere in flüssiger Phase	Trennmittel	Verhüten Kleben von Thermoplasten an Teilen von Verarbeitungsmaschinen
Schutzkolloide	Stabilisieren Dispersionen	Treibmittel	Erzeugen Schaumstruktur in Kunststoffen

wasserentzie-hende Mittel	Binden bei der Polykondensation abgespaltetes Wasser
Emulgatoren	Zerteilen Kunststoffpartikel in nicht lösenden Flüssigkeiten
organische Lösungsmittel	
Stabilisatoren[1]	Ermöglichen Einsatz von Polymeren als Lacke und Klebstoffe
	Erhöhen Beständigkeit gegen chemische, physikalische oder mikrobielle Einflüsse
Weichmacher	Erniedrigen Einfriertemperatur von Thermoplasten
Füllstoffe	Verändern physikalische Eigenschaften bzw. erhöhen Preiswürdigkeit eines Endproduktes
Farbstoffe, Pigmente, Aufheller	Dienen zur Farbgebung oder mindern Durchsichtigkeit
Antistatika	Vermindern elektrostatische Aufladung
Flammhemmende Mittel[2]	Hemmen den Brennvorgang bzw. Rauchentwicklung

[1] Kap. 4.7.3 u. 4.8
[2] Kap. 4.7.4

waren bis vor kurzem Fluorchlorkohlenwasserstoffe, die sich durch minimale Wärmeleitfähigkeit und günstiges Brandverhalten auszeichnen. Da sie aber die Ozonschicht in der Stratosphäre schädigen, wenn beim Entsorgen derartiger Schäume Treibgas entweicht, treten neuerdings an ihre Stelle entweder niedrigsiedende Alkane oder Zusätze, die wie Ammoniumhydrogencarbonat in der Wärme Gase freisetzen. PUR läßt sich auch dadurch aufschäumen, daß Isocyanat mit geringen Mengen Wasser reagiert und dabei CO_2 freisetzt.

4.5 Physikalische Eigenschaften

Wegen der außerordentlichen Variationsmöglichkeiten der Kunststoffe hinsichtlich Zusammensetzung, Molmasse, Struktur und Verarbeitung schwanken ihre Eigenschaftswerte sehr stark. Zusätzlich beeinflussen Umwelfaktoren einschließlich äußerer Beanspruchung die Gebrauchseigenschaften erheblich. Daher ist es nur möglich, nachfolgend typische Gebrauchseigenschaften, soweit sie für den Einsatz im Haushalt relevant sind, zu behandeln. Ergänzend können kurze Hinweise die gezielte Beeinflussung typischer Eigenschaften lediglich andeuten.

4.5.1 Dichte

Die Dichte ist bei ein und demselben Kunststoff keine Konstante, denn sie ändert sich u. a. mit dem gezielt einstellbaren Kristallinitätsgrad: LD-PE $0,92 \text{ g cm}^{-3}$, HD-PE $0,96 \text{ g cm}^{-3}$. Die Dichte reiner Polymerwerkstoffe überschreitet die Grenzwerte von $1,5 \text{ g cm}^{-3}$ kaum. Zusatzstoffe erhöhen die Dichte bis auf etwa $2,5 \text{ g cm}^{-3}$. In Kunststoffschäumen sinkt die Rohdichte (Kap. 5.4.2) je nach Luftanteil – in PS-Hartschaum auf 0,010 bis $0,040 \text{ g cm}^{-3}$.

Da ihre spezifische Festigkeit (Verhältnis von Festigkeit zur Dichte) hoch ist, können Kunststoffe als „Leichtbauwerkstoffe" eingesetzt werden. Zu diesem Zweck werden sie vielfach mit festigkeitserhöhenden Zusätzen, z. B. Glasfasern, verstärkt.

4.5.2 Festigkeit

Die meisten Kunststoffe, insbesondere Thermoplaste, besitzen wesentlich geringere Festigkeit als Metalle, denn ihre zwischenmolekularen Haftkräfte sind deutlich schwächer als die elektrostatischen

Bindungskräfte zwischen den in regelmäßiger Kristallstruktur vorliegenden Metallatomen. Unter dem Einfluß ein- und mehrachsiger Zugkräfte verformen sich Thermoplaste, bis sie schließlich brechen. Erläuterungen zu Zugversuch, Zugspannung bzw. Streckgrenze s. Kap. 1.4.1. In Form der Reißfestigkeit (entspricht der Zugspannung im Moment des Reißens) wird die Beständigkeit gegen mechanische Beanspruchbarkeit als wesentliches Qualitätskriterium für Kunstfasern bestimmt.

Die Zeitabhängigkeit der Festigkeitswerte ist dadurch bedingt, daß die ungeordneten Makromoleküle in den stets vorhandenen amorphen Bezirken auf mechanische Beanspruchung mit Platzwechselvorgängen reagieren (Abb. 4.11). Je rascher eine konstante Zugkraft aufgebracht wird, umso kleiner fällt die dadurch hervorgerufene Dehnung aus, weil die Kettenmoleküle weniger Zeit haben, ihre relative Lage durch Platzwechsel zu verändern. Umgekehrt werden diese umso leichter und häufiger möglich, je geringer die Geschwindigkeit der Zugbeanspruchung ist. Nach der Spannzeit, in der die Belastung im Zugversuch aufgebracht wird, geht infolge von Platzwechselvorgängen die Spannung im Prüfkörper bei gleichbleibender Dehnung zurück (Relaxation); andererseits nimmt bei konstanter Zugspannung das Ausmaß der Verformung mit der Zeit zu, das Material „kriecht".

Wegen des nicht vernachlässigbaren Zeiteinflusses auf Festigkeitseigenschaften ist es für Teile, die einer langdauernden mechanischen Beanspruchung widerstehen müssen, unerläßlich, das Langzeitverhalten zu prüfen. Im „Zeitstandversuch" wird die unter konstanter Belastung eintretende Verformung (oder umgekehrt die bei vorgegebenem höchstzulässigem Verformungsgrad mögliche maximale Belastung) gemessen und zusätzlich geprüft, nach welcher Belastungsdauer Bruch eintritt. Aus den Ergebnissen läßt sich die für die vorgesehene Lebensdauer des Kunststoffteils notwendige Dimensionierung entsprechend der zu erwartenden mechanischen Beanspruchung ableiten.

Die Verformbarkeit infolge Druckbeanspruchung ist nicht nur als ein die Verwendbarkeit beeinträchtigender Nachteil anzusehen; vielmehr bildet elastische Verformung von Kautschuk erst die Voraussetzung dafür, daß er als Dichtungselement verwendet werden kann. Verliert der Gummi infolge Alterung die Fähigkeit zur elastischen Formänderung, kann er seine abdichtende Funktion nicht mehr ausreichend erfüllen.

176 Kunststoffe

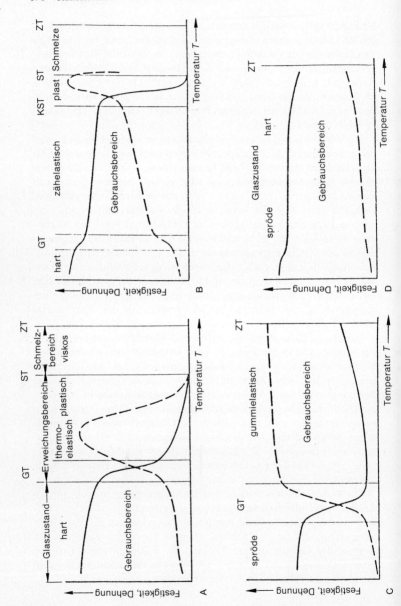

Für den praktischen Einsatz von Kunststoffen ist neben der Zeit- auch die Temperaturabhängigkeit der Festigkeit außerordentlich wichtig: Bei amorphen Thermoplasten geht die Zugfestigkeit sprunghaft zurück, die zugehörige Dehnung nimmt entsprechend zu, wenn die Glastemperatur erreicht wird (Abb. 4.12 A). Teilkristalline Thermoplaste zeigen in diesem Temperaturbereich nur relativ geringe Änderungen dieser Eigenschaften. Hier treten die stärksten Änderungen mit dem Schmelzen der Kristallite ein (Abb. 4.12 B). Hingegen sind Duroplaste unterhalb der Zersetzungstemperatur stets glasartig spröde. Ihre enge Kettenvernetzung hält Festigkeit und Dehnung trotz steigender Temperatur ziemlich konstant (Abb. 4.12 D). Funktionsbedingt muß die Gebrauchstemperatur für Elaste oberhalb ihrer Glastemperatur liegen, so daß sich im anwendungsrelevanten Temperaturintervall Festigkeit und Dehnung nur begrenzt ändern (Abb. 4.12 C).

Durch Zugbeanspruchung verursachte innere Spannungen in Thermoplasten lassen sich durch nachträgliche Wärmebehandlung (Tempern) weitgehend abbauen. Wegen der geringen Wärmeleitfähigkeit der Materialien erfordert die Wärmebehandlung u. U. mehrere Stunden, da örtliche Überhitzung durch rasches Erwärmen vermieden werden muß. Tempern mindert die Empfindlichkeit gegen stoßartige Beanspruchung.

Ein- oder mehrachsig in der Kälte gereckte thermoplastische Folien spielen als Verpackungsmaterialien eine Rolle: Das zu verpackende Gut, vornehmlich Lebensmittel, wird zunächst in Beutel abgefüllt, die Packung evakuiert und verschlossen (z. B. mittels eines Clips) und dann kurzfristig in heißes Wasser getaucht. Infolge der eingefrorenen Spannungen zieht sich die Folie in der Wärme wieder zusammen – sog. Memoryeffekt. Die aufgeschrumpfte Folie umschließt nun das unregelmäßig geformte Lebensmittel (z. B. Geflügel) enganliegend und schützt es vor Oxidation, Schimmelwachstum oder Gefrierbrand.

◁ Abb. 4.12: Festigkeit und Dehnung unterschiedlicher Kunststofftypen als Funktion der Temperatur (BARGEL und SCHULZE 1988)

A = amorpher Thermoplast   B = teilkristalliner Thermoplast
C = Elast   D = Duroplast
GT = Glastemperatur   KST = Kristallitschmelztemperatur
ST = Schmelztemperatur   ZT = Zersetzungstemperatur
——— Festigkeit   ----- Dehnung

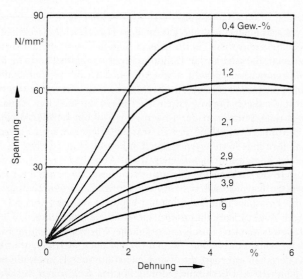

Abb. 4.13: Spannungs-Dehnungs-Kurven von 6-PA bei unterschiedlichem Feuchtigkeitsgehalt (SONG und EHRENSTEIN 1990)

Neben der Temperatur ist insbesondere bei Kunstfasern der Feuchtigkeitsgehalt ein wichtiger Einflußfaktor für mechanische Eigenschaften. Eingewanderte Wassermoleküle lagern sich an polare Gruppen, z. B. von Polyamiden an, sprengen die Wasserstoffbrücke und wirken so wie ein Weichmacher. Dementsprechend ändern sich die Spannungs-Dehnungs-Kurven und die Zugfestigkeit (Abb. 4.13).

4.5.3 Härte

Druckbeanspruchung hat infolge Stauchung eine Verformung von Kunststoffen zur Folge, die mit steigendem Druck zum Bruch führen kann. Im allgemeinen übersteigt die Druckfestigkeit eines Kunststoffes seine Zugfestigkeit, weil die Ausweichmöglichkeiten über Platzwechselvorgänge im Molekülverband unter Druck deutlich geringer sind als bei Zug. In der Regel sind die gegen Druckbeanspruchung empfindlicheren Thermoplaste auch weniger hart als die druckunempfindlicheren Duroplaste.

An harten Kunststoffen ist die Bestimmung der Kugel-Eindruck-Härte das wichtigste Meßverfahren. Im Hinblick auf die Art der mechanischen Beanspruchung beim Reinigen von Kunststoffoberflächen erscheint allerdings die Ritzhärte praxisrelevanter. Diese kann entweder mit einer unterschiedlich hoch belasteten, die Kunststoffoberfläche ritzenden Diamantspitze gemessen (Ritzhärte nach Martens) oder durch Vergleich mit Materialien bekannter Härte ermittelt werden: In der Härteskala nach Moos liegt die Härte eines Materials zwischen der des Minerals, von dem es geritzt wird und derjenigen des Minerals, das es selbst zu ritzen vermag. Ein solches Verfahren kommt einer praktischen Erprobung der Anwendbarkeit von Scheuermitteln oder Bürsten für Kunststoffoberflächen ziemlich nahe.

An Elasten läßt sich keine definierte Druckfestigkeit messen, weil sie sich unter Krafteinwirkung stark, aber reversibel verformen. Sie brechen daher auch nicht.

In Gleit- oder Roll-Lagern unterliegen die sich bewegenden und einander berührenden Teile dem Verschleiß, der bei weicheren Kunststoffen Abrieb verursacht. Glatte Kunststoffoberflächen besitzen einen wesentlich niedrigeren Reibungskoeffizienten als Metalle. Deshalb eignen sie sich vorzüglich für Gleitelemente in Kombination mit Metallen, welche auftretende Reibungswärme ableiten. Etwa vorhandene Unregelmäßigkeiten der Kunststoffoberfläche werden entweder abgerieben oder durch örtlich erhöhte Druckbelastung im Verein mit der eintretenden Erwärmung plastisch eingeebnet. Gleichzeitig füllen sich Vertiefungen der Metalloberfläche mit Kunststoffanteilen, so daß daraus, falls die Flächenpressung nicht zu hoch ist, eine optimale Gleitelementkombination resultiert, die weitestgehend wartungsfrei arbeitet. Im Gegensatz dazu finden Kombinationen aus Metall und Duroplasten, letztere versetzt mit kantigen, körnigen Zusätzen, Verwendung als Bremsbeläge.

4.5.4 Thermische Eigenschaften

Kunststoffe leiten Wärme durch Molekularbewegung und deshalb schlechter als Metalle mit ihren frei beweglichen Elektronen. Daher eignen sich Kunststoffe, vor allem als Schäume mit geschlossener Porenstruktur, hervorragend für Zwecke der thermischen Isolation. Allerdings ist die Wärmeleitfähigkeit wie viele andere physikalische Eigenschaften der Kunststoffe stark temperaturabhängig. Mit Erreichen der Glastemperatur steigt sie als Folge der einsetzenden Mikro-Brown'schen Beweglichkeit der Polymerketten deutlich an. Amorphe Thermoplaste zeigen den Effekt deutlicher als teilkristalline, denn in diesen leiten vorwiegend die kristallinen Bereiche die Wärme. Daher ändert sich die Leitfähigkeit solcher Thermoplaste stärker bei der Kristallitschmelz- als bei der Glastemperatur der amorphen Bezirke. Vernetzte Polymere sind aufgrund ihrer Hauptvalenzvernetzungen relativ gut wärmeleitend. Um einem unerwünschten Wärmestau auf Arbeitsflächen vorzubeugen, kann man in den duroplastischen Belag ableitende Aluminiumpartikel einarbeiten.

Die lineare Wärmeausdehnung erreicht bei Kunststoffen etwa das Zehnfache der Werte für Metalle. Zugesetzte Glasfasern vermindern die Wärmedehnzahl von Duroplasten sehr stark. Infolge ihrer hohen Wärmeausdehnung schwinden Kunststoffteile beim Abkühlen deutlich. Dem ist bei der Fertigung größerer Kunststoffteile ebenso Rechnung zu tragen wie der thermischen Ausdehnung bei der Installation etwa von Rohrleitungen (Ausdehnungsspielraum), wenn sie bestimmungsgemäß erwärmt werden und nach Gebrauch abkühlen; gleiches gilt auch für Kunststoff-Fensterstöcke, da sie ebenfalls starken Temperaturschwankungen ausgesetzt sind.

Wegen der unterschiedlichen Wärmeausdehnung von Metallen und Kunststoffen eignen sich feste Verbindungen beider Materialarten nicht, wenn im praktischen Einsatz größere Temperaturschwankungen zu erwarten sind.

Abgesehen von der Gefahr einer Entzündung (Kap. 4.7.4) begrenzen mögliche Form- und Abmessungsänderungen den Temperaturbereich des praktischen Einsatzes von Kunststoffen nach oben stärker als bei den meisten konventionellen Werkstoffen. Je nachdem, ob die thermische Belastung nur kurzzeitig – etwa während der Dauer eines Spülgangs in der Spülmaschine – oder über längere Zeiten einwirkt, differieren die maximal zulässigen Gebrauchstemperaturen. Die Empfehlungen in Tab. 4.9 berücksichtigen nicht nur die Formbeständigkeit, sondern auch den Umstand, daß langzeitig erhöhte Temperaturen Alterungsvorgänge an Kunststoffen (Kap. 4.7.3) beschleunigen. Unter den Thermoplasten, die langfristig generell kaum > 100 °C beansprucht werden dürfen, nimmt das temperaturbeständigere PTFE eine Sonderstellung ein. Im allgemeinen sind Duroplaste thermisch widerstandsfähiger als Thermoplaste. Die Suche nach thermisch höher belastbaren Kunststoffen hat zu Typen geführt, die entweder wie PI stark vernetzt sind oder einen hohen Anteil an zyklischen Bauelementen besitzen (z. B. PPO).

Unterschreitet die Einsatztemperatur einen materialspezifischen Grenzwert, versprödet der Werkstoff, weil die Beweglichkeit der Kettensegmente bei Erreichen der Einfriertemperatur verloren geht. Wenn auch der praktische Einsatzbereich für Kunststoffe nach unten

Tab. 4.9: Einsatztemperaturen für Kunststoffe

Kunststoffe	Zulässige Temperaturen		
	Maximal		Minimal
	Kurzfristig °C	Langfristig °C	°C
PVC – hart	70	60	− 30
PVC – weich	75–100	60–70	< − 30
PS	90	80	< − 50
PE-LD	100	80	< − 50
PE-HD	125	100	< − 50
PP	140	100	− 30
PA	150	80–120	− 40
PTFE	300	250	−200
UP	180	100	< − 150
PU-Schaum weich	100	80	− 40
PU-Schaum hart	150	80	−[1]
PIB	110	80	− 30
EPM	140	120	−[1]

[1] keine Angaben

limitiert ist, genügt doch die Kältebeständigkeit haushaltsüblichen Anforderungen.

4.5.5 Elektrische Eigenschaften

Wegen des Mangels an frei beweglichen Elektronen leiten Kunststoffe in der Regel den elektrischen Strom sehr schlecht. Der Durchgangswiderstand

$$D = \frac{R \cdot A}{d} \ [\Omega \ \frac{mm^2}{m}]$$

R = Ohm'scher Widerstand
A = Fläche (Querschnitt) der Kunststoffprobe
d = Dicke der Kunststoffprobe

liegt durchwegs oberhalb 10^{10} (Tab. 4.17), sinkt allerdings mit steigendem Feuchtigkeitsgehalt – sehr ausgeprägt bei PA – ab. Im Verein mit ihrer hohen elektrischen Durchschlagfestigkeit prädestiniert die geringe Leitfähigkeit Kunststoffe für Isolationszwecke in der Elektrotechnik. Gleichzeitig schützt sie die metallischen Leiter vor Korrosion.

Infolge von Ladungsverschiebungen bzw. der ständigen Umorientierung etwa vorhandener Dipole treten im elektrischen Wechselfeld frequenzabhängig dielektrische Verluste auf. Erwartungsgemäß bleiben diese in apolaren Kunststoffen wie PP oder PE geringer als in polaren (etwa PVC). Der dielektrische Verlustfaktor $\tan \delta$ beträgt bei 50 Hertz, Raumtemperatur und einer angenommenen Leistung von 1000 Watt rund 1 Watt, in Weich-PVC aber etwa 10 Watt, weil der Weichmacher die Beweglichkeit der Makromoleküle erhöht.

Die Dielektrizitätszahlen von Kunststoffen für Mikrowellengeschirr liegen fast ausnahmslos höher als die für EP-Harz oder die der Thermoplaste. Unter letzteren fallen PTFE und PIB durch sehr niedrige Werte auf. Deutlicher als die Dielektrizitätszahlen differieren Verlustwinkel im elektrischen Wechselfeld und, dadurch bedingt, die Erwärmungsfaktoren je nach Kunststoff. Die Kennwerte für Geschirre auf der Basis ein und desselben Materials können stärker schwanken als von einer Kunststoffart zur anderen (Tab. 4.10). Vermutlich sind unterschiedliche Zusatzstoffe die Ursache.

Da die Größen ε sowie $\tan \delta$ von der Frequenz des elektrischen Feldes und der Stofftemperatur abhängen, sagen die in der Literatur leichter auffindbaren Angaben für niedrigere Frequenzen wenig über das Verhalten im Mikrowellengerät mit 2450 MHz aus.

Die meisten Kunststoffe zeichnen sich durch hohe Kriechstromfestigkeit aus. Jedoch können Verunreinigungen und Feuchtigkeit auf Kunststoffoberflächen stromleitende Lösungen bilden, so daß trotz Isolation durch Kunststoffe mit hohem Oberflächenwiderstand zwischen spannungsführenden Teilen „Kriechströme" fließen. Sie schädigen das Material selbst und können die Funktion empfindlicher Geräte (z. B. Rundfunkempfänger) stören.

Als unerwünschte Folge geringer elektrischer Leitfähigkeit laden sich Kunststoffe durch Reibung – dazu genügt bereits der von Heizkörpern aufsteigende Luftstrom – elektrostatisch auf. Die Intensität dieser Aufladung hängt von der Kunststoffart und den oberflächlich adsorbierten Stoffen ab, das Vorzeichen der Ladung von dem reibenden Medium.

Tab. 4.10: Dielektrizitätszahl (ε), Verlustwinkel ($\tan\delta$) und Erwärmungszahl ($\varepsilon \cdot \tan\delta$) von Kunststoffen bzw. Kunststoffgeschirren im Vergleich zu Borosilikatglas bei 2450 MHz und Raumtemperatur

Materialien	ε	$\tan\delta$	$\varepsilon \tan\delta \cdot 10^{-2}$
Kunststoffe[1]			
6,6 – PA	4,0	0,08	
PC	2,9	0,01	
PP	2,25	< 0,0005	
PTFE	< 2,1	< 0,0002	
PUR[2]	3,4	0,005	
Kunststoffgeschirre[3]			
PETP	3,63–4,47	0,0052–0,0170	2,34– 5,74
PBTP	3,45–4,09	0,0065–0,0325	2,24–13,30
PEC	4,08	0,0328	13,30
PEEK	3,04	0,0024	0,74
PSU	2,93	0,0059	1,54
PESU	3,35–3,65	0,0107–0,0130	3,39– 4,74
PES	3,66	0,0046	1,68
Borosilikatglas	4,3	0,581	250

[1] Frequenz: 1 MHz (DOMININGHAUS 1988)
[2] Gießharz
[3] Nach Angaben der Fa. Siemens, Traunreuth

Durch Reibung können an den Kunststoffen hohe elektrische Potentiale entstehen. Statische Aufladung verursacht an schnell über Rollen laufenden Kunststoffolien bzw. -fasern erhebliche Probleme. Die Entladungen durch Berühren von Türgriffen oder Bodenbelägen ist in der Regel ungefährlich, doch können entstehende Funken Brand oder Explosionen auslösen, falls leicht entzündbare organische Lösungsmittel anwesend sind. Deshalb müssen dort Kunststoffbeläge verwendet werden, deren elektrische Leitfähigkeit durch Kombination mit leitenden Substanzen gezielt verbessert ist. Auch Befeuchten der Umgebungsluft mindert die Tendenz zur statischen Aufladung.

4.5.6 Optische Eigenschaften

Die wichtigste optische Eigenschaft eines Werkstoffes ist seine Lichtdurchlässigkeit. Sie findet sich bei amorphen Kunststoffen ohne Zusätze wie EP-Harzen, PVC (hart und weich), PMMA und PS. – Daher eignet sich PS als durchsichtiges Einbettungsmaterial für pflanzliche und tierische Präparate.

Die genannten Kunststoffe bezeichnet man als organische Gläser und faßt sie mit den anorganischen Gläsern unter dem Oberbegriff „Vitroide" zusammen. Teilkristalline Struktur stört die Lichtdurchlässigkeit; solche Kunststoffe sind daher nicht durchsichtig, sondern ähnlich wie Milchglas nur durchscheinend.

Organische Gläser absorbieren, abhängig von der Wellenlänge des einstrahlenden Lichtes einen Teil desselben; je nach Kunststoff wird UV-Licht mehr oder weniger zurückgehalten. Die untere Grenze der Lichtdurchlässigkeit liegt für Cellulosehydrat, PE und PP bei etwa 200 nm, während PVC oder PETP Wellenlängen < 300 nm kaum durchtreten lassen. Die Lichtdurchlässigkeit reicht bis in den nahen IR-Bereich. Aufgrund spezifischer Absorptionsbande in diesem Wellenbereich ist es möglich, Kunststoffe anhand ihres IR-Spektrums zu identifizieren. Entsprechend dem Lambert-Beer'schen Gesetz nimmt die Lichtabsorption mit steigender Dicke des Kunststoffes linear zu.

Lichtdurchlässige Verpackungsfolien entsprechen zwar dem Wunsch des Käufers, den Verpackungsinhalt und seine Beschaffenheit erkennen zu können, doch garantieren sie nicht den für lichtempfindliche Güter (Lebensmittel) wünschenswerten Lichtschutz. Um wenigstens das vorwiegend schädigende, kurzwellige Licht zu eliminieren, können Kunststoffolien rot bzw. braun eingefärbt werden. Die Kombination mit undurchsichtigem Material wie Aluminiumfolie oder Karton bietet vollständigen Lichtschutz.

Pigmente wie weißes Titandioxid mindern die optische Durchlässigkeit eines Kunststoffes, indem sie das einfallende Licht streuen. Recyclingerzeugnisse werden häufig mit Ruß pigmentiert. Im Gegensatz zu den unlöslichen, pulverförmigen Pigmenten sind Farbstoffe lösliche organische Verbindungen, die eine transparente Einfärbung gestatten.

Der Brechungsindex, wichtiges Auswahlkriterium für Linsen- und Prismenmaterialien, liegt für die meisten Kunststoffgläser nahe dem des Spiegelglases.

4.6 Physikochemische Eigenschaften

4.6.1 Gasdurchlässigkeit

Im Gegensatz zu Metallen besitzen Kunststoffe, bedingt durch die größeren Atomabstände, keine undurchdringliche Oberfläche; vielmehr können Gase in die Feststoffe eindiffundieren bzw. hindurchwandern (permeïeren). Die Gasdurchlässigkeit spielt für den Einsatz von Kunststoffen zum Zwecke des Verpackens, auch im Haushalt, eine wichtige Rolle, denn vielfach hängt die Haltbarkeit lagernder Lebensmittel entscheidend davon ab, wie weit Packstoffe den Gasaustausch zwischen verpacktem Gut und Umgebung erlauben bzw. einschränken.

Der Durchtritt von Gasen durch eine Kunststoffolie erfolgt in drei Teilschritten:
1. Absorption
2. Diffusion (geschwindigkeitsbestimmender Teilschritt)
3. Desorption

Die permeïerende Gasmenge Q hängt von verschiedenen Größen ab:

$$Q = \frac{A \cdot t \cdot \Delta p}{d} \cdot P$$

A = Oberfläche der permeïerten Folie
t = Zeit
Δp = Partialdruckgefälle von einer zur anderen Seite der Folie
d = Dicke der Folie
P = Permeationskoeffizient

Vereinfachend ist dabei stationärer Zustand angenommen, d. h., daß das Partialdruckgefälle über die Zeit konstant bleibt. Dieses ändert sich in der Praxis bei Packungen endlicher Größe durch Gasaufnahme bzw. -abgabe.

Hält man experimentell die Größen A, t, Δp und d konstant, vereinfacht sich obige Gleichung auf

$$Q \cdot c = P$$

Damit läßt sich P sehr einfach bestimmen, indem man die permeïerende Gasmenge mißt. Die so gewonnenen Werte erlauben einen Vergleich unterschiedlicher Packstoffe hinsichtlich ihrer Gasdurchlässigkeit.

Tab. 4.11: Permeationskoeffizienten einiger Kunststoffe für Wasserdampf und Gase

Kunststoffe	Permeationskoeffizienten ($\cdot 10^9$) für			
	Wasserdampf $g\,cm^{-1}\,h^{-1}\,hPa^{-1}$	Luft $cm^3\,cm^{-1}\,h^{-1}\,hPa^{-1}$	CO_2	O_2
HD-PE	0,5	12,8	117,1	29,3
PP	1,1	10,3	91,5	25,6
PVC hart	6,5	0,5	3,3	1,5
PVDC	0,5	0,08	4,0	0,7
CA	225	5,9	124,4	18,3

Die Diffusion der Gasmoleküle erfolgt durch Platzwechsel-Vorgänge an den stets im Feststoff vorhandenen Fehlstellen sowie über die von den Makromolekülen nicht besetzten freien Volumina im Kunststoff. Daraus folgt, daß
- amorphe Polymerstruktur gegenüber dichter gepacktem kristallinem Aufbau die Permeation begünstigt, so daß das weniger kristalline LD-PE für Waserdampf und die übrigen Gase etwa 2 bis 3 mal durchlässiger ist als HD-PE,
- die Permeationsmöglichkeit von der Größe und Gestalt der diffundierenden Gasmoleküle abhängt (Tab. 4.11),
- steigende Vernetzungsdichte die Gaspermeation zunehmend behindert,
- erhöhte Temperaturen die thermisch aktivierten Platzwechsel-Vorgänge beschleunigen.

Der Permeationskoeffizient steht in direkter Beziehung zum Diffusions- *(D)* und zum Löslichkeitskoeffizienten *(S)*:

$$P = D \cdot S$$

Folglich begünstigt gute Löslichkeit des Gases im Polymeren die Permeation. Deshalb ist beispielsweise CA sehr wasserdampfdurchlässig, nicht dagegen hydrophobes Material wie PP, PE oder PVDC (Tab. 4.11).

Gemäß obiger Gleichung ist es möglich, die pro Zeiteinheit permeierende Gasmenge durch Wahl einer größeren Foliendicke zu verringern, doch wären dafür bei entsprechend hohem Permeationskoeffizienten für empfindliche Füllgüter relativ starkwandige Behälter statt Folien notwendig. Rationeller ist es, zu diesem Zweck entweder den gasdurchlässigen Packstoff mit einem dünnen, weitestgehend gasdichten Film – etwa PVDC – zu beschichten, oder ihn mit einem undurchlässigen Material wie Aluminiumfolie zu kombinieren (Verbundmaterial).

Gasdurchlässigkeit muß nicht generell nachteilig sein, sondern kann sogar, wie im Falle atmender Vorräte (Gemüse, Obst oder reifender Käse), unerläßlich sein, damit sie überhaupt in Kunststoffolien verpackt werden können.

Durchgängige Poren, welche die Folien in ihrer ganzen Schichtdicke durchziehen, begünstigen den Gasaustausch mit der Umgebung ebenso wie undichte Verschlüsse, denn in diesen Fällen tritt an die Stelle des Diffusionswiderstandes des Packstoffes der wesentlich geringere in den Poren. Unter diesen Umständen erreicht die durchtretende Gasmenge ein Vielfaches des Gasdurchganges durch die Folie. Deshalb ist vor allem auf fehlerfreien Verschluß zu achten. Verschweißbare Folien aus thermoplastischem Material bieten hierfür gute Voraussetzungen (Kap. 4.9.2).

4.6.2 Flüssigkeitsaufnahme, Quellbarkeit, Migration

Die relativ lockere Struktur der Polymer-Werkstoffe erlaubt auch Flüssigkeiten, in den Feststoff einzudringen und sogar zu permeieren, vorausgesetzt, daß sich Flüssigkeit und Monomerbausteine im Makromolekül in Bezug auf ihre Polarität ähnlich sind. Hydrophobe Kunststoffe wie PTFE oder PO besitzen keine Affinität zu Wasser. Die in der Praxis trotzdem meßbare, geringe Wassereinlagerung geht auf hydrophile Verunreinigungen bzw. Zusatzstoffe zurück. Deshalb schwanken die Angaben über die Gleichgewichts-Wassergehalte einzelner Kunststoffe häufig, zumal neben der Menge an hydrophilen Anteilen in der hydrophoben Matrix der Kristallinitätsgrad die Wasseraufnahme beeinflußt. Am Beispiel unterschiedlicher PA-Typen zeigt sich deutlich, wie das Wasseraufnahme-Vermögen mit zunehmender Häufigkeit der hydrophilen Amidbindungen zwischen den hydrophoben Methylenketten ansteigt (Tab. 4.12). Erwartungsgemäß erhöhen Weichmacher die Wasseraufnahme in PVC. Hydrophobe Polymere tendieren dazu, nicht Wasser, sondern eher organische Lösungsmittel oder Öle einzulagern.

Erhöhte Temperaturen fördern die Flüssigkeitsaufnahme nicht allein durch ihren Einfluß auf die Diffusionsgeschwindigkeit, sondern auch dadurch, daß die Ketten beweglicher und die Struktur des Kunststoffes aufgelockert werden.

Tab. 4.12: Maximale Wasseraufnahme in unterschiedliche PA-Typen bei Raumtemperatur.

PA-Typ	Maximale Wasseraufnahme %
12 – PA	1,5
8 – PA	4,2
6 – PA	> 10,0
6,6 – PA	9,0

Eindringende Flüssigkeit tritt in Wechselwirkung mit den Makromolekülen: Im Laufe der Zeit können Nebenvalenzbindungen gelockert oder sogar gespalten werden, die Kohäsion nimmt ab. Die Folge sind Quellungserscheinungen durch die eingelagerte Flüssigkeit; Masse und Abmessungen des Kunststoffteils verändern sich. Beide Kriterien können erste Anhaltspunkte für die Beständigkeit eines Kunststoffes gegenüber flüssigen Medien liefern; tieferen Einblick in die etwa eintretenden Veränderungen ermöglichen Messungen mechanischer Eigenschaften. Da Flüssigkeiten nur relativ langsam diffundieren, muß die Flüssigkeitsaufnahme ausreichend lange kontrolliert werden, bis der Gleichgewichtszustand erreicht ist.

Quellung stellt bei Polymeren die Vorstufe der Materialauflösung dar. Vielfach quellen Kunststoffe unter dem Einfluß von Flüssigkeiten nur, ohne daß sie sich auflösen: In Thermoplasten verhindern nicht gelöste zwischenmolekulare Fixpunkte die Desintegration des Molekülverbandes; in Elasten, noch ausgeprägter in Duroplasten, verhindern die Quervernetzungen, solange sie nicht chemisch gespalten werden, jegliche Auflösung und beschränken das Ausmaß der Quellung. Ähnlich wirken verfestigende Zusätze, soweit sie selbst keine Flüssigkeit aufnehmen.

Dem Eindringen von Anteilen der Kontaktflüssigkeit in den Kunststoff hinein steht die Auswanderung von Inhaltsstoffen aus dem Kunststoff gegenüber, solange ein Konzentrationsgefälle vom Werkstoff in die umgebende Flüssigkeit als treibende Kraft vorliegt. Daher können wanderungsfähige Komponenten aus dem Material herausdiffundieren.

Migrationsvorgänge besitzen primär Bedeutung für Kunststoffe, die bestimmungsgemäß direkt in Kontakt mit Lebensmitteln oder dem menschlichen Körper treten. Das deutsche LMBG begrenzt den Stoffübergang aus Bedarfsgegenständen auf technisch unvermeidbare, gesundheitlich unbedenkliche Anteile, die das Lebensmittel sensorisch nicht beeinflussen. Die einschlägige EG-Richtlinie (89/109) fordert, daß Bedarfsgegenstände als Fertigerzeugnisse an Lebensmittel keinen Bestandteil in einer Menge abgeben, die geeignet ist, die menschliche Gesundheit zu gefährden oder die die Zusammensetzung des Lebensmittels unvertretbar verändert.

Fast immer treten nur geringe Stoffmengen über. Es erfordert erheblichen analytischen Aufwand, migrierte Stoffe aus einem Lebensmittel, d.h. aus einer häufig chemisch komplexen Matrix, bei Verdünnungen zwischen 10^{-5} bis 10^{-7} zu isolieren und zweifelsfrei zu identifizieren. Deswegen hat man sich international auf

destilliertes oder vollentsalztes Wasser
3% Essigsäure
10% (vol.) Ethanol und
standardisiertes, synthetisches Triglyceridgemisch als sog. Prüflebensmittel geeinigt.

Die Kontaktbedingungen zur Kontrolle der Migration (Tab. 4.13) sollen möglichst denen des praktischen Einsatzes der Kunststoffteile entsprechen. Da jedoch die praxisüblichen Kontaktzeiten bei verpackten Lebensmitteln u.U. mehrere Monate erreichen, ist es häufig

Tab. 4.13: Kontaktbedingungen für die Kontrolle der Migration aus Kunststoffen für Lebensmittel

Praktische Einsatzbedingungen	Versuchs-temperatur °C	Versuchs-dauer h
Kontakt bei Raumtemperatur bis zu mehreren Monaten einschließlich einer vorausgegangenen Heißabfüllung	40	10·24
Kurzzeitkontakt, Temp. ≤ 70 °C	70	2
" 70 °C < Temp. < 100 °C	100	1
Kontakt bei 121 °C (Sterilisation) u.anschl. Lagerung bei Raumtemp.	121	0,5
Kontakt unter Kühlbedingungen bis zu mehreren Monaten	10	10·24

notwendig, nach dem Zeitrafferprinzip zu arbeiten. Dazu wird die Lagertemperatur gegenüber der Praxis in vertretbaren Grenzen erhöht, um die Prüfdauer abzukürzen. Die Anwendung von Prüflebensmitteln wie die Zeitraffung stellen einen Kompromiß zwischen den Forderungen nach vertretbarem Zeit- und Kostenaufwand für die Untersuchungen einerseits und nach Praxisnähe andererseits dar.

Erfahrungsgemäß hängt das Ausmaß der Migration einer Substanz aus Kunststoffen in Lebensmittel entscheidend ab von ihrem Diffusionskoeffizienten D sowie von dem Verteilungskoeffizienten K zwischen Packstoff und Lebensmittel nach Erreichen des Gleichgewichtszustands.

Basierend auf der Theorie für Diffusionsprozesse läßt sich eine Berechnungsformel ableiten, die bis zum Erreichen von 50% des Gleichgewichtswertes $M_{L,\infty}$ gilt und es erlaubt, die bis zum Zeitpunkt t aus dem Kunststoff in das Lebensmittel migrierte Stoffmenge $M_{L,t}$ abzuschätzen:

$$M_{L,t} = f \cdot A \cdot c_{P,0} \cdot \sqrt[2]{D \cdot t}$$

f = Erfahrungswert, den Einfluß der Beschaffenheit eines Lebensmittels auf die Diffusionsvorgänge in bzw. aus dem Kunststoff berücksichtigend ($0 < f < 1$)
A = Kontaktfläche zwischen Kunststoff und Lebensmittel
$c_{P,0}$ = Anfangskonzentration des migrierenden Stoffes im Kunststoff ($t = 0$)
D = Diffusionskoeffizient

Demnach muß die auswandernde Menge eines Stoffes in dem Maße abnehmen, in dem dessen Konzentration innerhalb des Kunststoffes durch wiederholten Gebrauch geringer wird. Dem entspricht die Vorschrift, in solchen Fällen den Migrationswert erst nach zweimal wiederholtem Kontakt mit dem Prüflebensmittel zu bestimmen.

Als Maß für die Inertheit eines Kunststoffes gegenüber Lebensmitteln wird die Globalmigration ermittelt, d. h. die Gesamtmenge aller, unter den jeweiligen Versuchsbedingungen in das Prüflebensmittel übergehenden Substanzen. Der auf max. 10 mg dm^{-2} begrenzte Wert schützt Lebensmittel vor unzumutbarer Veränderung (EG-Richtlinie), vereinfacht die Kontrolle und erhöht ihre Wirksamkeit, basiert jedoch nicht auf Toxizitätsdaten. Für möglicherweise toxisch wirksame migrationsfähige Substanzen gelten gemäß Bedarfsgegenstände-VO vom 12. 4. 1992 spezifische Migrationswerte – z. B. 15 mg kg^{-1} Formaldehyd, < 0,02 mg kg^{-1} Methacrylnitril. Die Einhaltung der spezifischen Migrationswerte muß zusätzlich zur Globalmigration kontrolliert werden. An die Stelle des spezifischen Migrationswertes kann auch ein vom Gesetzgeber zugelassener Höchstgehalt derartiger Stoffe in Kunststoffen treten. Da der Stoffaustausch zwischen Prüfgegenstand und Lebensmittel über die Kontaktfläche stattfindet, wird folgerichtig die übertretende Stoffmenge auf die Flächeneinheit bezogen. Abweichend davon gilt für Bedarfsgegenstände mit 500–10000 ml Fassungsvermögen ein Grenzwert von 60 mg kg^{-1} Lebensmittel. Dieser Massenbezug ist auch dann sinnvoll, wenn sich die praxisrelevante Kontaktoberfläche nicht abschätzen läßt bzw. für Deckel, Dichtungen, Ringe, Stopfen und ähnliche Verschlüsse.

4.6.3 Benetzbarkeit

Wird ein Festkörper isotherm und verformungslos zerteilt – z. B. durch Spalten – entstehen zwei neue Oberflächen. Ihre Energie entspricht der für diese Teilung erforderlichen Arbeit. Da Kunststoffe relativ niedrige Kohäsionskräfte besitzen, ist die aufzuwendende Trennarbeit deutlich niedriger als im Fall von Glas oder Metallen. Dementsprechend sind Kunststoffoberflächen, verglichen mit den erwähnten klassischen Werkstoffen, energieärmer. Solche Oberflächen verhalten sich gegenüber dem Kontaktmedium Wasser deutlich anders als energiereiche: Das Wasser haftet an den niederenergetischen Oberflächen wesentlich schwächer als an den energiereichen. Im allgemeinen Sprachgebrauch heißt dies, daß Wasser Metalle oder Glas besser benetzt als Kunststoffe.

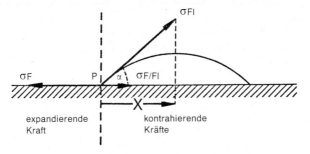

Abb. 4.14: Kräfteverhältnisse in der Peripherie eines Wassertropfens auf einer Festkörperoberfläche im Gleichgewichtszustand partieller Benetzung

Die Kräfteverhältnisse im Gleichgewichtszustand der partiellen Benetzung eines Festkörpers (Abb. 4.14) beschreibt die Young'sche Gleichung:

$$\sigma_F = \sigma_{Fl} \cdot \cos\alpha + \sigma_{F/Fl}$$

σ_F = Oberflächenspannung des Festkörpers
σ_{Fl} = Oberflächenspannung der Flüssigkeit
α = Randwinkel zwischen Festkörper und benetzender Flüssigkeit im Gleichgewichtszustand
$\sigma_{F/Fl}$ = Grenzflächenspannung zwischen Festkörper und Flüssigkeit

Für den Fall, daß ein und dieselbe Flüssigkeit unterschiedliche Werkstoffoberflächen benetzt, wird α zum Maß für die partielle Benetzbarkeit.

Zur Quantifizierung der Energieverhältnisse auf energiearmen Oberflächen wird im Schrifttum allgemein die „kritische Oberflächenspannung" herangezogen (Tab. 4.14). Sie ist definiert als die Oberflächenspannung einer Flüssigkeit, oberhalb welcher alle Flüssigkeiten auf der betreffenden Oberfläche einen Gleichgewichts-Randwinkel $\alpha > 0°$ ausbilden. Daraus folgt, daß Wasser wegen seiner hohen Oberflächenspannung von $72{,}75 \cdot 10^{-3}$ N m^{-1} Kunststoffe nicht vollständig ($\alpha = 0°$) zu benetzen vermag. Deswegen werden Kunststoffe als hydrophob klassifiziert, Metalle oder anorganisches Glas mit einer bis zu 100 mal höheren kritischen Oberflächenspannung hingegen als hydrophil. Übereinkunftsgemäß wird die Grenze für hydrophobes Ver-

Tab. 4.14: Kritische Oberflächenspannung (σ_c) einiger Kunststoffe (ZISMAN 1964)

Kunststoffe	σ_c N m$^{-1} \cdot 10^{-3}$
6-PA	46
PETP	43
PVC	39
PMMA	39
PS	33
PE	31
PVF	28
PTFE	19

halten bei einer kritischen Oberflächenspannung $\leq 65 \cdot 10^{-3}$ N m^{-1} gezogen, obwohl definitionsgemäß eine vollständige Benetzung durch Wasser erst bei einer kritischen Oberflächenspannung des Festkörpers $> 72{,}75 \cdot 10^{-3}$ N m^{-1} eintreten kann.

Organische Flüssigkeiten, z. B. auch Öle, besitzen eine deutlich niedrigere Oberflächenspannung als Wasser. Sie benetzen daher viele Kunststoffe sehr gut. Eine Ausnahme davon machen mehrfach fluorierte Polymere mit ihrem extrem niedrigen σ_c-Wert (Tab. 4.14).

Die verglichen mit konventionellen Werkstoffen deutlich schlechtere Benetzbarkeit von Kunststoffoberflächen wirkt sich einerseits in ihrem Reinigungsverhalten aus, andererseits beim Bedrucken von Kunststoffpackungen. Im letzteren Fall müssen hydrophobe Oberflächen durch gezielte Maßnahmen, wie beispielsweise Oxidation, hydrophiliert werden, damit der Kunststoff die Druckfarben annimmt und ausreichende Haftmöglichkeit bietet.

4.7 Chemische Eigenschaften

4.7.1 Molmasse

Abbruch- und Übertragungsmechanismen während des Verknüpfens der Monomereinheiten führen bei der Polymerisation zu variierenden Kettenlängen. Deshalb weist das Endprodukt keine einheitliche Molmasse auf wie niedermolekulare Substanzen. Folglich stellen diesbezügliche Angaben nur statistische Mittelwerte dar, die dadurch gewonnen werden, daß man beispielsweise das Polymere durch fraktionierte Ausfällung aus einer Lösung in mehrere Fraktionen zerlegt, deren Molmassen und Massenanteile jeweils bestimmt werden. Daraus resultiert eine Molmassen-Verteilung. Sie ist gemäß Abb. 4.15 asymmetrisch, gekennzeichnet durch einen steilen Anstieg bis zum Häufigkeitsmaximum und einen flachen Abfall (Maxwell'sche Verteilung).

Für die Bestimmung der Molmassen stehen vielfältige Methoden zur Verfügung. Je nach gewählter Methode ergeben sich unterschiedliche Mittelwerte der Molmasse. Wegen der offensichtlichen Unterschiede zwischen den möglichen Mittelwerten ein und desselben Polymeren müssen solche Angaben stets mit einem Hinweis auf die Art des Mittelwertes versehen sein.

Aus der mittleren Molmasse der polymeren Substanz sowie der Molmasse des Ausgangsmonomeren läßt sich der „Polymerisationsgrad" P errechnen, der angibt, wie viele Monomereinheiten im Makromolekül vorliegen:

$$P = \frac{\bar{M}_{polymer}}{M_{monomer}}$$

Übereinkunftsgemäß spricht man von Makromolekülen falls $P > 1000$. Die zu erwartenden Molmassen linearer Polymerer bewegen sich häufig zwischen 10^5 und 10^6, bei vernetzten Polymeren auch darüber. Mit wachsender Kettenlänge ändern sich viele Stoffeigenschaften: Ethylen ist bei Raumtemperatur und Normaldruck ein Gas. Mit steigender Kettenlänge durchschreitet das Oligo- bzw. Polymere nacheinander den flüssigen, ölartigen und plastischen (weiche, klebrige Beschaffenheit) Zustand und wird bei einem Polymerisationsgrad zwischen 1500 und 3100 thermoplastisch. Außerdem verändert steigende Molmasse sehr viele, anwendungstechnisch äußerst bedeutsame Eigenschaften: die meisten Festigkeitseigenschaften, elektrische Isolierwirkung sowie Beständigkeit gegenüber Spannungsrißkorrosion (Kap. 4.7.3) werden deutlich besser.

Der Polymerisationsgrad von Thermoplasten kann nicht beliebig erhöht werden, weil sonst die Viskosität der Schmelze so weit ansteigt,

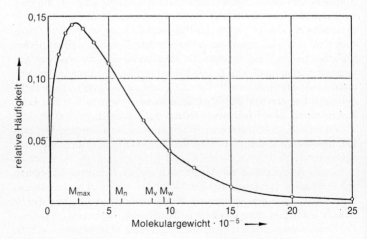

Abb. 4.15: Typische Molmassenverteilung in einem Polymeren
M_{max} = Wert max. Häufigkeit $\quad \bar{M}_n$ = Zahlenmittel
$\bar{M}_w$ = Massenmittel $\quad \bar{M}_v$ = Viskositätsmittel

daß sie sich kaum mehr unter praktischen Druckbedingungen zu Formteilen verarbeiten läßt.

Des weiteren mindert zunehmende Molmasse den kristallinen Anteil im Polymeren und beeinflußt Materialeigenschaften wie beispielsweise Dichte, Quellbarkeit (abnehmend), Gasdurchlässigkeit (zunehmend). Daraus folgt auch, daß die einsatzrelevanten Eigenschaften ein und desselben Polymermaterials durchaus unterschiedlich sein können, je nachdem, ob die Molmassen in einem weiteren oder engeren Bereich streuen.

Die skizzierten Auswirkungen der Molmasse sind bei niedrigem Polymerisationsgrad deutlicher ausgeprägt als im höheren Molmassenbereich. Kurzkettige Anteile verschlechtern schon in geringen Mengen mechanische oder chemische Eigenschaften. Deshalb wird die Synthese so geführt, daß die kurzkettige Fraktion unterhalb des Häufigkeitsmaximums möglichst gering bleibt (Abb. 4.15). Falls erforderlich, werden noch vorhandene Restmonomere nachträglich in einem speziellen Verfahrensschritt durch Waschen oder Erwärmen aus dem Polymeristat entfernt.

4.7.2 Chemische Beständigkeit

Chemische Stoffe, die lediglich in Kunststoffe eindringen und dort nur zwischenmolekulare Bindungen angreifen, verursachen reversible Quellungs- oder auch Lösungsvorgänge, reagieren aber weder mit dem Polymeren noch mit niedermolekularen Zusätzen. Sie werden daher als „physikalisch aktive" Medien bezeichnet, obwohl sie Zusatzstoffe herauslösen und damit den Werkstoff nachhaltig verändern können. Davon zu unterscheiden sind „chemisch aktive" Medien, die mit den Makromolekülen oder Zusatzstoffen chemische Reaktionen eingehen und dadurch generell irreversibel schädigen.

Hinsichtlich ihrer chemischen Beständigkeit unterscheiden sich Kunststoffe vor allem in zwei Punkten wesentlich von Metallen:
1. Prinzipiell widerstehen Kunststoffe Elektrolyten deutlich besser als die meisten Metalle, denn sie zeigen nicht wie letztere die Tendenz, an diese Flüssigkeiten Ionen abzugeben. Umgekehrt sind sie, abgesehen von einigen Ausnahmen, empfindlicher gegen organische Kontaktmedien als anorganische Werkstoffe.
2. Da die Kontaktmedien grundsätzlich in das Polymergerüst eindiffundieren können, beschränken sich Änderungen durch angreifende Medien nicht auf die Kunststoffoberfläche, sondern finden ebenso auch in tieferen Schichten statt.

Daraus folgt, daß Kunststoffe prinzipiell Metalle dort vorteilhaft ersetzen können, wo diese durch Elektrolyte angegriffen werden. Dagegen muß die Zweckmäßigkeit eines Kunststoffeinsatzes bei vorhersehbar längerem bzw. wiederholtem Kontakt mit organischen Agentien im voraus sorgfältig geprüft werden. Soweit im Makromolekül spaltbare Gruppen vorliegen, z. B. in PUR, PA, PVE oder PI, bilden sie bevorzugte Angriffspunkte. Insoweit sind auch anorganische Verbindungen in der Lage, Kunststoffe anzugreifen. PO und deren halogenierte Derivate sind nicht chemisch spaltbar, erstere jedoch wie auch viele vernetzte Polymere oxidierbar. Die bevorzugt an restlichen, nicht umgesetzten Doppelbindungen oder Kettenverzweigungen einsetzende Oxidation mindert die Kettenlängen und verschlechtert dadurch die mechanischen Eigenschaften. Deswegen erfordern empfindliche Thermoplaste, bevor sie in der Wärme geformt oder verformt werden, antioxidativ wirksame Zusätze, damit die Formteile während der Fertigung nicht oxidativ geschädigt werden.

Eine hervorragende Position hinsichtlich chemischer Beständigkeit nimmt PTFE, in etwas geringerem Maße PCTFE, ein. Die kovalent gebundenen F-Atome schirmen, anders als die Wasserstoffatome in Kohlenwasserstoff-Ketten, das darunter liegende C-Gerüst ab.

4.7.3 Alterung

„Alterung" bezeichnet die Gesamtheit aller, im Laufe der Zeit eintretenden irreversiblen chemischen und physikalischen Veränderungen in einem Material (DIN 50035); die Zeitspanne entspricht im allgemeinen der Gebrauchsdauer eines Gegenstandes. Demnach machen sich alterungsbedingte Veränderungen erst allmählich bemerkbar. Alterung bedeutet verschlechterte Gebrauchseigenschaften, beispielsweise indem das Material versprödet, Spannungsrisse entstehen, Festigkeitswerte und Transparenz abnehmen; letztlich verliert der Gebrauchsgegenstand alterungsbedingt seine Funktionsfähigkeit. Derartige Eigenschaftsänderungen sind bei organischen Werkstoffen bedeutsamer als bei anorganischen.

Obige Definition schließt nachstehende Veränderungen, da nicht alterungsbedingt, aus:
1. Versagen von Gebrauchsgegenständen infolge momentaner, extremer Beanspruchung etwa durch Stoß oder Schlag;
2. Schäden an Fertigteilen, die offensichtlich auf fehlerhafte Herstellung zurückgehen;

3. Reversible Veränderungen wie beispielsweise Quellung, obwohl quellungsauslösende Medien sehr wohl durch chemische oder physikalische Effekte Alterungsvorgänge begünstigen können.

Den Gebrauchswert mindernden Alterungsprozessen steht als positiver Effekt die Schutzschichtbildung, etwa an ABS, gegenüber. Sie schirmt das darunter liegende Material so lange gegen schädigende äußere Einflüsse ab, als sie nicht mechanisch entfernt wird.

Im Außenbereich eingesetzte Kunststoffe altern vor allem durch Witterungseinflüsse. Um die Witterungsbeständigkeit zu bestimmen, werden Kunststoffe entweder im Klimaschrank unter genau definierten, meistens gegenüber der Praxis verschärften Konditionen getestet, oder dem natürlichen Klima mit allerdings kaum beeinflußbaren Faktoren ausgesetzt. Nach der Exposition feststellbare Veränderun-

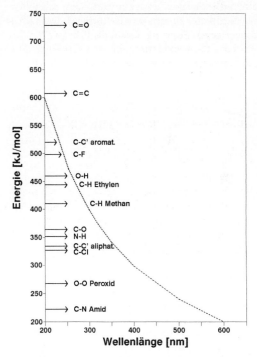

Abb. 4.16: Wellenlängenabhängige Energie des Sonnenlichtes und Energien einiger kunststoffrelevanter chemischer Bindungen

gen für den beabsichtigten Einsatz relevanter Eigenschaftswerte bilden ein Maß für die Witterungsbeständigkeit bzw. für abgelaufene Alterungsvorgänge.

Unter den Witterungsfaktoren kommt dem Licht, vor allem dem energiereichen UV-Anteil (Abb. 4.16) entscheidende Bedeutung zu.

Neben Licht können auch erhöhte Temperaturen, wie sie etwa bei der thermoplastischen Formgebung auftreten, die für eine Spaltung chemischer Bindungen erforderliche Energie liefern.

Damit Licht chemisch wirksam werden kann, muß der Kunststoff die Strahlung absorbieren. Zwar sollten Kunststoffe aufgrund ihrer Zusammensetzung kein UV-Licht absorbieren, aber bei der Herstellung bzw. Verarbeitung oxidativ gebildete Carbonylgruppen, Reste von Polymerisationskatalysatoren und sonstige Hilfsstoffe nehmen wirksame Strahlung auf. Die absorbierte Energie wird entlang der Polymerkette weitergeleitet und aktiviert Schwachstellen (in einer Kohlenwasserstoffkette an tertiären C-Atomen). Deshalb ist PP prinzipiell anfälliger gegen Photooxidation als PE.

Das Prinzip der Photooxidation auf der Basis von Radikalreaktionen läßt sich vereinfacht wie folgt wiedergeben:

$$R-H \xrightarrow{Licht} R\cdot + H\cdot \qquad \text{Primärreaktion}$$
$$R\cdot + O_2 \longrightarrow R-O-O\cdot \qquad \text{Kettenoxidation}$$
$$R-O-O\cdot + R'H \longrightarrow R-O-OH + R'\cdot$$
$$R-O-OH \longrightarrow R-O\cdot + \cdot OH \qquad \text{Kettenverzweigung}$$
$$R-O\cdot + R''H \longrightarrow R-OH + R''\cdot$$
$$\text{bzw.}$$
$$\cdot OH + R''H \longrightarrow H_2O + R''\cdot$$
$$R'\cdot + R''\cdot \longrightarrow R'-R'' \qquad \text{Kettenabbruch}$$
$$\text{oder}$$
$$R'\cdot + \cdot O-O-R \longrightarrow R'-O-O-R$$

R, R', R'' = Kohlenwasserstoffketten

Die Kettenreaktionen führen zu einer kaum übersehbaren Vielfalt chemischer Reaktionsprodukte. Nachdem eine ausreichende Zahl von Radikalen entstanden ist, kommt die Photooxidadion auch im Dunkeln nicht mehr zum Stillstand.

Liegen in der Polymerkette noch vereinzelt restliche Doppelbindungen vor, ist das benachbarte α-C-Atom anfällig gegen Photooxidation. Die einsetzenden Reaktionen gleichen den entsprechenden Vorgängen an Isolenfettsäuren.

Wärmebelastung während der thermoplastischen Verarbeitung begünstigt die Alterung des temperaturempfindlichen PVC. Zusätzlich fördern anwesende Verunreinigungen als Sensibilisatoren die Photolyse. Infolge des durch HCl-Abspaltung entstehenden Systems konjugierter Doppelbindungen verfärbt sich der Kunststoff anfänglich gelblich und wird allmählich immer dunkler.

$$-CH_2-CH-CH_2-CH-CH_2-CH-CH_2- \quad \Big| \quad +\text{Wärme oder Licht}$$
$$\;|\;|\;|$$
$$ClClCl$$
$$\Big\downarrow -2\,HCl$$

$$-CH_2-CH=CH-CH=CH-CH-CH_2-$$
$$\;| \quad \Big\downarrow +O_2$$
$$Cl$$

$$-CH_2-CH-CH=CH-CH-CH-CH_2-$$
$$\;|\;|\;|$$
$$O\,\text{\rule{1cm}{0.4pt}}\,OCl$$

Nachfolgende Oxidation zerstört das chromophore System, das Material hellt sich wieder auf. Im Gegensatz zu PVC besitzen fluorierte Polymere eine sehr hohe Witterungsbeständigkeit.

PA zählen ebenfalls zu den weniger witterungsbeständigen Kunststoffen, denn bereits die Energie des Lichts mit Wellenlängen unterhalb 500 nm vermag die $C-N$-Bindung zu sprengen (Abb. 4.16). Die entstehenden Radikale reagieren mit Luftsauerstoff unter Kettenverkürzung oder auch Molekülvergrößerung – durch intermolekulare Vernetzung – in vielfältiger Weise weiter. Das typische Vergilben der PA bei Photooxidation beruht darauf, daß aus Dicarbonsäuren und Aminen als Abbauprodukten Pyrrolderivate entstehen.

Manche makromolekularen Substanzen wie PMMA und PTFE, in geringerem Umfang auch PS, depolymerisieren in der Hitze. Bei den übrigen Polymeren überwiegt statistischer Kettenbruch.

Um Veränderungen vorstehender Art zu vermeiden und damit die Gebrauchstauglichkeit bzw. -dauer zu erhöhen, sind stabilisierende Zusätze erforderlich. Für viele Kunststoffe bildet die Entwicklung geeigneter Licht- und/oder Thermostabilisatoren die unabdingbare Voraussetzung für ihre thermoplastische Verarbeitbarkeit und praktische Einsatzfähigkeit. Stabilisierung gegen lichtinduzierte Schädigungen ist möglich durch:

- *UV-Absorber* (z. B. Ruß), die verhindern, daß die Makromoleküle selbst schädigende UV-Strahlen absorbieren;
- „*Quencher-Substanzen*", welche die von Polymeren aufgenommene Energie als unschädliche IR-Strahlung wieder abstrahlen und so die Makromoleküle aus dem aktivierten wieder in den nicht reaktiven Grundzustand vor der Lichtabsorption zurückführen.

Zum Schutz gegen Oxidation werden folgende Wege beschritten:
- *Abfangen von Radikalen* vor allem durch substituierte Phenole oder cyclische Amine.
- *Zersetzen intermediär auftretender Peroxide* z. B. durch Schwefel- oder Phosphorverbindungen. Indem der Stabilisator mit den Hydroperoxiden reagiert, verhindert er ihren Zerfall in die hoch aktiven Radikale RO· bzw. ·OH.
- *Komplexieren von Schwermetallen*, welche die Entstehung primärer Radikale sowie den Zerfall von Hydroperoxiden beschleunigen, hauptsächlich durch P-haltige Zusätze.
- *Neutralisation von Spaltprodukten*, insbesondere der katalytisch wirksamen Salzsäure aus PVC durch metallorganische Substanzen wie Metallseifen. Diese reagieren außerdem auch mit Doppelbindungen. Ferner wird ihnen ein stabilisierender Effekt auf labile Chloratome in der PVC-Kette zugeschrieben, die sie durch organische Säureradikale ersetzen.

4.7.4 Brandverhalten

Ein Brand entsteht, wenn außer brennbarem Material Energie und Sauerstoff (als Luftbestandteil stets gegenwärtig) vorhanden sind; die Energie liefert eine äußere Wärmequelle. Als organische Materialien sind Kunststoffe grundsätzlich brennbar. Ihr Brandverhalten hängt nicht allein von der stofflichen Zusammensetzung, sondern ebenso von verschiedenen äußeren Gegebenheiten ab (Tab. 4.15). Folglich stellt die Brennbarkeit eines Gegenstandes keine stoffspezifische Eigenschaft dar; Aussagen dazu können je nach Untersuchungsmethode erheblich variieren.

In der Vorstufe eines Brandes muß das „Brennmaterial" durch eine äußere Wärmequelle, d. h. durch Wärmestrahlung oder offene Flamme bzw. Glut zunächst erhitzt werden. In dieser Anfangsphase erweichen Thermoplaste, schmelzen und fließen schließlich, nicht dagegen Elaste und Duroplaste. Infolge der Erwärmung beginnt die organische Substanz sich zu zersetzen, indem chemische Bindungen gesprengt und Radikale gebildet werden. Die dafür benötigte Energie muß von

Tab. 4.15: Einflußfaktoren auf das Brandverhalten von Kunststoffen

Faktorengruppen	Einzelfaktoren
Stoffliche Zusammensetzung	Chemischer Aufbau der Polymermatrix Art und Menge der Zusatzstoffe Kombination mit anderen Stoffen
Äußere Gegebenheiten	Zündquelle Formgebung Anordnung im Raum Luftventilation

außen zugeführt werden. Je nach Art des Kunststoffes variieren die Zersetzungstemperaturen: PMMA 180–280 °C, PO 300–440 °C. Es entstehen teils gasförmige (z. B. HCl aus PVC), teils feste, kohleartige Rückstände (z. B. aus PAN). Die brennbaren Pyrolysegase vermischen sich mit Luft und entzünden sich entweder selbst oder durch Fremdflamme. Ein vereinfachtes Schema der komplexen Vorgänge beim Brennen eines Kunststoffes zeigt Abb. 4.17.

Die Entflammungstemperaturen für Kunststoffe schwanken zwischen 300 °C (PMMA) und 560 °C (PTFE). Sie liegen damit mindestens 100 K über dem Wert für Cellulose. Selbstentzündung verlangt höhere Temperaturen als die Fremdzündung durch eine Flamme.

Als Maß für die Entflammbarkeit dient der „minimale Sauerstoff-Index". Er gibt an, wie viele Volumenprozente Sauerstoff im Gemisch mit Stickstoff mindestens vorhanden sein müssen, damit die Probe

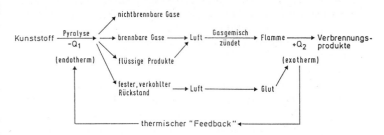

Abb. 4.17: Schematische Darstellung des Verbrennungsprozesses von Kunststoffen (TROITSCH 1982)

Tab. 4.16: Minimaler Sauerstoff-Index (LOI-Wert) ausgewählter
Kunststoffe (TROITSCH 1982)

Kunststoffe	LOI-Werte %
PMMA	17,3
PE, PP	17,4
PS	17,8
PET	20,6
PC	24,9
PVC	60
PTFE	95

gerade noch brennt. Laut Tab. 4.16 sind PMMA und PO wegen ihrer niedrigen Indices sehr gut, halogenhaltige Polymere dagegen nur schwer brennbar. Völlig unbrennbar sind nur Polyfluorcarbone sowie Polysilikone.

Rauchentwicklung begleitet den Brennprozeß, wenn Pyrolyseprodukte unvollständig verbrennen. Abgesehen von der hohen Wärmestrahlung gefährdet Rauch durch Sichtbehinderung, Atembeschwerden und toxische Gase wie HCl, SO_2 oder CO die Gesundheit.

Rauch stellt eine Dispersion fester und/oder flüssiger Teilchen in einem Trägergas aus Luft und Verbrennungsgasen dar. *Rußpartikel* entstehen aus Kunststoffen, die vorwiegend cyclische Zersetzungsprodukte bilden. Polycyclische Substanzen agglomerieren bei relativ niedrigen Temperaturen zu Rußteilchen, die, falls sie in die Flamme gelangen, nachverbrennen. Während Kunststoffe mit cyclischen Bauelementen wie PS oder UP verstärkt zur Rußbildung tendieren, verursachen PP, PE sowie PA weniger Ruß. Duroplaste verkohlen aufgrund ihrer Vernetzung meistens ebenso wie hochtemperaturbeständige Polymere, weil sie selbst in der Hitze ihre ursprüngliche Ringstruktur beibehalten.

Da im Brandfall erhebliche Sachschäden und Gesundheitsrisiken drohen, werden Kunststoffe für Bauelemente, Heimtextilien, Automobilteile oder Elektroinstallation schwer entflammbar ausgerüstet. Allerdings vermag kein Flammschutzmittel die Brennbarkeit völlig zu unterbinden; es kann sie nur erschweren. Sie wirken entweder auf physikalischem oder chemischem Wege.

Physikalische Effekte
– Kühlwirkung durch Auslösen endothermer Prozesse → erforderliche Brenntemperatur wird unterschritten.

Beispiel: $Al_2O_3 \cdot 3 H_2O \xrightarrow{\text{Wärme}} Al_2O_3 + 3 H_2O$

– Abschirmeffekt durch Bildung einer festen, glas- oder schaumartigen, bzw. gasförmigen, Sauerstoff fernhaltenden Schutzschicht → weniger Pyrolysegase, verminderte Wärmeübertragung.

Beispiel: Bildung von Polyphosphorsäuren aus Organophosphorverbindungen

– Verdünnungseffekt durch Zusatzstoffe, die entweder selbst inert sind oder bei ihrer Verbrennung inerte Gase erzeugen → Konzentration brennbarer Gase sinkt → Temperatur sinkt unter die minimale Zündtemperatur.

Beispiel: Organische halogenhaltige Substanzen oder Bildung von Wasserdampf aus $Al_2O_3 \cdot 3 H_2O$ (s. o.).

Chemische Effekte
– Abfangen besonders aktiver, pyrolytisch gebildeter Radikale → Stopp exothermer Reaktionen → verminderte Bildung brennbarer Gase.

Beispiel: Organische Halogenverbindungen, deren Wirksamkeit wie folgt erklärt wird:

$$\begin{array}{rcl}
RX & \xrightarrow{\text{Wärme}} & R\cdot + X\cdot \\
\rightarrow X\cdot + R'H & \longrightarrow & R'\cdot + HX \\
HX + H\cdot & \longrightarrow & H_2 + X\cdot \quad \text{oder} \\
HX + \cdot OH & \longrightarrow & H_2O + X\cdot
\end{array}$$

RX = Flammschutzmittel
X = Halogen (vorzugsweise Br, seltener Cl)
R'H = Kohlenwasserstoffkette
$H\cdot$ und $\cdot OH$ = pyrolytisch gebildete Radikale

Offen läßt die Formulierung den weiteren Verbleib der neu gebildeten $R'\cdot$. Eine andere physikalische Deutung zielt darauf ab, daß das selbst unbrennbare HX die Konzentration brennbarer Gase reduziert und außerdem den Sauerstoffzutritt zur Brandstelle erschwert.

Wie oben erkennbar, sind chemische und physikalische Effekte nicht immer klar gegeneinander abzugrenzen, vielmehr wirken sie eher zusammen.

Rauchminderer wirken hauptsächlich, indem sie die Oxidation von Rußbestandteilen und cyclischen Pyrolyseprodukten als deren Vorläufer begünstigen. Daraus wird ein gewisser Antagonismus zwischen rauchmindernden, d. h. oxidationsfördernden Zusätzen und flammhemmenden Additiven ersichtlich, da letztere Oxidationsvorgänge unterdrücken sollen.

4.8 Biologische Eigenschaften

Da synthetisch gewonnene Kunststoffe in der Natur nicht vorkommen, wurde ursprünglich angenommen, sie seien resistenter gegen biochemischen und mikrobiellen Angriff als abgewandelte Naturstoffe. Erfahrungen mit Kunststoffimplantaten im menschlichen Körper haben aber bewiesen, daß während jahrelangen Kontaktes mit lebendem Gewebe und Körperflüssigkeiten Wechselwirkungen eintreten, so daß die Kunststoffe nur eine begrenzte Lebensdauer besitzen. Neben Quellungsvorgängen werden biochemisch bedingte Veränderungen beobachtet, etwa Hydrolyse von Polyestern oder PA sowie Oxidation an PE durch unspezifische Oxidasen. Als sehr beständig gegen Enzyme gelten PAN sowie PTFE.

Ungleich bedeutsamer und häufiger sind mikrobielle Schädigungen an Kunststoffen, vor allem durch Aspergillus- und Penicilliumarten. Sie beeinträchtigen den Gebrauchswert wie den hygienischen Zustand der Kunststoffgegenstände. Vielfach verfärben sich die befallenen Kunststoffe, weil von den Schimmelpilzen gebildete Farbstoffe in das Material einwandern.

Ob sich auf Kunststoffen Mikroorganismen entwickeln können, hängt ab von Zusammensetzung und Struktur des Polymeren – wegen des geringeren Wasseraufnahmevermögens sind kristalline Bereiche schwerer angreifbar als amorphe – sowie von Art und Menge der Zusatzstoffe, aber auch von etwa vorhandenen Verunreinigungen, soweit Mikroorganismen diese als C-Quelle nutzen können. Derartige Abhängigkeiten erklären auch, warum sich Literaturangaben über die mikrobielle Beständigkeit von Kunststoffen oft widersprechen; vielfach fehlt eine ausreichende Spezifikation des untersuchten Probenmaterials. Die mikrobielle Widerstandsfähigkeit der Makromoleküle hängt entscheidend von ihrer Molmasse ab; als oberer Grenzwert für die Angreifbarkeit durch Mikroorganismen gilt eine mittlere Molmasse von 10 000. Unter den vielfältigen, möglichen Zusatzstoffen stehen, ihres hohen Massenanteils im Material wegen, Weichmacher im Vordergrund, vor allem die höheren Fettsäureester, während Phosphorsäureester sowie Phthalate deutlich resistenter gegen Mikroorganismen sind. Zum Schutz gegen mikrobiellen Befall erhalten Kunststoffe, falls notwendig, bakterio- bzw. fungistatische Zusätze.

Die durchwegs hohe Beständigkeit der Kunststoffe gegen mikrobiellen Angriff sichert einerseits ihren rationellen Einsatz für Leitungen im Erdboden oder als Verpackungsmaterialien für mikrobenbehaftete Lebensmittel, andererseits bildet sie die Ursache für Probleme mit Kunststoffabfällen. Um die anderweitig nicht mehr verwertbaren Abfälle nicht verbrennen oder auf Mülldeponien ablagern zu müssen, werden für Verpackungszwecke biologisch abbaubare Kunststoffe gesucht.

Der Begriff „abbaubar" ist bisher für Kunststoffe nicht allgemein verbindlich definiert. Einem amerikanischen Vorschlag zufolge gelten solche Kunststoffe als abbaubar, bei denen der Bindungsbruch in der Hauptkette des Polymeren durch chemische, biologische und/oder physikalische Kräfte in der Umwelt eintritt. Der Bruch muß im Vergleich zu einer Referenz angemessen beschleunigt erfolgen und zur Fragmentierung oder zum Zerfall des Kunststoffes führen. Bei bioabbaubaren Kunststoffen überwiegt der mikrobielle Abbau.

Wichtig für die Charakterisierung als abbaubarer Kunststoff ist die zeitliche Eingrenzung seines Abbaus auf eine überschaubare Zeitspanne, denn es ist anzunehmen, daß innerhalb eines entsprechend langen Zeitraumes unter geeigneten äußeren Bedingungen alle Kunststoffe abgebaut werden. Wie weit der Abbau stattfinden muß, läßt obige Definition offen; keinesfalls wird vollständiger Abbau zu CO_2 und H_2O verlangt. Für die Kompostierung ist sogar nur eine partielle Umwandlung erwünscht, denn Kompost soll Humus als Ersatz für den erosionsbedingten Mutterboden-Verlust liefern.

Nach dem derzeitigen Stand des Wissens und der Technik bestehen folgende Möglichkeiten für bioabbaubare Kunststoffe als Packmittel mit relativ kurzer Lebensdauer.
– *Zumischung von Stärke zu synthetischen Kunststoffen* wie PE:
  Biologisch abbaubar ist in solchen Fällen primär lediglich die Stärke, die im allgemeinen nur einen Anteil von maximal 10% ausmacht, sich neusten Entwicklungen zufolge aber bis auf 60% steigern läßt. Mikroorganismen entwickeln sich auf der Stärke und setzen unspezifische Oxidasen frei, die u. U. das synthetische Poly-

Tab. 4.17: Eigenschaften von Kunststoffen im Vergleich zu Metallen und Glas

Werkstoffe	Dichte	Zugfestigkeit	Elastizitätsmodul	Spezif. Durchgangswiderstand	Wärmeleitfähigkeit	Lineare Wärmeausdehnung	Max. Wasseraufnahme	Lösungsmittel	Bewitterungsbeständigkeit[1]
	g cm^{-3}	N mm^{-2}	10^3 N mm^{-2}	Ω mm^2 m^{-1}	W m^{-1} K^{-1}	10^{-5} K^{-1}	%		
Thermoplaste									
PVC-hart	1,38	50–60	3,0	$>10^8$–10^{12}	0,14–0,17	7–8	0,10	Tetrahydrofuran, Dioxan	1–2
PE-HD	0,94–0,96	19–38	0,6–1,4	10^9–10^{13}	0,33–0,36	23	0,01	Benzol, Chlorkohlenwasserstoffe	1–2
PS	1,05	30–50	3,1–3,3	10^{14}–10^{18}	0,14–0,16	6–8	0,10	Benzol, Toluol	2
PP	0,91	31–33	1,1–1,3	$5 \cdot 10^{12}$–10^{14}	0,22	15–18	0,01	Tetralin, Xylol	2
6-PA	1,13	43–46	2,8–3,2	10^5	0,25	2–15	>10	Ameisensäure, Phenole	3
PTFE	2,10	20	0,4–0,8	10^{18}	0,25	1	0	keine	1

Biologische Eigenschaften 207

Duroplaste									
UP	1,27–1,40	40–50	2,0–3,0	10^9–10^{10}	0,18	7–10	1,0	keine	1–2
GF-UP ($l \leq 20$ mm)	1,8	25	3,5	10^{12}	0,60	2–5	< 0,5	keine	1–2
PUR (Hartschaum)	0,02–0,10	0,2–1,1	2,0–20,0		0,035				1–2
EP (Weichschaum)	0,02–0,05	0,1–0,2	0,0001–0,0002		0,02–0,05		0,5–1,3	Dimethylformamid	1–2
Elaste									
NBR	0,97–1,10	6	0,071–0,088	10^6			1,5	Methylenchlorid, Ethylenacetat	2
konventionelle Werkstoffe									
18/10 Chrom-Nickel-Stahl	7,9	500–700	200	0,75	15	1,9	0	keine	
99,5% Reinaluminium	2,7	110	7	0,03	235	2,2	0	keine	
Natrium-Silikatglas	2,2–2,5	88	5–10	10^{13}–10^{14}	1,28	0,84		keine	

[1] 1 = sehr gut beständig, 2 = durchschnittlich beständig, 3 = wenig beständig

mere angreifen können. Das Kunststoffskelett wird durch den Stärkeabbau poröser und dadurch die angreifbare Oberfläche vergrößert.

- *Einbau oder Häufung spaltbarer Gruppen in Hauptketten:*
  Durch Copolymerisation mit einem geeigneten Monomeren können Estergruppen in die PO-Kette eingebracht werden. Copolymerisation von Glycin mit ε-Aminocapronsäure liefert einen mikrobiell gut angreifbaren Packstoff auf PA-Basis.
- *Einsatz natürlicher Polymerer:*
  Amylose oder Stärke, letztere insbesondere nach Modifizierung – z. B. durch Anlagerung von Hydroxyethyl-Gruppen – können thermoplastisch zu Folien verarbeitet werden. Daneben sind auch Folien aus Polymilchsäure bzw. Poly-(ε-caprolacton) biologisch abbaubar. Größere Bedeutung könnte das von vielen Bakterien sowie von Algen gebildete Copolymerisat von 3-Hydroxybutyrat und 3-Hydroxyvalerianat (PHBV) gewinnen, denn es besitzt einige anwendungstechnisch interessante Eigenschaften und ist biologisch abbaubar. Bisher dient es nur zur Fertigung von Flaschen für Shampoos.

Bezüglich ihrer Schutzeigenschaften für das Füllgut sind die biologisch abbaubaren Materialien den Standardkunststoffen meistens unterlegen, vor allem in ihren mechanischen Eigenschaften. Als zumindest mäßig hydrophile Stoffe nehmen sie Feuchtigkeit auf; damit steigt ihre Gasdurchlässigkeit. Diesen Nachteilen steht die bessere Benetzbarkeit durch Wasser als wichtige Voraussetzung für den enzymatischen Abbau gegenüber. Allerdings sind die neuartigen Verpackungsstoffe derzeit deutlich teurer als konventionelle Materialien.

Abschließend zu den vorstehenden Kapiteln 4.5–4.8 soll die Zusammenstellung in Tab. 4.17 die Besonderheit von Kunststoffen gegenüber konventionellen Materialien verdeutlichen. Einschränkend ist anzumerken, daß die Angaben keine Stoffkonstanten sind, sondern nur für den jeweiligen Standardtyp unter Normbedingungen zutreffende Werte, denn je nach Syntheseverfahren, Art und Menge der Zusatzstoffe, aber auch Verarbeitungsverfahren schwanken die Eigenschaften mehr oder weniger.

4.9 Formgebung

4.9.1 Formungsverfahren

Thermoplaste: Häufig geht die Formteil-Fertigung von granulierten Rohstoffen aus. Das Granulat wird mit Zusatzstoffen (Kap. 4.4) vermischt und zu Halbzeug oder Fertigteilen geformt. Hierbei kommt dem Extruder zentrale Bedeutung zu. Er besteht im wesentlichen aus einem beheizbaren Rohr, in dem eine rotierende Schnecke das Granulat aus dem Einfülltrichter in die -zone einzieht und bis zur Formdüse hinter der Ausstoßzone fördert. Auf dieser Strecke wird das thermoplastische Material erwärmt und verdichtet, so daß es die Austrittsöffnung als homogene Masse ohne Gaseinschlüsse verläßt. Je nach Düsenausführung entstehen unterschiedliche Formteile z. B. Platten oder Bänder aus Schlitz- oder Rohre bzw. Folienschläuche aus Ringdüsen.

Neben kontinuierlichen Verfahren sind diskontinuierliche Formungsprozesse wie das in Abb. 4.18 erläuterte Spritzgußverfahren weit verbreitet. Hier drückt die Transportschnecke des Extruders die plastische Masse in das gekühlte Werkzeug (Form) und füllt dessen Hohlräume vollständig aus: Auf die anfängliche Einspritzphase folgt die Standphase, während der die Schmelze abkühlt. Der dadurch eintretende Volumenschwund wird ausgeglichen, indem die Extruderschnecke zusätzliches Material in die Form hineindrückt. Nachdem das Formteil durch Abkühlen ausreichend fest geworden ist, öffnet sich das Werkzeug, der Artikel wird ausgeworfen. Im Spritzgußverfahren gefertigte Stücke sind vielfach an dem verfahrensbedingten „Anguß" zu erkennen.

Endlose Kunststoffbahnen wie Folien oder Felle aus Weich-PVC (für Fußbodenbeläge) können auf Walzstraßen – Kalander genannt – gefertigt werden. Für die Produktion von Bahnen aus Weich-PVC wird das PVC-Pulver zunächst mit den notwendigen Zuschlägen (Weichmacher, Stabilisatoren, Gleitmittel) vermischt, im Extruder erwärmt und homogenisiert, anschließend extrudiert und dem Kalanderwerk zugeführt. Letzteres besteht aus mehreren polierten, beheiz- oder kühlbaren (letzte Walze), gegenläufig rotierenden Walzen. Der Spalt zwischen ihnen verengt sich von Walzenpaar zu Walzenpaar bis auf die gewünschte Dicke der PVC-Bahn.

Hohlkörper aus thermoplastischem Material lassen sich im Tiefziehverfahren formen, entweder, wie bei der Fabrikation von Metalldosen besprochen (Kap. 1.2.4.2), mittels eines Stempels oder durch An-

210 Kunststoffe

Phase 1: Einspritzen

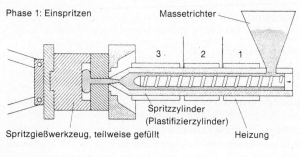

Phase 2: Standzeit mit Nachdruck (Plastifizieren)

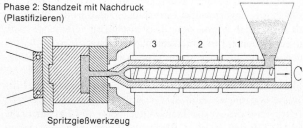

Phase 3: Auswerfen

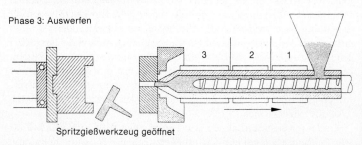

Abb. 4.18: Extruder mit Werkzeug für den Spritzguß (BATZER 1984)
1 = Einzugszone, 2 = Erwärmungszone, 3 = Verdichtungszone

legen eines Vakuums, welches die vorgewärmte Folie in eine Negativform hineinzieht, an deren Wandungen sie sich eng anlegt. Weitere Formgebungsmöglichkeiten für Thermoplaste sind in der Literatur nachzulesen (z. B. BATZER 1984).

Duroplaste verlangen wegen ihrer vernetzten Molekülstruktur spezielle Formungsverfahren. Um hierfür ähnliche Grundprinzipien wie für Thermoplaste einsetzen zu können, werden nicht die vernetzten Endprodukte in die gewünschte Form gebracht, sondern vorpolymerisierte Kunstharze in der Form ausgehärtet. – Unter „härtbaren Kunstharzen" versteht man vorzugsweise Massen, die in einem Warmformungsprozeß verarbeitet werden, an den sich die Aushärtung, d. h. Vernetzung unmittelbar anschließt. Der Härtungsprozeß läuft entweder bei erhöhter Temperatur oder auch ohne Erwärmen, evtl. bei gleichzeitig erhöhtem Druck ab.

Oft kommen die härtbaren Harze kombiniert mit Füllstoffen bzw. verstärkenden Zusätzen wie Glasfasern oder Holzspänen zum Einsatz. In diesen Fällen wird eine Negativform zunächst mit dem Zusatzmaterial ausgekleidet und dieses danach mit dem flüssigen Gießharz (vorpolymerisiert), das anschließend aushärtet, getränkt. Somit erfolgt die Formgebung, bevor die Vernetzung der Molekülketten stattfindet. Nach der Vernetzung ist eine Formgebung nur noch mittels spanender Verfahren (z. B. Fräsen, Sägen) möglich.

Für die Fertigung von Holzspan-Platten werden die auf eine definierte Feuchtigkeit konditionierten Späne auf einem Transportband zu einem Endlosvlies aufgeschüttet und mit flüssigem Bindemittel auf der Basis von UF oder PF imprägniert. Durch Pressen und gleichzeitiges Erwärmen härtet das Bindemittel zu einem Duroplasten aus. Die erhöhte Temperatur fördert das Abdunsten von Formaldehyd (Kap. 5.6.3). Bindemittel auf Polyisocyanat-Basis vermeiden Formaldehyd und dessen nachträgliche Abgabe aus den fertigen Platten.

Generell spielen Preßverfahren für die Fabrikation von Formteilen aus Duroplasten eine wichtige Rolle, so beispielsweise bei der Herstellung von Tabletts, Untersätzen oder Griffen.

4.9.2 Verbindungstechniken

Das typische Fließverhalten thermoplastischer Kunststoffe erleichtert Fügeverfahren sehr. Es genügen relativ niedrige Temperaturen, um derartige Teile unter mäßigem Druck dauerhaft miteinander zu verbinden. Eine Vorrichtung zum Verschweißen von Weichpackungen aus thermoplastischer Folie (Abb. 4.19) besteht aus zwei gegeneinander bewegbaren, dauerbeheizten Schweißbacken, überzogen mit einer Antihaftschicht aus PTFE. Sie verhindert, daß geschmolzenes Folienmaterial an den Schweißelementen festklebt. Durch den gleichzeitig wirksamen Anpreßdruck beginnt der erwärmte Thermoplast zu fließen. Die beiden Folien verschmelzen miteinander zu einer einheitlichen Schicht. Sachgemäß ausgeführt, resultiert daraus ein weitgehend gasdichter Verschluß. Polare Thermoplaste können auch im hochfrequenten Wechselfeld erwärmt werden: Indem sich die Dipole

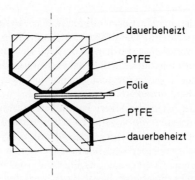

Abb. 4.19: Vorrichtung zum Wärmekontaktschweißen (BATZER 1984)

ständig rasch umorientieren, erwärmt sich der Kunststoff und schmilzt, so daß die Teile unter Druck verschweißt werden können.

Zum Verschweißen dickwandigerer Teile wie Tafeln oder Rohre wird Zusatzmaterial in Form eines „Schweißdrahtes" verwendet. Die notwendige Wärme liefert ein Heißluftgebläse.

Nicht schweißbare Duroplaste oder Elaste, aber auch Thermoplaste, lassen sich mit Hilfe einer Klebstoff-Zwischenschicht fest verbinden. Dabei ist zu unterscheiden zwischen physikalisch wirksamen Haftverbindungen einerseits und Verbindungen aufgrund chemischer Reaktionen in der Grenzschicht andererseits. Klebstoffe sind nichtmetallische Stoffe, welche Fügeteile durch Adhäsion (Flächenhaftung) plus Kohäsion (innerer Zusammenhalt) verbinden. Ausreichende Adhäsion setzt voraus, daß der Klebstoff die zu verbindenden Oberflächen wirksam zu benetzen vermag. Folglich sind polare Kunststoffe in der Regel gut, apolare, vor allem fluorierte Polymere, wegen ihrer geringen Oberflächenenergie nur schwer zu verkleben. Deshalb ist es oftmals notwendig, apolare Kunststoffe oberflächlich vorzubehandeln, z. B. zu oxidieren, um die gewünschte Haftintensität zu erzielen.

Die gute Verschweißbarkeit thermoplastischer Kunststoffe nutzt die Verpackungstechnik soweit möglich auch, um Packungen aus nicht verschweißbarem Grundmaterial einfach und sicher zu verschließen. Zu diesem Zweck erhält letzteres im Verschlußbereich einen thermoplastischen Überzug, so daß es nach dem in Abb. 4.19 gezeigten Prinzip „heißgesiegelt" werden kann. Ein weiteres bekanntes Beispiel für dieses Verschlußprinzip bildet das Abdichten eines Kunststoffbechers durch Aluminiumfolie. Das „Heißsiegeln" zählt zu den

Klebeverfahren, denn es arbeitet mit einer „Schmelzklebstoff-Schicht". Neben den Schmelzklebstoffen gehören auch Zubereitungen in organischen Lösungsmitteln bzw. wäßrige Dispersionen zu den physikalisch abbindenden Klebstoffen. Die Fügeteile haften dadurch, daß die flüssige Phase verdunstet oder vom Grundmaterial aufgenommen wird und ein verklebender Feststoffilm zurückbleibt.

Chemisch reagierende Klebstoffe verbinden Fügeteile durch vernetzende Reaktionen. Sie erfordern Werkstoffe mit reaktionsfähigen Gruppen, an denen durch Polymerisation, Polykondensation oder Polyaddition neue chemische Bindungen entwickelt werden können, welche die Fügeteile fest miteinander verbinden.

4.10 Einsatz und Pflege im Haushalt

Wie häufig und vielseitig Kunststoffe heutzutage im Haushalt eingesetzt werden, möge Tab. 4.18 belegen, ohne daß die Zusammenstellung Anspruch auf Vollständigkeit erheben könnte. Aufgrund ihrer speziellen Eigenschaften finden Kunststoffe Verwendung in allen Haushaltsbereichen und erweisen sich nicht selten als umweltentlastend, etwa als energiesparende Wärmedämmstoffe bzw. leichtgewichtige Transportbehälter oder als korrosionsverhindernde Überzüge für Metalle.

Tab. 4.18: Einsatzbeispiele für Kunststoffe im Haushaltsbereich

Kunststoffe	Einsatzbeispiele im Haushalt
Thermoplaste	
ABS	Geschirr, schlagfeste Gerätegehäuse, Sitz-, Liege-, Gartenmöbel, Armaturen, Koffer, WC-Spülkästen, Spielzeug
CA, CP, CAB	Gehäuse und Zubehör für Haushaltsmaschinen, Besteckgriffe, glasklare Verpackungsfolien, Brillengestelle, Stuhlsitzflächen, Toilettenartikel, Spielzeug
PA	Schlagfeste Gehäuse von Elektrogeräten, Flaschen für Öle, Verpackungsfolien, Wursthüllen, Kämme

Tab. 4.18: Fortsetzung

Kunststoffe	Einsatzbeispiele im Haushalt
PC	Gehäuse für Staubsauger, Haartrockner, Küchenmaschinenteile, Kaffeefilter, -maschinen, Telefongehäuse, Geschirr, Babyflaschen
PE	Verpackungs-, Schrumpffolien, Tragetaschen, Schüsseln, Waschkörbe, Spielzeug, Draht- und Kabelisolation, Einwegbehälter, Mülltonnen
PETP	Gehäuse und Griffe für Bügel-, Waffeleisen (wärmebeanspruchte Teile), Elektroinstallationsteile, Flaschen für CO_2-haltige Getränke, Verpackungsfolien, Knöpfe
PMMA	Schüsseln, Becher, Bestecke, Schalen, Waschbecken, Brillengläser, optische Linsen, Verglasungen
POM	Haushaltsgeräte: Getriebeteile, Rollen; Pumpenelemente für Waschmaschinen, Tür-, Fenstergriffe, Reißverschlüsse
PP	Küchengeräte, -geschirr, -spülen, Gerätegehäuse, Getränkekästen, Einwegflaschen, kochfeste Folien, Spielzeug
PPE, PPO	Gehäuse für Kaffeemaschinen, Staubsauger, Radio-, Fernsehgeräte, Antriebsteile für Wasch-, Spülmaschinen; Sprüharme
PS	Einmalgeschirr, -besteck, Becher, Schüsseln, Verpackungen mit hohem Oberflächenglanz, Gehäuse von Elektrogeräten, Toilettenartikel; Schäume: Styropor für Wärme- und Schallisolation, Verpackung stoßempfindlicher Güter
PSB	Schlagzähe Gehäuse für elektrische Haushaltsgeräte, Kleiderbügel, Einmaltrinkbecher
PSU	Teile für Bügeleisen, Haartrockner, Kaffeemaschinen, Eierkocher; Mikrowellengeschirr
PTFE	Antihaftbeschichtungen für Pfannen, Töpfe, Bügeleisensohlen

Tab. 4.18: Fortsetzung

Kunststoffe	Einsatzbeispiele im Haushalt
PUR	Verschleißteile (z. B. Kupplungselemente), Rollen in Haushaltsgeräten, Sportartikel (z. B. Skischuhe) Schäume: Wärmeisolations-Material, Schwämme, Teppichunterlagen
PVC (hart)	Fensterprofile, Rolläden, Gardinen-Laufschienen, Trinkhalme, Dosen, Flaschen und Behälter für Lebensmittel, Puppen
PVC (weich)	Fußbodenbeläge, Kunstlederbezüge für Möbel, Windelhöschen, Kosmetikbeutel, Spiel-, Campingartikel, Schläuche, Tischdecken, Folien
SAN	Eßgeschirr, Schüsseln, Schalen, Gehäuseteile für Haushaltsmaschinen, Badezimmergarnituren

Duroplaste

CS	Messergriffe, Knöpfe, Klaviertasten, Spielzeug
EP-Harze	Sportgeräte, Fußbodenbeschichtungen, härtende Klebstoffe, Al-Beschichtungen
MF, MPF	Eß-, Trink-, Kantinengeschirr, Schüsseln, Griffe für Kochgeräte, Elektrostecker, -schalter, Schichtplatten mit Papier, Küchen-Arbeitsplatten, Möbel
PF	Griffe für Töpfe, Pfannen, Bügeleisen; Steckdosen, Elektrostecker, Tischplatten, dekorative Schichtholzplatten
UF	Schichtpreßstoffe, Steckdosen, Elektroschalter, Knöpfe, Tabletts, Holzleime, Bindemittel für Holzspan-Platten, Fußbodenversiegelung, Möbellacke
UP (auch GF-UP)	Getränkebehälter, Mikrowellengeschirr, Gehäuse für Haushaltsgeräte, Spülbecken, Sitz-, Liegemöbel (auch für Außenbereich), Tische, Bänke, Lackharze für Möbel, Sportgeräte (z. B. Surfbretter)

Tab. 4.18: Fortsetzung

Kunststoffe	Einsatzbeispiele im Haushalt
Elaste	
NBR	Dichtungen (auch in Kontakt zu Lebensmitteln)
NR	Autoreifen
SIR	Dichtungen, Schläuche, Elektrokabel-Isolierung
EPDM	Dichtungen, Manschetten in Waschmaschinen

Der Verbraucher sollte beim Kauf von Kunststoffartikeln die spätere Entsorgung mit bedenken und auf ökologisch problematische Materialien wie PVC oder Kunststoffkombinationen, welche die Wiederverwertung erschweren, möglichst verzichten. Ferner sollte der Konsument sorgfältig prüfen, ob anstelle einmal zu verwendender Wegwerfartikel Gegenstände für wiederholten Gebrauch einsetzbar sind – z. B. Lebensmittel nicht in Folien sondern in Behältern aufbewahren.

Lebensmittel dürfen nur in Kunststoffolien verpackt werden, wenn sie als ausdrücklich für diesen Zweck geeignet anerkannt sind. Es ist dringend davon abzuraten, Müllbeutel oder Folien, in die Elektroartikel bzw. Textilien verpackt waren, für Lebensmittel zu nutzen, denn sie unterliegen nicht den gleichen, strengen Vorschriften wie Bedarfsgegenstände für Lebensmittel. Zweckentfremdete Verwendung solcher Kunststoffe beinhaltet ein vermeidbares Gesundheitsrisiko.

Sehr viele im Haushalt gebräuchliche Kunststoffgegenstände bestehen aus thermoplastischem Material, das vor Überwärmung geschützt werden muß, weil es anderenfalls erweicht, seine Form verliert, evtl. sogar schmilzt. Deshalb sollen kunststoffbeschichtete Kochtöpfe oder Pfannen niemals in leerem Zustand auf eine beheizte Herdplatte gestellt werden. Umgekehrt können abgestellte heiße Kochgeschirre Kunststoffflächen schädigen.

Zum Einsatz in Mikrowellengeräten empfohlene Folien bestehen aus PP. Einzelne Fettspritzer von maximal 160 °C sollen das Material nicht schädigen, obwohl laut Schrifttum selbst bei kurzfristiger Belastung 140 °C nicht überschritten werden sollen (Tab. 4.9).

Kunststoffgeschirre eignen sich für den Einsatz in Mikrowellengeräten, weil die Wellen mit einer Länge von 12,24 cm die elektrisch kaum leitfähigen Materialien nahezu ungehindert durchdringen. Die in den Garraum eingestrahlte Energie erwärmt nahezu ausschließlich die Speisen direkt, kaum aber die Kunststoffe. Die im Vergleich zu Borosilikatglas niedrige Eigenerwärmung der Kunststoffe (Tab. 4.10) wirkt sich praktisch kaum aus, weil sich die Geschirre im Mikrowellengerät vorwiegend durch Kontakt mit den primär erhitzten Lebensmitteln erwärmen. Wegen seiner deutlich geringeren Wärmekapazität eignet sich Kunststoffgeschirr weniger als Glas oder Keramik für Serviergeschirr, weil es die Speisen rascher abkühlen läßt.

Thermoplastische Geschirrteile bzw. Bestecke dürfen sich während des maschinellen Geschirrspülens nicht verformen, sie müssen spülmaschinenfest sein. Leider fehlt bei Kunststoffartikeln eine ähnliche Kennzeichnung wie bei Porzellan. Als spülmaschinengeeignete Kunststoffe gelten PP, HD-PE, MF und GF-UP. Bei Spülgut unbekannter Zusammensetzung ist stets Vorsicht geboten, denn unter den Gegebenheiten des maschinellen Geschirrspülens können unerwartete Veränderungen eintreten. So ist PC zwar ausreichend wärmebeständig, doch können Spülmittel Risse verursachen und durch ihren Alkaligehalt chemisch angreifen.

Allgemein gelten Kunststoffe als reinigungsfreundlich, da sie im neuen Zustand sehr glatte Oberflächen besitzen. Wenn diese jedoch wegen ihrer relativ geringen Härte durch ständigen Gebrauch aufrauhen, wird die Reinigung wesentlich schwieriger; Schmutz findet vermehrt und verstärkt Haftmöglichkeiten. Deshalb dürfen Kunststoffoberflächen niemals mit Scheuermitteln bzw. scheuermittelhaltigen Reinigern, harten Bürsten oder scharfkantigen Gegenständen behandelt werden. Hartnäckige Verkrustungen sind vorzuweichen, damit sie ohne derartige Hilfsmittel entfernbar werden. Der mehr oder weniger ausgeprägt hydrophobe Charakter der Kunststoffe läßt wasserlöslichen bzw. -quellbaren Schmutz an diesen weniger haften als an Metallen und Glas. Deshalb eignet sich das besonders hydrophobe PTFE hervorragend als Antihaftbeschichtung für Kochgeschirr. Konträr dazu tendieren allerdings Fette dazu, an Kunststoffen, vor allem an PO, intensiv zu haften.

Wegen ihrer mangelhaften Benetzbarkeit durch Wasser und vergleichsweise niedrigen Wärmekapazität trocknen Kunststoffteile in der Spülmaschine nicht wie Glas- bzw. Metalloberflächen vollständig ab. Die Flüssigkeit zieht sich zu Tropfen zusammen, die nur langsam verdampfen und daher auch nach Ablauf des Programms noch vorhanden sind. Wird manuell mit einem Geschirrtuch nachgetrocknet, ist eine mikrobielle Rekontamination aus einem bereits benutzten Tuch nicht auszuschließen.

Geeignete Pflegemittel mindern die lästige elektrostatisch bedingte Staubanziehung durch Kunststoffoberflächen auf Möbeln. Die Präparate sind sparsam anzuwenden, damit sich kein optisch störender Pflegemittelfilm aufbaut. Flecken lipoider Farbstoffe auf Arbeitsflächen sollten möglichst frühzeitig entfernt werden, damit sie nicht in den Kunststoff eindiffundieren können. Dazu eignet sich ein mit Speiseöl getränktes Tuch, welches die fettlöslichen Farbstoffe aufnimmt. Dagegen sind organische Lösungsmittel zu vermeiden, denn sie schädigen u. U. Kunststoffe. Bekanntlich wurde der verbreitete Einsatz von Weich-PVC als Fußbodenbelag erst möglich, nachdem für dessen Reinigung und Pflege lösungsmittelfreie Wischwachse bzw. -pflegemittel entwickelt worden waren, die auch Desinfektionsmittel enthalten können (z. B. Krankenhausbereich).

4.11 Gütesicherung

Überhöhte Verarbeitungstemperaturen schädigen durch partiellen Abbau oder Oxidation des Polymeren; rasches Abkühlen hinterläßt in Formteilen Spannungen; mechanische Beanspruchung bei der plastischen Formung zwingt die Moleküle zu bevorzugter Orientierung in einer Richtung, die im erkalteten Zustand ebenfalls Spannungen verursacht. Weiterhin hängt die Güte des Endproduktes wesentlich von Art und Menge der verwendeten Zusatzstoffe ab. Somit garantiert einwandfreie Rohstoffqualität allein keineswegs hochwertige Endprodukte. Da aber Kunststoffherstellern und -verarbeitern wie Verbrauchern an einer gleichbleibenden, hohen Qualität der Kunststofferzeugnisse liegt, haben sich Gütegemeinschaften auf freiwilliger Basis etabliert. In ihrem Auftrag untersuchen neutrale Prüfinstitute Kunststoffartikel, für die ein Gütezeichen beantragt wird. Falls sie den von der Gütegemeinschaft erstellten und vom RAL (Deutsches Institut für Gütesicherung und Kennzeichnung e.V., Bonn) anerkannten Gütebestimmungen entsprechen, wird das „K-Gütezeichen" verliehen. Die Umschrift um das zentralständige K gibt die jeweilige Produktgruppe an (Abb. 4.20B). Im Haushaltsbereich bestehen u. a. Gütezeichen für Sitzmöbel, Kunststoffenster und dazu gehörige Profile, Kunststoffbehälter (für Transport und Lagerung), -rohre und Hartschaum. Erzeugnisse mit Gütezeichen unterliegen einer laufenden Überwachung durch eine staatlich anerkannte Materialprüfanstalt. Auch das Deutsche Institut für Normung (Berlin) trägt zur

A B C

Abb. 4.20: Kennzeichen für Kunststofferzeugnisse

Gütesicherung bei, indem es bewährte Prüfverfahren normt, u. U. Mindestanforderungen für einzelne Erzeugnisse festlegt.

Zum Schutz der Gesundheit der Verbraucher obliegt staatlichen Überwachungsstellen die laufende Kontrolle von Kunststofferzeugnissen. So werden Gebrauchsgegenstände zum bestimmungsgemäßen Kontakt mit Lebensmitteln sowie Kinderspielzeug ständig überprüft, ob sie den einschlägigen Vorschriften des LMBG bzw. der Bedarfsgegenstände-VO entsprechen. Leztere beinhaltet u. a. eine Liste der erlaubten Monomeren und sonstigen Ausgangsstoffe für Kunststoff-Bedarfsgegenstände für Lebensmittel und begrenzt die Migrationswerte (Kap. 4.6.2). Bedarfsgegenstände für Lebensmittel, die diesen Anforderungen genügen, müssen entweder den Hinweis „für Lebensmittel" oder das EG-weit geltende Symbol (Abb. 4.20 C) führen. Letzteres gilt unabhängig von der Werkstoffart für Lebensmittel-Bedarfsgegenstände generell.

Speziell auf Bedarfsgegenständen aus Kunststoffen findet sich häufig das seit langem gebräuchliche und daher allgemein bekannte Kurzzeichen des RAL (Abb. 4.20 A) nach DIN 7725. Das nur auf Antrag verliehene Zeichen bestätigt die physiologische Unbedenklichkeit von Bedarfsgegenständen, die unmittelbar mit Lebensmitteln in Berührung kommen und beinhaltet damit praktisch die gleiche Aussage wie die obligatorische EG-Kennzeichnung.

4.12 Recycling

Derzeit belaufen sich die außerbetrieblichen Kunststoffabfälle in den alten Bundesländern auf etwa $2,5 \cdot 10^6$ t a^{-1}. Davon werden $0,7 \cdot 10^6$ t verbrannt, $0,5 \cdot 10^6$ t stofflich verwertet und der Rest (ca. 50%) auf Deponien abgelagert.

Schätzungsweise sind im früheren Bundesgebiet zur Zeit $40 \cdot 10^6$ t Kunststoffe im Einsatz, deren Gebrauchsdauer sich folgendermaßen aufgliedert:

< 1 Jahr	20%
1–8 Jahre	15%
> 8 Jahre	65%

Folglich sind zukünftig steigende Mengen langfristig gebrauchter Kunststoffgüter im Müll zu erwarten. Sie dürften im Jahre 2000 etwa zwei Drittel der gesamten Kunststoffabfall-Menge (ca. $3 \cdot 10^6$ t a^{-1}) ausmachen. Ihre Beseitigung ist problembehaftet, weil sie mehr ökologisch bedenkliche Zusätze enthalten als die Produkte neuerer Herstellungsdatums.

Eine lange Gebrauchsdauer liegt im Interesse des Verbrauchers, begründet aber zugleich seine kritische Einstellung gegenüber diesen Werkstoffen, weil er sie für die eigentliche Ursache des Müllproblems hält, da sie nicht oder nur schwer wiederverwertbar seien. Tatsächlich bestehen jedoch grundsätzlich für Kunststoffe ebenso wie für klassische Werkstoffe Möglichkeiten, mit den Abfällen sinnvoll umzugehen. Während es in der kunststoffverarbeitenden Industrie selbstverständlich ist, Abfälle innerbetrieblich wieder zu verwenden, stehen dem Recycling der Kunststoffe aus Müll einige spezielle Probleme im Wege:

1. Das Sammeln der Abfälle und ihr Transport von den vielen, räumlich weit zerstreuten Anfallstellen zu den wenigen zentralen Verwertungsbetrieben sind wegen des ungünstigen Volumen-Massenverhältnisses sehr kostenintensiv und verursachen auch ökologische Belastungen. Mobile Shredder-Anlagen könnten Abfälle an den örtlichen Sammelstellen zerkleinern und so einen rationelleren Transport ermöglichen.

2. Im Haushalt kommen unterschiedliche Kunststoffe zusammen, so daß keine sortenreinen Abfälle, sondern ein Gemisch möglicherweise sehr unterschiedlicher Materialien entstehen – Thermo-, Duroplaste sowie Elaste, füllstofffreie und -haltige oder weichmacherhaltige und -freie Kunststoffe. Da sie sich kaum gemeinsam verarbeiten lassen, müssen sie sortenrein getrennt werden. Die Kennzeichnung als PE, PP, PS und O (others) soll dem Verbraucher helfen, die Massenkunststoffe, etwa 80% der gesamten Kunststoffabfälle (Tab. 4.19) sortenrein abzutrennen.

3. Die wegen ihrer speziellen Gebrauchseigenschaften vielfach anzutreffenden Verbundwerkstoffe müssen zunächst in ihre Einzel-

Tab. 4.19: Aufschlüsselung der Kunststoffmengen im Hausmüll nach Arten

Kunststoffe	Mengenanteil %
PE und PP	65
PS	15
PVC	10
Andere	10

komponenten zerlegt werden, bevor der Kunststoffanteil wiederverwertet werden kann. Ähnliche Schwierigkeiten bieten, insbesondere für den sortierenden Verbraucher, Packungen mit unterschiedlichen Materialien für Körper und Verschluß.

4. Ein relativ hoher Schmutzgehalt (ca. 10%) erschwert die Produktion hochwertiger Sekundärprodukte aus Abfällen. – Der in den letzten Jahren stark angestiegene relative Schmutzanteil ist vor allem die Folge verminderter Wandstärke der Packungen. – Deshalb müssen die Kunststoffe vielfach gereinigt und Fremdstoffe – z. B. Papier oder Metalle – abgetrennt werden.

5. Gemischte Abfälle lassen sich direkt, d. h. ohne chemische Aufarbeitung, nur dann gemeinsam verwerten, wenn sie miteinander verträglich sind und bei ähnlichen Temperaturen schmelzen. Aber selbst unter dieser Voraussetzung finden Kunststofferzeugnisse aus gemischten Sekundärrohstoffen nur schwer Absatz, da sie gegenüber dem Qualitätsstandard von Primärprodukten abfallen. Vor allem die Festigkeitseigenschaften des inhomogenen Materials sind meistens deutlich schlechter, weshalb vorwiegend dickwandige Erzeugnisse wie Schalldämmwände oder Begrenzungspfosten an Straßen gefertigt werden. Zukünftig größere Bedeutung könnte die Produktion koextrudierter Abwasserrohre gewinnen. Ihre Mittelschicht besteht aus Recyclat, außen und innen abgedeckt durch eine Schicht aus Primärpolymerisat.

Ungeklärt blieb bisher, ob Packstoffe aus bereits genutzten Kunststoffen für den direkten Kontakt mit Lebensmitteln zulässig sind. Selbstverständlich muß das Migrationsverhalten des Packstoffes die gesetzlichen Anforderungen erfüllen, was sich relativ leicht überprüfen läßt. Dagegen dürfte es kaum gelingen sicherzustellen, daß ein Recyclat nur in den amtlichen Positivlisten aufgeführte Begleitstoffe

222 Kunststoffe

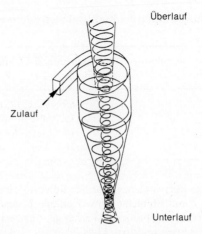

Abb. 4.21: Schema eines Hydrozyklons zur Trennung von Kunststoffen unterschiedlicher Dichte

enthält. Als praktikable Lösung bietet es sich daher an, Recyclat auf der lebensmittelkontaktierenden Seite mit Primärmaterial zu überziehen, welches garantiert nur amtlich zugelassene Zusätze enthält und das Lebensmittel gegen den Übertritt migrationsfähiger Substanzen aus dem Recyclat ausreichend schützt.

Die Fabrikation höherwertiger Recyclatprodukte verlangt sortenrein getrennte Kunststoffabfälle. Mittels eines Hydrozyklins (Abb. 4.21) gelingt es, die Massenkunststoffe aufgrund ihrer unterschiedlichen Dichte (Tab. 4.17) durch Zentrifugalkräfte zu trennen. Neben Verunreinigungen stören die sehr leichten Schaumstoffe ($\varrho = 0{,}005 - 0{,}1\,\mathrm{g\,cm^{-3}}$), sie sind vorab auszusondern.

Die Verfahren der *chemischen* Wiederverwertung (Tab. 4.20) befinden sich vielfach noch im Entwicklungsstadium, dürften aber künftig als Teilersatz für die umstrittene Kunststoffverbrennung interessant werden.

Die Wiederverwertung nichtthermoplastischer Kunststoffe ist vielfach schwierig. Elaste können thermisch unter oxidierenden Bedingungen abgebaut und die Spaltprodukte weiterverwendet werden. Für Duroplaste besteht die einzige Möglichkeit der stofflichen Wiederverwertung darin, sie zu zermahlen und als verfestigende Füllstoffe neuem Material zuzumischen.

Tab. 4.20: Behandlungsverfahren für außerbetriebliche Kunststoffabfälle

Behandlungsprinzip	Verfahren	Charakterisierung/Beispiele	Nutzungsergebnis
Funktionale Wiederverwendung		Wiederbefüllen von Gebinden z. B. für Wasch- u. Reinigungsmittel	Rohstoff- und Energieeinsparung, Abfallminderung
Direkte stoffliche Wiederverwertung	Aufschmelzen und Umformen Regranulation und Formen	Einsatz erhöhter Temperaturen und Mechanik für Thermoplaste	Sekundärnutzung als dickwandige, niedrigerwertige Formteile
Chemische Wiederverwertung	Hydrolyse	Erhitzen von PUR in Gegenwart von Wasser	Rückgewinnung der Monomeren (Diole u. Diisocyanate aus PUR) als Ausgangsstoffe für erneute Synthese
	Hydrierung	Erhitzen unter hohem Druck in Gegenwart von Wasserstoff	Rückgewinnung hochwertiger Kohlenwasserstoffe mit vielfältiger Nutzungsmöglichkeit
	Gaserzeugung	Erhitzen unter mittlerem Druck in Gegenwart von Sauerstoff u. Wasserdampf	Gewinnung eines Gemisches aus Kohlenmonoxid und Wasserstoff (Synthesegas) mit vielfältiger Nutzungsmöglichkeit

Tab. 4.20: Fortsetzung

Behandlungs-prinzip	Verfahren	Charakterisie-rung/Beispiele	Nutzungs-ergebnis
	Pyrolyse	Erhitzen ohne oder in Gegenwart von wenig Sauerstoff	Gewinnung von gasförmigen oder flüssigen Fraktionen zur Energiegewinnung; Rückgewinnung von Monomeren aus PMMA
Thermische Verwertung	Verbrennung	Erhitzen in Gegenwart von Luft oder reinem Sauerstoff	Energiegewinnung, stark reduziertes Abfallvolumen
Biokonversion	Kompostieren	Biologische Umwandlung abbaubarer Packstoffe	Gewinnung von Humus zur Bodenverbesserung
Deponierung		Ablagerung ohne Vorbehandlung	Weder stoffliche noch energetische Nutzung

Die direkte stoffliche Verwertung von Kunststoffen stößt an ihre Grenzen, sobald der erforderliche Energieaufwand den Energieinhalt des Materials übersteigt. Obwohl jedes Recycling einen konstanten Energieaufwand benötigt, sinkt mit mehrmaliger Wiederverwertung infolge mehrfacher mechanischer wie thermischer Beanspruchung die Werkstoffqualität und damit auch der Nutzwert (Abb. 4.22), denn es können nur noch niedrigerwertige Gegenstände hergestellt werden. Typische Gebrauchsgüter, die heute fast ausschließlich aus Recyclat gefertigt werden, sind Gartenbänke, Blumenkästen, Kompostbehälter, Müllsäcke, Flaschen- und Transportkästen sowie Tragetaschen.

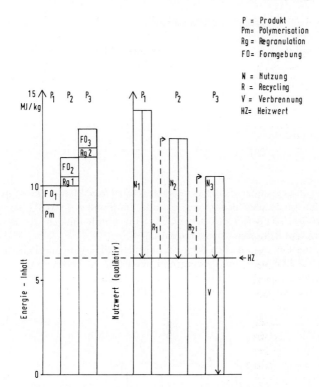

Abb. 4.22: Energieverbrauch für die Herstellung und Wiederverwertung von PP und Nutzwert der gewonnenen Sekundärprodukte (Kaskadenmodell)

Aus den genannten Gründen gilt die Regel, thermoplastische Abfälle nicht öfter als zweimal aufzuarbeiten und sie danach zusammen mit anderweitig nicht verwertbaren Kunststoffabfällen zu verbrennen, um den Heizwert (Tab. 4.21) zu nutzen.

Viele Verbraucher lehnen das Verbrennen von Abfällen ab, hauptsächlich aus Furcht vor gesundheitsschädigenden Emissionen, obwohl die TA Luft die maximal zulässigen Emissionswerte für Schwermetalle und organische Schadstoffe im Laufe der Zeit drastisch reduziert hat. Die kritischen Schwermetalle Ti und Cr können mittels moderner Reinigungsverfahren aus Rauchgas zu > 98% entfernt werden. Hg wird überhaupt nicht mehr, Cd nur ausnahmsweise und

Tab. 4.21: Heizwert von Kunststoffen

Kunststoffe	Heizwert H_u MJ kg^{-1}
PE. PP	42
PS	40
PVC	18
Verbundstoffe	16

dann in gegenüber früher wesentlich reduzierten Mengen in Kunststoffen verwendet. Bedarfsgegenstände (im Sinne des LMBG) sowie Spielwaren aus Kunststoffen dürfen laut Empfehlung des BGA überhaupt keine Schwermetalle enthalten.

Unter den organischen Schadstoffen stehen Dioxine und Dibenzofurane (Abb. 4.23) im Vordergrund, die in jedem Verbrennungsvorgang zu erwarten sind. Etwa 50% der für die Dioxinbildung erforderlichen Chlormenge stammen bei der Müllverbrennung aus Kunststof-

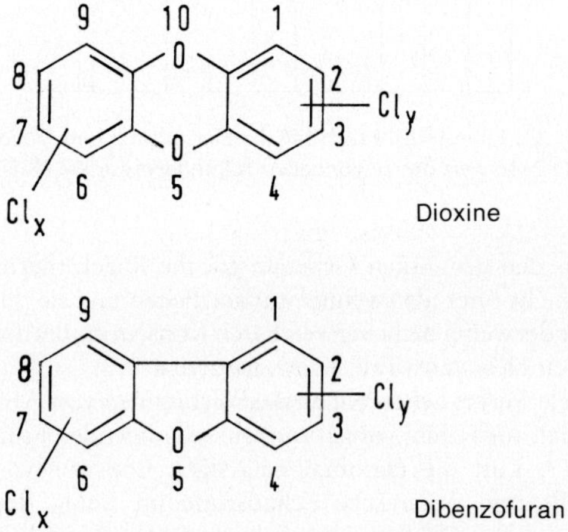

Abb. 4.23: Strukturformeln polychlorierter Dioxine und Dibenzofurane
$x = 1-4 \quad y = 0-4$

fen, vorwiegend aus PVC, die restlichen Chlormengen aus anderen, chloridhaltigen Müllbestandteilen. Sachgerechte Konstruktion der Feuerräume und entsprechende Steuerung des Brennprozesses vermögen die Bildung der erwähnten chlororganischen Verbindungen stark zu vermindern, aber nicht völlig zu unterbinden.

4.13 Verwendete Kurzzeichen

ABS	Acrylnitril-Butadien-Styrol (-Copolymerisat)
BR	Butadien-Kautschuk
CA, CAB, CP	Celluloseacetat, = acetobutyrat, = propionat
CS	Casein-Kunststoff
EP	Epoxid (-Harz)
EPM	Ethylen-Propylen-Elastomer
EPDM	Ethylen-Propylen-Dien-Kautschuk
HD-PE	PE hoher Dichte
LD-PE	PE niedriger Dichte
MF	Melamin-Formaldehyd (-Harz)
MPF	Melamin-Phenol-Formaldehyd (-Harz)
NBR	Nitrilbutadien-Kautschuk
NR	Naturkautschuk
PA	Polyamid
PAN	Polyacrylnitril
PBTP	Polybutylenterephthalat
PC	Polycarbonat
PCTFE	Polychlortrifluorethylen
PE	Polyethylen
PEC	Polyestercarbonat
PEEK	Polyaryletherketon
PES	Polyethylensulfid
PESU	Polyethersulfon
PETP	Polyethylenterephthalat
PF	Phenol-Formaldehyd (-Harz)
PI	Polyimid
PIB	Polyisobutylen
PMMA	Polymethylmethacrylat
PO	Polyolefin
POM	Polyoxymethylen (Polyacetal)
PP	Polypropylen

PPE	Polyphenylenether
PPO	Polyphenylenoxid
PS	Polystyrol
PSAN	Polystyrol-acrylnitril (-Copolymerisat)
PSB	Polystyrol-butadien (-Copolymerisat)
PSU	Polysulfon
PTFE	Polytetrafluorethylen
PUR	Polyurethan
PVAC	Polyvinylacetat
PVC	Polyvinylchlorid
PVDC	Polyvinylidenchlorid
PVE	Polyvinylether
PVF	Polyvinylfluorid
SIR	Silikonkautschuk
SP	gesättigter Polyester
UF	Harnstoff-Formaldehyd (-Harz)
UP	ungesättigter Polyester
UP-GF	Ungesättigter Polyester, glasfaserverstärkt

4.14 Literatur

BARGEL, H. J. ;SCHULZE, G. (Hrsg.): Werkstoffkunde. 5. Aufl. VDI-Verlag, Düsseldorf 1988

BATZER, H. (Hrsg.): Polymere Werkstoffe Bd. 2, Technol. I. Georg Thieme Verlag, Stuttgart 1984

BEHRENDS, R.: Haushaltspflege – vernünftig und umweltbewußt. Verlag Eugen Ulmer, Stuttgart 1992

DIN 7728 Teil 1, Beuth-Verlag, Berlin

DOLEŽEL, B.: Die Beständigkeit von Kunststoffen und Gummi. Carl Hanser Verlag, München 1978

DOMININGHAUS, H.: Die Kunststoffe und ihre Eigenschaften. VDI-Verlag, Düsseldorf 1988

GOLDBACH, G.; RETTING, W.: Kunststoffe, Ordnungszustände und Eigenschaften. In: ULLMANNS Enzyklopädie der technischen Chemie. 4. Aufl. Bd. 15, S. 219–252. Verlag Chemie, Weinheim 1978

HORNBOGEN, E.: Werkstoffe. 4. Aufl. J. Springer Verlag, Berlin 1987

KÄUFER, H.: Arbeiten mit Kunststoffen. 2. Aufl. Bd. 1. Springer-Verlag, Berlin 1978

MENGES, G.; MICHALLI, H.; BITTNER, H. (Hrsg.): Recycling von Kunststoffen. Carl Hanser Verlag, München 1992

SCHWARZ, O. (Hrsg.): Kunststoffkunde. 2. Aufl. Vogel – Buchverlag, Würzburg 1988

SONG, J.; EHRENSTEIN, G.W.: Einfluß der Wasseraufnahme auf die Eigenschaften von Polyamiden. Kunststoffe 80 (1990), 722–726

STOECKHERT, K.; WOEBKEN, W. (Hrsg.): Kunststofflexikon. 8. Aufl. Carl Hanser Verlag, München 1992

TROITSCH, J.: Brandverhalten von Kunststoffen. Carl Hanser Verlag, München 1982

VERBAND DER KUNSTSTOFFERZEUGENDEN INDUSTRIE, Frankfurt/Main: Persönl. Mitteilung 1992

VOIGT, J.: Kunststoffe, Zusätze. In: ULLMANNS Enzyklopädie der technischen Chemie. 4. Aufl. Bd. 15, S. 253–273. Verlag Chemie, Weinheim 1978

VOLLMERT, B.: Kunststoffe, Einführung. In: ULLMANNS Enzyklopädie der technischen Chemie. 4. Aufl. Bd. 15, S. 183–217. Verlag Chemie, Weinheim 1978

WEAST, R. C. (Hrsg.): Handbook of Chemistry and Physics. 52. Aufl. The Chemical Rubber Co., Cleveland 1971

ZISMAN, W. A.: Relation of equilibrium contact angle to liquid and solid constitution. In: Advances in Chemistry Series: Vol. 43. p. 1–51. American Chem. Soc. Washington D. C. 1964

5 Holz

D. GROSSER

5.1 Zur Bedeutung des Holzes als Roh- und Werkstoff in Vergangenheit und Gegenwart

5.1.1 Historischer Rückblick

Holz gehört zu den wichtigsten und neben Stein und Knochen zu den ältesten Werkstoffen der Menschheit. Bereits in der Altsteinzeit wurde Holz nicht nur zum Feuermachen, sondern auch zur Herstellung von Geräten, Waffen und anderen Gegenständen des täglichen Gebrauchs verwendet. Das älteste bearbeitete Holzstück, das bislang gefunden wurde, ist eine aus der Altsteinzeit stammende, ca. 290 000 Jahre alte, 40 cm lange Holzspitze aus Südengland. In größerem Umfang dürfte Holz zu Nutzzwecken aber erst seit der Jungsteinzeit, d. h. ab dem 6. Jahrtausend v. Chr., verwendet worden sein. So diente es nachweislich u. a. zum Bau von Hütten und Häusern, kultischen Bauten wie Grabstätten und Baumsärgen, für Knüppeldämme und Bohlenwege, Befestigungen, Brunnen und Schiffe sowie zur Herstellung von Waffen, Pflügen, Schlitten, Mobiliar, Hausrat und Werkzeugen aller Art, Musikinstrumenten und Schnitzereien wie Schmuck, Skulpturen und Reliefs. Speziell im Hausbau ist Holz dank seiner hohen Festigkeit bei geringem Eigengewicht, seiner leichten Bearbeitbarkeit und guten Wärmedämmfähigkeit der älteste Baustoff der Menschheit überhaupt.

Daß entgegen der großen Bedeutung des Holzes seit frühester Zeit vorgeschichtliche Holzfunde sehr viel spärlicher sind als Funde aus Stein, Ton, Bronze oder Edelmetallen, liegt an seiner relativ geringen natürlichen Dauerhaftigkeit bei unmittelbarer Einwirkung von Feuchte oder ständigem Bodenkontakt. Als organischer Rohstoff ist Holz den Gesetzen des natürlichen Stoffkreislaufes der Natur unterworfen, wird es durch Feuer, Insekten, Pilze und Bakterien sowie atmosphärische Einflüsse wie Licht, Regen und Wind zerstört. Nur unter günstigen Umständen, wie z. B. bei luftdichtem Abschluß in moorigen, torfigen und lehmigen Böden oder völliger Einbettung in Schlamm von Seen und Flüssen kann es über Jahrtausende hinweg

Tab. 5.1: Beispiele für wichtige Holzverwendungen in den drei Stadien der Geschichte der Holzverwendung, unterteilt nach Energie, Chemie und Werkstoffe (SCHULZ 1978)

Charakteristik der Zeitalter	Entwicklung im Einsatzbereich		
	Energie	Chemie	Werkstoffe
1. Unersetzlichkeit von Holz für viele Verwendungen (bis etwa Mitte des 19. Jhdts.)	Hausbrand Erzverhüttung Salinen	Pottasche Pech Harz Gerbstoffe Farbstoffe	Geräte und Waffen Hausbau Wagen Schiffe
2. Steigende Austauschbarkeit von Holz durch andere Roh- und Werkstoffe (1850–2000?)	Zunehmende Nutzung der Kohle und anderer fossiler Brennstoffe	Vordringen der Kohle- und Petrochemie – außer: *Zellstoff und Papier*; Cellulosefasern, Holzverzuckerung usw.	Vordringen von Metallen, mineralischen Baustoffen und Kunststoffen – aber auch zahlreiche neue Holzprodukte
3. Zunehmende Bedeutung reproduzierbarer Roh- und Werkstoffe	Für Industriegesellschaften nur sehr begrenzte Beiträge	Zellstoff und Papier, Cellulosefasern, Holzverzuckerung, Kohlenstoffverbindungen verschiedenster Art	Erhaltung und Weiterentwicklung vorhandener und Rückkehr alter Holzverwendungen

überdauern. Entsprechendes gilt für ständig trockene, heiße Klimate wie das Wüstenklima Ägyptens.

Nach SCHULZ (1978) lassen sich drei Stadien der Geschichte der Holzverwendung unterscheiden (Tab. 5.1). Das erste, mit der Frühzeit beginnende und bis etwa zur Mitte des 19. Jahrhunderts reichende Stadium ist gekennzeichnet durch die Unersetzbarkeit des Holzes durch andere Materialien in zahlreichen Verwendungsbereichen. Vom ausgehenden Mittelalter bis zur Mitte des vergangenen Jahrhunderts spielte Holz als Energieträger, chemischer Rohstoff und Bau- bzw. Werkstoff eine entscheidende Rolle (Tab. 5.1). Mit Beginn des vorigen Jahrhunderts wurde Holz in zunehmendem Maße durch neue Roh- und Werkstoffe austauschbar und verlor ab etwa 1850 in zahlreichen Verwendungsbereichen, in denen es zuvor dominierend war, entweder völlig oder zumindest teilweise seine Bedeutung, womit die Geschichte der Holzverwendung in ihr zweites Stadium tritt.

Dieses bis in unser Jahrzehnt reichende Stadium ist aber nicht nur durch eine zunehmende Austauschbarkeit und Konkurrenz mit anderen Materialien gekennzeichnet, sondern zugleich durch eine stürmische Entwicklung neuer Holzverwendungen. Als Energieträger wurde Holz in den Industrieländern zunächst von der Kohle und später von weiteren fossilen Brennstoffen (Erdöl und -gas) abgelöst. Auf dem Gebiet der Chemie traten vehement Produkte der Kohle- und Petrochemie in den Vordergrund. Gerbstoffe, Farbstoffe und Harze, teils aus Holz, teils aus der Rinde gewonnen, wurden weitgehend durch synthetische Produkte ersetzt. Andererseits fand Holz durch die Erfindung des Holzschliffs und des Zellstoffs in der Papier- und Zellstoffindustrie einen neuen Großabnehmer. Im Bereich der Bau- und Werkstoffe traten Metalle, mineralische Bau- und schließlich Kunststoffe immer stärker als Konkurrenten auf. Zugleich haben aber neue Produkte wie die Holzwerkstoffe (Sperrholz, Span- und Faserplatten) und Brettschichtträger sowie die Entwicklung des Ingenieurholzbaus dem Holz zahlreiche neue Einsatzgebiete erschlossen.

Ein Höhepunkt der Holzverdrängung, speziell durch Kunststoffe, war in den sechziger Jahren bis Anfang der siebziger Jahre erreicht: Haushaltsgeräte aller Art vom Kochlöffel, Nudelholz und Frühstücksbrett bis zum Bürstenrücken und zur Wäscheklammer wurden kaum noch oder gar nicht mehr aus Holz hergestellt. Seelenlose Kunststoffmöbel machten selbst vor dem Wohnzimmer nicht halt. Kunststoffbekleidungen und Kunststoffenster eroberten den Markt. Man meinte ernsthaft, Kunststoffe könnten in nahezu allen Verwendungsbereichen die Rolle des Holzes übernehmen. Erst zwei Erdölkrisen in den siebziger Jahren und sich dramatisch zuspitzende Umweltprobleme führten zu einer Rückbesinnung auf altbewährte Bau- und Werkstoffe. Die Wäscheklammer aus Holz kehrte in die Haushalte zurück, und selbst bei Küchenmöbeln wird vielfach wieder Holz bevorzugt.

Diese Entwicklung markiert zugleich eine Wende in der Holzverwendung und leitet zum dritten Stadium der SCHULZschen Drei-Stadien-Theorie der Geschichte der Holzverwendung über, nämlich zur rückläufigen Austauschbarkeit des Holzes durch andere Materialien (Tab. 5.1). Mit der steten Verknappung und damit auch der Verteuerung der erschöpfbaren Rohstoffe, wie Erdöl, Erdgas, Kohle und Metalle, wird die Abhängigkeit von reproduzierbaren Rohstoffen und damit insbesondere auch vom Holz zwangsläufig zunehmen. Dies gilt zunächst insbesondere für den Bereich Bau- und Werkstoffe, in späterer Zeit mit Rückgang der Erdöl- und Erdgasvorräte sicherlich auch für chemische Produkte. Als Energieträger wird Holz dagegen in Industrieländern auch zukünftig eine nur untergeordnete Rolle spielen, da es dringend und in ständig wachsender Menge als Nutzholz benötigt wird. Dies um so mehr, als fast alle Industrieländer typische Holzeinfuhrländer sind.

5.1.2 Statistische Daten und Fakten

Die oft verkannte Bedeutung des Holzes ergibt sich aus dem Vergleich der Welt-Produktions- bzw. Erntemengen von Holz, Stahl, Kunststoff und Aluminium. Wie aus Abb. 5.1 hervorgeht, wurden 1988 knapp $1 \cdot 10^9$ t bzw. ca. $1,7 \cdot 10^9$ m^3 Nutzholz eingeschlagen. Damit übertrifft die jährliche Holzernte-Menge nach Gewicht und insbesondere nach Volumen die Stahlproduktion deutlich und die Kunststoff- und Aluminiumproduktion bei weitem. Nicht berücksichtigt ist in der Erhebung das zu Brennzwecken eingeschlagene Holz in der Größenordnung von ca. $1,5 \cdot 10^9$ m^3 pro Jahr. Weltweit werden nämlich 54% des gesamten geernteten Holzes als Brennholz verwendet. Arme Länder sind durch einen starken Brennholz-, reiche Länder durch einen hohen Nutzholzverbrauch gekennzeichnet. Während in letzteren der Nutzholzanteil 1982 bei ca. 84% lag, betrug er in ersteren lediglich 16% (SCHULZ 1985).

Nutzholz ist dasjenige Holz, das einer höherwertigen Verwendung zugeführt wird, um daraus die vielfältigsten Holzprodukte vom Zahnstocher über Möbel und Holzleimbinder bis zum Papier und Buch herzustellen.

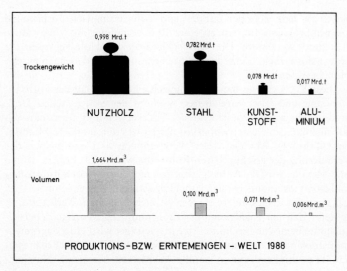

Abb. 5.1: Vergleich der Welt-Produktions- bzw. -Erntemengen von Holz, Stahl, Kunststoff und Aluminium; Stand 1988 (WEGENER 1989, aktualisiert)

5.2 Anatomischer Aufbau

5.2.1 Wachstum und Funktionen des Holzes

Holz stellt im wesentlichen das sog. sekundäre Dauergewebe von Stämmen, Ästen und Wurzeln der Bäume und Sträucher dar. Kennzeichnend für als „Holz" bezeichnete pflanzliche Gewebe ist außer der zellulären Struktur die Einlagerung von Lignin (Kap. 5.3.1.4) in die Zellwände. Sämtliche physikalischen und mechanisch-technologischen Eigenschaften des Holzes einerseits sowie die Eigenschaftsunterschiede zwischen den verschiedenen Holzarten andererseits finden ihre Erklärung im anatomischen Aufbau und den chemischen Eigenschaften.

Gebildet wird das Holz von dem zwischen Rinde und Holzkörper gelegenen Kambium. Unter stetiger Vergrößerung seines Umfangs scheidet das Kambium nach innen Holz- (Xylemzellen) und nach außen Rindenzellen (Phloemzellen) ab. Dabei bleibt die Bildung neuer Rindenzellen gegenüber der neuer Holzzellen stark zurück.

Tab. 5.2: Vereinfachte Übersicht über Zellarten von Nadel- und Laubhölzern und ihre Funktion

Nadelhölzer		Laubhölzer
Zellarten	Funktion	Zellarten
Tracheiden = Spätholztracheiden	Mechanische Festigung des Stammes (Festigungsgewebe)	Libriformfasern, Fasertracheiden
Tracheiden = Frühholztracheiden	Leitung von Wasser und der darin gelösten Mineralstoffe (Leitgewebe)	Gefäße
Parenchymzellen	Speicherung von Reservestoffen (Speichergewebe)	Parenchymzellen

Der Holzkörper besteht aus Millionen von Zellen unterschiedlicher Art, Größe, Form und Verteilung. Gleichartige Zellen bzw. Zellen mit gleicher Funktion bilden spezielle Gewebetypen. Entsprechend den drei Hauptfunktionen des Holzkörpers im stehenden Baum, nämlich der mechanischen Festigung, der Wasserleitung und der Stoffspeicherung, können drei Gewebearten unterschieden werden: Stütz- oder Festigungsgewebe, Leitgewebe, Speichergewebe.

Die diese Gewebe aufbauenden Zellen sind hinsichtlich ihrer Form und Größe den von ihnen zu erfüllenden Funktionen angepaßt. Dabei bestehen zwischen Nadel- und Laubhölzern grundsätzliche Unterschiede hinsichtlich der Zellarten und -anteile (Tab. 5.2).

Die Hauptmasse der Holzzellen verläuft parallel zur Stammachse bzw. in „Faserrichtung". Zu diesen achsenparallel orientierten Zellen liegen rechtwinklig – d. h. im stehenden Baum waagerecht – zahlreiche als „Holzstrahlen" bezeichnete Zellbänder, die überwiegend oder ausschließlich aus Parenchymzellen aufgebaut sind. Sie dienen der radialen Leitung und Speicherung von organischen Stoffen aus der Rinde.

236 Holz

Aus Anordnung, Form und Größe der genannten Zellarten bzw. der von ihnen gebildeten Gewebe resultiert eine für jede Holzart charakteristische Zeichnung, die vielfach auch als „Textur" und zuweilen als „Maserung" bezeichnet wird (Kap. 5.2.2).

5.2.2 Makroskopischer Bau des Holzkörpers

5.2.2.1 Allgemeiner Aufbau

Zahlreiche für den Aufbau des Holzes typische Merkmale lassen sich bereits makroskopisch, d. h. mit bloßem Auge oder Lupenvergrößerung erkennen (Abb. 5.2 bis 5.6; Tab. 5.3). Einzelzellen bleiben jedoch

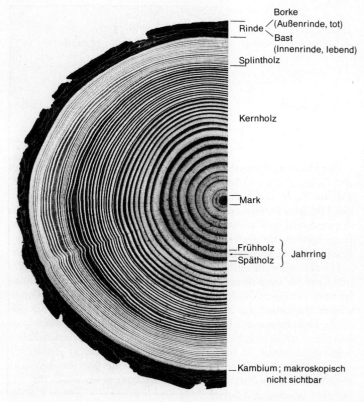

Abb. 5.2: Querschnitt durch einen Nadelholzstamm (Douglasie)

Tab. 5.3: Makroskopisch erkennbare Strukturmerkmale des Holzes auf einer Stammscheibe (hierzu auch Abb. 5.2 bis 5.6)

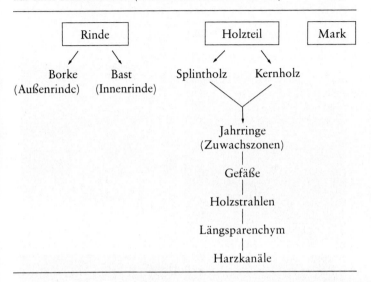

zumeist verborgen und können erst mit Hilfe des Mikroskops beobachtet werden (Kap. 5.2.3). Lediglich die wasserleitenden Gefäße der Laubhölzer erreichen zumeist so große Durchmesser, daß sie auf Querschnitten als einzelne Poren und auf den Längsflächen häufiger als Porenrillen (sog. „Nadelrisse") nicht nur makroskopisch sichtbar sind, sondern u. U. das Holzbild wesentlich mitbeeinflussen.

Je nach Holzart können auf dem Querschnitt eines berindeten Stammes unterschieden werden (Abb. 5.2; Tab. 5.3):
– Die aus Bast und Borke zusammengesetzte Rinde. Im Bast (Innenrinde) werden die in den Nadeln bzw. Blättern gebildeten Assimilate von oben nach unten geleitet. Entfernt man den Bast, stirbt der Baum ab, da damit die Assimilatleitung unterbrochen wird.
– Der den Hauptteil bildende Holzteil mit Splint- und Kernholz, Jahrringen oder Zuwachszonen sowie verschiedenen Zell- oder Gewebekomplexen.
– Die im Innern (meist zentrisch) gelegene Markröhre.

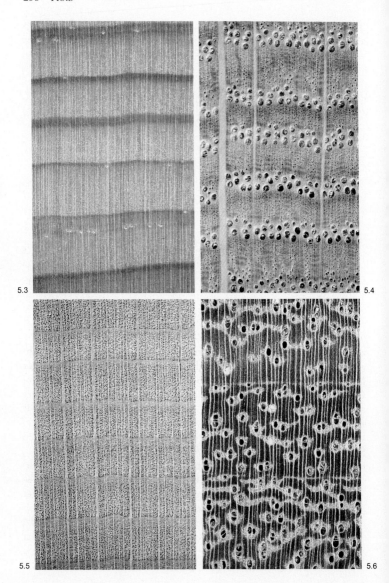

Splint- und Kernholz

Mit dem Altern der Zellen im stehenden Baum wird das Holz durch Verkernungsvorgänge in Splint- und Kernholz getrennt. Das außen liegende Splintholz stellt den physiologisch aktiven Teil des Stammes dar, in dem die Stoffwechselprozesse ablaufen, die erforderlichen Reservestoffe gespeichert und Wasser geleitet werden. Das Kernholz umfaßt die inneren Zonen im Holz. Es enthält keine lebenden Zellen mehr; die wasserleitenden Zellen sind außer Funktion gesetzt. Grundvorgang der Verkernung ist das Absterben der parenchymatischen Zellen. Ist sie von der Einlagerung gefärbter Kernstoffe (Kap. 5.3.1) begleitet, bildet sich ein Farbkern aus, wie z. B. bei Kiefer, Lärche, Eiche und Nußbaum (Kernholzbäume). Ohne Farbkern bleiben z. B. Fichte, Tanne, Ahorn, Birke und Linde (Reif- und Splintholzbäume).

Jahrringe, Zuwachszonen

Holz weist ringförmige Zuwachszonen auf, die als Folge eines durch Ruhepausen der Kambiumzellen unterbrochenen Wachstums entstehen. In allen Klimaten mit winterlicher Vegetationsruhe sind diese Zonen als Regel dem jährlichen Zuwachs eines Baumes gleichzusetzen. Daher werden sie Jahrringe genannt. Laubabwerfende Bäume subtropischer und tropischer Gebiete bilden in Abhängigkeit von Trocken- und Regenzeiten Zuwachszonen aus, die nicht streng jahresweise entstehen und somit auch keine Jahrringe darstellen. Bei Hölzern aus immergrünen Tropenwäldern mit ununterbrochener Wachstumstätigkeit fehlen häufig Zuwachszonen (Abb. 5.2 bis 5.6).

◁ Abb. 5.3: Fichte, Querschnitt. Deutliche Frühholz-Spätholz-Unterschiede und ausgeprägte Jahrringgrenzen. Harzkanäle als helle Punkte erkennbar. Lupenbild, 5:1

Abb. 5.4: Eiche, Querschnitt. Ringporiges Laubholz mit deutlichen Frühholz-Spätholz-Unterschieden und scharf markierten Jahrringgrenzen. Lupenbild, 5:1

Abb. 5.5: Buche, Querschnitt. Zerstreutporiges Laubholz. Früh- und Spätholz nicht voneinander unterschieden. Lediglich die letzten Spätholzzellen dickwandiger und dadurch die Jahrringgrenzen markierend. Lupenbild, 5:1

Abb. 5.6: Iroko, Querschnitt. Tropenholz (Laubholz). Gefäße in zerstreutporiger Anordnung. Parenchym die Gefäße scheidenförmig umgebend und als kurze Bändchen die Scheiden teilweise miteinander verbindend. Zuwachszonen nur schwach markiert. Lupenbild, 5:1

Sichtbar werden Jahrringe dadurch, daß zu Beginn und gegen Ende einer Vegetationsperiode Zellen unterschiedlicher Art, Größe, Anzahl und Verteilung angelegt werden (Abb. 5.3 bis 5.5). Bei unseren einheimischen Hölzern kann zudem vielfach innerhalb der Jahrringe zwischen einem *Frühholz* und *Spätholz* unterschieden werden (Abb. 5.3 und 5.4). Während das Frühholz den raschen Wassertransport zu Beginn der Vegetationszeit sichert, kommt dem im Sommer angelegten Spätholz vermehrt die Aufgabe der Festigung zu. Diese unterschiedlichen Funktionen von Früh- und Spätholz erklären auch die bei zahlreichen Holzarten deutlichen Gewebeunterschiede zwischen den beiden Jahrringzonen, was insbesondere für die Nadelhölzer und ringporigen Laubhölzer (Abb. 5.3 und 5.4), jedoch nicht für die zerstreutporigen Laubhölzer (Abb. 5.5) gilt.

Bei Nadelhölzern werden im Frühholz weitlumige und dünnwandige, im Spätholz dagegen englumige und dickwandige Zellen ausgebildet (Kap. 5.2.3.1). Dieser ausgeprägte Unterschied in Porenanteil und Zellwanddicke verursacht auch die für Nadelhölzer typischen Farb- und Härteunterschiede innerhalb der Jahrringe: Das Frühholz ist hell und weich, das Spätholz dunkel und hart (Abb. 5.2 und 5.3). Bei den Laubhölzern ergeben sich Frühholz-Spätholz-Unterschiede vor allem durch eine unterschiedliche Größe (Durchmesser) und Anordnung der Gefäße (Abb. 5.4).

Gefäße

Die Laubhölzer werden entsprechend der für sie jeweils charakteristischen Größe und Anordnung ihrer Gefäße (im Querschnitt als Poren erscheinend) in ring-, zerstreut- und halbringporige Hölzer eingeteilt (Tab. 5.4):

- *Ringporige Laubhölzer* besitzen im Frühholz besonders weite und zu einem auffälligen Ring (= Porenkreis) angeordnete Gefäße, denen zum Spätholz hin fast übergangslos sehr viel kleinere Gefäße folgen (Abb. 5.4 und 5.12). Damit sind bei den ringporigen Laubhölzern – ähnlich wie bei den Nadelhölzern – Früh- und Spätholz deutlich voneinander abgesetzt und die Jahrringgrenzen scharf markiert (Abb. 5.7).
- *Zerstreutporige Laubhölzer* weisen über den gesamten Jahrring keine nennenswerte Unterschiede hinsichtlich der Verteilung und Größe der Gefäße auf (Abb. 5.5 und 5.14). Entsprechend fehlen erkennbare Frühholz-Spätholz-Unterschiede, wie auch die Jahrringe aufgrund des homogenen Aufbaus vielfach nur schwach voneinander abgesetzt sind (Abb. 5.7).

Anatomischer Aufbau 241

Tab. 5.4: Gefäßverteilung (Porigkeit) der einheimischen Laubhölzer*

Ringporig	Zerstreutporig	Halbringporig
Edelkastanie	Ahorn	Kirschbaum
Eiche	Birnbaum	Nußbaum
Esche	Birke	Zwetschgenbaum
Rüster	Buche	
Robinie	Erle	
	Hainbuche	
	Pappel	
	Roßkastanie	
	Weide	

* Tropenhölzer sind überwiegend zerstreutporig strukturiert. Eine Ausnahme hiervon stellt z. B. Teak dar, das ring- bis halbringporig aufgebaut ist.

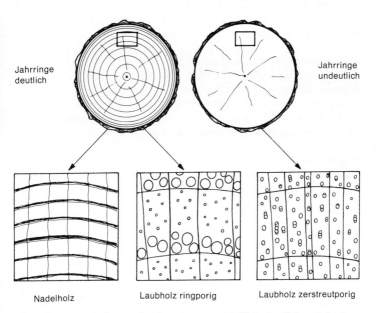

Abb. 5.7: Stammholzquerschnitte mit unterschiedlich deutlichen Jahrringgrenzen: Nadelholz, ringporiges und zerstreutporiges Laubholz

– *Halbringporige* Laubhölzer nehmen eine Zwischenstellung zwischen den beiden zuvor genannten Typen ein (Abb. 5.13 a und b).

Als *grobporig* bezeichnet werden Laubhölzer mit großen Gefäßdurchmessern zwischen 200 und 400 μm (alle Ringporer und zahlreiche zerstreutporige Tropenhölzer), als *feinporig* Laubhölzer mit Gefäßdurchmessern unterhalb 100 μm (alle einheimischen Zerstreutporer und bestimmte Tropenhölzer wie z. B. Pock- und Ebenholz).

Holzstrahlen
Die Holzstrahlen (vielfach nicht korrekt auch als „Markstrahlen" bezeichnet) bilden helle, feine und nur selten über 1 mm breite Linien auf dem Querschnitt (Abb. 5.3 bis 5.6). Sie führen vom Außenrand des Stammes – vergleichbar den Speichen eines Wagenrades – strahlenförmig, aber unterschiedlich weit zu dessen Mitte. Nur sehr wenige Strahlen führen bis zum Mark, so daß richtigerweise von Holz- und nicht von Markstrahlen gesprochen wird. Besonders breite und hohe sowie das Holzbild wesentlich mitbeeinflussende Strahlen besitzen z. B. Eiche und Buche, vor allem aber Platane (Kap. 5.2.2.2). Dagegen weisen sämtliche Nadelhölzer sehr feine, makroskopisch kaum erkennbare Holzstrahlen auf.

Längsparenchym (Parenchym)
Längsparenchym (allgemein als Parenchym bezeichnet) wird immer dann makroskopisch sichtbar, wenn es in gehäufter Anordnung vorkommt. Dies ist bei vielen Tropenhölzern der Fall (Abb. 5.6). Einheimische Hölzer besitzen dagegen kaum nennenswerte, makroskopisch in Erscheinung tretende Parenchymzellanteile.

Harzkanäle
Harzkanäle kennzeichnen die meisten einheimischen Nadelhölzer (Abb. 5.3). Charakteristisch sind sie für Fichte, Kiefer, Lärche und Douglasie, während sie bei Tanne und Eibe fehlen. Auch bestimmte tropische Laubhölzer besitzen Harzkanäle wie z. B. das häufig als Fensterholz verwendete Dark Red Meranti.

5.2.2.2 Schnittrichtungen
Aufgrund der einleitend erwähnten verschiedenen Orientierung der Zellen parallel und rechtwinklig zur Stammachse eines Baumes ergibt sich im Holzköper ein dreidimensionaler zellulärer Aufbau, aus dem drei anatomische Hauptachsen bzw. Schnittrichtungen resultieren: eine senkrecht zur Stammachse bzw. quer zur „Faserrichtung" (*Quer-*

Tab. 5.5: Schnittrichtungen und Schnittführung (nach GROSSER 1985)

Schnittrichtungen	Schnittführung und Holzbild
Querschnitt (Hirnschnitt)	Senkrecht zur Stammachse (quer zur „Faserrichtung"). Wie beim Durchschneiden eines vieladrigen Kabels werden alle achsenparallel verlaufenden Zellen bzw. Zellkomplexe getroffen und freigelegt (Abb. 5.8). Querschnitt gibt umfassendsten Einblick in anatomischen Bau einer Holzart.
Tangentialschnitt (Fladerschnitt)	Parallel zur Stammachse im Sinne einer Tangente der Jahrringe, wobei die Holzstrahlen im rechten Winkel durchtrennt werden. Tangentialschnitt ist der gewöhnliche Bretterschnitt, auch „Fladerschnitt" genannt, da die Jahrringe bei vielen Holzarten fladerförmig als hyperbelförmige Bogen freigelegt werden. Am markantesten treten Fladern bei Holzarten mit ausgeprägtem Frühholz-Spätholz-Kontrast auf, besonders bei Nadelhölzern und ringporigen Laubhölzern (Abb. 5.8). In ihrer Längsrichtung angeschnittene Laubholz-Gefäße zeigen sich, abhängig von ihren Durchmessern, als feine oder grobe Rillen, sog. Porenrillen („Nadelrisse").
Radialschnitt (Spiegelschnitt)	Parallel zur Stammachse im Sinne der Radien der Jahrringe und damit parallel zu den Holzstrahlen. Im Radialschnitt zeigen Hölzer mit ausgeprägter Jahrringbildung streifige Struktur (Abb.5.8). Der Länge nach aufgeschnittene Holzstrahlen erscheinen bei geradem Verlauf als mehr oder weniger lange Bänder. Die Praxis bezeichnet die auf radialen Schnittflächen als glänzende Bänder, Schuppen oder Flecken hervortretenden Holzstrahlen als „Spiegel", den Radialschnitt als „Spiegelschnitt". Auffällige Spiegel kennzeichnen u. a. Eiche, Rotbuche und Ahorn. Gefäße erscheinen wiederum als Porenrillen.

244 Holz

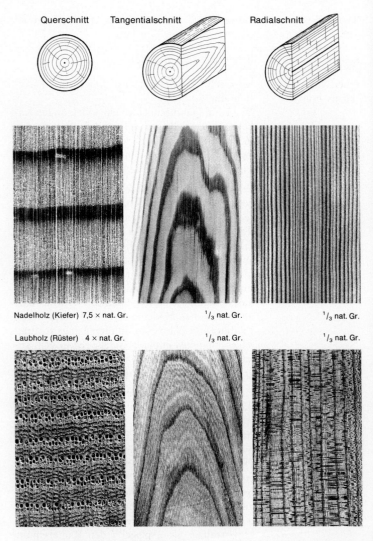

Abb. 5.8: Hauptschnittrichtungen des Holzes und daraus resultierende Texturen (Zeichnungen, „Maserungen")

schnitt) sowie zwei parallel zur Stammachse bzw. längs zur „Faserrichtung" (*Tangential-* und *Radialschnitt*) – Tab. 5.5, Abb. 5.8.
Der dreidimensionale Aufbau ist auch Ursache dafür, daß sich beim Auftrennen des Holzes, z. B. zum Balken, Brett oder Furnier, bei ein und derselben Holzart sehr unterschiedliche Texturen (Zeichnungen) ergeben (Abb. 5.8). Zudem hängen zahlreiche physikalische und mechanisch-technologische Eigenschaften stark von der jeweiligen anatomischen Richtung ab, d. h. Holz verhält sich ausgesprochen anisotrop. Folglich ist bei vielen Holzeigenschaften (Kap. 5.4 und 5.5) eine getrennte Betrachtung der parallel und der senkrecht zur Faser verlaufenden Richtung, bei manchen Eigenschaften zusätzlich eine weitere Unterscheidung zwischen tangentialer und radialer Richtung erforderlich.

5.2.3 Mikroskopischer Bau des Holzkörpers

Einen sehr viel differenzierteren Einblick in den anatomischen Aufbau des Holzkörpers als er makroskopisch möglich ist, erlaubt die mikroskopische Betrachtung. Neben Art, Größe, Form und Verteilung der verschiedenen Zell- und Gewebearten werden insbesondere auch Feinstrukturen der Zellwände erkennbar.

5.2.3.1 Nadelhölzer
Die Nadelhölzer sind gegenüber den entwicklungsgeschichtlich wesentlich jüngeren Laubhölzern durch einen verhältnismäßig einfachen, regelmäßigen Zellaufbau gekennzeichnet. Nur zwei Zellarten bauen letztlich das Nadelholz auf: *Tracheiden* und *Parenchymzellen*. Da im Stamm die Zellen in zwei sich kreuzenden Systemen angeordnet sind, wird bei den Tracheiden zwischen Längs- und Quertracheiden, bei den Parenchymzellen zwischen Längs- und Strahlparenchym (= Radialparenchym) unterschieden. Die für die meisten einheimischen Nadelhölzer charakteristischen Harzgänge sind von speziellen parenchymatischen Zellen ausgekleidet, die als Epithelzellen bezeichnet werden. Da alle radial bzw. quer zur Stammachse ausgerichteten Zellen grundsätzlich zu Holzstrahlen vereinigt sind und die Epithelzellen den Harzgängen zuzuordnen sind, besteht das Holz der Nadelhölzer aus folgenden Zell- und Gewebeelementen:

Tracheiden (Längstracheiden) – Holzstrahlen – Parenchym (Längsparenchym) – Harzgänge.

Anordnung und Funktion der Nadelholzzellen sind in Tab. 5.6 zusammengestellt, eine räumliche Darstellung des Nadelholzkörpers zeigt Abb. 5.9.

Tab. 5.6: Anordnung, Form und Funktion der Nadelholzzellen

	Zellarten	Form[a]	Hauptfunktion
axial ausgerichtet	Längstracheiden		
	Frühholztracheiden	prosenchymatisch	Wasserleitung
	Spätholztracheiden	prosenchymatisch	Festigung
	Längsparenchym	parenchymatisch	Speicherung
	Epithelzellen der vertikalen Harzkanäle	parenchymatisch	Harzausscheidung
radial ausgerichtet (Holzstrahlen)	Quertracheiden (Holzstrahltracheiden)	prosenchymatisch	Wasserleitung
	Strahlenparenchym	parenchymatisch	Speicherung
	Epithelzellen der horizontalen Harzkanäle	parenchymatisch	Harzausscheidung

[a] Als Prosenchymzellen werden langgestreckte Zellen mit spitz zulaufenden Enden bezeichnet: Parenchym stellt Gewebe aus backsteinförmigen oder isodiametrischen Zellen dar.

Tracheiden (Längstracheiden)

Die Längstracheiden nehmen bei allen Nadelhölzern mit rund 90 bis 95% den weitaus größten Raum ein. Sie sind deutlich langgestreckt und besitzen mittlere Längen von 3 bis 4 mm. Auf dem Querschnitt sind sie zu auffällig regelmäßigen radialen Reihen geordnet. Ihre Radialdurchmesser nehmen vom Früh- zum Spätholz ab, ihre Wanddicken zu (Abb. 5.10a). Die dünnwandigen Frühholztracheiden dienen vornehmlich der Wasserleitung, die dickwandigen Spätholztracheiden der Festigung (Tab. 5.6). Als besonderes Charakteristikum besitzen die Frühholztracheiden auf ihren Radialwänden große Hoftüpfel (Abb. 5.10c), die Öffnungen in der Zellwand darstellen, durch die im stehenden Baum Wasser von Zelle zu Zelle fließt.

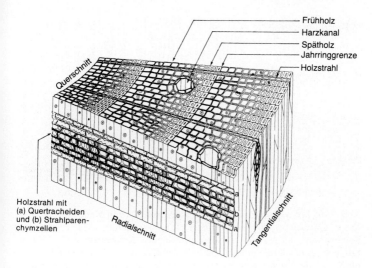

Abb. 5.9: Räumliche Darstellung eines Nadelholzes (Kiefer) (aus GROSSER 1985)

Holzstrahlen

Die Holzstrahlen der Nadelhölzer sind nur eine Zelle breit und wenig hoch (Abb. 5.10b). Daher sind sie makroskopisch auf den Längsflächen kaum oder nicht sichtbar. Aufgebaut sind die Holzstrahlen entweder ausschließlich aus Parenchymzellen (= Strahlparenchym) oder aus Parenchymzellen und Quertracheiden. Mit den Längstracheiden stehen die Holzstrahlzellen wiederum durch Tüpfel in Verbindung. Die Tüpfel zwischen Strahlparenchym-Zellen und Tracheiden werden als Kreuzungsfeldtüpfel bezeichnet und sind für jede Holzart von charakteristischer Form und Größe. Besonders große, als Fenstertüpfel bezeichnete Kreuzungsfeldtüpfel besitzen die einheimischen Kiefernarten (Abb. 5.10c), während bei der Fichte sehr kleine, sog. piceoide Kreuzungsfeldtüpfel vorkommen.

Parenchym (Längsparenchym)

Axial orientierte Parenchymzellen (= Längsparenchym) kommen bei den Nadelhölzern nur in geringen Anteilen vor. Bei den einheimischen Nadelhölzern fehlen sie mit Ausnahme des Wacholders sogar völlig.

248 Holz

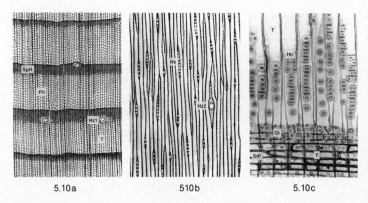

5.10a 510b 5.10c

Abb. 5.10: Mikroskopische Darstellung des Aufbaus von Nadelhölzern. a = Kiefer, Querschnitt, 20:1; b = Kiefer, Tangentialschnitt, 35:1; c = Kiefer, Radialschnitt, 80:1. F = Fenstertüpfel in den Kreuzungsfeldern; FH = Frühholz, gemeinsam mit dem Spätholz (SpH) einen Jahrring bildend; Ho = Hoftüpfel auf Tracheidenwänden; Hs = Holzstrahl; Hz 1 = axial verlaufender Harzkanal; Hz 2 = quer zur Stammachse verlaufender Harzkanal in einem Holzstrahl; Qt = Quertracheiden; StP = Strahlparenchym, gemeinsam mit Quertracheiden einen Holzstrahl bildend; SpH = Spätholz; T = Tracheiden, das Grundgewegbe der Nadelhölzer aufbauend

Harzkanäle

Die Harzkanäle verlaufen sowohl längs als auch quer zur Stammachse und bilden ein zusammenhängendes System. Die längs verlaufenden Kanäle treten überwiegend im Spätholz auf (Abb. 5.10a), während die quer verlaufenden stets innerhalb von Holzstrahlen angelegt sind (Abb. 5.10b). Das Harz wird in den die Kanäle auskleidenden Epithelzellen gebildet. Höhere Harzgehalte besitzen vor allem Kiefer und Lärche, während Fichte relativ harzarm ist.

5.2.3.2 Laubhölzer

Das Holz der Laubhölzer zeigt in seinem anatomischen Aufbau eine erheblich größere Vielfalt als das relativ einfach strukturierte Nadelholz (Abb. 5.11 bis 5.14). Während bei den Nadelhölzern die Tracheiden sowohl der Festigung als auch der Wasserleitung dienen, liegt bei den Laubhölzern eine Funktionstrennung vor. Für jede Funktion ist eine besondere Zellart entwickelt, so daß sich das Laubholz aus mehr Zellarten zusammensetzt (Tab. 5.7), insbesondere da es neben den

Anatomischer Aufbau 249

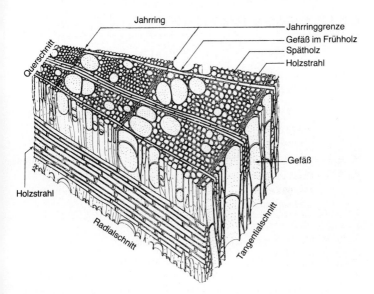

Abb. 5.11: Räumliche Darstellung eines Laubholzes (Esche) (aus GROSSER 1985)

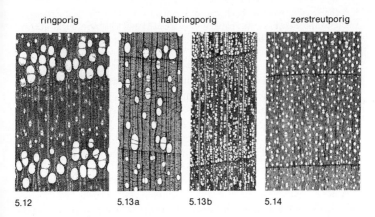

Abb. 5.12 bis 5.14: Gefäßanordnung, Querschnitte. 5.12 Esche; 5.13a Nußbaum; 5.13b Kirschbaum; 5.14 Ahorn. 10:1

Tab. 5.7: Anordnung, Form und Funktion der Laubholzzellen

	Zellarten	Form[a]	Hauptfunktion
axial ausgerichtet	Gefäße	prosenchymatisch	Wasserleitung
	Längsparenchym	parenchymatisch	Speicherung
	Fasern		
	Libriformfasern	prosenchymatisch	Festigung
	Fasertracheiden	prosenchymatisch	Festigung
	Epithelzellen vertikaler Harzkanäle[b]	parenchymatisch	Harzausscheidung
radial ausgerichtet (Holzstrahlen)	Strahlenparenchym	parenchymatisch	Speicherung
	Epithelzellen horizontaler Harzkanäle[b]	parenchymatisch	Harzausscheidung

[a] Als Prosenchymzellen werden langgestreckte Zellen mit spitz zulaufenden Enden bezeichnet. Die Elemente des Laubholzes können eingeteilt werden in Prosenchym (Gefäßglieder, Fasern) und in Parenchym. Letzteres stellt Gewebe aus überwiegend backsteinförmigen oder isodiametrischen Zellen dar.
[b] Harzkanäle kommen bei einigen tropischen Handelshölzern, nicht aber bei einheimischen Laubhölzern vor.

Hauptzellarten eine Reihe von Zwischen- und Übergangsformen gibt. Eine räumliche Darstellung des Laubholzkörpers gibt Abb. 5.11 wieder. Auch der Anteil der einzelnen Zellarten variiert bei den Laubhölzern sehr stark. So beträgt bei den einheimischen Hölzern der Gefäßanteil etwa 10 bis 30%, der Faseranteil etwa 40 bis 75% und der Parenchymanteil (Holzstrahlen und Längsparenchym) etwa 10 bis 30%.

Gefäße

Als neue Zellelemente fallen vor allem die wasserleitenden Gefäße auf, die ein Laubholz leicht von einem Nadelholz unterscheiden lassen. Auf dem Querschnitt erscheinen sie als Poren; es werden ring-,

Anatomischer Aufbau 251

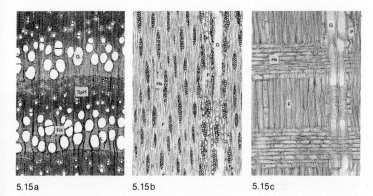

5.15a 5.15b 5.15c

Abb. 5.15: Mikroskopische Darstellung des Aufbaus eines Laubholzes am Beispiel der ringporigen Esche. a = Querschnitt, 12:1; b = Tangentialschnitt, 30:1; c = Radialschnitt, 60:1. G = Gefäße; Frühholzgefäße in ringporiger Anordnung; die sehr viel kleineren Spätholzgefäße in regelloser Anordnung. FH = Frühholz, gemeinsam mit dem Spätholz (SpH) einen Jahrring bildend. Hs = Holzstrahl. P = Längsparenchym. F = Fasern, das Grundgewebe bildend

zerstreut- und halbringporige Laubhölzer voneinander unterschieden (Kap. 5.2.2.1; Abb. 5.12 bis 5.14).

Jedes Gefäß besteht aus zahlreichen Gefäßgliedern, deren Querwände teilweise oder völlig aufgelöst sind, so daß sie röhrenförmige, axial verlaufende Zellreihen von einigen Zentimetern bis vielen Metern bilden (Abb. 5.15c). In ihnen kann das Wasser ungehindert, ohne wie bei den Nadelhölzern Tüpfel passieren zu müssen, axial aufsteigen. Radial und tangential erfolgt der Flüssigkeitsaustausch über kleine Hoftüpfel, mit denen die Gefäßwandungen in großer Zahl besetzt sind. Im Kernholz sind die Gefäße vielfach durch Thyllen und bei Tropenhölzern auch durch Kernstoffe verstopft und damit unwegsam. Bei den Thyllen handelt es sich um blasenförmige Auswüchse der parenchymatischen Nachbarzellen in die Lumina (Hohlräume) der Gefäße.

Parenchym (Längsparenchym)

Sehr viel reichlicher als bei den Nadelhölzern kommt bei den meisten Laubhölzern Längsparenchym, auch als Axialparenchym bezeichnet, vor. Insbesondere zeichnen sich viele Tropenhölzer durch hohe Parenchymzellanteile aus, die auf dem Querschnitt oft in typischen

Anordnungsformen vorliegen, die bereits makroskopisch deutlich erkennbar sind (Abb. 5.6). Das Längsparenchym besteht in der Regel aus kleinen, rechteckig-prismatischen Zellen, die in Längsrichtung des Holzes zu längeren Strangreihen angeordnet sind (Abb. 5.15b). Gemeinsam mit den Parenchymzellen der Holzstrahlen (s. u.) bildet das Längsparenchym ein zusammenhängendes Maschenwerk lebender, der Speicherung dienender Zellen, die erst mit der Verkernung des Holzes absterben.

Holzstrahlen

Im Unterschied zu den Holzstrahlen der Nadelhölzer zeichnet sich das Strahlparenchym der Laubhölzer durch eine große Mannigfaltigkeit hinsichtlich Zusammensetzung, Form und Dimension aus. Sowohl Breite als auch Höhe der Strahlen variieren beträchtlich von Holzart zu Holzart. Tracheidale Zellen, wie sie für die meisten einheimischen Nadelhölzer charakteristisch sind, fehlen im Laubholz grundsätzlich.

Fasern

Die mechanische Festigung besorgen bei den Laubhölzern *Libriformfasern* und/oder *Fasertracheiden*, die zusammengefaßt oft auch als Fasern bezeichnet werden. Durch den jeweiligen Faseranteil, der zumeist zwischen 50 und 75% liegt, und die Dicke der Zellwände werden weitgehend die Rohdichte und damit die Festigkeitseigenschaften sowie teilweise auch die Bearbeitbarkeit einer Holzart bestimmt. Die Laubholzfasern weisen im Früh- und Spätholz nicht die starken Wanddicken- und Querschnittsunterschiede auf, wie sie für die Tracheiden der Nadelhölzer charakteristisch sind (Abb. 5.15a). Auch sind die meist 1,0 bis 1,5 mm langen Fasern wesentlich kürzer als die Nadelholz-Tracheiden.

5.3 Chemische Eigenschaften

5.3.1 Chemische Zusammensetzung

5.3.1.1 Übersicht

Holz ist ein aus verschiedenen organischen Verbindungen zusammengesetzter komplexer Stoff. Im einzelnen ergibt sich folgende elementare Zusammensetzung der die Zellwände aufbauenden Verbindungen bzw. Komponenten:

Kohlenstoff ~ 50%
Sauerstoff ~ 43%
Wasserstoff ~ 6%
Stickstoff < 1%

Hinsichtlich der Elementarzusammensetzung bestehen zwischen den Holzarten nur sehr geringfügige Unterschiede. Im Gegensatz dazu treten aber im chemischen Aufbau der Zellwände und hinsichtlich der Inhaltsstoffe große Unterschiede auf. Zusammen mit dem anatomischen Aufbau (Kap. 5.2) resultieren hieraus die bekannten physikalischen und technologischen Eigenschaftsunterschiede der Hölzer (Kap. 5.4 und 5.5).

Hauptbestandteile des Holzes sind *Cellulose, Polyosen (Hemicellulose)* und *Lignin*, die als hochmolekulare Substanzen die Zellwände aufbauen. Durch ihre geordneten Strukturen verleihen sie den Holzzellwänden die erforderliche Festigkeit. Ihr Anteil beträgt bei den einheimischen Hölzern vielfach 97 bis 99%. Bei tropischen Holzarten kann er bis auf 80%, in Einzelfällen auf noch weniger abnehmen (Tab. 5.8).

Als sogenannte **Nebenbestandteile** kommen niedermolekulare *Inhaltsstoffe (Extraktstoffe)* und anorganische Bestandteile vor. Erstere sind teils in den Zellwänden, teils in den Zellhohlräumen abgelagert

Tab. 5.8: Prozentuale Anteile der Haupt- und Nebenbestandteile des Holzes

Hauptbestandteile			Nebenbestandteile	
Cellulose	Polyosen	Lignin	Extrakt-stoffe	Anorganische Bestandteile (= Asche)
			Einheimische Hölzer	
40–50%	15–35%	20–35%	1–3%	0,1–0,5%
			Tropische Hölzer	
			1–15 (30)%	bis 5 (8)%

und zeichnen u. a. für Farbe, Geruch, Oberflächenbeschaffenheit und Dauerhaftigkeit einer Holzart verantwortlich (s. u.). Der anorganische Anteil des Holzes bleibt nach seiner vollständigen Verbrennung als *Asche* zurück (Tab. 5.8).

Im allgemeinen besitzen Nadelhölzer einen höheren Lignin- und niedrigeren Polyosenanteil als die Laubhölzer, während sich der Celluloseanteil der Nadel- und Laubhölzer nicht spezifisch unterscheidet. Cellulose, Polyosen und Lignin bilden gemeinsam ein kompliziertes Verbundsystem in der Holzzellwand mit enger chemischer Bindung untereinander. Extraktstoff- und Aschegehalt differieren vor allem bei tropischen Holzarten deutlich (Tab. 5.8). Aber auch bei einheimischen Holzarten werden die angegebenen durchschnittlichen Extraktstoffgehalte teilweise deutlich überschritten, wie z. B. beim Kernholz der Eiche oder harzreicher Kiefern.

Nach Abschluß der Zellwand- und damit der Holzbildung treten an dem aus Cellulose, Polyosen und Lignin bestehenden Verbundsystem der Zellwände keine Änderungen mehr auf. Dagegen werden die Extraktstoffe teilweise erst bei der Verkernung des Holzes gebildet. Dabei handelt es sich um sekundäre Stoffwechselvorgänge im Baum, und die gebildeten Stoffe werden als *Kernstoffe* oder *Kerninhaltsstoffe* bezeichnet. Daher enthält das Splintholz allgemein deutlich weniger Extraktstoffe als das Reif- bzw. Kernholz eines Baumes. Bei Farbkernhölzern wird dies schon anhand der Farbunterschiede zwischen äußerem Splint- und innerem Kernholz deutlich.

5.3.1.2 Cellulose

Die knapp die Hälfte der Holzsubstanz ausmachende Cellulose (Tab. 5.8) bildet die Gerüstsubstanz der Zellwand. Sie besitzt in allen Holzarten den gleichen chemischen Aufbau: Ein Cellulose-Molekül besteht aus einer sehr großen Anzahl β-(1–4)-glycosidisch gebundener Glucose-Einheiten, die zu langen Ketten miteinander verbunden sind (Abb. 5.16). Im Holz, d. h. im nativen Zustand, bauen durchschnittlich 10 000 bis 14 000 Glucose-Einheiten ein Cellulose-Kettenmolekül auf. Man spricht vom sog. Durchschnitts-Polymerisationsgrad (DP). Die langen fadenförmigen Glucose-Molekülketten sind wiederum zu übermolekularen Einheiten, den sog. Mikrofibrillen (kurz Fibrillen), zusammengelagert. Diese Cellulose-Fibrillen sorgen vor allem für die Zugfestigkeit des Holzes. Ihre Funktion kann vereinfacht mit der der Stahlstäbe im Stahlbeton verglichen werden.

Wirtschaftlich stellt die Cellulose den bei weitem wichtigsten chemischen Bestandteil des Holzes dar. Sie ist nach ihrer Gewinnung

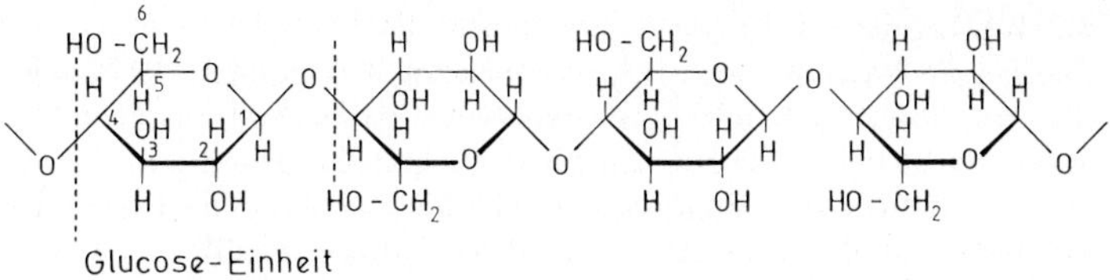

[Strukturformel: Ausschnitt aus einem Cellulose-Molekül mit markierter Glucose-Einheit]

Glucose-Einheit

Abb. 5.16: Ausschnitt aus einem kettenförmigen Cellulose-Molekül

durch technische Prozesse Ausgangsmaterial für die Herstellung von Papier, Pappe, Folien, Filmen und Fasern.

5.3.1.3 Polyosen

Die Polyosen, auch als Hemicellulosen bezeichnet, sind ebenfalls aus Zuckereinheiten aufgebaut. Im Molekülaufbau unterscheiden sie sich von der Cellulose dadurch, daß sie aus verschiedenen Zuckerbausteinen (in erster Linie aus Xylose und Mannose, daneben aus Arabinose, Galactose sowie als weiterem Baustein aus einer Uronsäure) aufgebaut sind, die Ketten wesentlich kürzer sind (DP etwa 50 bis 200/280) und daß sie Seitengruppen und Verzweigungen aufweisen. Auch bilden sie keine eindeutigen übermolekularen Strukturen aus wie die Cellulose. In ihrer chemischen Zusammensetzung und Struktur weisen die Polyosen nicht nur grundsätzliche Unterschiede zwischen Nadel- und Laubhölzern, sondern auch Unterschiede zwischen einzelnen Holzarten auf.

Die Funktion der Polyosen in der Zellwand kann allgemein als Vermittler zwischen der Cellulose und dem Lignin beschrieben werden, d. h. daß sie für deren chemische Verknüpfung untereinander sorgen. Des weiteren dürften sie entscheidend an den Quell- und Schwindprozessen im Holz (Kap. 5.4.1.4) beteiligt sein. Im Papierzellstoff bzw. Papier wirken die Polyosen als natürliche Klebstoffe und verbessern die Faser-Faser-Bindung. Ansonsten sind sie von nur geringer technischer Bedeutung. Ihre Verwertung beschränkt sich hauptsächlich auf die Herstellung von Diabetikerzucker. Andere Stoffe, die auf chemischem oder fermentativem Weg aus bzw. mit Hilfe von Polyosen gewonnen werden können, sind u. a. Furfural, Butanol, Aceton, organische Säuren und Hefe; auch ihre Vergärung zu Alkohol ist möglich.

5.3.1.4 Lignin

Das Lignin bildet die eigentliche verholzende Komponente. Es besteht als kompliziert gebautes Makromolekül überwiegend aus aromatischen Bausteinen in Form von Phenylpropan-Einheiten und durchzieht die Zellwand als dreidimensionales Netz, wobei es die Freiräume zwischen den fibrillären Strukturen der Cellulose ausfüllt.

Die Aufgabe des Lignins liegt in der Versteifung der Zellwand. Es ist insbesondere für die Druckfestigkeit des Holzes verantwortlich. Seine umhüllende und versteifende Wirkung läßt sich mit jener des Betons im Stahlbeton vergleichen, der das zugfeste Gerüst aus Stahlstäben seitlich versteift und dem Stahlbeton dadurch Druckfestigkeit verleiht.

Lignin fällt in Form von technischen Ligninen in großen Mengen bei der Zellstoffherstellung an. Der überwiegende Teil wird heute energetisch genutzt, wobei die Zellstoffablaugen im Zuge der Chemikalienrückgewinnung eingedickt und verbrannt werden. Darüberhinaus werden nur verhältnismäßig geringe Mengen für spezielle Einsatzgebiete u. a. als Bindemittel (z. B. zur Futtermittelpelletierung), als Dispersionsmittel (z. B. für Farben) oder als Zusatzmittel (z. B. für Beton) genutzt.

5.3.1.5 Extraktstoffe

Bei den Extraktstoffen handelt es sich um organische, niedermolekulare Stoffe, die oft in nur geringen Anteilen (Tab. 5.8), jedoch in großer Vielfalt vorkommen und den Holzarten typische Eigenschaften verleihen.

Die im Splintholz vorkommenden Extraktstoffe werden auch als primäre Extraktstoffe bezeichnet. Hierbei handelt es sich vornehmlich um Zucker, Stärke, Eiweiß und Fette, die für die Stoffwechselprozesse im lebenden Baum erforderlich sind. Sie erklären auch die deutlich höhere Anfälligkeit des Splintholzes gegen holzzerstörende Pilze und Insekten. Die im Kernholz eingelagerten Extraktstoffe (Kernstoffe) werden als sekundäre Extraktstoffe bezeichnet. Sie verursachen u. a. Farbe, Geruch und Oberflächenbeschaffenheit von Hölzern. Ebenso sind sie auch für die unterschiedliche Dauerhaftigkeit bzw. Schädlingsresistenz der Hölzer verantwortlich, da sie vielfach fungizide und/oder insektizide Wirkung besitzen. Ferner sind Reaktionen bestimmter Hölzer mit Eisenmetallen, Klebstoffen oder Anstrichstoffen wie auch das sog. „Ausbluten" bei Feuchteeinwirkung auf Extraktstoffe zurückzuführen.

Bei der Verarbeitung gewisser tropischer Hölzer können durch Extraktstoffe verursachte Gesundheitsschädigungen auftreten. Echte Vergiftungen sind dabei allerdings relativ selten, häufiger hingegen andere Erkrankungen wie Allergien und Dermatitis, die meist durch nicht-toxische Inhaltsstoffe hervorgerufen werden.

5.3.1.6 Asche

Als Rückstände der Stoffwechselprozesse im lebenden Baum finden sich in den Zellwänden und teilweise in den Zellhohlräumen anorganische Bestandteile, die als lebenswichtige Mineralsalze vom Baum gemeinsam mit dem Wasser aus dem Erdboden aufgenommen werden. Hauptkomponenten der Asche einheimischer Holzarten sind Calcium, Kalium und Magnesium. Bei den einheimischen Holzarten bleiben die durchschnittlich geringen Aschemengen von 0,1 bis 0,5% ohne Einfluß auf deren verarbeitungs- und verwendungstechnische Eigenschaften. Hohe Aschegehalte, wie sie für eine Reihe von Tropenhölzern typisch sind, können die Bearbeitung erschweren, vor allem, wenn höhere Silikatgehalte vorliegen, die zu einem raschen Stumpfen der Holzwerkzeuge führen.

5.3.2 Chemisches Verhalten

Die chemische Zusammensetzung des Holzes bewirkt auch das chemische Verhalten der Hölzer, das wiederum für zahlreiche Verwendungsbereiche von unmittelbarer Bedeutung ist. Hierzu gehören artenspezifisch z. B. die korrodierende Wirkung auf Metalle, mögliche Verfärbungen des Holzes in Kontakt mit bestimmten Metallen, die Verträglichkeit gegenüber Lacken und mögliche Gesundheitsschädigung. Aus der Höhe des Extraktstoffgehaltes wie auch des pH-Wertes, der bei Holz ausschließlich im sauren Bereich (meist zwischen 6 und 3,5) liegt, lassen sich jedoch keine direkten Zusammenhänge zum chemischen Verhalten einer Holzart ableiten. Vielmehr sind hierfür die jeweiligen Verbindungsklassen und ihre Stoffeigenschaften ausschlaggebend.

Gegenüber aggressiven festen, flüssigen und gasförmigen Chemikalien ist Holz widerstandsfähiger als Stahl oder Stahlbeton. Insbesondere erweist sich Holz gegenüber verdünnten Säuren und sauren Salzen bis zu pH-Werten von 2 als sehr widerstandsfähig. Im alkalischen Bereich ist Holz bis pH 10 bei Raumtemperatur stabil. Unter den einheimischen Holzarten gilt vor allem Lärche und daneben Tanne als besonders resistent gegenüber chemischen Einflüssen.

5.4 Physikalische Eigenschaften

5.4.1 Feuchte

Wie aus der Beschreibung der anatomischen Strukturen des Holzes in Kap. 5.2 verständlich wurde, handelt es sich beim Holz um einen *porösen Körper* mit einem ausgeprägten Hohlraumsystem. Dieses ist wiederum als ein weitverzweigtes Kapillarsystem zu verstehen. Da außerdem die Zellwände durch ein „Hohlraumsystem" charakterisiert sind, ergibt sich insgesamt ein *kapillarporöser Körper* mit einer äußerst großen inneren Oberfläche. Im lebenden Baum ist dieses Hohlraumsystem mit Wasser, z. T. auch mit einem Luft-Gas-Gemisch gefüllt. Daher enthält gefälltes, aber auch verarbeitetes Holz stets mehr oder weniger Wasser. Es liegt in unterschiedlichen Aggregatzuständen vor, die allgemein und zusammenfassend als *Holzfeuchte* bezeichnet werden.

Die jeweilige im Holz vorliegende Holzfeuchte ist von außerordentlich großer Bedeutung, da ihre Höhe praktisch alle sonstigen physikalischen und verwendungsrelevanten mechanisch-technologischen Eigenschaften mehr oder weniger stark beeinflußt. Ebenso übt sie einen starken Einfluß auf die Bearbeitbarkeit, die Trocknung, das Trockenverhalten und den Heizwert aus. Ferner ist die Holzfeuchte bedeutsam für den Befall durch holzverfärbende und holzzerstörende Pilze, da diese nur Holz mit höherer Feuchte von über 20%, zumeist erst ab ca. 30% befallen können.

5.4.1.1 Definition der Holzfeuchte

Die Holzfeuchte (u) ist definiert als das Verhältnis zwischen Masse des im Holz enthaltenen Wassers und der Masse des wasserfreien (= absolut trockenen) Holzes.

$$u = \frac{m_u - m_0}{m_0} \cdot 100 \, (\%)$$

m_u = Masse des feuchten Holzes (g)
m_o = Masse des wasserfreien Holzes (g)

Bei Holz wird der Feuchtegehalt nicht, wie bei anderen Stoffen üblich, als bestimmter Anteil x vom Ganzen (mit theoretischem Maximalwert von 100%) verstanden, sondern das Feuchte/Holzgrundstoff-Massenverhältnis, so daß die Holzfeuchte auch über 100% betragen kann, etwa im Splintholz lebender Bäume. Zum

Tab. 5.9: Charakteristische Werte für die Holzfeuchte u.
Aus GROSSER 1985

u	Charakterisierung
0%	Darrgewicht des Holzes; darrtrockenes, ofentrockenes, absolut trockenes („atro") Holz
6···8 (10)%	Gleichgewichtsfeuchte in zentralbeheizten Räumen
8···10%	Gleichgewichtsfeuchte in ofenbeheizten Räumen
8···12%	nach DIN 18355 (VOB Verdingungsordnung für Bauleistungen; Teil C: Allgemeine Techn. Vorschriften; Tischlerarbeiten) Sollfeuchte für Bauteile im Innern von Räumen
9% ($\pm$ 2%)	nach DIN 280 (Parkett) Sollfeuchte fertiger Parkettstäbe, -riemen und Mosaikparkett-Lamellen zum Zeitpunkt der Lieferung (bei Fertigparkett-Elementen 8 $\pm$ 2%)
9% ($\pm$ 3%)	nach DIN 1052, Teil 1 (Holzbauwerke; Berechnung und Ausführung) Normalwert (Gleichgewichtsfeuchte) von Bauholz bei allseitig geschlossenen Bauwerken mit Heizung
~ 12%	Gleichgewichtsfeuchte im Normalklima (20 °C, 65% relative Luftfeuchte). Zugleich üblicher Bezugswert für die Prüfung und Angabe von Holzeigenschaften nach verschiedenen DIN-Normen
12% ($\pm$ 2%)	nach DIN 68368 (Laubschnittholz für Treppenbau; Gütebedingungen) Sollfeuchte für hartes Laubschnittholz zum Bau von Treppen
12% ($\pm$ 3%)	nach DIN 1052, Teil 1, Normalwert (Gleichgewichtsfeuchte) von Bauholz bei allseitig geschlossenen Bauwerken ohne Heizung
12···15%	nach DIN 18355 (Tischlerarbeiten) Sollfeuchte für Bauteile, die ständig mit Außenluft in Berührung kommen (Fenster, Außentüren)
12···16%	Sollfeuchte für Holzgegenstände und Geräte im Freien

Tab. 5.9: Fortsetzung

u	Charakterisierung
14⋯20%	Gleichgewichtsfeuchte des im Freien gelagerten bzw. verarbeiteten Holzes (= lufttrockenes Holz); im luftig gelagerten Schnittholz stellt sich im Sommer z. B. eine Gleichgewichtsfeuchte von etwa 15% ein, während in den Herbst- und Wintermonaten mit durchschnittlich etwas höheren Werten bis 20% gerechnet werden muß; der Begriff lufttrocken („lutro") kennzeichnet somit keine konstante, sondern eine für ein bestimmtes Holz je nach gegebenen Verhältnissen u. U. ständig wechselnde Größe
< 15%	nach DIN 1052 dürfen für Leimverbindungen nur Hölzer unterhalb u = 15% verwendet werden; grundsätzlich müssen jedoch alle Bauteile mit dem Feuchtegehalt verbaut werden, der im Regelfall dem im eingebauten Zustand zu erwartenden mittleren Wert entspricht (zumeist 12 ± 3%)
15% (± 3%)	nach DIN 1052, Teil 1, Normalwert (Gleichgewichtsfeuchte) von Bauholz bei überdeckten, offenen Bauwerken
≥ 18%	nach DIN 1052, Teil 1, häufige Holzfeuchte bei allseitig der Witterung ausgesetzten Bauteilen; da im Jahresverlauf sehr starke Feuchteänderungen auftreten, kann ein enger Bereich nicht definiert werden, und es muß i. d. R. mit 18% und mehr gerechnet werden
20%	nach DIN 68800, Teil 1 (Holzschutz im Hochbau; Allgemeines) und DIN 68364 (Kennwerte von Holzarten; Festigkeit, Elastizität, Resistenz) unterer Grenzwert für einen Befall durch holzverfärbende und holzzerstörende Pilze
20%	nach DIN 4074 (Sortierung von Nadelholz) und DIN 68365 (Bauholz für Zimmerarbeiten; Gütebedingungen) Grenzwert für die Bezeichnung „trocken", wenn der mittlere Feuchtegehalt des Bauholzes diesen Wert nicht überschreitet

Tab. 5.9: Fortsetzung

u	Charakterisierung
28···32%	Fasersättigungsbereich (= Gleichgewichtsfeuchte bei angenähert 100% relativer Luftfeuchte); häufig verwendete Mittelwerte sind 28% und 30%
30%	nach DIN 4074 und DIN 68365 Grenzwert für die Bezeichnung „halbtrocken", wenn bei Querschnitten bis 200 cm² der mittlere Feuchtegehalt des Bauholzes diesen Wert nicht überschreitet
35%	nach DIN 4074 und DIN 68365 Grenzwert für die Bezeichnung „halbtrocken", wenn bei Querschnitten über 200 cm² der mittlere Feuchtegehalt des Bauholzes diesen Wert nicht überschreitet; bei höheren Feuchtewerten gilt Bauholz als „frisch". Das Holz darf beim Einbau halbtrocken sein, wenn es bald auf den trockenen Zustand (u < 20%) für dauernd zurückgehen kann; für Sonderfälle gelten die Festlegungen übergeordneter DIN-Normen, z. B. für Leimverbindungen DIN 1052

Beispiel bedeuten 25% Holzfeuchte, daß auf 100 Teile absolut trockene Holzsubstanz 25 Teile Wasser kommen.

Dem Normalklima (20 °C, 65% relative Luftfeuchte) ausgesetztes Holz enthält etwa 12%, lufttrockenes Holz durchschnittlich 15% Holzfeuchte. Zwischen Kleinstwert u_0 (darrtrockenes Holz) und theoretischem Höchstwert u_{max} (wassersattes Holz) des Feuchtegehaltes liegen zahlreiche Feuchtegehalt-Werte mit definierten Begriffen, die von großer praktischer Bedeutung sowohl für die Holzbearbeitung als auch die Holzverwendung sind (Tab. 5.9).

5.4.1.2 Hygroskopizität, Feuchtegleichgewicht, Fasersättigung

Als kapillarporöser Körper ist Holz *hygroskopisch*, d. h. es nimmt aus feuchter Luft Wasserdampf auf und gibt an trockene Luft Wasserdampf ab, wobei es sich hinsichtlich seines Feuchtegehaltes bis zum Erreichen eines Gleichgewichtszustandes der jeweils herrschenden relativen Luftfeuchte und Lufttemperatur anpaßt. Die gesetzmäßige Beziehung zwischen relativer Luftfeuchte und Lufttemperatur einerseits und der sich dazu einstellenden Holzfeuchte andererseits wird als das *hygroskopische Gleichgewicht* bezeichnet, die entsprechende Holzfeuchte in diesem Zustand *Gleichgewichtsfeuchte*. Die sich bei einer relativen Luftfeuchte von 100% einstellende Gleichgewichtsfeuchte ist die *Fasersättigungsfeuchte* (u_F). Sie beträgt im Mittel etwa 28% (Tab. 5.9). Die Aufnahme von Feuchte bei Berührung mit kondensierbarem Wasserdampf bis zum Erreichen der Gleichgewichtsfeuchte wird Adsorption, vereinfacht allgemein *Sorption*, der umgekehrte Vorgang der Feuchteabgabe an die trockene Luft *Desorption* genannt.

5.4.1.3 Gebundenes Wasser, freies Wasser

Das Wasser liegt im Holz als „gebundenes" und „freies" Wasser vor. Im hygroskopischen Bereich von $u = 0\%$ bis etwa 28% (Mittelwert der Fasersättigung) erfolgt die Wasseraufnahme ausschließlich innerhalb der Zellwände. Dieses sorptiv an die Zellwand bzw. in ihre Hohlräume eingelagerte Wasser ist das *gebundene Wasser* (Abb. 5.17). Mit der Aufnahme von Wasser kommt es zum Quellen der Zellwand. Kann sie sich aufgrund ihres submikroskopischen Feinbaus nicht weiter ausdehnen, ist die Möglichkeit, weiter Feuchte aufzunehmen, erschöpft, d. h. die Fasersättigungsfeuchte erreicht. Umgekehrt schwindet Holz bei Feuchteabgabe innerhalb des genannten hygroskopischen Bereiches (Kap. 5.4.1.4).

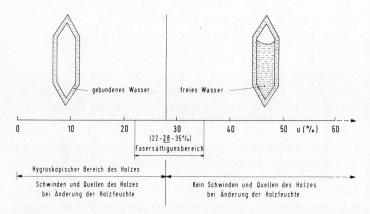

Abb. 5.17: Aggregatzustände des Wassers im Holz. Fasersättigung vereinfacht mit $u_F = 28\%$ angenommen

Über den Fasersättigungsbereich hinaus erfolgt die weitere Wasseraufnahme außerhalb der Zellwände in tropfbarer Form als *freies Wasser* in den Zellhohlräumen (Abb. 5.17). Voraussetzung hierfür ist der unmittelbare Kontakt mit Wasser bzw. eine nachhaltige Befeuchtung, z. B. durch Niederschläge oder Tauwasser. Die Einlagerung von freiem Wasser ändert die Abmessungen des Holzes nicht mehr und beeinflußt auch kaum noch die Festigkeitseigenschaften (Kap. 5.5).

5.4.1.4 Quellen und Schwinden

Mit dem erwähnten Schwinden und Quellen der Zellwände sind Volumenänderungen des Holzes verbunden. In der Praxis wird in diesem Zusammenhang allgemein vom „*Arbeiten*"des Holzes gesprochen. Kenntnis und Berücksichtigung von Quell- und Schwindvorgängen sind von äußerster Wichtigkeit für die fachgerechte Verwendung des Holzes, um Formänderungen sowie Zwängungskräfte infolge behinderten Quellens und Schwindens möglichst klein zu halten.

Zahlenmäßig werden die Quell- und Schwindvorgänge durch das Quellmaß (α) und das Schwindmaß (β) ausgedrückt. Ihre Werte verändern sich weitgehend verhältnisgleich mit der Rohdichte (Kap. 5.4.2): Leichte Holzarten quellen und schwinden durchschnittlich weniger stark als schwere Hölzer.

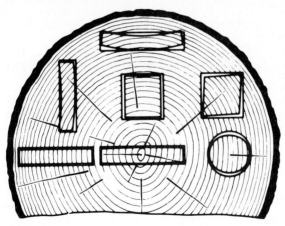

Abb. 5.18: Verformungen von Schnittholzquerschnitten durch unterschiedlich starke Schwindung in Radial- und Tangentialrichtung (US Forest Products Laboratory 1974)

Von großer praktischer Bedeutung ist ferner, daß die Maßänderungen in den drei anatomischen Hauptrichtungen des Holzes longitudinal (d. h. in Faserrichtung), radial und tangential sehr unterschiedlich sind. Im großen Durchschnitt liegt bei den einheimischen Hölzern das Längenschwindmaß (β_l) bei 0,4%, das Radialschwindmaß (β_r) bei 4,3% und das Tangentialschwindmaß (β_t) bei 8,2%. Daraus resultiert angenähert $\beta_l : \beta_r : \beta_t = 1 : 10 : 20$. Die sich daraus ergebenden charakteristischen Formänderungen von Holzquerschnitten (sog. „Verziehen des Holzes") zeigt Abb. 5.18. Die Volumenänderung als Gesamtschwindmaß errechnet sich vereinfacht durch Addition der Schwindmaße der drei anatomischen Hauptrichtungen, überschlägig aus Addition des Tangential- plus Radialschwindmaßes. Zu berücksichtigen ist, daß die in Tab. 5.10 wiedergegeben Werte Mittelwerte darstellen, so daß von Holzteil zu Holzteil gewisse Abweichungen möglich sind.

Tab. 5.10: Schwindmaße einheimischer Nutzhölzer

Holzarten	Schwindmaß vom frischen bis zum gedarrten Zustand bezogen auf die Abmessungen im frischen Zustand (%)			
	β_l	β_r	β_t	β_v
Nadelhölzer				
Fichte	0,3	3,6	7,8	11,9–12,0
Kiefer	0,4	4,0	7,7	12,1–12,4
Laubhölzer				
Buche	0,3	5,8	11,8	17,5–17,9
Eiche	0,4	4,0–4,6	7,8–10,0	12,6–15,6

5.4.1.5 Sollfeuchten

Da sich mit Änderung des Feuchtegehaltes die Abmessungen des Holzes ändern, muß es mit einem Feuchtegehalt verarbeitet bzw. eingebaut werden, der annähernd dem späteren durchschnittlichen Umgebungsklima entspricht. Man spricht von der *Sollfeuchte*, die als *Endfeuchte* entweder durch natürliche oder technische Trocknung erreicht werden muß, um das Holz dem späteren Verwendungszweck anzupassen. Die im Bauwesen einzuhaltenden Sollfeuchten sind in verschiedenen DIN-Normen festgelegt (Tab. 5.9). Für Möbel betragen die Sollfeuchten 10 bis 12% (in ofenbeheizten Räumen) bzw. 8 bis 10% (in zentralgeheizten Räumen) und für Parkett 9% ($\pm$ 2%).

5.4.2 Rohdichte

Neben der Holzfeuchte kommt dem Holzgewicht – aus dem, bezogen auf das Volumen, die *Rohdichte* resultiert – eine hervorragende Bedeutung zu, da zahlreiche wichtige Holzeigenschaften wie z. B. die Festigkeitseigenschaften (Kap. 5.5), unmittelbar von der Rohdichte abhängen.

Definiert ist die Rohdichte (r) als das Verhältnis der Masse m eines Holzkörpers zu seinem Volumen V einschließlich der Hohlräume, d. h. des Porenraumes. Die Rohdichte stellt somit eine Kenngröße für die prozentualen Volumenanteile der Zellwand und des Porenraumes

Tab. 5.11: Rohdichten (r_N) einheimischer Nutzhölzer (Holzfeuchte 12–15%)

Holzarten	Rohdichte	
	Mittelwerte g cm^{-3}	Grenzwerte g cm^{-3}
Nadelhölzer		
Fichte	0,47	0,33–0,68
Kiefer	0,52	0,33–0,89
Lärche	0,59	0,44–0,85
Tanne	0,47	0,35–0,75
Laubhölzer		
Bergahorn	0,63	0,53–0,79
Buche	0,69	0,54–0,91
Eiche	0,67	0,43–0,96
Esche	0,69	0,45–0,86
Hainbuche	0,77	0,54–0,86
Pappel	0,45–0,49	0,40–0,60
Robinie	0,73	0,58–0,90

in einem Holzkörper dar. Zwischen den Rohdichten der Holzarten bestehen strukturbedingt ausgeprägte Unterschiede. Sie reichen bei den Handelshölzern von $0{,}16\,\text{g}\,\text{cm}^{-3}$ für das extrem leichte Balsaholz bis etwa $1{,}3\,\text{g}\,\text{cm}^{-3}$ für das extrem schwere Pockholz, bezogen auf darrtrockenes Holz. Werte für einige wichtige einheimische Holzarten finden sich in Tab. 5.11. Von der Rohdichte zu unterscheiden ist die Dichte (früher als Reindichte bezeichnet) des Holzes. Sie stellt das Verhältnis der Masse zum Volumen unter Ausschluß der Hohlräume dar und beträgt für alle Holzarten einheitlich etwa $1{,}5\,\text{g}\,\text{cm}^{-3}$.

Abhängig ist die Rohdichte vom jeweiligen Feuchtegehalt des Holzes, da bei Aufnahme von Wasser die Masse und damit die Rohdichte zunimmt. Um vergleichbare Rohdichte-Werte zu erhalten, ist es somit erforderlich, den Feuchtegehalt u anzugeben, für den die Rohdichte gilt. Allgemein üblich sind in der Literatur Angaben von r_0 und r_N. r_0 bedeutet Rohdichte des absolut trockenen Holzes ($u = 0\%$); r_N bedeutet Normal-Rohdichte nach Lagerung des Holzes im Normalklima $20\,°\text{C}/65\%$ rel. Luftfeuchte, bei dem sich eine Gleichgewichtsfeuchte von etwa 12% einstellt (Tab. 5.9). Im älteren Schrifttum sind statt r_N zumeist r_{12} oder r_{15} angegeben, d. h. Rohdichte-Werte bei 12 bzw. 15% Holzfeuchte.

Nachstehende, technisch wichtige Holzeigenschaften sind unmittelbar von der Rohdichte abhängig, und zwar nehmen im allgemeinen mit steigender Rohdichte zu:
– die elastischen Eigenschaften;
– die Festigkeitswerte;
– die Härte;
– die Quell- und Schwindmaße;
– die Schwierigkeit bei der Bearbeitung und Trocknung.

Einen entscheidenden Einfluß auf die Rohdichte übt die Jahrringbreite aus. So nimmt bei den Nadelhölzern die Rohdichte mit zunehmender Jahrringbreite ab. Entsprechend ist engringiges Nadelholz schwerer als weitringiges und damit als Bauholz besser geeignet, weil tragfähiger. Umgekehrt steigen bei den ringporigen Laubhölzern, wie z. B. Eiche, mit zunehmender Jahrringbreite die Rohdichte und damit auch die Festigkeitswerte an. Daher wird grobringiges Eichenholz (sog. „grobe" Eiche) bevorzugt als Konstruktionsholz eingesetzt, während feinjähriges Eichenholz (sog. „milde" Eiche) vornehmlich als Furniere für Ausstattungszwecke, z. B. zur Herstellung von Möbeln verwendet wird.

5.4.3 Thermische Eigenschaften

Für die Holzverwendung sind von den thermischen Eigenschaften die *Wärmedehnung* und die *Wärmeleitung* von unmittelbarer Bedeutung.

Die Ausdehnung des Holzes in Faserrichtung bei Temperaturzunahme ist im Vergleich zu anderen Bau- und Werkstoffen wie Stahl, Aluminium oder Hart-PVC sehr niedrig. Da die Wärmeausdehnung zudem durch die gleichzeitig auftretenden Schwindbewegungen infolge Feuchteabnahme überlagert wird, bleibt sie in der praktischen Verwendung des Holzes ohne Bedeutung. Von großem Vorteil ist die geringe Längenänderung in Faserrichtung jedoch im Brandfall, da Holzträger und -stützen im Unterschied zu Stahl und anderen Metallen ihre Längen kaum ändern. Dies trägt wesentlich zum günstigen Brandverhalten ausreichend dimensionierter Holzbauteile bei.

Des weiteren ist Holz ein ausgezeichneter Wärmeisolator und diesbezüglich den meisten Werk- und Baustoffen deutlich überlegen. Daher lassen sich Holz und Holzwerkstoffe vorteilhaft im Bauwesen für Decken, Fußböden, Treppen, Wandkonstruktionen und dgl. einsetzen. Besonders gut kommen die hervorragenden Wärmedämmeigenschaften bei niedrigen Außentemperaturen zur Geltung, was teilweise die Bevorzugung von Holz in winterkalten Ländern, wie z. B. in Skandinavien, erklärt. Ebenso läßt sich die gute Wärmeisolierung u. a. bei Werkzeugstielen und auf dem Verpackungssektor mit Vorteil nutzen.

5.4.4 Elektrische Eigenschaften

Von den elektrischen Eigenschaften ist u. a. die *elektrische Leitfähigkeit* von praktischer Bedeutung.

Holz weist eine nur geringe elektrische Leitfähigkeit auf und besitzt im trockenen Zustand hervorragende Isoliereigenschaften. Jedoch besteht eine starke Abhängigkeit vom Feuchtegehalt, so daß Holz nur im darrtrockenen Zustand als Isolator, im lufttrockenen Zustand dagegen als Halbleiter anzusehen ist. Im Bereich der Fasersättigung besitzt es kein nennenswertes Isoliervermögen mehr.

5.4.5 Akustische Eigenschaften

Holz besitzt für den Bau von Musikinstrumenten sowie für den Innenausbau sehr günstige Schalleigenschaften. Vom Standpunkt der Schalldämmung ist es jedoch den meisten anderen Baustoffen wegen seines relativ geringen Gewichts unterlegen. Mit gezielten baulichen Maßnahmen und bestimmten Holzwerkstoffen (Akustikbretter, Akustikplatten) lassen sich jedoch einwandfreie Dämmwirkungen erzielen.

Für den Bau von Musikinstrumenten mit Resonanzkörpern (z. B. Geigen und Klaviere) ist insbesondere eine gute Strahlungs- und eine möglichst kleine Verlustdämmung von ausschlaggebender Bedeutung. Diese Eigenschaften erfüllt Holz in hervorragender Weise. Dies gilt in besonderem Maße für feinjähriges Fichtenholz aus Gebirgslagen, das deshalb auch als Resonanzholz, Tonholz oder Klangholz bezeichnet wird. Auch die häufige Verwendung von Holz im Innenausbau von Theatern, Konzertsälen, Kongreßhallen und Kirchen in der modernen Architektur begründet sich auf die akustische Überlegenheit des Holzes gegenüber anderen Materialien. Zu harte Stoffe führen nämlich zu einem Halleffekt, zu weiche Stoffe schlucken zu viel Schall. Holz wirkt dagegen durch seine poröse Struktur einerseits dämpfend, durch seine Elastizität andererseits schwingend.

5.5 Mechanisch-technologische Eigenschaften

Die mechanisch-technologischen Eigenschaften des Holzes kennzeichnen sein Verhalten gegenüber äußeren Belastungen, vor allem seine Widerstandskraft gegen Formveränderungen und Bruch. Die meisten Verwendungen des Holzes in seinem gewachsenen Gefüge beruhen auf seinen im Vergleich zu anderen Konstruktionsmaterialien besonders guten Festigkeitseigenschaften. Bei relativ geringem Gewicht ist Holz in der Lage, verhältnismäßig große Kräfte aufzunehmen, bevor es sich verformt oder bricht. – Zu den Grundlagen siehe Kap. 1.4.

Die elastischen Eigenschaften spielen für Sportgeräte, Maschinenbauteile einschließlich Werkzeugstiele und im Fahrzeugbau, die Festigkeitseigenschaften für den Einsatz des Holzes als Bau- und Konstruktionsholz sowie Härte und Abnützungswiderstand bei Lager-, Lauf- und Gleitflächen eine ausschlaggebende Rolle.

5.5.1 Elastizitätsmodul

Eine wichtige Kenngröße jeder Holzart ist ihr Elastizitätsmodul. Der Wert des E-Moduls liegt darin, daß mit seiner Hilfe bei Bauteilen die

Größe der Verformung aus einer gegebenen Belastung oder umgekehrt die für eine höchstzulässige Verformung noch mögliche Beanspruchung berechnet werden kann.

Beeinflußt wird der E-Modul von der Faserrichtung, der Rohdichte, dem Feuchtegehalt und der Temperatur. Gleiches gilt für die Festigkeitseigenschaften (Kap. 5.5.2). Große Unterschiede in der Größe des E-Moduls bestehen infolge des anisotropen Baus des Holzes insbesondere in den drei anatomischen Hauptrichtungen (Mittelwerte für einheimische Nadelhölzer und Buche):
- in Längsrichtung E_L 10000–16000 N mm^{-2}
- in Radialrichtung E_R 1000– 2500 N mm^{-2}
- in Tangentialrichtung E_T 500– 1500 N mm^{-2}.

5.5.2 Festigkeitseigenschaften

Unter Festigkeit versteht man die Widerstandsfähigkeit eines Werkstoffs oder Bauteils gegen Bruch. Zahlenmäßig wird sie ausgedrückt als die mechanische Spannung in N mm^{-2} (= MN m^{-2} = MPa), die zum An- oder Durchbrechen des Körpers führt. Die verschiedenen Festigkeitseigenschaften kennzeichnen mehr noch als die elastischen

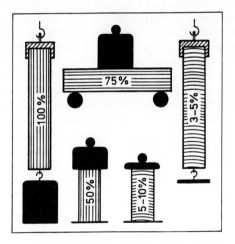

Abb. 5.19: Zug-, Druck- und Biegefestigkeit in Abhängigkeit von der Faserrichtung des Holzes (parallel und quer zur Faser; höchste Festigkeit ist die Zugfestigkeit parallel zur Faser = 100% gesetzt; Druckfestigkeit parallel zur Faser beträgt etwa die Hälfte; Zahlenwerte Tab. 5.12) (aus SCHULZ 1989)

Eigenschaften die Möglichkeiten und Grenzen des Einsatzes von Holz als Bau- und Konstruktionsmaterial.

Für die Verwendung von Holz im Bauwesen, insbesondere zur Bemessung von Bauteilen nach der Festigkeit und Formänderung, spielen u. a. die Zug-, Druck-, Biege- und Scherfestigkeit eine große Rolle. Allgemein gilt, daß die Festigkeitswerte aufgrund der ausgeprägten Anisotropie des Holzes sehr stark von der Belastungsrichtung abhängig sind. So besitzt Holz in Faserrichtung grundsätzlich wesentlich höhere Festigkeiten als quer zur Faser (Abb. 5.19). Um die hohe Belastbarkeit von Holz zu verdeutlichen, sei als Beispiel angeführt, daß an einem Kiefernstab mit der Querschnittsfläche von 1 cm^2 in Längsrichtung der Fasern eine Last von ca. 1000 kg gehängt werden kann, ohne daß er zerreißt.

Im allgemeinen nehmen die Festigkeitswerte mit steigender Rohdichte und unterhalb des Fasersättigungsbereiches mit abnehmender Holzfeuchte zu. Wuchsunregelmäßigkeiten, wie z. B. stärkere Ästigkeit und Faserabweichungen, mindern die Festigkeit.

Da die Festigkeitswerte entsprechend Prüfnormen jeweils an fehlerfreien Kleinproben ermittelt werden, die verschiedenen Einflußgrößen auf die Festigkeit somit unberücksichtigt bleiben, stellen die in Tab. 5.12 wiedergegebenen Werte jeweils nur Durchschnittswerte dar, von denen im Einzelfall erhebliche Abweichungen möglich sind. Aus Sicherheitsgründen sind daher für statische Berechnungen von Bauwerken und Holzkonstruktionen, z. B. von Dachstühlen, nicht die experimentell ermittelten Festigkeitswerte, sondern wesentlich niedrigere Höchstspannungen als *zulässige Spannungen* maßgebend. Im allgemeinen betragen sie bei Bauholz nur etwa $^1/_6$ der Bruchspannung kleiner fehlerfreier Prüfkörper. Festgelegt sind die zulässigen Spannungen in DIN 1052 Teil 1 (Holzbauwerke – Berechnung und Ausführung).

Von der oben erwähnten Biegefestigkeit zu unterscheiden ist die *Biegsamkeit* eines Holzes. Biegsam nennt man Holz, wenn es eine über die Elastizitätsgrenze hinausgehende stärkere Formänderung, d. h. Durchbiegung, zuläßt, ohne zu brechen. Besonders biegsame Hölzer werden als *zäh*, wenig biegsame Hölzer als *spröde* oder *brüchig* bezeichnet. Sehr zäh ist junges, rasch gewachsenes Holz, besonders Stockausschläge von Weiden, Haselnuß, Esche und Birke.

Biegsamkeit und Zähigkeit sind gewünschte Eigenschaften, z. B. bei der Verwendung des Holzes als Flechtmaterial. Die Biegsamkeit kann durch Wärme und Feuchte wesentlich erhöht werden, wovon in der Technik vielfach Gebrauch gemacht wird, indem man das Holz

Tab. 5.12: Elastizität, Festigkeit und Härte einheimischer Nutzhölzer (aus DIN 68 364 und GROSSER 1989)

Holzarten	Elastizitätsmodul aus Biegeversuch $E \parallel$ N mm^{-2}	Zugfestigkeit längs $\sigma_{ZB \parallel}$ N mm^{-2}	Zugfestigkeit quer $\sigma_{ZB \perp}$ N mm^{-2}	Druckfestigkeit längs $\sigma_{DB \parallel}$ N mm^{-2}	Biegefestigkeit quer σ_{BB} N mm^{-2}	Härte nach Brinell N mm^{-2} längs	Härte nach Brinell N mm^{-2} quer
Nadelhölzer							
Fichte	10 000	80	2,7	40	68	32	12
Kiefer	11 000	100	3,0	45	80	40	19
Laubhölzer							
Birke	14 000	135	7,0	60	120	72	34
Eiche	13 000	110	4,0	52	95	65	34−42

dämpft, um es leichter zu biegen. Wird das gebogene Holz eingespannt, so behält es nach dem Erkalten seine Form bei, z. B. für Möbelteile, Rodelschlitten, Schirm- und Spazierstockgriffe. Gut biegen lassen sich verschiedene Laubhölzer wie Buche, Esche, Rüster, Eiche, Birke und Ahorn, während sich Nadelhölzer weniger gut zum Biegen eignen.

Für verschiedene Verwendungszwecke des Holzes, z. B. zur Herstellung von Schindeln und Spanwaren oder beim Zerkleinern zu Brennholzscheiten, ist eine gute *Spaltbarkeit* erforderlich. Sehr leicht spaltbar sind u. a. Fichte, Tanne und Pappel, leicht spaltbar Eiche, Buche und Kiefer; Obsthölzer und Ahorn sind hingegen schwer sowie Birke und Hainbuche sehr schwer spaltbar.

5.5.3 Härte

Der Widerstand, den Holz dem Eindringen fremder, härterer Körper in seine Oberfläche entgegensetzt, ist Ausdruck seiner *Härte*. Damit kennzeichnet die Härte des Holzes zugleich in gewissem Umfang auch seine Bearbeitbarkeit.

Die Härte ist um so größer, je höher die Rohdichte und je niedriger der Feuchtegrad ist. Die Hirnhärte ist nahezu doppelt so hoch wie die Radial- oder Tangentialhärte, d. h. die „Seitenhärte", wovon z. B. beim Holzpflaster für stark beanspruchte Fußböden und bei Arbeitsplatten Gebrauch gemacht wird. Tab. 5.12 zeigt, daß die Laubhölzer die härtesten Hölzer liefern, die Nadelhölzer dagegen allgemein ein weicheres Holz. Jedoch sind einige Laubhölzer, wie z. B. Pappel, Linde oder Erle, deutlich weicher als die Nadelhölzer.

In der Praxis wird in Abhängigkeit von der Rohdichte vielfach zwischen *Weichhölzern* und *Harthölzern* unterschieden. Als Grenze zwischen Weich- und Hartholz wird eine Rohdichte von $0{,}55\,\text{g cm}^{-3}$ angesehen. Zu den Weichhölzern zählen alle Nadelhölzer sowie von den Laubhölzern Pappel, Linde, Erle und Roßkastanie.

5.5.4 Abnützungswiderstand

Der Abnützungswiderstand ist eine wichtige mechanische Eigenschaft für Holzgegenstände, die im praktischen Gebrauch einem mechanischen Oberflächenverschleiß ausgesetzt sind. Vor allem werden Fußböden und Treppen durch reibende, gleitende, schleifende und stoßartige Beanspruchungen ihrer Oberfläche stark auf Abnützung beansprucht. Allgemein gilt, daß bei stehenden Jahrringen der Abnützungswiderstand etwa doppelt so groß ist wie bei liegenden Jahrringen. Für die wichtigsten einheimischen, für Fußböden in Form von Dielenböden und Parkett sowie im Treppenbau für Trittstufen eingesetzten Holzarten ergibt sich folgende Reihung hinsichtlich des Abnützungswiderstandes:

Buche : Eiche : Kiefer : Birke : Fichte = 100 : 78,5 : 77,5 : 68 : 55.

5.6 Verwendungsformen

Verwendet wird Holz in Form von Massivholz (= Vollholz), Furnieren und Holzwerkstoffen (Abb. 5.20).

5.6.1 Massiv- oder Vollholz

Beim Massivholz verbleibt das Holz in seinem natürlich gewachsenen Gefüge entweder als *Rundholz* oder als *Schnittholz*. Wird das im Walde anfallende Rohholz (= Stammholz) nur durch Querschnitte zerlegt, entsteht Rundholz, das z. B. für Masten, Pfähle, Zäune und Palisaden eingesetzt wird. Schnittholz, wie Bretter, Bohlen, Kant-

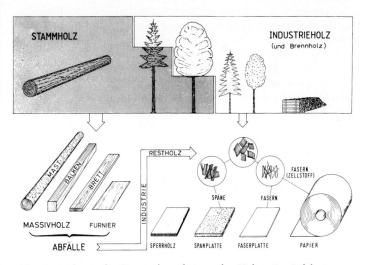

Abb. 5.20: Schema der Verwendungsformen des Holzes (in Anlehnung an SCHULZ u.a. 1987)

274 Holz

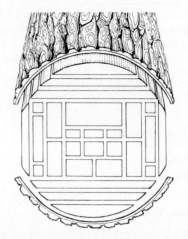

Abb. 5.21: Schittdiagramm für einen Nadelholzstamm mit möglichst wenig Verschnitt (aus EDLIN und NIMMO 1983)

hölzer und Balken, wird auf Sägemaschinen durch Auftrennen des Stammes parallel zu seiner Achse hergestellt (Abb. 5.21).

Der Begriff „Massivholz-Möbel" z. B. besagt, daß die Teile eines aus industrieller Fertigung stammenden Möbels außer Rückwand und Schubladenböden aus massivem Holz bestehen. Besonders verbreitet sind Massivholzmöbel aus Nadelhölzern, vornehmlich aus Kiefer (Bezeichnung z. B. „Schrank, Kiefer massiv"). Von den Massivholzmöbeln zu unterscheiden sind Möbel aus Holzwerkstoffen (Kap. 5.6.3), die mit Furnieren (Kap. 5.6.2) oder Kunststoffolien belegt oder anderweitig, z. B. mit Lacken, oberflächenveredelt sind (Bezeichnungen z. B. „Schrank, Kiefer furniert", „Schrank, Spanplatte folienbeschichtet" oder „Schrank, Spanplatte weißlackiert"). Zahlreiche weitere Holzfertigerzeugnisse, wie z. B. Wand und Deckenbekleidungen, Parkettböden und selbst Treppen, können außer aus Vollholz ebenfalls aus (furnierten) Holzwerkstoffen hergestellt sein.

5.6.2 Furniere

Wird Holz zu extrem dünnen „Brettern" aufgearbeitet, um eine möglichst hohe Ausbeute aus einem Stamm zu erzielen, entstehen definitionsgemäß „dünne Holzblätter", die als *Furniere* bezeichnet werden. Ihre Dicke beträgt überwiegend zwischen 0,5 und 8 mm.

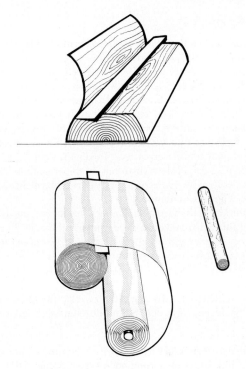

Abb. 5.22: Furnierherstellung durch Messern (oben) bzw. Schälen (unten)

Hergestellt werden Furniere durch Messern oder Schälen des Stammholzes oder von zweckentsprechend vorgeformten Stammstücken (Abb. 5.22). Messerfurniere aus Edellaubhölzern, z. B. Eiche, Kirschbaum, Nußbaum, Mahagoni und Palisander, dienen als Schmuckblätter der Abdeckung und Absperrung von Blindhölzern und der Beschichtung von Holzwerkstoffen. Sie bilden als sog. Deckfurniere die Sichtflächen von Möbeln, Ausstattungselementen, wie z. B. Täfelbretter oder Kassetten (= Paneele), aber auch von Tafel- und Fertigparkett. Aus Schälfurnieren von Massenhölzern, z. B. Buche, wird vor allem Sperrholz (Kap. 5.6.3) hergestellt.

5.6.3 Holzwerkstoffe

Holzwerkstoffe stellen Produkte – meist in Form von Platten, daneben aber auch von Formteilen – dar, die durch Zerlegen des Holzes in Leisten, Furniere, Holzwolle, Späne oder Fasern und anschließendes Zusammenfügen, in der Regel durch Zugabe geeigneter Klebstoffe (Kunstharze, mineralische Bindemittel) hergestellt werden. Bei den plattenförmigen Holzwerkstoffen handelt es sich somit um aus Holzlagen gleicher oder unterschiedlicher Dicke, aus Holzspänen oder Holzfasern verleimte und verpreßte Produkte; die wichtigsten sind Sperrhölzer, Span- und Faserplatten (Tab. 5.13, Abb. 5.23 bis 5.25). Ferner gehören zu den Holzwerkstoffen die mineralgebundenen Platten aus Holzwolle oder Holzspänen mit Portlandzement, Magnesitbindern oder Gips als Bindemittel.

Die genannten Plattenarten lassen sich weiter in eine Reihe von Unterarten (Tab. 5.13) und diese wiederum in zahlreiche Plattentypen untergliedern. Zudem gibt es eine Vielzahl sog. Kombinationswerkstoffe, die aus Kombinationen genannter Plattenarten oder auch mit anderen Materialien, wie z. B. Kunststoff-Hartschaum, Metallen oder Kork, bestehen.

Zu den Vorteilen plattenförmiger Holzwerkstoffe zählen u. a., daß sie in großflächigen, von den Stammdurchmessern unabhängigen

Tab. 5.13: Plattenförmige Holzwerkstoffe; die drei wichtigsten Plattenarten und ihre Untergliederung nach verschiedenen DIN-Normen (MOMBÄCHER 1988)

Holzwerkstoffgruppe	Kriterium der Untergliederung	Halbfertigprodukt
Sperrholz	Art der Mittellage	Furniersperrholz Stabsperrholz Stäbchensperrholz
Spanplatte	Art der Herstellung	Flachpreßplatte Strangpreßplatte
Faserplatte	Größe der Rohdichte	poröse Faserplatte mittelharte Faserplatte harte Faserplatte

Dimensionen hergestellt werden können und bestimmte durch die Anisoptropie des Holzes im gewachsenen Gefüge gegebene Nachteile mehr oder weniger aufgehoben sind. So bilden z. B. Holzwerkstoff-Platten auf Grund ihrer angenäherten Isotropie in Plattenebene auch bei großflächiger Verwendung keine Risse. Außerdem können Span- und Faserplatten aus schwach dimensioniertem Waldholz (sog. Industrieholz) und aus Resthölzern anderer Industriezweige der Holzwirtschaft (sog. Industrierestholz) hergestellt werden (Abb. 5.20).

5.6.3.1 Sperrholz

Unter dem Begriff „Sperrholz" versteht man über die Dicke symmetrisch aufgebaute Platten, die aus mindestens drei miteinander verleimten Holzlagen bestehen, deren Faserrichtungen sich üblicherweise im rechten Winkel kreuzen. Ihre kreuzweise Verleimung hindert die einzelnen Lagen am „Arbeiten" (Kap. 5.4.1.4), womit eine „Quellungsvergütung" erreicht wird.

Die einzelnen Lagen bestehen entweder ausschließlich aus kreuzweise miteinander verleimten Furnierlagen (*Furniersperrholz*, früher auch „Furnierplatten", Abb. 5.23 a) oder aus mindestens zwei Deckfurnieren und einer Mittellage in Form von Stäben aus Massivholzleisten oder Stäbchen aus hochkant gestellten Nadelholzfurnieren (*Stab- und Stäbchensperrholz*, früher auch „Tischlerplatten", Abb. 5.23 b und c). Daneben gibt es Platten mit Mittellagen oder auch anderen bestimmten Lagen, die aus anderen Werkstoffen als Furniere oder Vollholz bestehen und *„zusammengesetztes Sperrholz"* genannt werden. Außer Sperrholz für allgemeine Zwecke und Sperrholz für Bauzwecke gibt es eine große Anzahl anwendungsorientierter Spezialplatten.

Sperrholz wird hauptsächlich zur Herstellung von Möbeln, im Bauwesen, Bootsbau und für Verpackungen verwendet.

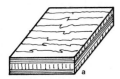 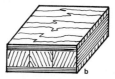 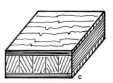

Abb. 5.23: Sperrholz. a = Furnierplatte, 3-lagig; b = Stabsperrholz (Tischlerplatte mit Mittellage aus etwa 24 mm breiten, gesägten Vollholzleisten); c = Stäbchensperrholz (Tischlerplatte mit Mittellage aus 5 bis 8 mm dicken, hochkant gestellten Schälfurnierstreifen aus Nadelholz)

5.6.3.2 Spanplatten

Die Spanplatte (Abb. 5.24) ist bei uns der mit großem Abstand wichtigste Plattentyp. In der Bundesrepublik (alte Länder) werden jährlich über $7 \cdot 10^6 \, m^3$ Spanplatten produziert, und es gibt wohl kaum einen Haushalt, in dem nicht Spanplatten, meist mit Furnieren oder Kunststoffolien beschichtet, anzutreffen sind.

Hergestellt werden Spanplatten aus nach Dicke, Länge und Breite definierten Holzspänen, die unter Zugabe von Kunstharzbindemitteln unter Einwirkung von Wärme und Druck miteinander verpreßt werden. Durch gezielte Auswahl von Holzarten, Spanformen, Spanausrichtung und -schichtung, von Leimen verschiedener Art und durch den Grad der Verdichtung während der Fertigung können Qualität und Eigenschaften gezielt gesteuert und so dem vorgesehenen Verwendungszweck angepaßt werden.

Man unterscheidet *Flachpreßplatten* und *Strangpreßplatten* (Abb. 5.24a und b). Bei letzteren liegen die Späne vorzugsweise rechtwinklig zur Plattenebene. Da sie entsprechend eine grobe Oberfläche und nur geringe Biegefestigkeit aufweisen, werden sie üblicherweise nur beplankt (furniert, abgesperrt) verwendet, z. B. als Mittellage von Türen und Wandelementen. Bei den Flachpreßplatten sind die Holzspäne vorzugsweise parallel zur Plattenebene orientiert. Sie werden als Einschicht-, Mehrschicht- und Vielschichtplatten hergestellt. Verwendung finden sie u. a. insbesondere im Bauwesen, Möbel-, Geräte- und Behälterbau.

Abb. 5.24: Spanplatten. a = Flachpreßplatte mit parallel zu Plattenebene orientierten Holzspänen; b = Strangpreßplatte mit rechtwinklig zur Plattenebene orientierten Holzspänen.

5.6.3.3 Faserplatten

Unter Faserplatten werden plattenförmige Holzwerkstoffe verstanden, die aus verfilzten Holzfasern bestehen. Hierzu wird das Holz zerfasert, und aus den Holzfasern bzw. -faserbündeln werden ebenmäßige Matten geformt und mit oder ohne Bindemittelzusatz verpreßt. Die Eigenschaften der Platten lassen sich durch unterschiedliche

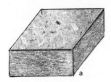 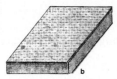 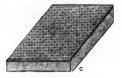

Abb. 5.25: Faserplatten. a = Poröse Holzfaserplatte (Dämmplatte, Rohdichte 200–300 kg m^{-3}); b = Mittelharte Holzfaserplatte (Rohdichte 350–800 kg m^{-3}); c = Hart-Holzfaserplatte (Rohdichte über 800 kg m^{-3})

Preßdrücke, Temperatureinwirkung, Zugabe vergütender Stoffe und nachträgliche Oberflächenbehandlung dem späteren Verwendungszweck anpassen. Nach dem Grad der Verdichtung und damit der Rohdichte (Kap. 5.4.2) werden unterschieden (Abb. 5.25 a bis c): *Poröse Holzfaserplatten* (Dämmplatten, Isolierplatten), *mittelharte Holzfaserplatten*, *Hart-Holzfaserplatten* (Hartplatten) und *Extrahartplatten* (speziell gehärtet). Poröse Holzfaserplatten werden vornehmlich für Isolierzwecke im Bauwesen, mittelharte Holzfaserplatten vor allem in der Möbelindustrie und harte Holzfaserplatten außer in der Türen- und Möbelindustrie hauptsächlich im Fahrzeugbau eingesetzt.

Als neuer Faserplattentyp ist seit einigen Jahren die sog. *MDF-Platte* (Medium Density Fiberboard) auf dem Markt. Es handelt sich hierbei um eine mitteldichte Faserplatte, die im Unterschied zu den zuvor genannten Faserplattentypen nicht im Naßverfahren, sondern im Trockenverfahren hergestellt wird. MDF-Platten zeichnen sich durch eine sehr homogene Struktur und geschlossene Oberfläche aus. Sie sind direkt mit Finishfilmen und Folien zu beschichten, d. h. kaschierbar, wie auch bedruckbar, zudem problemlos zu bearbeiten, wie z. B. sauber zu profilieren, gut zu nageln und zu schrauben. Als vielseitiger Ersatz für Massivholz und Spanplatten findet die MDF-Platte insbesondere in der Möbelfertigung und im Innenausbau in stetig zunehmendem Maße Verwendung.

5.6.3.4 Massivholzplatten (Naturholzplatten)

Einen weiteren Plattentyp stellen die seit etwa Anfang der 80er Jahre auf dem Markt befindlichen Massivholzplatten dar. Da sie aus miteinander verleimten Vollholzstäben oder -leisten bestehen und somit dem Massivholz in seinen Eigenschaften sehr ähnlich sind, können sie auch als eine spezielle Form des Massivholzes (Kap. 5.6.1) angesehen werden. Einschichtige Massivplatten werden vor allem als

Arbeits- und Tischplatten, mehrschichtige Massivholzplatten – meist aus drei kreuzweise (sperrholzartig) miteinander verleimten Lagen zusammengesetzt – für Böden höherer Tragfähigkeit und als Betonschalungen eingesetzt.

5.6.3.5 Holzwerkstoff-Klassen („Verleimungsklassen")

Nach DIN 68 800 Teil 2 werden bei plattenförmigen Holzwerkstoffen für Bauzwecke verschiedene die Verleimung kennzeichnende Klassen unterschieden: Platten der Klasse 20 sind nicht wetterbeständig verleimt, Platten der Klassen 100 und 100 G sind beständig gegen hohe Luftfeuchte und begrenzt wetterbeständig verleimt, 100 G-Platten sind zusätzlich mit einem chemischen Holzschutzmittel gegen holzzerstörende Pilze geschützt. Den Klassen sind Anwendungsbereiche zugeordnet, die gewährleisten, daß bestimmte Plattenfeuchten nicht überschritten werden. Bei Klasse 20 darf die Plattenfeuchte nicht 15 % (bei Faserplatten 12 %) übersteigen (Anwendungsbereich: bewohnte Innenräume); bei Klasse 100 ist eine maximale Plattenfeuchte von 18 % (Anwendungsbereich: Feuchträume wie Küche und Bad) und bei Klasse 100 G eine solche bis 21 % zulässig (Anwendungsbereich: sog. Naßräume wie Duschen).

5.6.3.6 Holzwerkstoffe und Formaldehydabgabe

Das am häufigsten für die Herstellung plattenförmiger Holzwerkstoffe (Spanplatten, Sperrholz, mittelharte Faserplatten) eingesetzte Kunstharzbindemittel basiert auf Harnstoff und Formaldehyd. Platten mit formaldehydreichen Leimen geben infolge eines hydrolytischen Abbaus gewisse Mengen Formaldehyd als Gas wieder ab. Formaldehyd gilt als krebsverdächtig (MAK-Wert Liste III B), jedoch nicht als krebserzeugend (MAK-Wert Liste III A 2).

Um gesundheitliche Beeinträchtigungen oder Belästigungen zu vermeiden, wurde auf Grundlage des vom Bundesgesundheitsamtes, Berlin, empfohlenen Grenzwertes von 0,1 ppm – 1 ppm Formaldehyd = 1 ml bzw. 1,2 mg Formaldehyd pro m^3 Raumluft bei 20 °C und 1013 hPa – als wohnhygienischer Toleranzwert der Raumluft-Dauerbelastung für Aufenthaltsräume vom Institut für Bautechnik, Berlin, eine für im Bauwesen verwendete Spanplatten verbindliche ETB-Richtlinie (Einheitliche Technische Baubestimmungen), die sog. Formaldehydrichtlinie, erarbeitet. Darin sind in Abhängigkeit vom Formaldehydgehalt der Platten drei Emissionsklassen der Bezeichnungen E1, E2 und E3 definiert und die entsprechenden Verwendungsbedingungen. Die ETB-Richtlinie führte in der Bundesrepublik zu einer raschen Umstellung der Spanplattenproduktion auf formaldehydarme und -freie Spanplatten. Heute werden in der Bundesrepublik praktisch nur noch E1-Spanplatten, bei denen gesichert ist, daß der Grenzwert von 0,1 ppm Formaldehyd in der Raumluft nicht überschritten wird, produziert.

Für andere Holzwerkstoffe, die ebenfalls mit formaldehydhaltigen Klebstoffen hergestellt werden, wie Sperrholz und mitteldichte Faserplatten (MDF-Platten), gelten seit 1988 die Bestimmungen der Gefahrstoffverordnung (GefStoffVO). Das heißt, auch diese Werkstoffe und damit auch aus diesen hergestellte Möbel müssen die Anforderungen hinsichtlich der Formaldehydabgabe von 0,1 ppm erfüllen.

Durch die Einführung der Emissionsklassen bei Spanplatten, die Regelungen der GefStoffVO und durch das seit Januar 1988 gültige Produkthaftungs-Recht, wonach jeder Hersteller zum Nachweis der Sicherheit und Fehlerfreiheit seiner Produkte verpflichtet ist, kann der Verbraucher weitgehend sicher sein, keine nach heutigen Erkenntnissen gesundheitsschädigende Span-, Sperrholz- oder MDF-Platten als Baumaterial oder Möbel zu erwerben.

Werden dennoch im Einzelfall Überschreitungen des Grenzwertes von 0,1 ppm festgestellt – die Geruchsschwelle von Formaldehyd liegt je nach persönlicher Empfindlichkeit zwischen 0,05 und 1,0 ppm –, sollte vor Ergreifen von Sanierungsmaßnahmen in Abhängigkeit vom festgestellten Raumluftwert geprüft werden, ob zur Ausschaltung eventueller gesundheitlich nachteiliger Wirkungen die Formaldehydkonzentration durch gezielte Lüftungsmaßnahmen wirksam vermindert werden kann. – In diesem Zusammenhang ist darauf zu verweisen, daß Formaldehyd in einer großen Palette von Produkten, also nicht nur in Holzwerkstoffen, vorkommen kann, wie z. B. in Desinfektionsmitteln, Schaumstoffen, Preßmassen, Lacken und diversen Beschichtungsmaterialien, in Textilien und Bodenbelägen. Außerdem entsteht er bei Verbrennungsvorgängen, wie z. B. beim Betrieb von Gasherden, Abbrennen von Kerzen, Verbrennen von Kraftstoffen (Autoabgase) sowie Rauchen.

5.7 Einsatz im Haushalt

Holz ist ein im Haushalt seit alters her bewährtes und äußerst vielseitig verwendbares Material. Selbst gealtert bleibt Holz nicht nur ansehnlich, vielmehr behält es im Gegensatz zu vielen anderen Materialien während seiner gesamten Gebrauchsdauer sein dekoratives Aussehen bei. Nicht selten geht gerade von älteren Holzobjekten ein besonderer Reiz aus. Zudem vermittelt Holz Behaglichkeit und Wärme. Deshalb und weil Holz ein natürlicher Rohstoff ist, hat sich der bis in die 70er Jahre währende Trend zu anderen Materialien längst umgekehrt.

Einerseits zeichnet sich Holz als solches durch charakteristische Eigenschaften aus, andererseits besitzt jede Holzart ihre artspezifischen Eigenschaften. Entsprechend gibt es für fast jeden Verwendungszweck eine oder mehrere geeignete Holzarten. Die zweckmäßige Auswahl von Holzarten gehört zum sach- und fachgerechten Umgang mit dem Roh- und Werkstoff Holz. Fehler, die aus einer falschen Wahl der Holzart resultieren, können schwerwiegende Folgen haben und u. U. erhebliche Kosten verursachen.

Im folgenden werden die hauptsächlichsten Verwendungsbereiche des Holzes im Haushalt beschrieben und auf die hierfür geeigneten einheimischen Holzarten verwiesen. Nähere Angaben zu den Holzarten müssen der Speziallliteratur entnommen werden, z. B. GROSSER und TEETZ (1985) und GROSSER (1989). Angaben zu zahlreichen Tropenhölzern finden sich in der Merkblattreihe „Holzarten" des Informationsdienstes Holz.

5.7.1 Fußböden, Treppen, Wand- und Deckenbekleidungen

Im Fußbodenbereich nimmt Holz aufgrund seiner zahlreichen guten Eigenschaften traditionell einen festen Platz ein. Insbesondere zeichnen sich Holzfußböden dadurch aus, daß sie infolge der geringen Wärmeableitung wärmedämmend und fußwarm, aufgrund ihrer Elastizität trittweich sind und sich nicht elektrostatisch aufladen. Gleichzeitig sind Holzfußböden hygienisch, strapazierfähig und pflegeleicht. Zur Wahl stehen Dielenböden, Parkettböden der verschiedensten Art (Stab-, Riemen-, Mosaik-, Tafel-, Fertigparkett- und Hochkant-Lamellenparkett) sowie Holzpflaster.

Von Holz für Fußböden wird vornehmlich ein ausreichendes „Stehvermögen" und eine mit zunehmender Benutzungshäufigkeit steigende Härte und Abriebfestigkeit gefordert. Zudem wird für die meisten Anwendungsbereiche ein dekoratives Aussehen verlangt. Hauptsächlich werden Fichte, Kiefer, Eiche, Buche und Esche als Fußbodenhölzer verwendet, doch sind zahlreiche weitere einheimische Holzarten ebenso geeignet (Tab. 5.14).

Treppenhölzer, insbesondere Trittstufen, unterliegen häufig starker mechanischer Beanspruchung. Vor allem werden hohe Anforderungen an ihre Härte, Abriebfestigkeit, Biegefestigkeit und ihr Stehvermögen gestellt. Da Treppen vielfach ein wichtiges gestalterisches Element, gleichsam ein „Einbaumöbel" im Raum darstellen, sollen Treppenhölzer für Wangen, Geländerteile oder Antritts- und Austrittspfosten ein dekoratives Aussehen besitzen. Ein ideales Treppenholz soll somit Eigenschaften eines guten Konstruktionsholzes und eines gefälligen Ausstattungsholzes in sich vereinen (Tab. 5.14, S. 284).

Wand- und Deckenbekleidungen bzw. Vertäfelungen aus Holz sind bewährte und zweckmäßige Mittel der Raumgestaltung, mit denen die Wohnqualität von Räumen individuell gesteigert werden kann. Sie vermitteln Wohnlichkeit und Geborgenheit und zeichnen sich zudem, abhängig von Nutzung und Konstruktion, durch gute Wärmedämmung aus. Zur Auswahl stehen Profilholz und Paneele. Profilholz besteht aus Massivholz, während Paneele dreischichtige Tafeln/Platten aus Holzwerkstoffen (Sperrholz, Span- oder Faserplatten) darstellen, die mit hochwertigen Furnieren beschichtet sind (Tab. 5.14).

5.7.2 Möbel

Im Möbelbau ist Holz seit jeher wichtigster Rohstoff gewesen. Neben Massivholz werden vor allem furnierte, plattenförmige Holzwerkstoffe (Kap. 5.6.3) verarbeitet. Die für die Sichtflächen verwendeten Außen- und Deckfurniere bestimmen die Holzarten-Bezeichnung, unter der ein Möbelstück gehandelt wird, z. B. Schlafzimmer, Kirschbaum-Furnier.

Bis auf wenige Ausnahmen, wie Pappel, Weide, Roßkastanie oder Hainbuche, lassen sich alle einheimischen Holzarten entweder massiv oder als Furnier für die Front- und Sichtflächen einsetzen. Die bevorzugte Verwendung einzelner Holzarten im Möbelbau ist durch Modeströmungen, Stilrichtungen und die Funktion des jeweiligen Möbels gegeben. Für die Großfertigung von Möbeln in Industriebetrieben spielen daneben verfügbare Mengen und Qualitäten eine ausschlaggebende Rolle. Von den Laubhölzern sind Eiche, Buche, Esche, Kirschbaum, Nußbaum, Ahorn, in letzter Zeit zudem Erle, von den Nadelhölzern vor allem Kiefer und daneben Fichte die am häufigsten verwendeten einheimischen Holzarten. Die Laubhölzer werden überwiegend als Furniere verarbeitet (außer Sitz- und Tischmöbeln und Biegeteilen). Im Stilmöbelbereich kommen als Massivholz Linde und Erle für geschnitzte Teile sowie zur Imitation von Nußbaum, Kirschbaum und Mahagoni hinzu. Ähnliches gilt für Birke, die zuweilen aber auch naturbelassen oder edelholzfarbig gebeizt als Furnier verwendet wird. Nadelhölzer wie Kiefer und Fichte

Tab. 5.14: Hölzer für Fußböden, Treppen, Wand- und Deckenbekleidungen

Einsatzbereiche	Geeignete Holzarten
Fußböden	
Dielenböden	Fichte, Tanne (für wenig beanspruchte Böden), Kiefer, Lärche, Douglasie (für mittlere Beanspruchung), Eiche (für starke Beanspruchung)
Parkett	**Stab- und Riemenparkett:** Kiefer, Lärche, Douglasie, Eiche, Esche, Buche, Ahorn, Birke, Rüster, Edelkastanie und Robinie; **Mosaikparkett:** Eiche, Esche, Buche und andere harte, dekorative Laubhölzer; **Tafelparkett:** Lärche, Eiche, Esche, Ahorn, Nußbaum und Kirschbaum; **Fertigparkett:** in Abhängigkeit von Verarbeitungsform und Muster sowie der Beanspruchung zuvor genannte Dielen- und Paketthölzer
Holzpflaster	Fichte, Kiefer, Lärche, Douglasie und Eiche (ohne Imprägnierung)

Treppen

Trittstufen — Eiche, Esche, Buche, Ahorn, Rüster und Robinie; für mäßig beanspruchte Treppen auch Kiefer, Lärche und Douglasie und für nur wenig beanspruchte Treppen Fichte und Tanne.

Wangen und Setzstufen — Zuvor genannte Holzarten

Als besonders dekorative Hölzer für den repräsentativen Innenausbau sind für alle Treppenteile (einschließlich Trittstufen) auch Nußbaum und Kirschbaum einsetzbar

Außer Massivholz kommen auch zusammengesetzte lamellierte oder blockverleimte Ausführungen für alle Treppenbauteile und für Trittstufen auch Holzwerkstoff-Ausführungen mit Oberflächenfurnier einer der zuvor genannten Holzarten zur Anwendung

Wand- und Deckenbekleidungen

Profilholz — Im Handel erhältliche Holzarten: Fichte, Kiefer, Lärche, Douglasie; gut geeignet sind auch Zirbelkiefer, Strobe, Eiche, Esche, Rüster, Ahorn und Buche, aber auch weichere Laubhölzer wie z. B. Linde

Paneele — Alle dekorativen Hölzer wie Kiefer, Lärche, Zirbelkiefer, Strobe, Eiche, Esche, Rüster, Ahorn, Birke, Kirschbaum, Nußbaum, Birnbaum und Elsbeere

werden dagegen sehr viel häufiger als Massivholz verarbeitet als Laubhölzer.

Dem zunehmenden Trend zur Individualität und Exklusivität kommen Möbel in handwerklicher Einzelfertigung entgegen. Hier finden neben zuvor genannten Holzarten häufig – und vielfach auch als Massivholz – auch solche Holzarten Verwendung, die für eine industrielle Serienfertigung in zu geringen Mengen und zu sporadisch in furnierholztauglicher Qualität anfallen, aber äußerst dekorativ sind. Hierzu gehören Zirbel- und Weymouthskiefer, Rüster, Birnbaum, Elsbeere und Zwetschgenbaum. Ergänzt wird das Holzarten-Spektrum durch Besonderheiten in der Holzzeichnung, wie Riegelahorn, Riegelesche, geflammte und gemaserte Birke, Maserwuchs (z. B. Nußbaum-, Rüster- und Ahornmaser) und Pyramidenwuchs.

Hinweise zum Einsatz der häufigsten Möbelhölzer

Kiefer
Häufiges Möbelholz insbesondere für Kinderzimmer, Küchen und Arbeitszimmer, aber auch für Wohn- und Schlafzimmereinrichtungen beliebt und hier zum Inbegriff des „jungen Wohnens" geworden.

Ebenso dekorativ wirken *Lärche* und *Douglasie*. Als dezentere Alternative bieten sich *Fichte* und *Tanne*, entweder naturbelassen oder gebeizt, an, während *Zirbelkiefer* und *Weymouthskiefer* den alpenländischen Einrichtungsstil am besten verkörpern.

Eiche
Das in Deutschland mit Abstand beliebteste Möbelholz für alle Möbelarten und Stilrichtungen. Inbegriff für gediegenes, rustikales Wohnen.

Esche
Sowohl naturbelassen als auch gebeizt verarbeitet ein häufig anzutreffendes Möbelholz mit breitem Verwendungsspektrum, das von Schlafzimmer-, Wohnzimmer- und Jugendzimmermöbeln über Küchenmöbel bis zum Einzelmöbel reicht. Zudem beste Eignung als Biegeholz für Sitzmöbel und Tische aus Massivholz.

Kirschbaum
Zu den Klassikern unter den Möbelhölzern gehörend. Das zeitlose, gleichermaßen wohnliche Atmosphäre und Eleganz ausstrahlende Holz gehört zu den bevorzugten Holzarten der gehobenen Möbelklasse sowohl für Stilmöbel als auch moderne Möbel.

Nußbaum
Seit jeher zu den begehrtesten Möbelhölzern zählend und in der gehobenen Möbelklasse gleichermaßen für Stilmöbel (Barock, Rokoko) und Möbel der modernen Stilrichtungen verwendet. Möbel aus Nußbaum gelten als besonders wertvoll.

Ahorn
Findet vornehmlich Verwendung für helle Innenteile hochwertiger Möbel, daneben insbesondere für Schlafzimmer-Einrichtungen. Bei Außenfronten ist allerdings zu berücksichtigen, daß das Holz relativ rasch vergilbt. Spezialholz für aus Vollholz hergestellte Tischplatten in der Gastronomie und ebenso für den privaten Bereich empfehlenswert.

Buche
Zwar nicht besonders dekorativ, jedoch als besonders hartes Holz dient Buche der Herstellung stark beanspruchter Gebrauchsmöbel wie Schul-, Büro-, Kinderzimmer- und Küchenmöbel. Zudem Hauptholzart in der Stuhlfabrikation und als Biegeholz für gebogene Möbelteile. Im Stilmöbelbau in Form gedrechselter Teile und vielfach nußbaum- und kirschbaumfarbig gebeizt oder deckend lackiert verarbeitet.

5.7.3 Küchengeräte und allgemeine Haushaltsartikel

Die Zahl von Holzartikeln des täglichen Haushaltsbedarfs ist sehr groß. Gründe hierfür sind einerseits ihre praktische Handhabung und leichte Pflege und andererseits die Erfahrung, daß Kunststoffe häufig kurzlebiger sind, rasch unansehnlich werden können und oftmals die in sie gesetzten Erwartungen hinsichtlich Haltbarkeit und Reparierbarkeit nicht erfüllen. Zudem spielt zweifellos die Freude an hölzernen Gegenständen eine Rolle.

Zu den zahlreichen Küchengeräten aus Holz gehören u. a.:
- Brotzeit-, Schneid- und Servierbretter
- Kochlöffel, Quirle, Pfannenwender, Fleischklopfer, Stampfer, Nudelhölzer
- Messerhefte, Besteckgriffe
- Schalen und Schüsseln
- Eierbecher, Salz- und Pfefferstreuer
- Gewürzmühlen, Mörser
- Brotkästen
- Backmodel

Unter den allgemeinen Haushaltsartikeln finden sich:
- Holzgefäße aller Art
- Bügelbretter
- Stiele von Putzgeräten und Pinseln
- Toilettenartikel
- Leitern
- Kleiderbügel
- Wäscheklammern
- Werkzeuge wie Hobel, Wasserwaagen
- Werkzeug- und Gerätestiele

Neben den hauptsächlich verwendeten Holzarten *Fichte*, *Buche* und *Ahorn* für Gebrauchsartikel des täglichen Bedarfs können nahezu alle einheimischen Nadel- und Laubhölzer eingesetzt werden. Billige Massenartikel werden in erster Linie aus *Buche* und *Fichte* hergestellt. Erstere bietet sich neben *Hainbuche* (Weißbuche) vor allem für Artikel an, denen besondere Härte und Abriebfestigkeit abverlangt werden, d. h. die einer größeren Beanspruchung unterliegen. Für *Küchengeräte*, die mit Lebensmitteln in Berührung kommen, ist *Ahorn* die am besten geeignete Holzart, da er einerseits durch seine helle Farbe, andererseits durch seine Kleinporigkeit, welche die Aufnahme von Speiseresten behindert, besonders hygienisch ist. Zudem ergibt sich aufgrund seiner Härte eine nur geringe Abnutzung durch Schneidegeräte. Andere geeignete Harthölzer für Küchengeräte sind *Buche*, *Birke* und *Hainbuche*, während Weichhölzer, wie z. B. Linde, Erle oder Pappel, keine ausreichende Festigkeit besitzen und sich rasch abnutzen.

Für Artikel, die eine besonders dekorative Wirkung aufweisen sollen, lassen sich mit Vorteil u. a. *Eiche*, *Esche*, *Rüster*, *Ahorn*, *Birke*, *Elsbeere* und Obstbaumhölzer wie *Kirschbaum*, *Nußbaum*, *Birnbaum*, *Apfelbaum* und *Zwetschgenbaum* vorteilhaft verwenden. Von den genannten Holzarten wird insbesondere im kunsthandwerklichen Gewerbe vielfach Gebrauch gemacht.

5.8 Pflege und Reinigung

Holz zeichnet sich im Haus und Haushalt nicht nur durch seine ausgesprochen hygienischen und Natürlichkeit ausstrahlenden Eigenschaften und durch eine lange Gebrauchsdauer in den meisten Verwendungsbereichen aus, sondern es läßt sich allgemein auch leicht

und ohne Probleme reinigen und pflegen. Allerdings ist beim Umgang mit Holz zu berücksichtigen, daß es
- leicht Wasser und andere Flüssigkeiten, Fette und Farbstoffe aufnimmt;
- bei Feuchteaufnahme quillt, umgekehrt bei Feuchteabgabe, d. h. beim Trocknen, schwindet (Kap. 5.4.1.4);
- gegen thermische Belastungen empfindlich ist und bei hohen Temperaturen brennt und schwarz wird.

Bei Reinigungs- und Pflegemaßnahmen ist zu unterscheiden, ob das Holz naturbelassen oder oberflächenbehandelt ist. Durch Oberflächenbehandlung wird Holz einerseits geschützt vor Verunreinigungen, Wasserflecken und Abnutzung durch mechanische Einflüsse, andererseits dient sie der Herausarbeitung der Schönheit des Holzes. Zu den üblichen Behandlungen der Oberfläche gehören beschichtende Verfahren mit Holzlacken (lasierend, filmbildend, imprägnierend), das Aufbringen wachshaltiger Mittel sowie färbende Maßnahmen mit Holzbeizen.

5.8.1 Naturbelassenes Holz

Unbehandeltes Holz, z. B. von Möbeln und Wandbekleidungen, ist trocken mit einem nicht flockenden Lappen oder bei stärkerer Verschmutzung mit einer 3- bis 4%igen Seifenlösung zu säubern. Fett kann mit gereinigtem Benzin entfernt werden.

Massive Tischplatten aus feinporigen, dichten Hölzern, wie z. B. Ahorn oder Rotbuche, werden mit Scheuerpulver und Bürste abgerieben und sodann mit klarem Wasser gereinigt, ohne daß sie ihre dekorative Wirkung verlieren. Rauh gewordene Oberflächen können mit feinem Schleifpapier (Körnung zwischen 180 und 240) wieder sauber geglättet werden.

Möbelpflegemittel des Handels sind mit einem trockenen Staubtuch nachzupolieren. Bei ihrem Gebrauch ist zu berücksichtigen, daß behandelte Flächen u. U. nachdunkeln, so daß es sich empfiehlt, zunächst an unauffälliger Stelle eine diesbezügliche Prüfung vorzunehmen.

5.8.2 Oberflächenbehandeltes Holz

5.8.2.1 Politurbehandeltes Holz

Polituren stellen Lösungen verschiedener Harze, wie z. B. Schellack, Kopal, Benzoëharz, oder von Nitrocellulose und Schellack in stark alkoholhaltigen Lösungsmitteln dar, die als Überzugsmittel offenporige, matte oder leicht glänzende Oberflächen entstehen lassen.

Die Oberflächen werden trocken mit einem weichen, nicht flokkenden Lappen gereinigt, von Zeit zu Zeit mit einer sog. „Reinigungs- und Polieremulsion mit Öl" oder einer geeigneten Möbelpolitur behandelt.

Verblaßte Flächen lassen sich mit einer Mischung aus gleichen Teilen aus weißem Vaselinöl und mineralischem Terpentin aufarbeiten. Danach ist gut trockenzureiben.

5.8.2.2 Ölbehandeltes Holz

Mit Leinöl eingelassene Möbel, Decken und Vertäfelungen besitzen einen glanzlosen, schönen warmen Ton. Die Flächen sind trocken mit einem weichen, nicht flockenden Lappen zu pflegen. Statt der zuvor genannten „Reinigungs- und Polieremulsionen mit Öl" kann auch eine Mischung aus einem Teil Vaselinöl und zwei Teilen mineralischem Terpentinöl verwendet werden. Anschließend ist gut trockenzureiben.

Ein- bis zweimal jährlich sollte das Holz mit einem Teak- oder Palisanderöl eingerieben werden (für Palisanderholz ist nur Palisanderöl zu verwenden). Es sollte grundsätzlich nicht feucht gewischt werden.

5.8.2.3 Wachsbehandeltes Holz

Es gibt tierische, pflanzliche und mineralische Wachse. Das häufig verwendete Bienenwachs zählt zu den tierischen Wachsen. Mineralische Wachse, aus Erdöl oder Braunkohle gewonnen, stellen die Basis für sehr harte, glanzbildende Industriewachse dar.

Wachs verleiht dem Holz einen stumpfen, zarten und seidenartigen Mattglanz und schützt gegen Wasser und Schmutz. Da Wachs nicht ausreichend wasserfest ist, darf auf keinen Fall feucht gewischt werden. Vielmehr ist trocken mit einem weichen, nicht flockenden Lappen zu pflegen. Bei starker Verschmutzung ist mit mineralischem Terpentinöl abzureiben, sodann Möbelwachs aufzutragen und schließlich gründlich abzureiben.

5.8.2.4 Lackbehandeltes und versiegeltes Holz

Mit NC-Lacken (Nitrocelluloselacke), SH-Lacken (säurehärtende Lacke auf Harnstoffharz- oder Melaminharzbasis), DD-Lacken (Polyurethanlacke) oder sonstigen Lacktypen behandelte Holzflächen werden feucht abgewischt und trockengerieben und nach längerem Gebrauch mit Politur oder Polish aufgefrischt.

5.8.2.5 Kunststoffbeschichtete Oberflächen

Mit Kunststoffolien beschichtete Holzwerkstoffe sind mit warmem Wasser unter Zusatz handelsüblicher Reinigungsmittel abzuwischen. Wird trocken gewischt, besteht die Gefahr des Verkratzens und der elektrostatischen Aufladung. Zerkratzte Flächen können mit handelsüblichen Lack- und Holzpflegemitteln aufgefrischt werden. Es ist grundsätzlich bei allen Holzpflegemitteln und Möbelpolituren auf die Gebrauchsanweisung und den Verwendungszweck zu achten.

5.8.3 Spezielle Pflegehinweise für Küchengeräte

Küchengeräte wie Brotzeitteller, Holzbestecke bzw. Bestecke mit Holzgriffen, Nudelrollen, Salatschüsseln, Backmodel usw. sollten grundsätzlich mit der Hand und nicht in Geschirrspülmaschinen gereinigt werden. Die hohen Temperaturen und alkalischen Reinigungsmittel in Geschirrspülautomaten lösen natürliche Inhaltsstoffe im Holz und greifen zudem die oberflächennahen Zellschichten an. Dadurch wird das Holz einerseits ausgebleicht und damit unansehnlich, andererseits nimmt es eine rauhe Oberfläche an. Vielmehr sind Küchengeräte schnell, aber gründlich zu spülen und danach gut abzutrocknen. Bei stärkeren Verschmutzungen sollten die zuvor gut gespülten Geräte mit einem geruchlosen Scheuerpulver bestreut und sodann mit einer Bürste oder einem rauhen Schwamm in Richtung der „Maserung" gereinigt, gründlich nachgespült und abgetrocknet werden. Vor dem Einräumen sind die Geräte an der Luft völlig zu trocknen. Feucht abgestelltes Holz nimmt einen muffigen Geruch an und beginnt überdies leicht zu schimmeln. Andererseits darf Holz aber nicht in der Nähe direkter Hitze (z. B. an der warmen Heizung) oder in der Sonne getrocknet werden, da es sonst reißt und sich verwirft.

Gegebenenfalls sind Küchengeräte von Zeit zu Zeit zu ölen (z. B. mit Leinöl) oder mit einem Mattlack zu behandeln, um sie wieder aufzufrischen. Selbstverständlich ist dabei auf Lebensmittelverträglichkeit der verwendeten Mittel zu achten.

5.8.4 Spezielle Pflege- und Reinigungshinweise für Fußböden

Für die Reinigung und Pflege von Fußböden empfehlen sich in Anlehnung an das Merkblatt der Arbeitsgemeinschaft Holz e.V.

„Versiegelung und Pflege von Parkettböden" die folgenden Maßnahmen.

5.8.4.1 Versiegelte Parkettböden

Versiegelte Böden sind niemals mit Stahlwolle oder Stahlspänen zu behandeln, da diese die Versiegelung beschädigen. Zur Schonung der Böden sollten in den Eingangsbereichen grundsätzlich Fußabstreifer ausgelegt, Tisch- und Stuhlbeine mit geeigneten Filzgleitern versehen und beim Verschieben von Möbeln Wollappen darunter gelegt werden. Als Rollen unter Sesseln sind Hartbelagsrollen mit breiter Auflage (eventuell Doppelrollen) zu verwenden.

Je nach Zweckbestimmung des Bodens, den Anforderungen an die Beschaffenheit der Oberfläche und dem Abnutzungszustand kommen für die Reinigung und Pflege zwei unterschiedliche Arbeitsweisen in Frage.

Arbeitsweise I

Nach Arbeitsweise I ist vorzugehen, wenn eine relativ stumpfe Oberfläche gewünscht wird (z. B. wegen Rutschgefahr) und ein geschlossener Versiegelungsfilm ohne Beschädigungen vorliegt. Weist der Versiegelungsfilm Schadstellen auf, kann aus den flüssigen Pflegemitteln Wasser in den Fußboden gelangen und das Holz vergrauen.

Unterhaltsreinigung: Loser Schmutz und Sand sind grundsätzlich mit Mop, Besen und Staubsauger zu entfernen. Anhaftender Schmutz wird durch „nebelfeuchtes" Wischen beseitigt. Durch Zugabe eines lösungsmittelfreien Parkettpflegemittels zum Putzwasser wird der Boden gleichzeitig mit der Reinigung auch gepflegt.

Die Unterhaltsreinigung im Feuchtwischverfahren ist je nach Beanspruchung alle 2–4 Wochen (Korridore, Treppen) bis alle 1–2 Monate (Wohn- und Schlafräume) durchzuführen.

Grundreinigung: Die Grundreinigung ist in Abhängigkeit von der Beanspruchung des Bodens alle 6–12 Monate (Korridore, Treppen) bis alle 12 Monate (Wohn- und Schlafräume) vorzunehmen. Geeignet sind hierfür mit Wasser mischbare, lösemittelhaltige Reiniger. Es ist darauf zu achten, daß der Boden nicht mit Wasser überschwemmt wird, da sonst Schäden durch Quellen des Holzes auftreten können. Deshalb muß die Reinigungslösung sofort wieder aufgenommen werden.

Pflege (= **Vollpflege**): Stumpfe Oberflächen erfordern die Verwendung lösemittelfreier, flüssiger Parkett-Pflegemittel. Die Pflege ist nach jeder Grundreinigung erforderlich.

Arbeitsweise II
Ist der Versiegelungsfilm in stark strapazierten Flächen schadhaft und/oder wird ein höheres Gleitvermögen gewünscht bzw. akzeptiert, ist nach Arbeitsweise II vorzugehen.

Unterhaltsreinigung: Loser Schmutz und Sand sind wiederum umgehend mit Mop, Besen oder Staubsauger, anhaftender Schmutz durch „nebelfeuchtes" Wischen zu entfernen, ohne ins Anfeuchtwasser Zusätze zu geben oder ätzende Reinigungsmittel zu verwenden. Hartnäckige Verschmutzungen, wie z. B. Gummistriche von Schuhabsätzen, Fettflecke usw., werden mit flüssigen, lösemittelhaltigen Parkett-Pflegemitteln entfernt und die Stellen nach dem Trocknen auspoliert.

Es empfiehlt sich, die Unterhaltsreinigung täglich (Korridore, Treppen) bis mindestens einmal wöchentlich (Wohn- und Schlafräume) vorzunehmen.

Grundreinigung: Je nach Beanspruchung sollte alle 6–12 Monate (Korridore, Treppen) bis alle 12 Monate (Wohn- und Schlafräume) eine Grundreinigung erfolgen, um den alten Wachsfilm mit dem darin enthaltenen Schmutz gründlich zu entfernen. Erforderlich wird sie auch immer dann, wenn der Boden durch zu häufiges und zu dickes Auftragen des Pflegemittels zu glatt geworden ist. Geeignet sind flüssige, lösemittelhaltige Bodenreiniger.

Pflege: Die Pflege erfolgt bei Korridoren und Treppen alle 2–4 Wochen (bei stark beanspruchten Stellen auch häufiger), bei Wohn- und Schlafräumen etwa alle 3–4 Monate mit einem flüssigen, lösemittelhaltigen Parkett-Pflegemittel.

Wachs dünn auftragen, gleichmäßig verteilen und nach dem Trocknen bohnern. Es sollte immer ein hauchdünner Wachsfilm vorhanden sein, der die Oberfläche zusätzlich vor vorzeitiger Abnutzung schützt. Andererseits ist Wachs nur sparsam zu verwenden, da der Boden sonst zu glatt wird.

5.8.4.2 Holzdielen geölt, lackiert oder gestrichen
Unterhaltsreinigung: Die Dielen werden mit Mop, Besen oder Staubsauger gesäubert und feucht mit einem Wischwachs gewischt. Flecken werden mit geeigneten Spezial-Reinigern behandelt.

Grundreinigung: Schmutz und altes Wachs werden mit einem flüssigen, lösemittelhaltigen Reinigungsmittel entfernt. Wie einleitend für Parkettböden beschrieben, hat eine Behandlung mit Stahlwolle oder Stahlspänen zu unterbleiben. Ebenso gelten die oben ausgeführten Hinweise zur Schonung des Bodens.

Pflege: Zur Pflege werden die Böden mit lösemittelhaltigen Wachsen eingerieben.

5.9 Literatur

EDLIN, H.; NIMMO, M.: BLV Bildatlas der Bäume. BLV Verlagsgesellschaft, München 1983

GROSSER, D.: Pflanzliche und tierische Bau- und Werkholzschädlinge. DRW-Verlag Weinbrenner, Leinfelden-Echterdingen 1980

GROSSER, D.: Einheimische Nutzhölzer und ihre Verwendungsmöglichkeiten. Informationsdienst Holz der Arbeitsgemeinschaft Holz Hrsg.: Entwicklungsgemeinschaft Holzbau (EGH), München, und Centrale Marketinggesellschaft der deutschen Agrarwirtschaft (CMA), Bonn 1989

GROSSER, D.; TEETZ, W.: Einheimische Nutzhölzer (Loseblattsammlung). Vorkommen, Baum- und Stammform, Holzbeschreibung, Eigenschaften, Verwendung. Hrsg.: Centrale Marketinggesellschaft der deutschen Agrarwirtschaft (CMA), Bonn, und Arbeitsgemeinschaft Holz e. V., Düsseldorf 1985

INFORMATIONSDIENST HOLZ: Merkblatt Versiegelung und Pflege von Parkettböden. Arbeitsgemeinschaft Holz e. V., Düsseldorf 1992

INFORMATIONSDIENST HOLZ: Merkblattreihe Holzarten. Hrsg.: Verein Deutscher Holzeinfuhrhäuser, Hamburg, und Arbeitsgemeinschaft Holz e. V., Düsseldorf

MOMBÄCHER, R. (Bearbeiter): Holz-Lexikon, 3. Auflage. DRW-Verlag, Stuttgart 1988

SCHULZ, H.: Holz als Rohstoffreserve der Zukunft. Forstwissenschaftliches Centralblatt 97, 57–66, 1978

SCHULZ, H.: Mögliche Einflüsse eines Waldsterbens auf Holzversorgung, Holzwirtschaft und Holzqualität. Forstwissenschaftliches Centralblatt 104, 243–255, 1985

SCHULZ, H.: Holz: Der Stoff, aus dem die Bäume sind. In H. Stern: Rettet den Wald, 2. Auflage, S. 230–257, Kindler Verlag, München 1989

SCHULZ, H.; GLOS, P.; WEGENER, G.: Überlegungen zu künftigen Anforderungen an Rohholz. Forstwissenschaftliches Centralblatt 107, 317–325, 1988

WEGENER, G.: Die Holzverwendung an der Schwelle zum 21. Jahrhundert. Allgemeine Forst Zeitschrift Nr. 50, 1347–1351, 1989

Zitierte Normen

DIN 280 Teil 1.	Parkett. Parkettstäbe, Parkettriemen und Tafeln für Tafelparkett (4/90)
DIN 4074 Teil 1.	Sortierung von Nadelholz nach der Tragfähigkeit; Nadelschnittholz (09/89)
DIN 1052 Teil 1.	Holzbauwerke; Berechnung und Ausführung (04/88)
DIN 18355.	VOB Verdingungsordnung für Bauleistungen. Teil C: Allgemeine Technische Vertragsbedingungen für Bauleistungen (ATV); Tischlerarbeiten (12/92)
DIN 68364.	Kennwerte von Holzarten; Festigkeit, Elastizität, Resistenz (11/79)
DIN 68365.	Bauholz für Zimmerarbeiten; Gütebedingungen (11/57)
DIN 68368.	Laubschnittholz für Treppenbau; Gütebedingungen (11/75)
DIN 68800 Teil 1.	Holzschutz im Hochbau. Allgemeines (05/74)
DIN 68800 Teil 2.	Holzschutz im Hochbau. Vorbeugende bauliche Maßnahmen (01/84)

Beuth Verlag GmbH, Berlin

6 Wasser

I. Alexander

6.1 Einleitung

Der Spruch des griechischen Dichters Pindaros (460 v. Chr.) „Das Beste ist das Wasser" hat bis heute nichts von seiner Aktualität verloren. Ohne Wasser ist kein Leben möglich. Der menschliche Körper besteht zu etwa 70% aus Wasser. Da Wasserverluste durch Ausscheidungen ständig wieder ersetzt werden müssen, ist das Wasser für den Menschen das wichtigste Lebensmittel, das durch nichts ersetzt werden kann.

6.2 Chemisch reines Wasser

6.2.1 Struktur des Wassermoleküls

Das Wassermolekül besteht aus zwei Raumteilen Wasserstoff und aus einem Raumteil Sauerstoff. Die chemische Formel ist H_2O.

Einige physikalische Eigenschaften des Wassers entsprechen nicht denen der Wasserstoffverbindungen mit den übrigen Elementen der 6. Hauptgruppe des Periodensystems. Theoretisch müßte das Wasser bei $-100\,°C$ schmelzen und bei $-75\,°C$ sieden. Diese Eigenart des Wassers beruht auf der nicht zentralsymmetrischen Anordnung der drei Atome im Molekül. Sie bilden einen Winkel von $104°30'$, wobei der Sauerstoff an der Spitze und die beiden Wasserstoffatome an den beiden Eckpunkten stehen. Die Schwerpunkte der positiven Ladung der Wasserstoffatome und der negativen Ladung des Sauerstoffs fallen nicht zusammen. Dieser Aufbau führt zu einem Dipolmoment ($6{,}1510^{-30}$ As) der einzelnen Wassermoleküle. Es ist schwach polar und lagert sich daher leicht an Moleküle mit permanentem Dipol an.

In der Dampfphase bewegen sich die einzelnen Moleküle bei normalem Druck frei und ungeordnet. Im flüssigen Aggregatzustand vernetzen sie sich über Wasserstoffbrücken mit fallender Temperatur immer stärker, so daß bei $0\,°C$ im flüssigen Zustand 90 Wassermole-

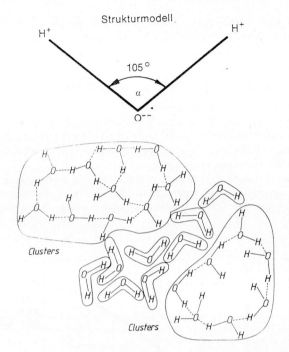

Abb. 6.1: Modell der Wasser-Molekülstruktur (oben) und Clusterbildung im flüssigen Wasser (unten) (WAGNER 1974)

küle über tetraedrische Wasserstoffbrücken miteinander verbunden sind. Man bezeichnet diese Aggregate als Cluster; zwischen ihnen liegen auch monomere Wassermoleküle (Abb. 6.1). Die dargestellte Struktur stellt kein starres Gebilde dar, die Wasserstoffbrücken brechen in Bruchteilen von Millisekunden auseinander und bilden sich neu. Durch die Clusterbildung verringert sich das Molvolumen und erreicht bei 4 °C sein Minimum, denn bei dieser Temperatur ist die Packung der Cluster am dichtesten.

Bei der Kristallisation des flüssigen Wassers zu Eis entsteht die Kristallform eines hexagonalen Gitters, bei dem jedes Sauerstoffatom von 4 Wasserstoffatomen umgeben ist und jedes Wasserstoffatom eine Brücke zwischen 2 Sauerstoffatomen bildet.

Mit diesem Struktur-Modell (Polymerenmodell) lassen sich die Dichte-Anomalie und die hohen kalorischen Werte erklären. Viele

Fragen sind jedoch noch ungeklärt, so daß die wissenschaftliche Diskussion über die Struktur des Wassers noch nicht abgeschlossen ist.

6.2.2 Physikalische Eigenschaften des reinen Wassers

6.2.2.1 Siede- und Schmelzpunkt

Der Siedepunkt des Wassers beträgt definitionsgemäß 100,0 °C und der Schmelzpunkt 0,0 °C bei 1027 hPa Druck. Die Temperaturen sind abhängig vom Druck; mit steigendem Druck steigt die Siedetemperatur, die Schmelztemperatur sinkt.

Unter bestimmten Voraussetzungen kann der Siedevorgang verzögert einsetzen; die Temperatur steigt über 100 °C bei normalem Druck, ohne daß der Siedeprozeß einsetzt. Geringe Bewegung des

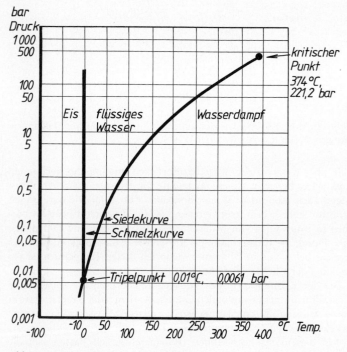

Abb. 6.2: Zustandsdiagramm des Wassers

Wasserspiegels löst schlagartiges Sieden aus. Dieser als „Siedeverzug" bezeichnete Vorgang ist für die Praxis von großer Bedeutung, besonders im Hinblick auf den Arbeitsschutz. Auch bei der Eisbildung kann ein ähnliches Phänomen auftreten.

6.2.2.2 Dampfdruck
Wasser und Eis verdampfen wie alle Flüssigkeiten und festen Substanzen vor Erreichung des Siedepunktes. Dabei wird Dampf abgegeben, bis der Sättigungsdampfdruck in der Umgebungsluft erreicht ist. Er steigt beim Wasser nicht linear, sondern nach logarithmischer Funktion der Temperatur. Die Kurve endet bei der kritischen Temperatur von 374,15 °C und dem kritischen Druck von $221,2 \cdot 10^5$ Pa. Oberhalb dieser Temperatur ist auch bei weiterer Druckerhöhung keine Verflüssigung des Wassers möglich. An der Stelle, an der die Dampfdruck-Kurve von Wasser und Eis im Zustandsdiagramm des Wassers (Abb. 6.2) auf die Kurve der Druckabhängigkeit des Schmelzpunktes trifft, ist der Tripelpunkt; er beträgt 0,0099 °C bei einem Druck von 610 Pa. An dieser Stelle sind die drei Aggregatszustände des Wassers (Eis, Wasser, Wasserdampf) nebeneinander beständig.

6.2.2.3 Thermische Eigenschaften
Die hohen Werte für Schmelz-, Siedepunkt, Schmelz- und Verdampfungswärme sowie spezifische Wärme können mit dem Aufbrechen der Cluster bei steigender Temperatur erklärt werden, denn bei diesem Vorgang wird Wärme verbraucht.

Tab. 6.1: Kalorische Daten von Wasser und Eis

Eigenschaft	Werte für Wasser Temp. °C		Eis Temp. °C		SI-Einheit
Spezifische Wärme	15	4,19	0	2,04	$kJ\,kg^{-1}$
Schmelzwärme		333,7			$kJ\,kg^{-1}$
Verdampfungswärme		2283			$kJ\,kg^{-1}$
Wärmeleitfähigkeit	25	0,5694	0	2,366	$J\,m^{-1}\,s^{-1}\,K^{-1}$

6.2.2.4 Dichte

Das Dichtemaximum des Wassers liegt exakt bei 3,98 °C. Im Gegensatz zu allen Flüssigkeiten tritt die größte Dichte nicht am Erstarrungspunkt auf, sondern bei 4 °C. Diese Eigenschaft bezeichnet man als Anomalie des Wassers. Das Molvolumen ($\frac{\text{Molekularmasse}}{\text{Dichte}}$) nimmt bei Temperaturen über 4 °C und darunter zu.

Das Eis hat bei 0 °C eine Dichte von 0,9168 kg dm^{-3} und flüssiges Wasser bei 0 °C von 0,999868 kg dm^{-3}. Das bedeutet, daß sich das Wasservolumen bei der Erstarrung um 9% vergrößert. Das Eis schwimmt auf dem schwereren flüssigen Wasser und ragt zu etwa 9% aus der Wasseroberfläche heraus. Ohne diese Eigenschaft wäre ein Überleben von Pflanzen und Tieren in den Gewässern während der Frostperiode unmöglich. Die Volumenvergrößerung bei der Eisbildung hat auch eine enorme Sprengwirkung, die Werte von mehreren 10 000 hPa erreichen kann; Gesteine verwittern, Felsen können gesprengt werden und Wasserrohre platzen.

Tab. 6.2: Dichte des Wassers in Abhängigkeit von der Temperatur

Temperatur °C	Dichte kg dm^{-3}
0	0,9998
2	0,9999
4	1,0000
6	0,9999
8	0,9998
10	0,9997
20	0,9982
30	0,9956
40	0,9922
50	0,9880
60	0,9832
70	0,9778
80	0,9718
90	0,9653
100	0,9583

6.2.2.5 Viskosität

Die kinetische Viskosität errechnet sich aus der dynamischen Viskosität durch Multiplikation mit dem Faktor ϱ^{-1} (= Dichte bei der entsprechenden Temperatur). Die Viskosität des Wassers nimmt mit steigender Temperatur stark ab. Das kann mit der Auflösung der Cluster bei höherer Temperatur erklärt werden. Die Viskosität ist aber nicht nur abhängig von der Temperatur, sondern zeigt auch anomale Druckabhängigkeit bei Temperaturen unter 30 °C. Unterhalb dieser Temperatur sinkt die Viskosität mit steigendem Druck. Die Ursache dieses Verhaltens ist in Verdichtung der Packung der Wassermoleküle bei niedriger Temperatur zu sehen.

Tab. 6.3: Dynamische Viskosität und Oberflächenspannung des Wassers in Abhängigkeit von der Temperatur

Temperatur °C	Dynamische Viskosität μPa s	Oberflächenspannung 10^{-3} N m^{-1}
0	1,792	75,62
10	1,307	74,11
20	1,002	72,75
30	0,798	71,04
40	0,653	69,42
50	0,547	67,90
60	0,467	66,04
70	0,404	64,27
80	0,370	62,50
90	0,320	60,68
100	0,280	58,80

6.2.2.6 Oberflächenspannung

Die für eine Flüssigkeit hohe Oberflächenspannung (Tab. 6.3) kann auf die starken zwischenmolekularen Kräfte der Wasserteilchen zurückgeführt werden. Sie nimmt mit steigender Temperatur, also zunehmendem Zerfall der Cluster ab. Oberflächenaktive Stoffe, wie Natriumsalze der Fettsäuren und synthetische Tenside, erniedrigen die Oberflächenspannung des Wassers so, daß es in textile Gewebe und enge Spalten eindringen kann. Säuren, Basen und anorganische Salze beeinflussen die Oberflächenspannung nicht.

6.2.2.7 Elektrische Eigenschaften

Die Dielektrizitätszahl von Wasser beträgt bei 20 °C 80,08. Sie nimmt mit steigender Temperatur ab. Die stark dissoziierende Wirkung auf heteropolare Bindungen der Elektrolyte und die hohe Löslichkeit fester Stoffe durch das Wasser sind auf die hohe Dielektrizitätszahl zurückzuführen.

Im chemisch reinen Wasser ist die Konzentration des dissoziierbaren Anteiles praktisch null:

$$H_2O \rightleftarrows H^+ + OH^-$$

Mit steigender Temperatur nimmt die elektrolytische Dissoziation und damit auch die *elektrische Leitfähigkeit* zu (Tab. 6.4).

Tab. 6.4: Elektrische Leitfähigkeit des Wassers in Abhängigkeit von der Temperatur

Temperatur °C	Leitfähigkeit 10^{-8} S cm^{-1}
0	1,11
20	4,00
25	5,49
50	17,10

6.2.2.8 Farbe

Das chemisch reine Wasser hat eine hellblaue Farbe, die mit dem Auge nur in höherer Schichtdicke zu erkennen ist.

6.3 Natürlich vorkommendes Wasser

Die bisher dargestellten Eigenschaften beziehen sich auf chemisch reines Wasser, das in der Natur praktisch nicht vorkommt. Durch sein hervorragendes Lösungsvermögen löst es im Verlauf des Wasserkreislaufs die verschiedenartigsten Stoffe. Die Atmosphäre kann bis zu 4 Vol.% Wasser in Dampfform aufnehmen. Durch sinkende Temperatur und abfallenden Druck beim Aufsteigen in die Stratosphäre kondensiert der Wasserdampf. Die zur Erde zurückfallenden Wassertropfen, Schnee oder Eis lösen Gase und nehmen Staubpartikel auf.

Bei der Versickerung im Boden werden dann, je nach geologischer Beschaffenheit, die anstehenden Mineralien und Stoffe gelöst. Die natürlich vorkommenden Wässer sind daher unterschiedlich zusammengesetzt, was unterschiedliche Eigenschaften bedingt. Wässer aus gleichen geologischen Formationen können ähnlich zusammengesetzt sein, und man faßt sie als Grundwassertypen zusammen.

Kalkschotterwässer sind meist sauerstoffhaltig und weisen mittlere bis höhere Konzentrationen an Calcium und Magnesium auf.

Raibler Wässer sind meist sauerstoffarm und können beträchtliche Mengen an Gips enthalten.

Tertiärwässer enthalten häufig Eisen und Mangan und nur in geringer Konzentration Calcium.

Neben den Mineralien können auch Stoffe im Wasser gelöst werden, die durch anthropogenen Einfluß im Versickerungsbereich liegen, wie Schwermetalle, Dünger, Schädlingsbekämpfungsmittel u. a.

6.3.1 Physikalische Eigenschaften des natürlichen Wassers

Das als Trinkwasser abgegebene Wasser zeigt keine wesentlichen Abweichungen von den physikalischen Werten des reinen Wassers, denn die Konzentration an Salzen ist sehr gering. Eine Ausnahme ist die elektrische Leitfähigkeit. Schon die geringste Spur eines Elektrolyten erhöht die elektrische Dissoziation und damit die Leitfähigkeit. Im natürlichen Wasser beträgt sie je nach Elektrolytgehalt 50–1500 $\mu S\ cm^{-1}$. Gemäß der Trinkwasser-VO soll der Wert im Trinkwasser 2000 $\mu S\ cm^{-1}$ nicht überschreiten.

6.3.2 Chemische Inhaltsstoffe des natürlichen Wassers

6.3.2.1 Gelöste Gase

Gase lösen sich in Wasser bis zur Sättigung. Dabei gilt das Gesetz von Dalton „Der Partialdruck eines gelösten Gases über der Lösung steht im Gleichgewicht mit seiner Konzentration in der Lösung" und dem temperaturabhängigen Bunsenschen Absorptionskoeffizienten. Mit steigender Temperatur nimmt grundsätzlich die Löslichkeit der Gase in Wasser ab (Tab. 6.5).

Weitere Gase, die im Grund- und Oberflächenwasser vorkommen können, sind: Ammoniak, Schwefelwasserstoff und Methan. Sie entstehen im Faulschlamm stark eutrophierter Gewässer durch mikrobiologischen Abbau organischer Substanz (Sumpfgas), können aber auch in Tiefenwässern vorkommen (Mineralwässer).

Tab. 6.5: Gas-Sättigungswerte in Abhängigkeit von der Temperatur bei Normaldruck

Temperatur °C	Sättigungskonzentration mg l^{-1}	
	O_2	CO_2
0	14,5	1,0
5	12,7	0,8
10	11,2	0,7
15	10,1	0,5
20	9,1	0,5
25	8,4	0,4
30	7,5	0,3

6.3.2.2 Molekular gelöste Stoffe

Undissoziiert liegen vor: gelöste Gase, Kieselsäure, Huminsäuren, organische Substanzen.

Dissoziiert liegen vor:

Kationen: H^+, NH_4^+, K^+, Na^+, Ca^{2+}, Mg^{2+}, Fe^{2+}, Mn^{2+}.

Anionen: OH^-, Cl^-, NO_3^-, NO_2^-, F^-, HCO_3^-, CO_3^{2-}, S^{2-}, SO_4^{2-}, PO_4^{3-}.

Neben diesen wichtigsten Anionen und Kationen können in Abhängigkeit vom anstehenden Gestein Spurenelemente auftreten. Wenn sie in höheren Konzentrationen auftreten, sind sie häufig durch anthropogenen Einfluß (Abwasser, Düngung, Deponie u. a.) bedingt. Auch eine Vielzahl organischer Substanzen kann im Wasser gelöst vorkommen. Sie sind zum größten Teil, besonders in höheren Konzentrationen, durch menschliche Aktivitäten und Unachtsamkeit in Grund- und Oberflächenwasser gelangt.

Für anorganische und organische Inhaltsstoffe, die gesundheitsschädigend wirken können, sind Grenzwerte in der Trinkwasser-VO festgesetzt.

6.3.2.3 Suspendierte und kolloidal gelöste Stoffe

Neben den molekular gelösten Stoffen kommen im Wasser suspendierte Stoffe vor, z. B. Sand, Ton u. a. und kolloidal gelöste wie Huminstoffe, Oxidhydrate von Eisen und Mangan u. a.

6.4 Wasservorkommen und Gewinnung

6.4.1 Niederschlagswasser

Zur Wasserversorgung einzelner Häuser kann Regen und Schneeschmelzwasser, das von den Dachflächen abfließen kann, in Zisternen gesammelt werden, die zugleich als Wasserspeicher dienen.

6.4.2 Grund- und Quellwasser

Das „echte Grundwasser" wird ausschließlich durch Versickerung von Niederschlagswasser gebildet. Im Uferbereich von Oberflächengewässern kann natürliche Infiltration von Oberflächenwasser stattfinden (Uferfiltrat).

6.4.2.1 Quellwasserfassung
In Fassungsrohren oder -stollen wird das Wasser gesammelt und einem Schacht oder einer Brunnenstube zugeleitet. Von dort aus wird es im freien Gefälle, über Hebewerke oder Pumpen dem Behälter (Reserve) zugeleitet.

6.4.2.2 Schlagbrunnen
Er ist die einfachste Form der Grundwasserfassung, geeignet für Grundwasservorkommen, die nur wenige Meter tief liegen. In Betonringen wird das Wasser gefaßt, dabei ist der oberflächennahe Teil des Brunnens gut abzudichten, damit kein Regen- und Oberflächenwasser in den Brunnen gelangen kann. Das Wasser kann mit einer Handpumpe oder einer elektrischen Pumpe gefördert, über eine Leitung direkt in den Windkessel (Druckbehälter) und von dort aus zu den verschiedenen Zapfstellen geleitet werden.

Schlagbrunnen sollten nur für die Brauchwasserversorgung z. B. zum Gartengießen erstellt werden. Wegen des besseren Schutzes des Wassers gegen Verschmutzung soll statt eines zweiteiligen Betondeckels ein einteiliger Überwurfdeckel aus Stahl zum Abdecken verwendet werden.

6.4.2.3 Vertikalfilterbrunnen

Bei dieser Brunnenart wird bis zu einer ergiebigen wasserführenden Schicht gebohrt; dann werden Filterrohre vertikal in diese Schicht eingefahren. Im oberen Teil baut man Sperr-Rohre (geschlossene Rohre) ein, um oberflächennahes Wasser fernzuhalten. Mit Hilfe von Heberanlagen oder Pumpen wird das Wasser gehoben und in einer Leitung dem Hochbehälter zugeführt (Abb. 6.3).

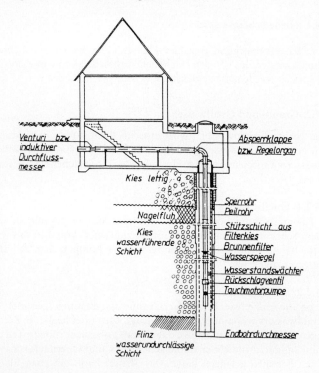

Abb. 6.3: Schema eines Vertikalfilter-Brunnens

6.4.2.4 Horizontalfilterbrunnen

Beim Bau eines Horizontalfilterbrunnens wird ein Schacht aus Stahlbeton bis unter die wasserführende Schicht abgetäuft. Beim Ausbau des Schachtes werden diejenigen Stellen mit der günstigsten Wasserführung durch Stutzen markiert. Die Sohle des Schachtes wird

Wasservorkommen und Gewinnung 307

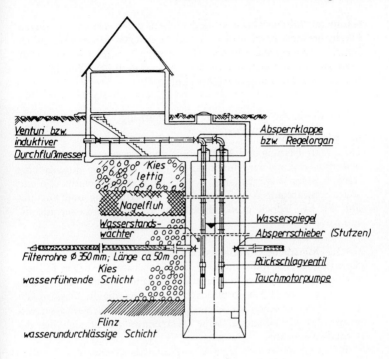

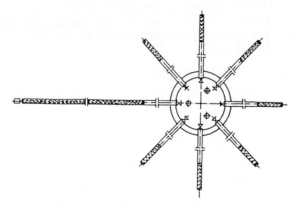

Abb. 6.4: Schema eines Horizontalfilter-Brunnens

betoniert, und anschließend werden durch die vorbereiteten Stutzen Filterrohre horizontal in den Grundwasserleiter vorgepreßt. Durch Schieber können die einzelnen Filterstränge geöffnet werden; das Grundwasser sammelt sich im Schacht und wird über Tauchmotorpumpen der Ableitung zugeführt (Abb. 6.4).

6.4.3 Oberflächengewässer und Wassernutzung

6.4.3.1 Flußwasser

Die direkte Fassung und Aufbereitung von Flußwasser für die Trinkwasserversorgung wird nur noch in geringem Maße durchgeführt (etwa 6% des Wasserbedarfs), denn es kann stärker belastet sein und weist Schwankungen in Temperatur, Wasserführung und Qualität auf. Es hat jedoch große Bedeutung als Betriebswasser für die Industrie.

6.4.3.2 Künstliche Grundwasseranreicherung

Sie erfolgt durch Infiltration von Oberflächenwasser, das in Erdbekken zur Versickerung gelangt. Auf der Beckensohle finden biologische Abbauprozesse und Adsorptionsvorgänge statt, die die Wasserqualität wesentlich verbessern. Dieses gereinigte Oberflächenwasser vermehrt das Grundwasser, seine Temperatur gleicht sich der des Grundwassers an.

Bei einem anderen Verfahren wird das Oberflächenwasser aufbereitet und anschließend über Sicker- oder Schluckbrunnen direkt in den Grundwasserleiter eingeleitet. Nach der Bodenpassage wird das angereicherte Grundwasser über einen Vertikal- oder Horizontalfilterbrunnen wieder gefördert.

6.4.3.3 Natürliche Seen und Talsperren

Das Wasser oligotropher, also nährstoffarmer **Seen** kann, wenn es gelingt, das Einzugsgebiet zu schützen, direkt oder nach Desinfektion zur Versorgung dienen. Mesotrophe Seen, die stärker belastet sind, können nach Aufbereitung und Desinfektion Trinkwasser liefern. Die Entnahmetiefe sollte so gewählt werden, daß möglichst geringe Temperaturunterschiede im Laufe des Jahres zu erwarten sind.
Talsperren sind künstlich angelegte Seen, die durch Aufstau von Oberflächenwasser entstehen. Bei der Nutzung als Reservoir für die Trinkwasserversorgung müssen wasserwirtschaftliche Aspekte berücksichtigt werden. Im Betrieb ist eine ständige Überwachung der Zuflüsse und der Uferregion erforderlich, damit keine Beeinträchti-

gung der Wasserqualität zu befürchten ist. Gegebenenfalls sind Aufbereitung und Desinfektion erforderlich.

6.4.3.4 Meerwasser
Meerwasser kann nach Entsalzung zur Wasserversorgung genutzt werden. Da die Destillation zur Entsalzung sehr hohen Energiebedarf hat, wird heute weitgehend die Umkehr-Osmose eingesetzt. Beide Verfahren liefern praktisch salzfreies Wasser, das sich daher als Trinkwasser nicht eignet (Kap. 6.5.2).

6.5 Wasseraufbereitung im Wasserwerk

6.5.1 Grundwasser
Damit technische Schäden vermieden werden, müssen einige Stoffe, die im natürlichen Wasser vorkommen, auf bestimmte Konzentrationen eingestellt oder völlig aus dem Wasser entfernt werden.

6.5.1.1 Sauerstoffanreicherung
Sauerstoffarme Wässer, d. h. solche, die nur wenig Sauerstoff gelöst enthalten (etwa 5 mg l^{-1} O$_2$), bilden auf metallischen Werkstoffen keine Schutzschichten. Als Folge treten Korrosionen auf. Solche Wässer werden durch Belüftung oder Verdüsung mit Sauerstoff angereichert.

6.5.1.2 Einstellen des Kohlensäuregehaltes
Wenn ein Wasser gefördert wird, das nicht im Kalk-Kohlensäure-Gleichgewicht steht, muß der Kohlensäuregehalt entsprechend dem Gleichgewicht eingestellt werden. Hierzu kann sich je nach chemischer Zusammensetzung des Wassers eine pH-Regulierung eignen oder Austreiben der Überschußkohlensäure durch Verdüsen bzw. Belüftung, bei sehr kalkarmen Wässern auch die Aufhärtung durch Filtration über Kalk- bzw. Dolomitgestein. Die Überwachung erfolgt anhand der pH-Wert-Calcitsättigung (Kap. 6.7.5.1).

6.5.1.3 Entfernung von Eisen und Mangan
In sauerstoff-freiem oder -armem Wasser können Fe^{2+} sowie gelöst vorkommen. Diese Ionen werden bei Luftzutritt od Eisen- und Manganbakterien leicht zu unlöslichem Eiseno bzw. Braunstein oxidiert. Das führt zu Belägen und zu

von Sieben. Besonders unangenehm macht sich eisen- und manganhaltiges Wasser im Waschvorgang bemerkbar. Die Textilien bekommen braune Flecken, die nicht zu entfernen sind. Außerdem haben solche Wässer einen unerwünschten, tintenartigen Geschmack und Geruch.

Zur Enteisenung und Entmanganung wird das Wasser belüftet, anwesendes Mangan zusätzlich mit Ozon oder Kaliumpermanganat oxidiert. Die dabei entstehenden Flocken aus Eisenoxidhydrat und Braunstein werden anschließend über Sandfilter entfernt.

6.5.1.4 Zentrale Enthärtung

Wässer, die $3,8 \text{ mol m}^{-3}$ Härtebildner enthalten, können zentral enthärtet werden. Das Verfahren, das auch für Wäschereien, Getränkeindustrie u. a. geeignet ist, beruht auf Fällung als Calciumkarbonat durch Zusatz von Hydroxylionen, meist in Form von Kalkmilch:

$$Ca(HCO_3)_2 + Ca(OH)_2 \rightarrow 2\,CaCO_3 \downarrow\ + 2\,H_2O$$

Die gelöste Kohlensäure reagiert ebenfalls mit der Kalkmilch:

$$CO_2 + Ca(OH)_2 \rightarrow CaCO_3 \downarrow\ + H_2O$$

Der ausgefallene Kalk muß in Absetzbecken sedimentieren, das überstehende Wasser über Sandfilter filtriert werden.

Ein weiteres Verfahren für die zentrale Erhärtung ist durch Ionenaustausch – Calcium- gegen Wasserstoffionen – möglich. Ein Austausch gegen Natriumionen ist bei Großanlagen wegen Umweltbelastung durch Kochsalz abzulehnen.

6.5.2 Oberflächenwasser

Das gefaßte Oberflächenwasser wird über Mikrosiebe filtriert, um höhere Organismen aus dem Wasser zu entfernen. Entsprechend der Wassergüte wird das Wasser unterschiedlich behandelt. Als Aufbereitungsstufen kommen je nach Rohwasserqualität in Frage:
1. Belüftung durch Verdüsung oder Begasung, um z. B. unerwünschte, flüchtige Stoffe zu entfernen oder den Sauerstoffgehalt zu erhöhen
2. Sedimentation in Absatzbecken
3. Oxidation gelöster organischer Substanzen mit Ozon oder Kaliumpermangat
4. Filtration über Aktivkohle zur Entfernung von Überschuß an Oxidationsmittel und unerwünschten organischen Verbindungen

5. Zusatz von Flockungsmitteln (z. B. Eisen-III-Salze), evtl. auch Flockungshilfsmitteln (z. B. aktivierte Kieselsäure, Natriumaluminat u. a.), um kollodial gelöste Substanzen zu binden. Sie werden anschließend über Sandfiltration aus dem Wasser entfernt.

Man kann auch stärker mit organischen Stoffen belastetes Wasser über Langsamsandfilter filtrieren, nachdem es evtl. die oben genannten Aufbereitungsstufen durchlaufen hat. Hier bildet sich auf der Filteroberfläche eine biologische Schicht, bestehend aus Algen, Pilzen und Bakterien, die Schadstoffe mineralisieren.

Ein spezielles Aufbereitungsverfahren stellt die *Umkehrosmose* dar. Es arbeitet mit einer für das Lösungsmittel Wasser durchlässigen Membran. Im Unterschied zur Osmose wird auf der Seite der höheren Konzentration, also auf der Rohwasserseite, Druck ausgeübt, der höher ist als die osmotische Druckdifferenz. Die Fließrichtung durch die Membran kehrt sich dadurch um. Die im Wasser gelösten Stoffe werden von der Membran zurückgehalten (Konzentrat) und das reine, salzfreie Wasser (Permeat) passiert die Membran und kann abgeleitet werden.

Dieses Verfahren wird in Gewerbe und Industrie (besonders Getränkeherstellung) eingesetzt, dient aber auch zur Meer- und Brackwasser-Entsalzung und zur Nitrat- und Sulfat-Elimination. Da der Gesamtsalzgehalt außerordentlich stark reduziert wird (NaCl um 94–99%), muß das Permeat für Trinkwasserzwecke mit nicht enthärtetem Wasser verschnitten werden, gegebenenfalls sind Korrosionsschutz-Maßnahmen vorzunehmen.

6.5.3 Desinfektion von Trinkwasser

Trinkwasser und Wasser für Lebensmittelbetriebe, das mikrobiologisch bedenklich ist und nicht den Anforderungen der Trinkwasser-VO entspricht, muß desinfiziert werden. Etwa 60% des geförderten Trinkwassers in Deutschland ist mikrobiologisch einwandfrei und bedarf keiner Desinfektion.

6.5.3.1 Abkoch-Anordnung
Dieses schon in der Antike empfohlene Verfahren kann nur kurzzeitig in Einzelfällen angewendet werden, z. B. bei Ausbruch einer Trinkwasserepidemie, in Katastrophenfällen oder in nicht ständig bewohnten Hütten.

6.5.3.2 Chemische Desinfektion

Nach der Trinkwasser-VO dürfen Chlor in Form von Chlorgas, Natrium-, Calcium- oder Magnesiumhypochlorit und Chlorkalk zur Desinfektion eingesetzt werden, ferner Chlordioxid und Ozon.

Beim Einsatz von Chlor und Ozon ist zu beachten, daß nicht nur der Grenzwert für freies Chlor und Ozon nach der Aufbereitung eingehalten wird, sondern auch der Grenzwert für Trihalogenmethane, die bei der Reaktion mit organischen Substanzen wie z. B. Huminsäuren entstehen können (Kap. 6.7.7.2).

Bei der Desinfektion mit Chlordioxid darf neben dem zulässigen Grenzwert für Chlordioxid auch der Grenzwert für Chlorit nicht überschritten werden.

Chlorgas ist toxisch (MAK-Wert 0,5 ppm) und kann nur dort eingesetzt werden, wo die einschlägigen Sicherheitsbestimmungen eingehalten werden können.

Unter einem Druck von 40 000 hPa läßt sich Chlorgas verflüssigen; es kommt in dieser Form in Gasflaschen in den Handel. Die zu dosierende Chlorgasmenge wird in einem Injektor intensiv mit hygienisch einwandfreiem Betriebswasser (nach Trinkwasser-VO) gemischt. Dabei entsteht unterchlorige Säure (HOCl), die das wirksame Agens der Desinfektion ist:

$$Cl_2 + H_2O \rightleftarrows HOCl + HCl$$

Diese Lösung muß möglichst gleichmäßig in dem zu desinfizierenden Wasserstrom verteilt werden. Die erforderliche Abtötungszeit für Bakterien beträgt ca. 15 min.

Nach abgeschlossener Chlorung muß noch 0,1 mg l^{-1} freies Chlor nachweisbar sein, der maximale Grenzwert von 0,3 mg l^{-1} freies Chlor darf nicht überschritten werden. Die Messung erfolgt mit N,N-Diethyl-p-phenylendiamin (DPD-Methode), kolorimetrisch (visuell) oder spektrophotometrisch. Der Grenzwert für evtl. entstandene Trihalogenmethane von 0,01 mg l^{-1} darf nicht überschritten werden.

Die Dosierung von *Hypochloritlösung* (nach DIN 19608) zur Desinfektion eignet sich besonders gut für kleinere Wasserwerke, Einzelversorgungen, Notversorgung u. a.

Die Dosierung kann über einfache Dosiergeräte erfolgen; falls kein Strom vorhanden ist, auch über Tropfdosierung. Im Wasser entsteht eine geringe Menge unterchloriger Säure,

$$NaOCl + H_2O \rightleftarrows NaOH + HOCl,$$

die desinfizierend wirkt; allerdings ist aufgrund des alkalischen Milieus die erforderliche Abtötungszeit für Bakterien wesentlich höher; sie beträgt etwa 1 Std.; die Inaktivierung von Viren ist noch umstritten.

Die Chlormessung erfolgt wie beim Chlorgas nach der DPD-Methode; der Wert muß wie beim Chlorgas nach der Aufbereitung 0,1 bis 0,3 mg l^{-1} freies Chlor betragen und der Gehalt an Trihalogenmethanen darf 0,01 mg l^{-1} nicht überschreiten.

Chlordioxid muß an Ort und Stelle hergestellt werden aus Natriumchlorit und Chlor oder Natriumchlorit und Salzsäure:

$$2\,NaClO_2 + Cl_2 \rightleftarrows 2\,NaCl + 2\,ClO_2$$
$$5\,NaClO_2 + 4\,HCl \rightleftarrows 5\,NaCl + 4\,ClO_2 + 2\,H_2O.$$

Chlordioxid reagiert nicht mit dem Wasser, neigt aber zu explosiver Zersetzung, so daß über konzentrierten Lösungen abgesaugt werden muß. Die Abtötungszeit für Bakterien und Viren beträgt nur wenige Minuten.

Der maximal zulässige Grenzwert für Chlordioxid beträgt nach der Aufbereitung 0,2 mg l^{-1} ClO$_2$. Da Chlordioxid mit reduzierenden Stoffen im Wasser reagiert, kann sich Chlorit (ClO$_2^-$) bilden, für das ein Grenzwert von 0,2 mg l^{-1} gilt. Restliches Chlordioxid kann z. B. photometrisch mit DPD bestimmt werden (nach DIN 38408 Teil 5).

Ozon ist unbeständig und muß an Ort und Stelle hergestellt werden. Dazu wird völlig getrocknete Luft zwischen Elektroden einem Hochspannungs-Wechselfeld von 7–12 KV ausgesetzt. Ein Teil des Luftsauerstoffes wird dabei in Ozon umgewandelt:

$$3\,O_2 \rightleftarrows 2\,O_2 + 2\,[O] \rightleftarrows 2\,O_3.$$

Das Ozon, im Wasser gelöst, hat eine außerordentlich hohe Keimtötungs-Geschwindigkeit. Bereits nach wenigen Minuten sind alle Bakterien und Viren abgetötet, was auf die bakterizide und viruzide Wirkung des Sauerstoffes in statu nascendi zurückzuführen ist.

Der maximal zulässige Grenzwert nach der Aufbereitung beträgt 0,05 mg l^{-1} Ozon und 0,01 mg l^{-1} Trihalogenmethane. Die Bestimmung des Restozons erfolgt mit der DPD-Methode.

6.5.3.3 Physikalische Desinfektion

Mikroorganismen sind sehr empfindlich gegenüber *Ultraviolettstrahlung*. Im UVC-Bereich tritt bei einer Wellenlänge von 200–280 nm beträchtliche Keimreduktion auf. Dieses Verfahren ist jedoch nicht für jedes Wasser uneingeschränkt möglich. Das Wasser muß völlig klar sein – Trübstoffe absorbieren die Strahlung – und es darf zu keinen Abscheidungen von Kalk, Eisen und Mangan kommen. Es sollten nur Geräte für die Trinkwasserdesinfektion eingesetzt werden, die bei Stromausfall oder plötzlich auftretender Trübung automatisch die Wasserzufuhr sperren oder auf eine Chloranlage umschalten.

6.5.3.4 Konservierung mit Silber

Silber darf wegen der hohen Ökotoxizität von Silberionen in den Oberflächengewässern nicht zur Desinfektion im Trinkwasserbereich eingesetzt werden.

Bei Wässern, die zur Nachverkeimung im Leitungssystem neigen, kann Silber, Silberchlorid, Silbersulfat und Natriumsilberchloridkomplex zur Konservierung eingesetzt werden. Hierbei darf ein Grenzwert von $0{,}08\,\text{mg}\,\text{l}^{-1}$ Ag nicht überschritten werden. Die in solchen Fällen früher übliche Dosierung von geringen Chlorkonzentrationen $0{,}1\,\text{mg}\,\text{l}^{-1}$ Cl ist nicht mehr zugelassen (Trinkwasser-VO § 1 Absatz 4).

6.5.3.5 Biologische Desinfektion

Die biologische Desinfektion wird bei der Oberflächenwasser-Aufbereitung mit gutem Erfolg praktiziert. Sie beruht auf Langsamsandfiltration und Bodenpassage zur Grundwasser-Anreicherung. Diese Filter wirken nicht nur als mechanische Siebe, sondern es finden adsorptive Grenzschichtvorgänge statt, chemische Umsetzungen und besonders intensive mikro- und makrobiologische Abbauprozesse. Praktische Erfahrungen zeigen, daß die Wirksamkeit eine chemische oder physikalische Desinfektion überflüssig macht.

6.5.4 Desinfektion von Wasser-Versorgungsanlagen

Damit das Trinkwasser nach Neubau, Reparaturen und Reinigung wasserführender Anlagen nicht kontaminiert wird, ist eine Desinfektion vor Inbetriebnahme vorzunehmen. Das gilt auch für Privatleitungen in größeren Häuserkomplexen. Hierzu eignen sich Natriumhypochlorit- oder Kaliumpermanganatlösung in einer Konzentration von $10\text{--}50\,\text{mg}\,\text{l}^{-1}$ Chlor bzw. $8\text{--}12\,\text{mg}\,\text{l}^{-1}$ Kaliumpermanganat. Nach mindestens 6stündiger Standzeit kann die Desinfektionslösung völlig ausgespült und der Betrieb wieder aufgenommen werden.

Da die Entsorgung der Desinfektionsmittel-Lösungen mit Schwierigkeiten verbunden ist, hat man versuchsweise Wasserstoffperoxid zur Desinfektion von Anlagenteilen untersucht. Mit etwa $150\,\text{mg}\cdot\text{l}^{-1}$

H_2O_2 hat man nach 24stündigen Standzeiten etwa die gleichen Ergebnisse wie mit Natriumhypochlorit bzw. Kaliumpermanganat erzielt. Auch diese Lösung muß völlig ausgespült werden, kann aber ohne Nachbehandlung in die Kanalisation eingeleitet oder versickert werden. Zur Trinkwasserdesinfektion ist H_2O_2 unzulässig, weil Radikale entstehen, die cancerogen wirken sollen.

6.6 Wasserspeicherung und -verteilung

Der *Hochbehälter* dient zur Speicherung von Trinkwasser, damit Verbrauchsspitzen gedeckt werden können und die Abnehmer ständig Wasser in ausreichender Menge und mit ausreichendem Druck erhalten. Der geringe Verbrauch in der Nacht und am Wochenende läßt den Wasserspiegel im Behälter ansteigen; mit steigendem Verbrauch am Morgen und zu Wochenbeginn fällt er allmählich wieder ab. Nach Möglichkeit sollte der Behälter nahe beim Abnehmer liegen und in einer Höhenlage, die dem Verbraucher ausreichenden Druck garantiert; andernfalls müssen Druckerhöhungs-Anlagen eingebaut werden.

Vom Behälter aus gelangt das Wasser in das *Verteilerrohrnetz*, das nach DIN 4046 als „unter Straßen verlegtes Leitungssystem" bezeichnet wird. Von diesen Versorgungsleitungen zweigen Anschlußleitungen zu den einzelnen Häusern ab. Beim Eintritt in das Haus ist der Wasserzähler installiert. Diese Anlagen einschließlich Wasserzähler gehören dem Versorgungsunternehmen.

Der ideale *Versorgungsdruck* beträgt 4000–10 000 hPa. Damit sind Häuser bis zum 8. Stock ohne Druckerhöhung zu versorgen, bei 1000–4000 hPa nur 1–2stöckige Häuser. Drücke über 10 000 hPa erfordern gegebenenfalls Druckminderer.

Zur *Hausinstallation* gehören alle Anlagenteile, die das Trinkwasser vom Wasserzähler bis zum letzten Zapfhahn transportieren, wie Verteilungsleitung im Keller, Steig- und Stockwerksleitungen, alle Armaturen, Geräte zum Absperren, Druckminderer, Warmwasserbereiter und evtl. Nachaufbereitungegeräte.

Die Qualität des Trinkwassers darf nicht nachteilig beeinflußt werden. Es müssen daher auch Maßnahmen ergriffen werden, die ein Rückfließen von Wasser aus der Hausinstallation in das Verteilernetz verhindern – Einbau von Rückflußverhinderern. Auch Unterdruck muß verhindert werden, weil sonst Druckstöße auftreten. Werden Pumpen direkt am Verteilrohrnetz angeschlossen, müssen Saugunterbrecher eingebaut werden, um zu verhindern, daß Wasser, welches belastet sein kann, wieder in das Leitungsnetz zurückgesaugt wird.

Die Verantwortung für die gesamte Hausinstallation bleibt beim Hausbesitzer. Die von den Wasser-Versorgungsunternehmen erstellten Anforderungen für Anschlußnehmer sind zum Schutz vor Qualitätsbeeinträchtigung des Wassers strikt einzuhalten.

6.7 Kriterien der Wasserqualität und der Trinkwassergüte

In der DIN 2000 wird gefordert, daß „das abzugebende Trinkwasser sich an den Eigenschaften eines aus genügender Tiefe und aus ausreichend filtrierten Schichten gewonnenen Grundwassers von einwandfreier Beschaffenheit zu orientieren hat, das dem natürlichen Wasserkreislauf entnommen und in keiner Weise beeinträchtigt wurde". Es soll ferner sichergestellt werden, „daß es an der Übergabestelle den Verbraucher in ausreichender Menge, Güte und Druck erreicht".

Mikroorganismen, höhere Organismen und im Wasser gelöste chemische Stoffe können Qualität und Güte beeinträchtigen und evtl. auch gesundheitliche Schäden zur Folge haben. Trink- und Brauchwasser für Lebensmittelbetriebe unterliegen daher den Bestimmungen und Anforderungen des „Gesetzes zur Verhütung und Bekämpfung übertragbarer Krankheiten beim Menschen" (Bundesseuchen-Gesetz) und dem „Gesetz zur Neuordnung und Bereinigung des Rechts im Verkehr mit Lebensmitteln, Tabakerzeugnissen, kosmetischen Mitteln und sonstigen Bedarfsgegenständen" (Lebensmittel- und Bedarfsgegenstände-Gesetz).

Das Brauchwasser für die Lebensmittelzubereitung in Haushalt und Industrie, auch das Wasser für Reinigungszwecke, muß mikrobiologisch einwandfrei sein und den Anforderungen der Trinkwasser-VO entsprechen, d. h. frei sein von Darmbakterien.

1978 ist in Ismaning (Bayern) eine Ruhrepidemie aufgetreten, weil zeitweise eine provisorische Anlage in Betrieb genommen wurde, die durch eine Versitzgrube belastet wurde. Als ein Bewohner von einer Auslandsreise mit einer Ruhrinfektion zurückkehrte, erkrankten 2400 Personen an einer Shigellen-Ruhr.

6.7.1 Mikroorganismen im Wasser

In allen natürlichen Wasservorkommen, auch im Tiefengrundwasser, sind Mikroorganismen in großer Zahl vorhanden. Sie spielen im Kreislauf der Stoffe eine entscheidende Rolle, indem sie die im Wasser vorhandenen organischen und anorganischen Stoffe abbauen und ununterbrochen Mineralisationsprozesse in Gang halten.

6.7.1.1 Seuchenerreger

Wenn das Wasservorkommen mit menschlichen oder tierischen Fäkalien verunreinigt wird, besteht die Gefahr, daß Infektionskrankheiten auftreten, und zwar endemisch, d. h. zwar örtlich, nicht aber zeitlich begrenzt oder epidemisch, d. h. als zeitlich begrenzte Massenerkrankung. Übertragen werden dabei Bakterien und Viren, die nach peroraler Aufnahme eine Erkrankung auslösen können. Sie werden von erkrankten Personen oder Dauerausscheidern mit Fäkalien und Urin ausgeschieden, können aber auch über die Ausscheidungen von Tieren, wie Mäusen und Ratten, übertragen werden.

Nach Dott und Thofern (1983) können folgende Krankheitserreger durch Trinkwasser übertragen werden: Salmonella typhi, Salmonella paratyphi, Vibrio colerae, Vibrio parahaemolyticus, Campylobacter gastroenteritis, Shigella-Arten, Yersinia enterolitica, Yersinia pseudotuberculosis, Leptospira, Francisella tularensis, Dyspepsie-Coli, Hepatitis-A-Viren, Poliomyelitis-Viren, Coxsackie-Viren, Echo-Viren. Nach neueren Arbeiten werden auch Rota-Viren auf diese Weise übertragen. Im Gegensatz zu den Viren können sich die genannten Bakterien auch in verschiedenen Lebensmitteln vermehren, wodurch die Infektionsgefahr wesentlich erhöht wird.

6.7.1.2 Legionellen

Die Gattung Legionella kommt in vielen Arten ubiquitär im Untergrund und im Süßwasser vor. 17 Arten dieser Bakterienfamilie sind humanpathogen. Die Mehrzahl der Erkrankungen ist auf Legionella pneumophila zurückzuführen. Über die Fassungs- und auch Aufbereitungsanlagen gelangen diese Bakterien in das Warmwassersystem. Sie werden durch die normale Desinfektion nicht abgetötet. Aufgrund der für sie günstigen Temperaturen vermehren sie sich rasch, wobei Keimzahlen (KBE) vom $10^6 \, l^{-1}$ erreicht werden können. In Ein- und Zweifamilienhäusern und bei einer mittleren Wassertemperatur von 58 °C ist die Kontaminationsgefahr verhältnismäßig gering, während in Großgebäuden etwa in 60% der Warmwassersysteme Legionellen nachgewiesen werden konnten. Es handelt sich hierbei also um ein technisches Problem; entsprechende Arbeitsblätter zur Prophylaxe werden derzeit bearbeitet.

Wird solch ein kontaminiertes Warmwasser versprüht und als lungengängiges Aerosol eingeatmet, kann es zu einer leicht verlaufenden Lungenentzündung kommen (Pontiac-Fieber, atypische Pneumonie) oder bei Abwehrschwäche zur Legionellose, einer Pneumonie und Pleuritis mit hoher Letalität.

6.7.2 Algen im Trinkwasser

Wo Licht in Trinkwasser einfallen kann, wie z. B. in Wasserstandsanzeiger und lichtdurchlässige Behälter, können Algen wachsen. Sie bilden an den Wänden grüne bis bräunliche Beläge, die dem Wasser einen charakteristischen Geruch und Geschmack (z. B. gurkenartig bei Chlorella-Arten) verleihen und Bakterienwachstum fördern. Das Wasser entspricht dann häufig nicht mehr den Anforderungen der Trinkwasser-VO. Völliges Abdunkeln verhindert Algenwachstum. Schon bestehende Algenrasen müssen mit Behälterreinigungsmitteln entfernt werden; sie sollten dem DVGW-Merkblatt W 319 entsprechen.

6.7.3 Temperatur des Trinkwassers

Nach DIN 2000 soll die Temperatur des Trinkwassers zwischen 5 °C und 15 °C liegen; größere Temperaturschwankungen weisen auf Einbruch von Fremdwasser hin. In der EG-Richtlinie vom 15. 7. 1980 wird eine Richtzahl von 12 °C und, wie in der Trinkwasser-VO, ein Höchstwert von 25 °C angesetzt; dieser Wert gilt natürlich nicht für erwärmtes Trinkwasser.

6.7.4 Sensorische Anforderungen an Trinkwasser

1. Trinkwasser muß farblos und klar sein. Trübungen, die nach kurzer Standzeit verschwinden, werden durch Luftbläschen verursacht und sind völlig belanglos.
2. Trinkwasser muß geruchs- und geschmacksfrei sein. Eine Ausnahme besteht für Wasser, das mit Chlor desinfiziert wurde.

Veränderung von Geruch und Geschmack des Wassers weist auf Fremdstoffe hin. So ist Mineralöl noch in einer Verdünnung von $1:10^6$ sensorisch erkennbar. In Neubauten oder nach Reparaturen in der Verbrauchsleitung sind mineralölähnlicher Geruch und Geschmack auf Gewindeschneidöle zurückzuführen. Wenn nach einigen Tagen trotz Spülung der betreffenden Leitung dieser Zustand unverändert bestehen bleibt, kann es sich um schwer abspülbare Öle oder um ungeeignete Dichtungsmaterialien handeln. In diesem Fall ist der Installateur einzuschalten.

6.7.5 pH-Wert und Calzitsättigung

Der pH-Wert ist ein wichtiger Parameter zur Beurteilung eines Wassers. Er erlaubt Aussagen über das mögliche Korrosionsverhalten oder Kalkausscheidung, und er muß bei der Aufbereitung des Wassers beachtet werden, z. B. bei der Entsäuerung.

Nach der EG-Richtlinie darf Trinkwasser nicht aggressiv sein. In der Trinkwasser-VO wurde daher festgelegt, daß der pH-Wert 6,5 bzw. 9,5 nicht unter- bzw. überschritten werden darf.

Das Trinkwasser darf nicht kalkaggressiv, also nicht kalklösend aber auch nicht -abscheidend sein; es soll sich im Zustand der Kalksättigung befinden. Bei welchem pH-Wert dieser Zustand erreicht ist, wurde früher weitgehend mit der Bestimmung des Kalk-Kohlensäure-Gleichgewichts ermittelt, das sich jedoch als nicht ganz eindeutig erwiesen hat.

Heute bestimmt man diesen pH-Wert mit Hilfe der Calciumcarbonatsättigung des Wassers: Das zu untersuchende Wasser wird mit Calciumcarbonat (Marmor) versetzt und der sich nach einem gewissen Zeitraum einstellende pH-Wert gemessen. Bei Anstieg des pH-Wertes ist das Wasser kalkaggressiv, sinkt der pH-Wert, liegt kalkabscheidendes Wasser vor.

Anstelle dieser praktischen Untersuchung kann der pH-Wert der Calzitsättigung auch durch Titration gegen Methylorange (Umschlag bei pH 4,3) und der im Wasser vorhandenen Calciumkonzentration errechnet werden. Hierzu sind allerdings spezielle Rechenprogramme oder eine vom Bundesgesundheitsamt veröffentlichte Tabelle (AURAND u. a. 1991) erforderlich.

6.7.6 Gelöste anorganische Stoffe

Bei der Bodenpassage des Wassers werden je nach geologischer Formation und Löslichkeit die meisten Elemente in unterschiedlicher Konzentration gelöst. Dabei stellen sich stets Gleichgewichte ein. Durch menschliche Aktivitäten kann zusätzlich Belastung auftreten,

z. B. durch Auswaschung ungeordneter Deponien, Düngung, Luftverschmutzung u. a. Dadurch können u. U. Konzentrationen an Schadstoffen auftreten, die die zulässigen Grenzwerte mehr oder weniger weit überschreiten. Grenzwert-Überschreitung kann auch durch Lösen von Rohrmaterial, z. B. Blei oder Kupfer auftreten oder über Reduktionsprozesse, wie die Nitritbildung aus Nitrat durch verzinkte Rohre.

6.7.6.1 Erdalkali-Metalle (Härtebildner)

Die Erdalkali-Metalle Calcium, Magnesium, Strontium und Barium kommen im Gestein natürlich vor, in Mitteleuropa weitgehend nur Calcium und Magnesium, die als Carbonate und Sulfate weit verbreitet sind. Durch Verwitterung lösen sie sich im Wasser als Bicarbonate, z. B.

$$CaCO_3 + H_2O + CO^2 \rightleftharpoons Ca(HCO_3)_2$$

bzw. Sulfat.

Ihre Bedeutung liegt darin, daß sie die Härte des Wassers verursachen. Man versteht darunter die Summe der Erdalkali-Ionen Ca^{2+} und Mg^{2+}. Der Analysenwert „Grad deutsche Härte (°dH) ist heute keine gesetzliche Einheit mehr. Als $1°dH$ hat man $10\,mg\,l^{-1}$ CaO bezeichnet bzw. entsprechend dem chemischen Äquivalent $7{,}14\,mg\,l^{-1}$ MgO. Heute wird die Härte als „Summe der Erdalkalien" angegeben und meistens in $mmol \cdot l^{-1}$ berechnet.

$$1°dH \triangleq 0{,}179\,mmol\,l^{-1}$$

Das im Wasser gelöste Calciumbicarbonat steht mit der gelösten Kohlensäure im Gleichgewicht, das stark temperaturabhängig ist. Mit steigender Temperatur wird es gestört, da CO_2 entweicht, und Calciumcarbonat fällt in Form harter Kristalle aus.

$$Ca^{2+} + 2\,HCO_3^- \xrightarrow{Erwärmen} CaCO_3 + H_2O + CO_2\uparrow$$

Im Waschprozeß verwendete Seife sowie Fettsäuren aus dem Schmutz reagieren mit Calciumionen zu unlöslichen Verbindungen. Synthetische Tenside sind weniger oder überhaupt nicht härteempfindlich.

Um die Inkrustierung der Textilien aus der alkalischen Waschflotte zu vermeiden, wurde früher den Waschmitteln Polyphosphat, meist Pentanatriumtriphosphat zugesetzt, das die im Wasser vorhandenen Calciumionen komplexiert.

Da früher etwa 30% der Gesamtphosphatfracht unserer Gewässer auf Waschmittel zurückzuführen waren, was erheblich zur Eutrophierung der Gewässer beigetragen hat, wurden die Phosphate in allen deutschen Waschmitteln durch Zeolithe und Carboxylate ersetzt. – Die Wirkung der Zeolithe beruht auf Ionenaustauschvorgängen. – Der Verbraucher soll jedoch weiterhin Waschmittel entsprechend der jeweiligen Wasserhärte dosieren. Dazu hat der Gesetzgeber im Waschmittelgesetz (1974) vier Härtebreiche festgelegt:

Härtebereich 1:	$\leq 1{,}3$ mmol l^{-1}	$\leq 7°$dH
Härtebereich 2:	$1{,}3-2{,}5$ mmol l^{-1}	$7-14°$dH
Härtebereich 3:	$2{,}5-3{,}8$ mmol l^{-1}	$14-21°$dH
Härtebereich 4:	$> 3{,}8$ mmol l^{-1}	$> 21°$dH

Mindestens einmal jährlich und bei jeder Änderung des Härtebereiches müssen die Wasserwerke oder Gemeinden den Härtebereich des abgegebenen Wassers bekanntgeben. Es wird empfohlen, Aufkleber mit Angabe der Wasserhärte an die Haushalte zu verteilen.

In der Trinkwasser-VO wird ein Grenzwert von 400 mg l^{-1} Calcium und 50 mg · l^{-1} Magnesium festgelegt. Bei Überschreitung der Werte ist zentrale Enthärtung durchzuführen (Kap. 6.5.1.4). Gesundheitliche Beeinträchtigung durch Calcium und Magnesium ist nicht zu befürchten.

6.7.6.2 Schwermetalle

Erhöhte *Blei*konzentrationen im Trinkwasser sind in der Mehrzahl der Fälle auf Bleileitungen zurückzuführen, die als Anschluß- und evtl. auch als Verbrauchsleitung eingebaut wurden. Heute darf Blei als Rohrmaterial nicht mehr verwendet werden. In Altbauten, in denen noch Bleileitungen vorhanden sind, sollte stagniertes Wasser nicht zum Genuß dienen; erst nach mindestens 5 min. Spüldauer kann es als Trinkwasser verwendet werden.

Cadmium kommt als Mineral besonders in Zinkerzen vor. Da in der Hausinstallation überwiegend verzinktes Stahlrohr eingebaut wird, sollten der Verbraucher und der Planer bedenken, daß normales Hüttenzink 1% Fremdmetall, darunter Blei und Cadmium enthält. Bei Neuverlegung und Reparaturen sollten nur Rohre nach DIN 2444 und DIN 2440 Verwendung finden. Sie weisen eine einwandfreie Verzinkung auf; der Fremdmetallgehalt der Zinkschicht liegt $< 0{,}1\%$.

Der Grenzwert für Cadmium nach der Trinkwasserverordnung beträgt 0,005 mg l^{-1}.

6.7.6.3 Nitrat

Nitrat kommt in allen sauerstoffhaltigen Grund- und Oberflächengewässern in einer Konzentration von $< 5\,\text{mg}\,\text{l}^{-1}\,\text{NO}_3^-$ vor. Es entsteht durch mikrobielle Mineralisationsprozesse aus organischen und anorganischen Stickstoffverbindungen. Durch intensive Bodennutzung unter Einsatz leicht löslicher Nitrate in Kunstdünger und das Ausbringen von Gülle gelangt mehr Nitrat in den Boden als die Vegetation kurzfristig aufnehmen kann. Durch Auswaschung des Bodens gelangt das Nitrat in das Grundwasser. In einigen Gebieten wurden bereits Werte $\geq 150\,\text{mg}\,\text{l}^{-1}\,\text{NO}_3^-$ gemessen.

Nitrat ist nur in hohen Dosen (ca. 0,5–1 g) für den Menschen toxisch. Exogen, z. B. bei der Nahrungsmittelzubereitung und endogen, durch die Mundflora, wird es sehr leicht zu Nitrit reduziert, das bei Säuglingen Methämoglobinämie auslösen kann und mit Aminen Nitrosamine bildet, die als cancerogen einzustufen sind.

Zum Schutz der Gesundheit des Verbrauchers wurden daher weltweit Grenzwerte für den maximal zulässigen Nitratgehalt im Trinkwasser festgelegt. Sie liegen je nach Land zwischen 15 und 100 mg l^{-1} NO_3^-; in der Bundesrepublik sind generell bis 50 mg l^{-1} NO_3^- zulässig.

Zur Reduktion des Nitratgehaltes im Trinkwasser kommen folgende Aufbereitungsverfahren in Frage:
1. Verschneiden des Wassers mit nitratarmem Wasser
2. Nitratelimination über schwach basische Anionenaustauscher
3. Umkehr-Osmose (Kap. 6.5.2)
4. Mikrobiologischer Abbau durch Denitrifikanten. Unter anaeroben Verhältnissen kann hierbei eine Reduktion bis zu elementarem Stickstoff erfolgen.

Alle genannten Verfahren bringen Probleme mit sich. Bei Verfahren 1 können Korrosionsprobleme auftreten; die Verfahren 2 und 3 verlagern über die Rückspülung das Nitrat vom Trinkwasser zum Oberflächenwasser und Verfahren 4 erfordert Zusatz von Nährstoffen und bedingt eine Erhöhung der Biomasse im Klärschlamm der Wasserversorgungs-Unternehmen.

6.7.6.4 Fluorid

Fluoride kommen in Mineralien vor und gelangen durch Verwitterung und Auswaschung ins Grundwasser. Der Eintrag über Abgase ist infolge der TA-Luft in der Bundesrepublik minimal.

Der Grenzwert für Trinkwasser beträgt 1,5 mg l^{-1} F^-. Höhere Konzentrationen sind gesundheitlich bedenklich (Fluorose). Zur Kariesverhütung wird von Seiten der Zahnmedizin ein Fluorzusatz zum Trinkwasser empfohlen, so daß ein Endwert von 1,0–1,3 mg l^{-1} F$^-$ erreicht wird. Diese Forderung ist aus ökologischen Gründen abzulehnen; denn Fluoride werden bei der Abwasserreinigung nicht eliminiert. Rechnerisch würde München über die öffentliche Wasserversorgung ca. 145 t pro Jahr Fluorid in die Isar ableiten (ohne Fluoridzusatz ca. 30 t pro Jahr).

6.7.7 Gelöste organische Stoffe

Neben den anorganischen Wasserinhalts-Stoffen kann eine Vielzahl organischer Substanzen molekular oder kolloidal gelöst im Wasser vorkommen. Überwiegend handelt es sich dabei um Stoffe, die bei der Zersetzung organischen Materials entstehen, wie z. B. Huminsäuren. Im Spurenbereich entstehen auch gesundheitlich bedenkliche Substanzen als Folge natürlicher Prozesse im Boden. Die heute häufiger nachzuweisenden, höheren Konzentrationen solcher Substanzen und das Vorkommen von Stoffgruppen, die bisher in der Natur nicht nachgewiesen wurden, sind jedoch durch menschliches Handeln bedingt. Bei Grenzwertüberschreitung muß u. U. eine entsprechende Aufbereitung erfolgen oder auf andere Wasservorkommen umgestellt werden.

6.7.7.1 Polycyclische, aromatische Kohlenwasserstoffe

Die polycyclischen, aromatischen Kohlenwasserstoffe (PAK) kommen weit verbreitet im Boden und in Pflanzen vor. Über Fäkalien und Urin gelangen sie in das häusliche Abwasser. In höheren Konzentrationen kommen PAK im Straßenteer und Elektroisolier-Material vor, und sie entstehen bei der Verbrennung fossiler Brennstoffe. Aus Anstrich- und Isoliermitteln können sie auch im Bereich der Wasserversorgung im Trinkwasser gelöst werden. Der größte Teil der PAK wirkt cancerogen, wie z. B. das Benzo(a)pyren, auch 3,4 Benzpyren genannt.

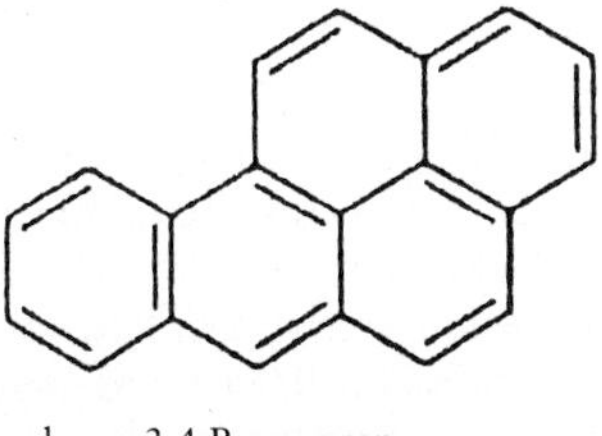

Abb. 6.5: Strukturformel von 3,4 Benzpyren

6.7.7.2 Leichtflüchtige Halogenkohlenwasserstoffe

Zu dieser Gruppe gehören alle Halogenkohlenwasserstoffe, deren Siedepunkt < 150 °C liegt u. a. Reinigungs- und Lösungsmittel, wie z. B. Trichlorethylen (Tri).

Diese häufig verwendeten Stoffe gelangen über Bodenpassage oder Abwasser in Grund- und Oberflächenwasser; sie sickern aber auch durch Beton, Kunststoffe, Asbestzement, zementausgeschleuderte Gußrohre u. a. Sie sind gesundheitsgefährdend und bei Überschreitung der Grenzwerte (s. u.) muß das Aufbereitungsverfahren im Wasserwerk durch eine Aktivkohlefiltration, welche diese Stoffe adsorptiv zurückhält, erweitert werden.

Eine andere Gruppe leichtflüchtiger Halogenkohlenwasserstoffe, die Trihalogenmethane oder Haloforme, entstehen bei der Aufbereitung von Wasser mit hoher organischer Belastung z. B. durch Huminsäuren infolge Oxidation mit Chlor oder Ozon. Dabei werden entstehende Methylgruppen chloriert, die dann mit Alkalihydroxiden Haloforme bilden wie:

Trichlormethan $CHCl_3$
Tribrommethan $CHBr_3$
Dibromchlormethan $CHClBr_2$
Dichlorbrommethan $CHCl_2Br$

Um die Bildung dieser Verbindungen, die z. T. als cancerogen einzustufen sind, zu verhindern, ist man bestrebt, biologische Aufbereitungsverfahren in verstärktem Maße einzusetzen.

Der zulässige Grenzwert nach der Aufbereitung beträgt 0,01 mg l^{-1} Haloforme, für die übrigen leichtflüchtigen Chlorkohlenwasserstoffe (Trichlorethan, Trichlorethen, Tetrachlorethen und Dichlormethan) insgesamt 0,01 mg · l^{-1} und für Tetrachlormethan 0,003 mg l^{-1}.

Die genannten Grenzwerte für flüchtige Chlorkohlenwasserstoffe können durch Zubereitung im *Haushalt* bis unter den Richtwert der EG-Richtlinie reduziert werden, indem man das Trinkwasser einige Sekunden mit Blasenbildung kochen läßt. Auch Kaffeemaschinen führen zu einer geringen Reduktion.

6.7.7.3 Pestizide

Chemische Stoffe zur Pflanzenbehandlung und Schädlingsbekämpfung einschließlich ihrer toxischen Hauptabbauprodukte sowie polychlorierte und polybromierte Biphenyle und Terphenyle sollten nicht im Trinkwasser nachweisbar sein. Der Grenzwert für diese Stoffe beträgt für die einzelne Substanz 0,0001 und insgesamt 0,0005 mg l^{-1}.

6.8 Nachaufbereitung von Trinkwasser im Haushalt

Im Gegensatz zur Einzelversorgung erfordert Trinkwasser aus zentraler Versorgung keine Nachaufbereitung. Versorgungsunternehmen oder Gemeinden liefern Wasser, das gegebenenfalls aufbereitet ist, so daß in der Verbrauchsleitung Korrosion oder Kalkausscheidungen bei einwandfreiem Rohrmaterial, sachgerechter Installation und üblicher Betriebsweise nicht zu befürchten sind. Qualitativ wird das Wasser aufgrund gesetzlicher Vorschriften auf Schadstoffe und mikrobiologische Beschaffenheit laufend kontrolliert, so daß eine Nachbehandlung normalerweise nicht erforderlich ist.

Von der Industrie werden den Haushalten folgende Verfahren und Geräte angeboten:

6.8.1 Filter

Wenn aus der Wassergewinnungs-Anlage oder der Transportleitung Rostpartikel oder Sand in die Verbrauchsleitung gelangen, so ist mit Korrosionsschäden (Lochfraß durch Elementbildung) zu rechnen. In solchen Fällen kann der Einbau eines *Feinfilters* (Maschenweite ca. 100 µm) Abhilfe schaffen. Da die Filter leicht verkeimen, ist eine laufende Kontrolle und Wartung durchzuführen. Auch rückspülbare Filter werden angeboten.

Aktivkohlefilter werden zur Entchlorung angeboten, verkeimen jedoch sehr leicht und sind nicht erforderlich.

Im Handel werden *Kleinfilter* angeboten, die nicht an die Verbrauchsleitung angeschlossen werden und als Tischgeräte zu bezeichnen sind, aber auch Kleingeräte, die an eine beliebige Wasserleitung im Haus angeschlossen werden können. Es handelt sich dabei um Ionenaustauscher, kombiniert mit gesilberter Aktivkohle. Die Hersteller empfehlen sie zur Verbesserung von Geruch und Geschmack des Wassers, zur Enthärtung und zur Elimination von Schwermetallen, Nitrat, Chlorkohlenwasserstoffen und anderen organischen Substanzen sowie von Chlor.

Dabei ist nach neueren Untersuchungen zu beachten, daß Silber an das Wasser abgegeben wird und die Filter leicht verkeimen können. Für Schwermetalle, wie z. B. Blei, ist bei einem neuen Filter die Eliminationsrate sehr gut; bei zunehmend starker Belastung kann Remobilisierung eintreten, d. h. das Blei wird wieder an das Wasser abgegeben. Die Filtermasse muß in diesen Fällen häufig gewechselt werden.

Die Kleinfilter sind daher nur für spezielle Zwecke zu empfehlen, wie z. B. für Gießwasser für kalkempfindliche Pflanzen und zur Bereitung von Kochwasser für kalkempfindliche Lebensmittel wie Tee, Kaffee, Erbsen u. a.

Entkeimungsfilter für Industrie, Haushalt und Tourismus können mikrobiologisch verschmutztes Trinkwasser durch Druckfiltration über bakteriendichte Keramikfilter entkeimen. Zur Vermeidung einer Verkeimung der Filter können nur solche eingesetzt werden, die mit Silber beschichtet sind.

6.8.2 Dosiergeräte für Korrosionsinhibitoren

Haushalte, die ihr Wasser von einer öffentlichen Wasserversorgung beziehen, haben gewöhnlich keine Korrosionsprobleme. Bei Einzelwasserversorgungen, nach Enthärtungsanlagen und nach Einbau fehlerhaft verzinkter Rohre können jedoch Schwierigkeiten auftreten. Im letzteren Fall kommt es zu „Zinkgeriesel", das sind graue Partikel, die sich häufig im Perlator (Luftsprudler am Auslaufventil des Wasserhahnes) ansammeln.

In allen diesen Fällen kann man dem Wasser als Korrosionsinhibitor Trinatriumphosphat (Na_3PO_4), evtl. auch in Kombination mit Silikat, zudosieren. Dieser Zusatz fördert die Ausbildung einer Schutzschicht aus Eisenphosphat bzw. Silikat, die vor weiterem Metallangriff schützt. Nach der Trinkwasser-Aufbereitungs-VO muß die Konzentration an Phosphat < 5 mg/l P_2O_5 im Wasser bleiben. Es dürfen daher nur genau dosierende Geräte eingesetzt werden (z. B. mit Prüfzeichen des DVGW, Deutscher Verein des Gas- und Wasserfaches e. V.).

Phosphat-Dosierung sollte nur dort erfolgen, wo es unbedingt erforderlich ist, damit die Eutrophierung unserer Gewässer so gering wie möglich gehalten wird. In der Schweiz ist die Zudosierung von Trinatriumphosphat aus ökologischen Gründen nicht zugelassen.

6.8.3 Verfahren zur Verhinderung von Kalkausfall

Das „Kalk-Kohlensäure-Gleichgewicht" im Wasser ist stark temperaturabhängig. Wird Wasser, das weder Kalk ausscheidet noch aggressiv ist, auf 60 °C erwärmt, fällt Calciumcarbonat aus und setzt sich als fester „Kesselstein" an Wärmetauschern oder im Kochtopf fest. Nach dem Entwurf der DIN 1988 Teil 7 vom Juni 1986 sollten Wasser-Behandlungsmaßnahmen bei Erwärmung von Wasser der

Härtebereiche (Kap. 6.7.6.1) 1 und 2 nicht vorgenommen werden, im Härtebereich 3 wird für Temperaturen > 60 °C die Stabilisierung empfohlen und im Härtebereich 4 < 60 °C die Stabilisierung und > 60 °C die Enthärtung.

6.8.3.1 Stabilisierung mit Polyphosphaten
Zur Stabilisierung wird dem Wasser Polyphosphat ($Na_{n+2}P_nO_{3n+1}$) zudosiert, so daß eine Konzentration von 2–5 mg l^{-1} P_2O_5 im Wasser erreicht wird. Diese Dosis verzögert beim Erwärmen die Kristallisation des $CaCO_3$ und verändert die Kristallstruktur; der Niederschlag ist amorph, es bildet sich kein Kesselstein. Auch hier dürfen nur einwandfrei dosierende Geräte eingesetzt werden.

6.8.3.2 Behandlung mit Magnetfeldern
Die Geräte arbeiten mit elektrischen Magnetfeldern, die mit Hilfe elektronischer, permanentmagnetischer, elektromagnetischer oder galvanischer Arbeitsweise erzeugt werden. Sie sollen den Kalkausfall verhindern und führen zum Abblättern vorhandener Kalkschichten, so daß das Rohr nahezu blank wird; allerdings legt sich wieder Kalk an, der jedoch nach einiger Zeit erneut abblättert.

Die Wirksamkeit dieser Geräte ist bisher nicht eindeutig belegt. Wie neuere Untersuchungen (VOGL 1993) gezeigt haben, ändert sich entgegen bisheriger Ansicht die Kristallstruktur des ausfallenden Calciumcarbonats durch die Behandlung nicht.

6.8.3.3 Enthärtung durch Ionenaustausch
Kalkausfall beim Erhitzen oder Versprühen des Wassers kann durch Enthärtung im Haushalt und Gewerbe verhindert werden, Hierzu werden Kationenaustauscher – hochmolekulare Polyelektrolyte auf Kunstharzbasis – eingesetzt, die ihre beweglichen einwertigen Gegenionen gegen zweiwertige Calcium- und Magnesiumionen austauschen. Zu berücksichtigen ist, daß dieses enthärtete Trinkwasser Natriumionen in einer Menge enthält, die jener der ursprünglich vorhandenen Härtebildner entspricht.

Enthärten

$$R\begin{matrix}\nearrow SO_3^- \ Na^+ \\ \searrow SO_3^- \ Na^+\end{matrix} + Ca^{2+} \rightarrow R\begin{matrix}\nearrow SO_3^- \\ \searrow SO_3^-\end{matrix} Ca^{2+} + 2\,Na^+$$

Regenerieren

$$R\begin{array}{c}SO_3^-\\SO_3^-\end{array}Ca^{2+} + nNaCl \rightarrow$$

$$R\begin{array}{c}SO_3^- Na^+\\SO_3^- Na^+\end{array} + CaCl_2 + n - 2\,NaCl$$

Wenn alle im Austauscherharz vorhandenen Natriumionen durch Erdalkali-Ionen ersetzt sind, ist der Austauscher erschöpft. Zur Regeneration beschickt man die Austauschermasse mit einer konzentrierten Kochsalzlösung, und der Vorgang läuft rückwärts: Die Natriumionen nehmen aufgrund ihres hohen Überschusses wieder ihre alten Plätze ein, die Calcium- und Magnesiumionen gehen in Lösung und werden bei der Rückspülung der Austauschersäule in die Kanalisation abgeleitet.

Der Gesamtsalzgehalt im behandelten Wasser bleibt unverändert, es ist frei von Härtebildnern, enthält aber die äquivalente Menge Natrium. Die freie Kohlensäure im Wasser bleibt erhalten, das Wasser wird aggressiv. Eine Nachdosierung von Trinatriumphosphat allein oder zusammen mit Silikat ist erforderlich.

Um weiter zunehmende Versalzung der Oberflächengewässer zu vermeiden, sollten Enthärtungsanlagen nur dort eingebaut werden, wo sie notwendig sind, d. h. vor Geräten oder Kesseln, in denen Wasser $> 60\,°C$ aufgeheizt werden muß oder vor Anlagen, die Warmwasser bzw. Wasserdampf versprühen, wie z. B. Spülmaschinen.

Das enthärtete Wasser kann für technische Zwecke (Spülmaschine) direkt verwendet werden, muß aber für die Verwendung als Lebensmittel mit nicht enthärtetem Wasser verschnitten werden, so daß ein Calciumgehalt von 50 mg l^{-1} (ca. 7 °dH) vorliegt.

Besonders zu beachten ist, daß das Rückspülwasser nicht in die Verbrauchsleitung zurückgesaugt wird. Die entsprechenden Auflagen nach DIN 1988 müssen eingehalten werden.

Da die Austauscherharze verkeimen können, bietet der Handel zur Verhinderung von Bakterienwachstum mit Silber beschichtetes Harz an. Es gibt auch Geräte, die in bestimmten Zeitabständen die Austauschersäule mit Hypochloritlauge desinfizieren, die über ein eingebautes Chlor-Elektrolysegerät hergestellt wird.

6.9 Physiologischer Wasserbedarf, Wasserverbrauch

Im gemäßigten Klima braucht der menschliche Organismus nach BORNEFF (1982) täglich 2,5 l Wasser. 1 l wird aus den Nahrungsmitteln und dem beim Abbau von Lebensmitteln entstehenden Wasser gedeckt. Da der Körper aber täglich etwa 2,5 l Wasser durch Verdunstung, Atmung, Urin und Fäzes verliert, empfiehlt die Weltgesundheits-Organisation eine tägliche Aufnahme von 2 l Wasser oder Flüssigkeit.

Bei intensiver körperlicher Anstrengung und in tropischen und subtropischen Klimazonen ist der Wasserverlust durch Verdunstung wesentlich höher; er kann bis zu 10 l pro Tag betragen.

Nach den Angaben des Statistischen Bundesamtes betrug die Wasserförderung in der Bundesrepublik im Jahre 1983 insgesamt $40791,9 \cdot 10^6$ m^3. Davon wurden $25556,4 \cdot 10^6$ m^3 von den Wärmekraftwerken für die öffentliche Versorgung benötigt, $10194,3 \cdot 10^6$ m^3 verbrauchte die Industrie und $5041,2 \cdot 10^6$ m^3 dienten der öffentlichen Wasserversorgung.

1986 betrug die Wasserabgabe der öffentlichen Versorgung an die Verbraucher $3668 \cdot 10^6$ m^3. Davon wurden $2706 \cdot 10^6$ m^3 an Haushalte und Kleingewerbe geliefert. Damit ergibt sich statistisch ein Wasserverbrauch von 145 l je Einwohner und Tag (E d). Der tatsächliche Wasserverbrauch im Haushalt ist je nach Lebensgewohnheiten und Ausstattung der Wohnung sehr unterschiedlich. Die Angaben verschiedener Wasserwerke und des Bayerischen Umweltministe-

Tab. 6.6: Aufgliederung des Wasserverbrauchs in Haushalten

Verwendung für	Verbrauchsmengen
	$l \, E^{-1} \, \delta^{-1}$
Trinken und Kochen	3– 6
Körperpflege	10–15
Baden und Duschen	20–40
Textilwäsche	20–40
Geschirrspülen	4–10
WC-Spülung	20–45
Wohnungsreinigung	5–10

riums über die Trinkwassernutzung in Haushalten lassen erhebliche Schwankungen erkennen (Tab. 6.6).

Der Wasserverbrauch pro Tag und Person hat sich seit 1985 nicht wesentlich verändert; er beträgt zur Zeit 144 l Wasser. Es ist sehr wichtig, daß die Verbraucher ihre Installation ständig überwachen, denn eine nicht unbeträchtliche Menge Trinkwasser wird durch undichte Zapfhähne und defekte WC-Spüleinrichtungen vergeudet. Ein Tropfen Wasser pro Sekunde ergibt einen Verlust von 17,3 l pro Tag aus einem Zapfhahn.

Zur Schonung der Trinkwasservorräte werden heute Regenwasseranlagen angeboten. Das Dachrinnenwasser wird über Filter aufbereitet und soll zu Toilettenspülung, Wäschewaschen, Autowäsche und Gartengießen verwendet werden. Das Bundesgesundheitsamt und das Bundesumweltamt warnen aus hygienischen Gründen vor solcher Nutzung. Dieses Wasser ist lediglich zum Gartengießen geeignet, wofür aber eine Regentonne ausreicht.

6.10 Haushaltsabwasser

6.10.1 Menge und Beschaffenheit

Die ausschließlich im Haushalt anfallende Abwassermenge beträgt nach Angabe der Berliner Entwässerungswerke im Durchschnitt $150 l E^{-1} d^{-1}$. Diese Menge fällt nicht gleichmäßig verteilt an, die Spitze der Abwasserabgabe liegt zwischen 12 und 18 Uhr.

Im Haushalt fällt eine ganze Reihe flüssiger oder grobdispers verteilter Schmutzstoffe an, die neben den Exkrementen in die Kanalisation geschwemmt und der Abwasserreinigung zugeführt werden. Nach BORNEFF (1982) werden pro Person täglich 60–370 g Kot und 1200 ml Urin ausgeschieden. Neben Fäkalien, die auch eine große Zahl lebender Bakterien enthalten, gelangen Küchenspülwasser, Speisereste, Wasch- und Spülmaschinenabläufe und Wasser von der Flächenreinigung (z. B. Fußboden) in das Abwasser. Es enthält daher suspendierte, kolloidal und echt gelöste Stoffe. Durch Haushaltsreiniger kommen dazu noch Tenside und Desinfektionsmittel.

Die Haushaltsabwässer enthalten überwiegend biochemisch abbaubare organische Substanzen. Bei der Oxidation von Kohlenstoff durch Mikroorganismen wird Sauerstoff verbraucht. Der *biochemische Sauerstoffbedarf* innerhalb von 5 Tagen (BSB_5) ist bei allen aus dem Haushalt stammenden Abwässern nahezu gleichbleibend. Er beträgt ca. $60\,\text{g}\,\text{E}^{-1}\,\text{d}^{-1}$ Sauerstoff. Man bezeichnet diesen Wert als Einwohnergleichwert (EGW) und legt ihn für die Bemessung von Abwasser-Reinigungsanlagen zugrunde.

Ein zweites Kriterium für die organische Verunreinigung des Abwassers bildet der *chemische Sauerstoffbedarf* (CSB), zu dessen Bestimmung die organische Substanz mit Kaliumdichromat unter festgelegten Bedingungen chemisch oxidiert wird. Das Analysenergebnis wird angegeben in kg Sauerstoff pro m^3 Wasser. Diese Bestimmung des Sauerstoffbedarfes ergibt besser reproduzierbare Werte als das biochemische Verfahren; man hat daher die CSB-Werte der Berechnung der Kosten nach dem Abwasserabgaben-Gesetz zugrunde gelegt.

Im Haushaltsabwasser beträgt der BSB$_5$-Wert etwa 70% des CSB-Wertes. Diese hohe biochemische Abbaurate bedingt gute Ergebnisse bei der biologischen Reinigung. Schwer abbaubare Substanzen wie Medikamente, Farbreste, Bratöl und Altfette, Speisereste, Zigarettenkippen und feste Abfälle, auch nach Zerkleinerung in Haushaltsmaschinen, gehören nicht ins Abwasser, denn sie können die Reinigungsleistung des Klärwerkes vermindern. Die Folge ist eine höhere Schmutzfracht im Vorfluter und Belastung der Gewässer.

Da verschiedene organische Halogenverbindungen cancerogen wirken und sich im Fettgewebe anreichern können, stellen sie eine Gefahr für die Gewässer dar und, wenn es sich um leichtflüchtige Verbindungen handelt, auch für das Wartungspersonal des Kanalnetzes und Klärwerkes. Der Summenparameter, mit dem diese Stoffe erfaßt werden, ist der AOX-Wert (Gehalt der an Aktivkohle adsorbierbaren organischen Halogenverbindungen). Es kann sich dabei um Chlor-, Brom- oder Jodverbindungen handeln. Berechnet und angegeben wird das Analysenergebnis als Chlorid in mg l^{-1}.

6.10.2 Abwasserbeseitigung

Das in Haushalt, Industrie und Gewerbe anfallende Abwasser darf nicht unbehandelt im Untergrund versickern oder in Oberflächenwasser eingeleitet werden, denn die Inhaltsstoffe würden zu einer nicht tragbaren Belastung der genutzten Wasservorkommen führen. Deshalb wird das anfallende Abwasser in einem Kanalnetz gesammelt. Zum Schutz der Wasserqualität von Seen werden die Abwässer der Anliegergemeinden in Ringkanalisationen zusammengefaßt. Niederschlagswasser wird in größeren Gemeinden gesondert abgeleitet und in Regenrückhaltebecken behandelt.

91% der Bevölkerung der Bundesrepublik sind derzeit an ein Kanalnetz angeschlossen; 6% dieser Bürger an ein Kanalnetz, das direkt in Oberflächengewässer einleitet. 85% sind an ein Kanalnetz angeschlossen, das in eine mehrstufige Kläranlage mündet. Bei den restlichen 9% der Einwohner, die an keine öffentliche Abwassererfassung angeschlossen sind, handelt es sich um Bewohner von Einzelanwesen, die aufgrund ihrer Lage nicht angeschlossen werden können. Sie müssen in eine aus drei Kammern bestehende Faulgrube entwässern. Der Schlamm setzt sich ab und muß abgefahren werden, das überstehende geklärte Wasser verrieselt im Untergrund.

Für größere Wohneinheiten gibt es auch zweistufige „Kompakt-Kläranlagen".

6.10.3 Abwasserreinigung

Das im Klärwerk ankommende Wasser enthält auch Feststoffe unterschiedlicher Art und Größe. Falls sie größer als 20 mm sind, z. B. Lappen, Papier, hält sie der *Grobrechen* zurück. Im anschließenden *Sandfang* werden Partikel aus dem Wasser entfernt, die schwerer als Wasser sind und sich rasch und leicht absetzen. Meist handelt es sich um Sand, der mit Schneckenpumpen aus der Anlage entfernt wird. Schwerer absetzbare Stoffe und Schwebstoffe werden im *Absetzbecken* sedimentiert, in dem die Fließgeschwindigkeit des Wassers stark vermindert wird. Der anfallende Schlamm wird der Schlammbehandlung zugeführt.

In mehrstufigen Anlagen folgt der beschriebenen mechanischen Reinigung eine weitere über biologische Abbauprozesse. Am häufigsten wird das Belebtschlammverfahren eingesetzt. Das mechanisch gereinigte Abwasser wird mit Belebtschlamm, der die zum Abbau notwendigen Organismen enthält, beimpft und im *Belebungsbecken* intensiv mit Preßluft oder Sauerstoff belüftet. Dabei darf der Sauerstoffgehalt nicht unter 2–3 mg l^{-1} O$_2$ absinken. Durch das hohe Nährstoffangebot im Abwasser vermehren sich die Organismen sehr rasch und bauen dabei organische Stoffe ab. Es bilden sich Schlammflocken, die im nachgeschalteten Nachklärbecken sedimentieren. Letzteres ist meistens als Rundbecken gestaltet, das in der Mitte eine trichterförmige Vertiefung aufweist. Ein sich ständig langsam drehender Rechen schiebt das Sediment in den Trichter. Der dabei anfallende Belebtschlamm wird zum Teil als Impfschlamm wieder dem Belebungsbecken zugeführt, der Überschuß-Schlamm kommt zur Schlammbehandlung. Das überstehende, mehr oder weniger klare Wasser wird in den Vorfluter eingeleitet.

Für sehr geringe Abwassermengen kann an Stelle des Belebungsbeckens ein *Oxidationsgraben* genügen. Der Abbau der organischen Substanz wird hierbei durch einfache mechanische Belüftung (rotierende Bürsten) in Gang gesetzt.

Eine weitere Möglichkeit zur biologischen Reinigung ist das *Tropfkörperverfahren*: Das mechanisch gereinigte Abwasser wird in einem unten offenen Behälter über poröses Material verrieselt. Auf dem locker gepackten Füllmaterial entstehen biologische Rasen, deren Organismen die organische Substanz abbauen. Nach dem Tropfkörper gelangt das behandelte Abwasser in ein *Nachklärbecken*.

In der biologischen Stufe findet eine Mineralisation der Abwasser-Inhaltsstoffe statt. Die dabei entstehenden Salze und der ursprünglich vorhandene Gehalt z. B. an Phosphat wird nicht ausreichend reduziert. Zur Verbesserung der Qualität des gereinigten Abwassers kann vor oder nach dem Belebungsbecken eine *Flockung* mit Eisen-, Aluminium- und Calciumsalzen vorgenommen werden. Eine zweite Möglichkeit ist die Nachbehandlung in einem *Schönungsteich*. Dazu wird der Ablauf aus dem Nachklärbecken in ein Erdbecken geleitet, in dem sich eine Biozönose entwickelt, die die Stickstoff- und Phosphorverbindungen mengenmäßig reduziert.

6.10.4 Schlammbehandlung und -beseitigung

Der anfallende Schlamm enthält neben Wasser (ca. 95%) nahezu alle Schmutz- und Schadstoffe des Abwassers, apathogene und pathogene Mikroorganismen und Wurmeier. Aufgrund seiner hohen Fäulnisfähigkeit ist er sehr geruchsintensiv; eine Schlammbehandlung ist daher erforderlich und wird sehr häufig unter anaeroben Bedingungen durchgeführt. Der bei der mechanischen Stufe abgesetzte Schlamm und der Überschuß-Schlamm aus der biologischen Anlage werden in *Faultürme* gepumpt und bei ca. 28–30 °C unter Luftabschluß etwa 20–30 Tage ausgefault. Bei dieser Temperatur gedeihen „Methanbakterien" besonders gut. Sie bauen organische Substanzen bis zum Methan ab, z. B. Glucose:

$$C_6H_{12}O_6 \rightarrow 3\,CH_4 + 3\,CO_2$$

Das bei Fäulnis entstehende Gas enthält unter günstigen Bedingungen ca. 65% Methan. Es wird nach evtl. Vorreinigung in Gasbehältern gespeichert und kann zur Energiegewinnung herangezogen werden, die den Eigenbedarf des Klärwerkes z. T. deckt.

Wenn die lt. Klärschlamm-VO (1987) zulässigen Grenzwerte für Schadstoffe und pathogene Mikroorganismen nicht überschritten werden, kann er als Dünger auf landwirtschaftlich genutzten Flächen verwendet werden. Versuche, Trockenbeete mit Schilf zu bepflanzen, um pathogene Bakterien, Viren und Wurmeier rascher abzutöten, haben keinen Erfolg gebracht; der Schlamm ist nach wie vor hygienisch bedenklich.

Wenn eine landwirtschaftliche Nutzung nicht möglich ist, kann der Wassergehalt, z. B. durch Zentrifugieren, vermindert werden, bevor der Schlamm in Müll-Verbrennungsanlagen verbrannt oder nach Zusatz von Kalk zur Geruchsbindung auf geordneten Deponien abgelagert wird.

In einem umweltfreundlicheren Verfahren wird der Schlamm nicht mehr ausgefault, sondern zur Entwässerung zentrifugiert und anschließend im Wirbelschichtofen bei mindestens 850 °C verbrannt. Die anfallende Abwärme kann z. B. zur Dampferzeugung genutzt werden. Die Asche wird auf geordneter Deponie gelagert; Versuche, sie als Düngemittel zu verwenden, sind noch nicht abgeschlossen.

6.10.5 Pflanzenkläranlagen

Die gelegentlich empfohlene Pflanzenkläranlage eignet sich nur ausnahmsweise für Einzelanwesen, die nicht an eine öffentliche Kanalisation angeschlossen werden können und die nicht nahe einem Wasserschutzgebiet liegen. Um die dortigen Abwasserprobleme zu lösen, wird das mechanisch über Mehrkammer-Absetzgruben gereinigte Abwasser in Bodenkörper geleitet, die aus bindigem Filtermaterial (Ton, Schluff) oder aus nicht bindigem (Kies, Sand) bestehen. Anschließend wird je nach Bodenmaterial mit Sumpfpflanzen, Rohrkolben, Schilf u. a. bepflanzt. Die bisherigen Ergebnisse sind erfolgversprechend.

6.11 Daten aus der Trinkwasser-VO (1990)

Mikrobiologische Beschaffenheit:
Trinkwasser muß frei sein von Krankheitserregern, Grenzwerte:
1. In 100 ml Trinkwasser E. coli nicht nachweisbar
2. In 100 ml Trinkwasser Coliforme nicht nachweisbar
3. In 100 ml Trinkwasser Faekalstreptokokken nicht nachweisbar.

Kolonienzahl (Richtwert) in 1 ml < 100 (Bebrütungstemperatur von 20 °C und von 36 °C).
In desinfiziertem Trinkwasser Kolonienzahl < 20 pro ml bei 20 °C Bebrütungstemperatur.
In Wasser aus Einzel- und Eigenversorgungen Kolonienzahl < 1000 pro ml bei 36 °C Bebrütungstemperatur.

Tab. 6.7: Sensorische und physikalisch-chemische Kenngrößen laut TrinkwasserVO (1990)

Bezeichnung	Grenzwert
Färbung[1]	$0{,}5 \text{ m}^{-1}$
Trübung	1,5 Formazin-Einheiten
Geruchsschwellenwert[2]	2 bei 12 °C
	3 bei 25 °C
Temperatur	25 °C
pH-Wert	$> 6{,}5$ und $< 9{,}5$
elektrische Leitfähigkeit (25 °C)	2 mS cm^{-1}
Oxidierbarkeit ($KMnO_4$-Verbrauch)	$5 \text{ mg l}^{-1} \text{ O}_2$

[1] Spektraler Absorptionskoeffizient bei 436 nm (Deutsche Einheitsverfahren zur Wasseruntersuchung Teil C1)
[2] Der Geruchsschwellenwert (GSW) wird ermittelt, indem man die einen Geruch aufweisende Probe A mit geruchsfreiem Wasser B soweit verdünnt, daß der Geruch gerade noch wahrnehmbar ist.

Berechnung: $\text{GSW} = \dfrac{\text{Vol. A} + \text{Vol. B}}{\text{Vol. A}}$

(Deutsche Einheitsverfahren zur Wasseruntersuchung Teil B1/2)

6.12 Literatur

AURAND, K.; HÄSSELBARTH, U.; LANGE-ASCHENFELDT, H.; STEUER, W. (Hrsg.): Die Trinkwasserverordnung. Einführung und Erläuterungen für Wasserversorgungsunternehmen und Überwachungsbehörden. Erich Schmidt Verlag, Berlin 1991

BAHLSEN, H.: Das Wasser. Betrachtungen über seine Verwendung für häusliche und industrielle Zwecke. R. Oldenbourg Verlag, München 1954

BOGER, G. A.; HEINZMANN, H. O.; RADSCHEIDT, W.: DIN 1988 Teil 1–8; Kommentar Technische Regeln für Trinkwasser-Installation. DIN Deutsches Institut für Normung. Beuth Verlag Berlin, Köln; Gentner Verlag, Stuttgart 1989

BORNEFF, J.: Hygiene. Ein Leitfaden für Studenten und Ärzte. 4. Aufl., Georg Thieme Verlag, Stuttgart, New York 1982

BUCKSTEEG, K.: Sumpfpflanzenkläranlage – Verfahrensvarianten, Betriebserfahrungen, Problem Bodenhydraulik. gwf Wasser/Abwasser 127, 429–434, 1986

BUNDESGESUNDHEITSAMT: Empfehlung des Bundesgesundheitsamtes zum Problem der „Trihalogenmethane im Trinkwasser". Bundesgesundheitsblatt 22, 102, 1979

BUNDESVERBAND DER DEUTSCHEN GAS- UND WASSERWIRTSCHAFT E. V. BONN: BWG Zahlenspiegel, Öffentliche Wasserversorgung, 1986

DEUTSCHE EINHEITSVERFAHREN zur Wasser-, Abwasser- und Schlammuntersuchung; Lose-Blatt-Sammlung. Hrsg. Fachgruppe Wasserchemie in der Ges. Deutscher Chemiker in Gemeinschaft mit dem Normenausschluß Wasserwesen (NAW) im DIN. 3. völlig neubearbeitete Auflage. Verlag Chemie, Weinheim; letzte Lieferung 1993

DVGW (DEUTSCHER VEREIN DES GAS- UND WASSERFACHES E. V.): DVGW Regelwerk. Technische Regeln Arbeitsblatt Nr. 291 Juni 1985 (Druckmanuskript): Desinfektion von Wasserversorgungsanlagen

DVGW (DEUTSCHER VEREIN DES GAS- UND WASSERFACHES E. V.): Technische Mitteilungen Merkblatt W 319: Reinigungsmittel für Trinkwasserbehälter, Einsatz, Prüfung und Beurteilung, Mai 1990

DOTT, W.; THOFERN, E.: Gesundheitsaspekte der zentralen Trinkwasserversorgung. Wasseraufbereitungstechnik für Ingenieure. DVGW-Schriftenreihe Wasser, Nr. 206, 2. Aufl. 1983

GROMBACH, P.; HABERER, K.; TRÜEB, E. U.: Handbuch der Wasserversorgungstechnik. R. Oldenbourg Verlag, München, Wien 1985

LUTHER, G.; DÖRR, R.: Reduzierung von CKW-Spuren im Trinkwasser durch Zubereitungstechniken im Haushalt. Wasser Abwasser gwf, 132, 448–453, 1991

QUENTIN, K.-E.: Trinkwasser, Untersuchung und Beurteilung von Trink- und Schwimmbeckenwasser. Springer Verlag, Berlin 1988

QUENTIN, K.-E.; WEIL, L.: Halogenierte organische Verbindungen in Gewässern. WaBoLu Berichte: Inst. f. Wasser-, Boden- und Lufthygiene des Bundesgesundheitsamtes 3, 1–5, 1978

STADTFELD, R.: Wasserverbrauch der Haushalte. Wasser Abwasser gwf 127, 159–166, 1986

VERORDNUNG über Trinkwasser und über Wasser für Lebensmittelbetriebe (Trinkwasser-VO), Bundesgesetzbl. 1990, Teil 1, S. 2613–2629

VOGL, K.: Wirkung von magnetischen Feldern auf die Kristallisation von Kalziumkarbonat in wässrigen Systemen. gwf Wasser Abwasser 134, 164–165, 1993

WAGNER, R.: Struktur und Eigenschaften des Wassers. II. Das flüssige Wasser: Wasser-Kalender – WK 1974, Erich Schmidt Verlag, Berlin 1974

7 Brennstoffe

M. Schätzke

7.1 Einleitung

Für die Bereitstellung von Wärme, Kraft und Licht in den verschiedenen Aufgabenbereichen des Haushaltes ist der Einsatz von Energie notwendig. Von den unterschiedlichen Formen, in denen Energie vorliegen kann, werden im Haushalt praktisch nur zwei eingesetzt: Chemische Energie, die in Form von Kohlenwasserstoff-Verbindungen in fossilen Brennstoffen wie Kohle, Öl und Gas vorhanden ist und durch Verbrennungen in Wärmeenergie umgewandelt wird, und elektrische Energie, mit der neben Wärme auch mechanische Energie, z. B. durch Elektromotoren, und Licht erzeugt werden kann. Da die elektrische Energie selbst nicht wie die fossilen Energien auf der Erde vorrätig ist, muß sie ständig produziert werden. Dies geschieht vorwiegend über eine Energieumwandlungskette in Kraftwerken, an deren Anfang die Wärmeerzeugung durch Verbrennung fossiler Brennstoffe oder durch Kernspaltung steht.

Die Nutzung regenerativer Energiequellen, wie z. B. Wind- und Sonnenenergie, Wasserkraft oder Biogas, ist zwar grundsätzlich möglich und wünschenswert, ihr Anteil an der Gesamtversorgung derzeit jedoch noch sehr gering. Der weitaus größte Teil der in den Haushalten, aber auch in anderen Verbrauchssektoren verwendeten Energie, insbesondere zur Wärmeerzeugung, wird also durch Verbrennung fossiler Brennstoffe bereitgestellt.

7.2 Einteilung und Beurteilung

Brennstoffe dienen der Erzeugung von Wärme durch Verbrennung. Nach ihrem *Aggregatzustand* unter normalen Bedingungen unterscheidet man:
- *feste* Brennstoffe: Stein-, Braunkohle, Holz, Torf
- *flüssige* Brennstoffe: insbesondere Erdöl und dessen Destillationsprodukte
- *gasförmige* Brennstoffe: insbesondere Erdgas und bei der Entgasung anderer Brennstoffe entstehende Gase.

Eine weitere Unterscheidung läßt sich nach der *Art der Gewinnung* treffen in:
- *natürliche* Brennstoffe: Sie liegen entweder als Bodenschätze vor (Kohle, Erdöl, Erdgas) oder als nachwachsende Pflanzen (Holz, Torf)
- *künstliche* Brennstoffe: Sie werden durch Veredelungsverfahren aus natürlichen Brennstoffen oder deren Abfallprodukten gewonnen, oder auf synthetischem Wege hergestellt (Briketts, Koks, Heizöl).

Eine wichtige Größe für die Beurteilung eines Brennstoffes ist die Wärmemenge, die bei seiner Verbrennung frei wird. Sie wird beschrieben durch den Brennwert H_o bzw. den Heizwert H_u. Beide werden im Kaloriemeter ermittelt, in dem eine bestimmte Masse eines Brennstoffes verbrannt und die dabei entstehende Wärmemenge gemessen wird.
Unter dem Brennwert H_o eines festen oder flüssigen Brennstoffes versteht man den Quotienten aus der bei vollständiger und vollkommener Verbrennung freiwerdenden Wärmemenge und der Masse des verbrannten Brennstoffes. Dabei sind folgende Bedingungen zu erfüllen:
1. Die Temperatur des Brennstoffes und die seiner Verbrennungserzeugnisse muß 25 °C betragen.
2. Das vor dem Verbrennen im Brennstoff enthaltene Wasser und das beim Verbrennen der wasserstoffhaltigen Verbindungen des Brennstoffes gebildete Wasser muß nach der Verbrennung im flüssigen Zustand vorliegen.
3. Die Verbrennungsprodukte von Kohlenwasserstoff und Schwefel müssen als Kohlendioxid und Schwefeldioxid im gasförmigen Zustand vorliegen.
4. Eine Oxidation des Stickstoffes darf nicht stattgefunden haben.

Für den Heizwert gelten die gleichen Bedingungen mit dem einen Unterschied, daß das unter 2. aufgeführte Wasser im dampfförmigen Zustand vorliegt.

Brennwert und Heizwert unterscheiden sich also nur durch die Verdampfungswärme r des Wassers. Demzufolge ist H_o um den Betrag der Verdampfungswärme des in den Abgasen enthaltenen Wassers ($r = 2440 \text{ kJ kg}^{-1}$ bei 25 °C) größer als H_u. Bei Brennstoffen, die kein Wasser enthalten bzw. bei deren Verbrennung kein Wasser entsteht, sind H_o und H_u gleich.

$$H_o = H_u + r\, m_w$$
$$m_w = \text{Masse des Wassers}$$

Bei gasförmigen Brennstoffen werden Brennwert und Heizwert auf das Volumen des trockenen Gases im Normzustand (0 °C, 1013 hPa), d. h. auf das Normvolumen (m_n^3) bezogen.

Da in allen technischen Feuerungsanlagen das Wasser als Dampf in den Abgasen vorliegt, gibt man üblicherweise den Heizwert H_u eines Brennstoffes an.

7.3 Feste Brennstoffe

Alle festen Brennstoffe, außer Holz, stammen aus der Vegetation früherer Erdepochen. Die durch die Photosynthese in den Pflanzen entstandenen Kohlenhydrate wurden jedoch nach dem Absterben nicht oxidativ abgebaut. Hoher Grundwasserstand, riesige Überschwemmungen und andere Naturereignisse bewirkten, daß die Pflanzenreste durch Versinken in Wasser und Schlamm vom Sauerstoff abgeschlossen wurden. Sedimentation und Bewegungen der Erdkruste verlagerten die Pflanzenreste in tiefere Erdschichten, wo sie hohen

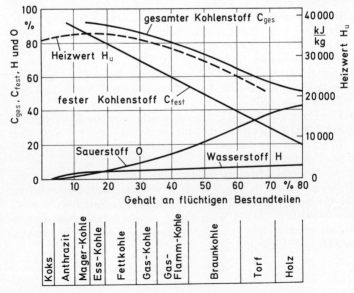

Abb. 7.1: Zusammensetzung fester Brennstoffe RECKNAGEL u. a. 1987)

Tab. 7.1: Zusammensetzung und Heizwert fester Brennstoffe (RECKNAGEL u. a. 1987)

Brennstoff	Kohlenstoff	Wasserstoff	Sauerstoff	Stickstoff	Schwefel	Wasser	Asche	Heizwert kJ kg^{-1}
Steinkohle:								
Gasflammkohle	77	5	8	1	1	3	5	31 100
Gaskohle	80	5	5	1	1	3	5	31 400
Fettkohle	81	5	4	1	1	3	5	31 800
Eßkohle	82	4	4	1	1	3	5	31 800
Magerkohle	84	4	2	1	1	3	5	31 400
Anthrazit	85	3	2	1	1	3	5	31 400
Koks	83	0,5	0,5	1	1	10	9	28 900
Braunkohle								
roh	20	3	10	1	1	50	5	9 900
Briketts	55	5	18	1	1	15	5	19 250
Torf (lufttrocken)	38	4	26	1	1	25	5	13 800
Holz (lufttrocken)	42	5	37	–	–	15	1	14 650
Kohlenstoff	100	–	–	–	–	–	–	33 820

Inhaltsstoffe in Gew.-%

Feste Brennstoffe 341

Drücken und Temperaturen ausgesetzt waren. Durch physikalische und chemische Vorgänge entstanden während eines langdauernden Prozesses, der Inkohlung genannt wird, aus den Kohlenhydraten Kohlenwasserstoffverbindungen in Form von Steinkohle, Braunkohle und Torf.

Die Qualität eines festen Brennstoffes, insbesondere was seinen Energieinhalt angeht, hängt in erster Linie von seinem Kohlenstoffgehalt ab. Dieser wird mit zunehmendem Alter größer. Neben Kohlenstoff befinden sich in festen Brennstoffen noch Wasserstoff, Sauerstoff, Stickstoff und Phosphor sowie Verunreinigungen durch Gesteine usw., die als Asche bezeichnet werden.

Abb. 7.1 zeigt die Zusammensetzung fester Brennstoffe in Abhängigkeit von ihrem geologischen Alter.

7.3.1 Steinkohle

7.3.1.1 Vorkommen und Einteilung

Die verschiedenen Arten der Steinkohle entstanden vor 250 bis 300 Millionen Jahren im Carbon. Sie liegen meist unter dicken Deckschichten aus unterschiedlichen Gesteinen, Tonen, Schiefern u. ä. und müssen daher im Untertagebau gewonnen werden. Einige Vorkommen, wie z. B. in Nordamerika, können im Tagebau abgebaut werden, da die Deckschichten hier nur bis zu einigen hundert Meter dick sind.

Nach ihrem geologischen Alter werden die Steinkohlen unterschieden in Gasflamm-, Gas-, Fett-, Eß-, Magerkohle und Anthrazit, wobei Anthrazit die älteste Kohle ist. Diese Einteilung entspricht dem Inkohlungsgrad und damit neben dem Gehalt an Kohlenstoff dem Gehalt an flüchtigen Bestandteilen. Darunter versteht man die Menge der beim Erhitzen von Kohle unter Luftabschluß entweichenden gasförmigen Stoffe. Der Anteil flüchtiger Bestandteile nimmt mit zunehmendem Alter ab bei gleichzeitiger Zunahme des Kohlenstoffgehaltes. Tab. 7.1 gibt einen Überblick über die Kohleninhaltsstoffe.

Rohkohlen werden nach der Förderung von groben Verunreinigungen, z. B. Gesteinsbeimengungen, befreit und nach Korngrößen sortiert. Für den als Hausbrand vorwiegend verwendeten Anthrazit gelten die Körnungen gemäß Tab. 7.2.

Anthrazit weist neben einem hohen Heizwert besonders gute Verbrennungseigenschaften, wie gleichmäßigen Abbrand und geringe Neigung zusammenzubacken, auf, die ihn für die Verbrennung in Kleinfeuerungen geeignet machen.

Tab. 7.2: Korngrößen von Anthrazit (RUHRKOHLE AG 1984)

Sorte	Korngröße mm
Nuß 1	80 bis 55
Nuß 2	55 bis 35
Nuß 3	35 bis 22
Nuß 4	22 bis 12
Nuß 5	12 bis 8
Nuß 6	8 bis 4

7.3.1.2 Veredelung

Um die bei der Korngrößenklassifizierung anfallenden Feinkohlen wirtschaftlich verwerten zu können, werden sie zu Briketts weiterverarbeitet.

Unter *Brikettierung* versteht man das Zusammenbacken von feinkörnigen oder pulvrigen Stoffen durch Druck mit oder ohne Verwendung von Bindemitteln zu stückigen Gebilden.

Steinkohlenbriketts werden in unterschiedlicher Form und Größe als Stückbriketts oder Eierformbriketts hergestellt. Als Hausbrand finden vorwiegend letztere Verwendung. Für die Herstellung werden Feinkohlen mit einer Körnung von 0 bis 3 mm mit Bitumen als Bindemittel gemischt und bei Drücken von 15 bis 20 MPa mit z. B. einer Walzenpresse in eine Eiform gepreßt. Eine solche Walzenpresse besteht im Prinzip aus zwei Preßwalzen, auf deren Umfang eng beieinander Mulden eingelassen sind. Jede Mulde stellt Formhälften für das Brikett dar. Die Walzen drehen sich gegeneinander, wobei die Mulden genau aufeinanderpassen. Aus einem Vorratstrichter wird die Kohle den Walzen zugeführt und durch ihre Drehung und das dabei allmähliche Schließen der beiden Muldenhälften in die entsprechende Form gepreßt. Beim Weiterdrehen der Walzen öffnen sich die Formen und die fertigen Briketts fallen heraus (Abb. 7.2).

Steinkohlenbriketts eignen sich aufgrund ihrer Festigkeit und des geringen Abriebs besonders gut als Hausbrand. Der Heizwert liegt zwischen 29 000 und 32 000 kJ kg^{-1} und entspricht etwa dem des Anthrazits. Zur Verringerung des Schwefelgehaltes und damit der SO_2-Emissionen wird in absehbarer Zeit das Bitumen durch ein anderes organisches Bindemittel ersetzt werden.

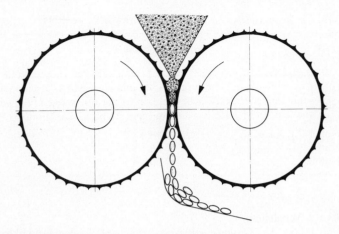

Abb. 7.2: Prinzip einer Walzenpresse für Steinkohlenbriketts

Die *Verkokung* ist eine trockene Destillation, die bei Temperaturen bis über 1000 °C (Hochtemperaturverkokung) unter Luftabschluß abläuft. Aus den kohlenstoffhaltigen Rohprodukten entsteht dabei Holzkoks (Holzkohle) aus Holz, Torfkoks aus Torf, Grudekoks aus Braunkohle, Petrolkoks aus Erdöl oder Steinkohlenkoks aus Steinkohle.

Beim Verkokungsvorgang findet gleichzeitig eine *Entgasung* der Brennstoffe statt, wobei der Grad der Entgasung von der Temperatur abhängt und mit zunehmender Temperatur steigt. Bei der Verkokung von 1 t Kokskohle entstehen neben etwa 750 kg Koks und 300 m^3 Gas noch etwa 30 kg Teer, 10 kg Benzol und 3 kg Ammoniak.

Steinkohlenkoks wird in den Gasanstalten, was jedoch kaum mehr Bedeutung hat, und in den Kokereien der Eisenhütten in speziellen Koksöfen hergestellt. Hauptverwender sind die Eisenhütten selbst (Hochofen) und die Gießereien.

Wie die Kohle wird der Koks nach Korngrößen klassifiziert, wobei für Hausbrand und Kleinverbrauch vorwiegend Brechkoks II (60 bis 40 mm), Brechkoks III (40 bis 20 mm) und Brechkoks IV (20 bis 10 mm) verwendet werden.

7.3.2 Braunkohle

7.3.2.1 Vorkommen

Sie ist das mittlere Glied der Entwicklungskette im Inkohlungsprozeß. Je nach Alter, Herkunft und den Bedingungen bei der Inkohlung ist sie von unterschiedlicher organischer und chemischer Beschaffenheit. Man unterscheidet Weichbraunkohlen mit überwiegend erdiger Struktur, die leicht zerfallen und wenig abriebfest sind, und Hartbraunkohlen, die z.T. Steinkohlencharakter haben können. Die Braunkohle lagert in Flözen meist in der Nähe der Erdoberfläche und kann demzufolge überwiegend im Tagebau gewonnen werden.

Wegen des relativ niedrigen Heizwertes und des hohen Wassergehaltes (Tab. 7.1) ist sie im Rohzustand als Hausbrand wenig geeignet. Das Hauptanwendungsgebiet sind Großfeuerungsanlagen zur Strom- oder Fernwärmeerzeugung.

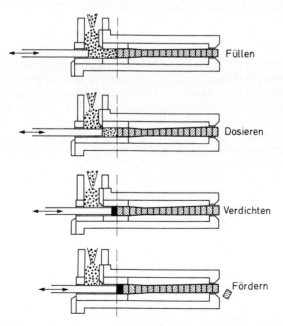

Abb. 7.3: Prinzip einer Strangpresse für Braunkohlenbriketts (LUEGER 1962)

7.3.2.2 Veredelung

Um aber auch Braunkohle in der Hausfeuerung und anderen Kleinfeuerungsanlagen verwenden zu können, wird sie zu Briketts weiterverarbeitet. Zur *Brikettierung* wird die Braunkohle auf Korngrößen von 0 bis 4 mm gemahlen und getrocknet und kann sodann wegen des eigenen Bitumengehaltes ohne Zusatz eines weiteren Bindemittels verpreßt werden. Das Pressen geschieht in Strang- oder Walzenpressen bei Drücken bis zu 2200 MPa. Abb.7.3 zeigt den Preßvorgang bei einer Strangpresse.

Mit dem Pressen werden unterschiedliche Brikettformate hergestellt. Als Hausbrand eignet sich am besten das sog. Salonbrikett mit einem Gewicht von 500 bis 800 g und einem Heizwert von ca. 20000 kJ kg^{-1}, was etwa dem zweifachen Wert der Rohkohle entspricht.

Im Gegensatz zur Brikettierung haben die Endprodukte bei der *Entgasung*, *Schwelung* oder *Verkokung* für den Haushalt keine praktische Bedeutung, mit Ausnahme vielleicht des Schwelkokses als Hausbrand, der einen Heizwert von 23000 bis 25000 kJ kg^{-1} hat.

7.3.3 Torf

Torf ist neben dem Holz das jüngste Glied der Inkohlungskette, dessen Entstehung im Gegensatz zu den Kohlen auch heute noch möglich ist. Er bildet sich unter bestimmten Bedingungen durch Vertorfung von Moosen, Schilf, Gräsern und anderen Pflanzen in Mooren. Zur Torfgewinnung werden Teile des Moores trockengelegt und der Torf in Schollen, sog. Soden, gestochen. Frischer Torf enthält bis zu 90% Wasser, das durch Trocknung an Ort und Stelle bis auf einen Gehalt von 20 bis 25% entfernt wird. In diesem Zustand hat Torf einen Heizwert von 12000 bis 16000 kJ kg^{-1}. Als Brennstoff hat er bei uns keine Bedeutung, in anderen Ländern mit großem Torfaufkommen, wie z. B. Irland oder Rußland, wird er sowohl als Hausbrand als auch für die Stromerzeugung in Kraftwerken verwendet.

7.3.4 Holz

Ebenso wie Torf hat Holz als Brennstoff nur eine untergeordnete Bedeutung. Seine Hauptverwendungsgebiete sind der Bau- und Möbelbereich sowie die Cellulosegewinnung zur Papier- und Kunststoffherstellung.

Neben Kohlenstoff, Wasserstoff und Sauerstoff (Tab. 7.1) enthält Holz 55 bis 65% Cellulose, 13 bis 26% Zuckerstoffe, 25 bis 35% Lignin sowie 2 bis 12% Fette, Wachse und Harze. Der Heizwert beträgt 13000 bis 17000 kJ kg^{-1} im trockenen Zustand.

7.4 Flüssige Brennstoffe

Die in diesem Zusammenhang vorwiegend interessierenden flüssigen Brennstoffe sind Weiterverarbeitungsprodukte des Erdöls. Andere flüssige Brennstoffe, wie Teeröle, synthetische Öle oder Benzol sind Destillationsprodukte des Teers, der Stein- und Braunkohlen, von Erdölrückständen oder fallen bei der Entgasung fester Brennstoffe an.

7.4.1 Erdöl

Erdöl ist aus den Rückständen tierischer und wahrscheinlich auch pflanzlicher Organismen entstanden, wie sie vor 400 bis 500 Millionen Jahren vorkamen. Die auf den Meeresgrund abgesunkenen Überreste wurden von tonigen Ablagerungen überdeckt und bildeten einen sog. Faulschlamm, der vom Sauerstoff abgeschlossen war und sich durch Einwirkung von Druck, Temperatur und möglicherweise bakterieller Einwirkung im Laufe der Zeit in Erdöl umwandelte. Ganz

Tab. 7.3: Zusammensetzung und Kennwerte von Erdöl (ESSO AG 1982)

Inhaltsstoffe bzw. Kennwerte	Anteile Gew.-%
Kohlenstoff	83 bis 87
Wasserstoff	11 bis 15
Schwefel	0 bis 6
Stickstoff	0 bis 1
Sauerstoff	0,1 bis 1
Dichte	0,7 bis 1 kg dm^{-3}
Heizwert	39 000 bis 43 000 kJ kg^{-1}

geklärt sind diese Vorgänge nicht. Durch Veränderungen der Erdkruste wurde das Öl durch poröses Gestein nach oben gepreßt, bis es sich unter undurchlässigen Schichten ansammelte, aus denen es heute gefördert wird.

Erdöl ist ein Gemisch aus einer Vielzahl von Kohlenwasserstoffverbindungen, die gesättigt oder ungesättigt in Ketten- oder Ringform vorhanden sein können. Neben Kohlen- und Wasserstoff enthalten Rohöle noch Schwefel, Stickstoff, Sauerstoff und Spuren von Metallen. Die Anteile der einzelnen Bestandteile schwanken sehr stark und hängen insbesondere von der Herkunft der Öle ab (Tab. 7.3).

7.4.2 Veredelungsprodukte des Erdöls

Erdöl ist so, wie es gefördert wird, noch nicht als Brennstoff brauchbar. Es wird in *Raffinerien* aufbereitet, wobei die Kohlenwasserstoff-Verbindungen nach ihrem Siedepunkt getrennt werden.

Die wesentlichen Verfahrensschritte sind *Destillieren*, *Cracken*, *Reformieren* und *Raffinieren* (Abb. 7.4).

Bei der *Destillation* werden die Kohlenwasserstoffverbindungen nach ihrer Molekülgröße getrennt. Das Rohöl wird auf 350 bis 400 °C erhitzt, wobei es größtenteils verdampft. Die Dämpfe werden einem

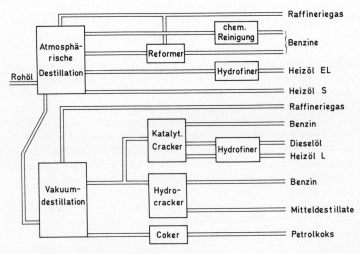

Abb. 7.4: Schema einer Raffinerie (ESSO AG 1982)

Flüssige Brennstoffe 349

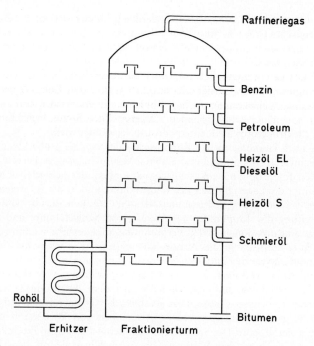

Abb. 7.5: Schematischer Aufbau einer Destillationsanlage

Fraktionierturm (Abb. 7.5) zugeführt, in dem sie auf Zwischenböden mit unterschiedlichen Temperaturen wieder kondensieren. Die Kondensate werden von den Böden bzw. Bodengruppen abgezogen und stellen nach Siedebereichen getrennte Fraktionen dar. Da bei den Druck- und Temperaturverhältnissen der atmosphärischen Destillation schwersiedende Kohlenwasserstoffe nicht aufgespalten werden, eine Erhöhung der Temperatur aber zu ihrer Zerstörung führen würde, werden sie einer *Vakuumdestillation* zugeführt, wo sie infolge des dort herrschenden verminderten Druckes bereits bei niedrigen Temperaturen verdampfen.

Beim Destillieren fallen die einzelnen Fraktionen in unterschiedlicher Qualität und Menge an. Der Bedarf an leichtsiedenden Destillaten, z. B. Benzin oder leichtem Heizöl, ist jedoch größer als der an schweren Ölen. Deshalb werden die bei der Destillation anfallenden schwerer siedenden Destillate einem weiteren Verarbeitungsprozeß unterzogen, dem *Cracken*. Hierbei werden bei höheren Temperaturen (thermisches Cracken), mittels eines Katalysators (katalytisches Cracken) oder durch Einsatz von Wasserstoff (Hydrocracken) die schwerer siedenden Großmoleküle in leichter siedende, kleinere Kohlenwasserstoffmoleküle aufgespalten und nochmals destilliert. Neben den so gewonnenen Fraktionen entsteht beim Crackprozeß Koks, der entweder zur Wärmeerzeugung direkt in der Raffinerie wieder verbrannt oder nach einer entsprechenden Aufbereitung z. B. zur Herstellung von Elektroden für die Elektroindustrie verwendet wird.

Je nach Herkunft enthält Rohöl mehr oder weniger große Mengen an Schwefelverbindungen und anderen Verunreinigungen. Diese sind in den Endprodukten unerwünscht. Besonders der Schwefel beeinträchtigt die Lagerfähigkeit der Endprodukte und ist als Schwefeldi- oder -trioxid in den Verbrennungsabgasen enthalten, was bei Unterschreitung des Taupunktes zur Bildung von Schwefelsäure und als Folge zu Korrosionen an den Verbrennungsanlagen führen kann oder als SO_2-Emission in die Atmosphäre gelangt. Die unerwünschten Bestandteile werden durch verschiedene Raffinationsprozesse aus den Destillationsprodukten entfernt. Einer der wichtigsten Verfahrensschritte ist dabei das *Hydrofinieren*, bei dem die Produkte vom Schwefel gereinigt werden. Dies geschieht bei Temperaturen von ca. 350 °C in einem Reaktor unter Anwesenheit von Wasserstoff und einem Katalysator. Der Schwefel aus den schwefelhaltigen Produkten verbindet sich mit dem Wasserstoff zu Schwefelwasserstoff, der dann vom gereinigten Produkt getrennt und zu reinem Schwefel weiterverarbeitet wird.

Das *Reformieren* dient bei der Herstellung von Vergaserkraftstoffen der Verbesserung der Benzinqualität.

7.4.3 Heizöle

Sie sind neben Benzin die wichtigsten Veredelungsprodukte des Erdöls. Nach den Anforderungen bei der Verwendung werden sie unterteilt in Heizöl EL (extra leicht) und Heizöl S (schwer). Leichte (L) und mittelschwere Heizöle (M) aus der Braunkohlen- und Steinkohlenschwelung haben praktisch keine Bedeutung. Für die Wärmeerzeugung im Haushalt wird, wegen der besseren Zerstäubbarkeit im Ölbrenner, ausschließlich Heizöl EL verwendet. Schweres Heizöl wird in Großfeuerungsanlagen, z. B. Kraftwerken oder Fernheizwerken, verbrannt.

Heizöl EL

Wegen der spezifischen Anforderungen von kleineren Verbrennungsanlagen (Einzelölöfen, Zentralheizungskessel) bezüglich der Verdampfungs-, Zerstäubungs- und Verbrennungseigenschaften muß das Heizöl EL bestimmten Mindestanforderungen genügen, die in der DIN 51603 festgelegt sind (Tab. 7.4).

Der im Vergleich zur Kohle höhere Heizwert des Heizöls beruht auf seinem Gehalt an Wasserstoff. Er beträgt 11 bis 13% bei einem Kohlenstoffgehalt von 84 bis 86%.

Tab. 7.4: Mindestanforderungen an Heizöl EL nach DIN 51603

Kenngrößen	Mindestanforderungen	
Dichte bei 15 °C	maximal	$0{,}860\,\text{g cm}^{-3}$
Flammpunkt	über	55 °C
Viskosität	höchstens	$6\,\text{mm}^2\,\sigma^{-1}$ bei 20 °C
Stockpunkt	höchstens	$-6\,°C$
Koksrückstand	maximal	0,1 Gew.-%
Schwefelgehalt	maximal	0,2 Gew.-%
Heizwert H_u	mindestens	$42\,000\,\text{kJ kg}^{-1}$

7.5 Gasförmige Brennstoffe (Brenngase)

Brenngase liegen entweder als natürliche Brennstoffe vor, wie z. B. Erdgas oder Erdölgas, oder werden künstlich erzeugt, z. B. bei der Schwelung, Entgasung oder Verkokung fester Brennstoffe und der Weiterverarbeitung des Rohöls.

Für die Wärmeerzeugung im Haushalt wird heute fast ausschließlich Erdgas verwendet. Es hat das früher in den kommunalen Gasanstalten erzeugte Stadt- oder Ferngas ersetzt. Andere künstlich erzeugte Gase, wie z. B. die bei der Schwelung fester Brennstoffe anfallenden Schwelgase, die Gichtgase aus der Roheisengewinnung im Hochofen oder Raffineriegase spielen als Brennstoff für den Haushalt keine Rolle.

Unter *Erdgas* sind alle gasförmigen, brennbaren Kohlenwasserstoff-Verbindungen zu verstehen, die aus der Erde gewonnen werden.

Neben verschiedenen Kohlenwasserstoffen enthält es z. T. Verunreinigungen in Form von Stickstoff- und Schwefelverbindungen.

Die Entstehung des Erdgases ist eng verbunden mit der Entstehung des Erdöls. Wie dieses hat es seinen Ursprung in organischer Substanz aus primitiven pflanzlichen und tierischen Lebewesen, die sich unter Einfluß von hohen Drücken und Temperaturen in gasförmige Verbindungen umgewandelt haben. Undurchlässige Deckschichten verhinderten ein Entweichen des Gases.

Häufig kommen Erdöl und Erdgas nebeneinander vor, jedoch bedeuten große Ölvorkommen nicht unbedingt auch das Vorhandensein großer Erdgasfelder und umgekehrt.

Die Zusammensetzung des Erdgases ist sehr unterschiedlich und abhängig vom Ort der Förderung. Hauptbestandteil ist jedoch immer Methan mit 70 bis 99 %. Tab. 7.5 zeigt die Zusammensetzung einiger Erdgase verschiedener Herkunft, wobei die Werte zwischen den einzelnen Erdgasfeldern erheblich schwanken können.

Grundsätzlich ist Erdgas, so wie es gefördert wird, als Brennstoff direkt verwendbar. Zur Qualitätsverbesserung werden ihm jedoch unerwünschte Beimengungen, wie z. B. die unbrennbaren Bestandteile Wasser, Kohlendioxid und Stickstoff, vor allem aber der Schwefelwasserstoff durch Trocknung, Auswaschen oder Adsorption entzogen.

Tab. 7.5: Beispiele für die Zusammensetzung und Heizwert von Erdgas unterschiedlicher Vorkommnen (RECKNAGEL u. a. 1987)

Bestandteile	% Anteile in Vorkommen aus		
	Deutschland	Holland	UdSSR
CH_4	94,2	88,8	93,0
C_2H_6	2,0	6,2	3,3
C_3H_8	1,7	1,0	–
C_4H_{10}	1,1	0,5	–
CO_2	0,8	0,1	2,2
N_2	–	1.4	0,5
H_2S	–	–	–
Heizwert H_u kJ m_n^{-3}	37 800	37 600	35 500

7.6 Verbrennung

7.6.1 Verbrennungsvorgang

Bei der Verbrennung wird die im Brennstoff enthaltene chemische Energie als Wärmemenge freigesetzt. Beim Verbrennungsvorgang erfolgt eine chemische Vereinigung (Reaktion) der brennbaren Bestandteile des Brennstoffes mit Sauerstoff bei hohen Temperaturen unter Wärmeentwicklung.

Brennstoff + Sauerstoff → Verbrennungsprodukte + Wärme

| brennbare Bestandteile: Kohlenstoff, Wasserstoff | Luft bis reiner Sauerstoff | z. B. Asche, Wasser, Kohlendioxid |

(nach SCHUSTER 1970)

Jeder Verbrennungsvorgang benötigt Sauerstoff, der normalerweise der Luft entnommen wird. In Abhängigkeit von der Zusammensetzung läßt sich für eine vollkommene Verbrennung einer bestimmten Brennstoffmenge eine erforderliche Mindestluftmenge ermitteln. Diese Mindestluftmenge stellt jedoch nur einen theoretischen Wert dar, da in technischen Feuerungsanlagen zur Erzielung einer vollkommenen Verbrennung mehr Luft zugeführt werden muß. Das Verhältnis aus tatsächlich zugeführter Luftmenge L zur Mindestluftmenge L_{min} ist die Luftzahl λ

$$\lambda = \frac{L}{L_{min}}$$

Die Zahlenwerte für λ liegen zwischen 1,2 und 2,0, wobei für Gas- und Ölfeuerungen ca. 1,2 bis 1,5 und für Kohlefeuerungen ca. 1,5 bis 2,0 anzusetzen ist. Auf eine Berechnung der Mindestluftmenge soll hier verzichtet werden. Sie beträgt in Abhängigkeit von Heizwert H_U und CO_2-Gehalt in den Rauch- bzw. Abgasen etwa

8 bis 9 $m_n^3 \, kg^{-1}$ für Steinkohle
10 bis 12 $m_n^3 \, kg^{-1}$ für Heizöl EL
8 bis 10 $m_n^3 \, kg^{-1}$ für Erdgas.

Steht nicht genügend Verbrennungsluft zur Verfügung, so ist die Verbrennung unvollkommen und es gelangen unverbrannte Bestandteile, insbesondere Kohlenmonoxid und Ruß, mit den Abgasen in die Atmosphäre. Für das Zustandekommen und den sich anschließenden Ablauf einer Verbrennung müssen bestimmte Voraussetzungen vorhanden sein oder geschaffen werden. Wichtig ist ein möglichst großflächiger Kontakt zwischen Brennstoff und Luft, ein bestimmtes Mischungsverhältnis beider und eine ausreichende Mindesttemperatur.

Da die Brennstoffe in allen Aggregatszuständen vorliegen können, gestalten sich diese Vorgänge unterschiedlich:

Bei der Verbrennung *fester Brennstoffe* wird der Brennstoff nach der Zündung durch die entstehende Wärme getrocknet und entgast. Die sich entwickelnden brennbaren gasförmigen Bestandteile verbrennen unter Anwesenheit von Luft oberhalb der festen Brennstoffschicht und bilden dabei eine sichtbare Flamme. Ohne Flammenbildung verbrennt der feste brennbare Teil des Brennstoffes. Die Verbrennung verläuft als Reaktion an der Oberfläche, wobei diese zum Glühen kommt.

Da *flüssige Brennstoffe* an sich nicht brennen, müssen sie in den gasförmigen Zustand übergeführt werden, sie müssen verdampfen. Diese Verdampfung erfolgt schneller und vollständiger bei hohen Temperaturen und großer Oberfläche, weshalb z. B. in Ölbrennern das Öl durch Düsen gepreßt und zerstäubt wird. Durch die dabei entstehenden feinen Öltröpfchen mit insgesamt großer Oberfläche kann die für die Leistungsabgabe des Kessels notwendige Ölmenge in der erforderlichen kurzen Zeit verdampfen, mit Luft gemischt und verbrannt werden. Unter dem Einfluß hoher Temperatur findet eine dem Crackprozeß vergleichbare Aufspaltung und Zersetzung der im Heizöl enthaltenen verschiedenen Kohlenwasserstoff-Verbindungen statt.

Gasförmige Brennstoffe liegen von Natur aus schon im brennbaren Zustand vor. Die Durchmischung mit der zur Verbrennung notwendigen Luft ist relativ einfach zu erreichen, was eine weitgehend vollkommene Verbrennung ermöglicht.

7.6.2 Reaktionsprodukte

Bei jeder Verbrennung entstehen neben der gewünschten Wärme unterschiedliche, vom Brennstoff und vom Verbrennungsprozeß abhängige Reaktionsprodukte. Diese Verbrennungsendprodukte kön-

Tab. 7.6: Emissionen aus Verbrennungsprozessen und ihre ökologische Bewertung (BRETON u. EBERHARD 1987)

Ursachen der Entstehung	Aggregatzustand	Emissionsstoffe
Umweltneutrale Stoffe		
	gasförmig	Wasserstoff Stickstoff Sauerstoff Wasserdampf
Umweltbelastende Stoffe		
Brennstoffabhängig, aus schadstoffbildenden Bestandteilen des Brennstoffes	gasförmig	Kohlendioxid Schwefeloxide als SO_2 oder SO_3 Fluorverbindungen, z. B. HF Chlorverbindungen, z. B. HCl, Cl_2
	vorwiegend fest	Schwermetallverbindungen (adsorbiert an Staubpartikel)
Prozeßabhängig bei unvollständiger Verbrennung	gasförmig	Kohlenmonoxid Schwefelwasserstoff Ammoniak Kohlenwasserstoffe Aldehyde organische Säuren
Brennstoff- und prozeßabhängig (Entstehung bei jeder Verbrennung	gasförmig	Stickoxide als NO und NO_2
	fest	Stäube Flugasche Flugkoks Ruß organische Verbindungen

nen in Form von Asche oder Schlacke als feste Stoffe zurückbleiben oder werden als Ab- oder Rauchgase in die Atmosphäre abgegeben. Beide Rückstandsformen enthalten neben unbedenklichen Bestandteilen wie unbrennbare Mineralien oder Wasserdampf auch eine Reihe von Stoffen, die für Mensch und Umwelt schädlich sein können. Während die in den festen Rückständen möglicherweise enthaltenen Schadstoffe zumindest primär problemlos zu entsorgen sind, können Schadstoffe, die mit den Rauch- oder Abgasen in die Umwelt gelangen, dort zu Schädigungen führen.

Die insgesamt emittierten Stoffe liegen meist im gasförmigen, aber auch im festen, seltener im flüssigen Zustand vor. Unterscheidet man in umweltneutrale und umweltverunreinigende Stoffe, so ergibt sich unter Berücksichtigung der Entstehungsursachen eine Einteilung nach Tab. 7.6.

7.6.3 Schadstoffe und ihre Wirkung

7.6.3.1 Kohlendioxid

Durch die Reaktion des Sauerstoffes mit Kohlenstoff entsteht bei jeder Verbrennung CO_2. Obwohl es ungiftig ist und nicht zu direkten Schädigungen an der Umwelt führt, muß man es wohl zu den Schadstoffen rechnen. Wegen der sprunghaften Zunahme der Verbrennung fossiler Brennstoffe zur Deckung des Weltenergiebedarfs bei gleichzeitigem Rückgang des Assimilationspotentials infolge der Abholzung der Regenwälder in den Tropen und des Waldsterbens in den gemäßigten Zonen ist eine fortschreitende Anreicherung der Atmosphäre mit CO_2 zu beobachten. Durch den dadurch hervorgerufenen sog. Treibhauseffekt sind zumindest langfristig erhebliche Klimaveränderungen auf der Erde zu befürchten.

7.6.3.2 Kohlenmonoxid

Bei jeder Verbrennung von kohlenstoffhaltigen Brennstoffen entsteht als Zwischenprodukt Kohlenmonoxid, das zum Teil infolge unvollkommener Verbrennung emittiert wird. Es ist für Menschen und Tiere toxisch, wirkt auf das zentrale Nervensystem und beeinträcht die Sauerstoffbindung und den Sauerstofftransport im Blut. Für Pflanzen ist CO unschädlich, außerdem wandelt es sich in der Atmosphäre rasch in CO_2 um.

7.6.3.3 Schwefeloxide

Ebenfalls durch Reaktion des Luftsauerstoffes entstehen aus den im Brennstoff enthaltenen Schwefelverbindungen, z. B. Sulfaten in festen Brennstoffen und Schwefelwasserstoff in flüssigen und gasförmigen Brennstoffen, Schwefeloxide, die als Schwefeldioxid SO_2 oder Schwefeltrioxid SO_3 emittiert werden. Schwefeloxide führen in hohen Konzentrationen zum Absterben von Gewebeteilchen an Blättern und zu Reizungen insbesondere auf den Schleimhäuten. Darüberhinaus entsteht aus SO_2 und SO_3 in Anwesenheit von Wasser in der Atmosphäre Schwefelsäure, die als sog. saurer Regen zu einer Übersäuerung des Bodens und zu Gebäudeschäden führt.

7.6.3.4 Stickoxide

Die Entstehung von Stickoxiden ist sowohl brennstoff- als auch prozeßabhängig. Man unterscheidet drei Bildungsmöglichkeiten, wobei in erster Linie Stickstoffmonoxid entsteht:

– Brennstoffabhängiges Stickoxid
 Es entsteht durch Oxidation des im Brennstoff organisch gebundenen Stickstoffes, wie er vor allem in festen und flüssigen Brennstoffen vorkommt.

– Thermisches Stickoxid
 Es bildet sich bei jedem Verbrennungsprozeß durch eine Nebenreaktion des Luftstickstoffes mit dem Luftsauerstoff. Die Bildung ist abhängig von der Temperatur und steigt oberhalb von etwa 1600 °C bis ca. 2000 °C stark an – abhängig von der Verweildauer bei hohen Temperaturen sowie von der Sauerstoffkonzentration – und findet in der Zone der Verbrennungsprodukte der Flamme statt.

– Promptes Stickoxid
 Es entsteht nur in einer dünnen Zone der Flammenfront, wo sich aus dem Stickstoff der Verbrennungsluft oder des Brennstoffes Kohlenstoff-Stickstoffradikale bilden, die durch molekularen Sauerstoff zu NO oxidiert werden. Sein Anteil ist im Vergleich zum thermischen NO jedoch sehr gering.

Durch Oxidation des Stickstoffmonoxides entsteht in der Verbrennungszone bei Temperaturen unterhalb von etwa 600 °C in gewissem Umfang auch Stickstoffdioxid NO_2.

Die Stickoxide NO und NO_2 werden im allgemeinen summarisch zu NO_x zusammengefaßt, wobei die angegebenen Zahlenwerte auf NO_2 umgerechnet sind.

Stickstoffdioxid ist toxischer als das Monoxid und gehört zu den Reizgasen. Es führt beim Menschen zu Schleimhautreizungen bis hin zur Auslösung von Asthmaanfällen. Bei Pflanzen kommt es ähnlich wie beim Schwefeldioxid zu Blattschädigungen, jedoch sind für gleiche Schädigungen bis zu fünfmal höhere Konzentrationen als bei SO_2 notwendig. Von besonderer Bedeutung ist die Bildung von Ozon, das bei der Umwandlung von NO_2 zu NO unter dem Einfluß kurzwelliger Sonnenstrahlung entstehen kann und von dem vermutet wird, daß es in hohem Maße an der Waldschädigung beteiligt ist.

7.6.3.5 Kohlenwasserstoffe

Sie entstehen ähnlich wie das Kohlenmonoxid durch unvollkommene Verbrennung und umfassen eine Vielzahl von Verbindungen. Dazu gehören Paraffine, Olefine und Aromate in Form von z. B. nichtverbranntem Methan, Ethylen oder Benzol sowie die cancerogenen Benzpyrene. Außerdem kommt es bei jeder Verbrennung zur Bildung von Formaldehyd, allerdings in vergleichsweise geringen Mengen.

7.6.3.6 Halogenverbindungen

Bei der Verbrennung von fluor- und chlorhaltigen Brennstoffen, wie sie insbesondere in Abfällen und Müll enthalten sein können, entstehen Chlorgas, Chlorwasserstoff unf Fluorwasserstoff, die zu Schleimhautreizungen beim Menschen, aber auch zu Vegetations- und Materialschäden führen.

7.6.3.7 Feststoffe

Die aus Feuerungsanlagen mit den Rauchgasen in die Atmosphäre ausgestoßenen Feststoffpartikel werden allgemein als Staub bezeichnet. Sie stellen je nach verwendetem Brennstoff ein Gemisch aus nicht brennbaren Bestandteilen (Asche), nicht verbrannten Brennstoffteilchen oder Zersetzungsprodukten, wie z. B. Ruß, dar. Daneben enthält Staub verschiedene Schwermetalle, z. B. Blei, Cadmium und Quecksilber. Feststoffpartikel werden über die Atmungsorgane und peroral aufgenommen, wobei besonders Partikelgrößen unter 5 μm, die als Feinstaub bezeichnet werden, bedenklich sind. Die gesundheitsschädigende Wirkung von Stäuben hängt von ihrer Zusammensetzung ab und kann zu Blut-, Nieren- und Knochenschäden durch Schwermetalle und Lungenschädigungen durch faserige Stoffe führen.

7.7 Schadstoffemissionen

Die bei der Wärmeerzeugung durch Verbrennung fossiler Brennstoffe entstehenden Schadstoffe werden in die Atmosphäre abgegeben und als Emissionen bezeichnet. Erhebliche Emissionen entstehen darüberhinaus auch im Verarbeitungssektor, z. B. in der Petrochemie, der Eisen- und Stahlherstellung und -verarbeitung, im Chemiebereich und im Gewerbe. Diese bleiben jedoch bei der folgenden Betrachtung unberücksichtigt. Die emittierten Schadstoffe breiten sich in der Atmosphäre aus und gelangen häufig an mehr oder weniger weit entfernten Orten wieder auf die Erde zurück, wo sie als Immissionen schädigende Wirkungen auf Menschen, Tiere, Pflanzen, Gebäude und andere Dinge ausüben.

7.7.1 Gesetze und Verordnungen

Zur Reduzierung der Emissionen haben die Bundesregierung und die Landesregierungen Gesetze und Verordnungen erlassen, deren Grundlage das Bundes-Immissionsschutzgesetz (BImSchG) vom 15. 3. 1974 ist. Da sich Feuerungsanlagen erheblich in ihrer Größe unterscheiden und bei großen Anlagen, wie z. B. Kraft- oder Fernheizwerken das Ausmaß der Emissionen nicht vorhersehbar ist, hat der Gesetzgeber Verordnungen zum Bundes-Immissionsschutzgesetz erlassen, in denen festgelegt ist, welche Anlagen genehmigungsbedürftig sind und welche ohne Genehmigung errichtet und betrieben werden dürfen.

Anlagen, die einer Genehmigungspflicht unterliegen, sind in der 4. Bundes-Immissionsschutz-VO (4. BImSchV) aufgeführt. Die speziellen Anforderungen an diese Anlagen regelt die 13. Bundes-Immissionsschutzverordnung (13. BImSchV), die sog. Großfeuerungsanlagen-VO, und die Technische Anleitung zur Reinhaltung der Luft (TA-Luft). In ihnen werden insbesondere Emissionsgrenzwerte in Abhängigkeit von der Anlagengröße und vom verwendeten Brennstoff festgelegt.

Um auch bei nichtgenehmigungsbedürftigen Anlagen die Emissionen zu vermindern, hat der Gesetzgeber eine spezielle „Verordnung über Feuerungsanlagen", die 1. Bundes-Immissionsschutz-VO (1. BImSchV) , erlassen. Diese gilt in ihrer letzten Fassung vom 15. 7. 1988 auch für alle Hausheizungen. Sie enthält Vorschriften über die verwendbaren Brennstoffe und deren emissionsrelevanten Inhaltsstoffe und legt Emissionsgrenzwerte für Feuerungsanlagen fest, wenn sie mit festen Brennstoffen, Öl oder Gas betrieben werden. Darüberhinaus schreibt sie vor, daß die Anlagen in regelmäßigen Abständen vom Bezirks-Schornsteinfeger überwacht werden müssen und welche Messungen dabei durchzuführen sind. Da die Verordnung auch Altanlagen einschloß, mußten diese, falls sie die Anforderungen der VO nicht erfüllten, bis zum 1. 10.1993 durch neue ersetzt werden.

7.7.2 Emissionsfaktoren

Die Beurteilung der Umweltbelastung beim Verbrennen von Brennstoffen in Heizungsanlagen setzt Kenntnisse über die Emissionsmengen der einzelnen Schadstoffe in einer bestimmten Zeit voraus. Dadurch ist es möglich, die Emissionen verschiedener Heizungssysteme und Benutzergruppen zu vergleichen und gezielte Maßnahmen zur Emissionsminderung zu ergreifen und den Erfolg dieser Maßnahmen in bestimmten Zeitabständen zu überprüfen.

Zur Ermittlung der emittierten Mengen der einzelnen Schadstoffe bedient man sich üblicherweise der sog. Emissionsfaktoren. Sie geben die Menge eines Schadstoffes an, der bei der Erzeugung einer bestimmten Wärmemenge entsteht, z. B. kg Schadstoff/TJ erzeugte Wärmemenge. Die Emissionsfaktoren werden durch Emissionsmessungen an bestehenden Feuerungsanlagen und für verschiedene Brennstoffe, sowie durch statistische Erhebungen und Berechnungen ermittelt. Sie sind unabhängig von der Anlagengröße und erlauben somit einen weitgehend objektiven Vergleich aller Heizungsanlagen. Üblicherweise werden die Emissionsfaktoren für die wichtigsten Emittentengruppen, wie Kraftwerke, Industrie, Verkehr, Kleinverbraucher und Haushalte, angegeben, was dann einen Vergleich der Schadstoffproduktion innerhalb einer Gruppe bei Verwendung verschiedener Brennstoffe ermöglicht.

In Abb. 7.6 sind die Emissionsfaktoren für den Bereich Haushalte zusammengestellt. Es ist deutlich erkennbar, daß bei Verbrennung fester Brennstoffe die größten Emissionen bei allen Schadstoffen mit Ausnahme der Stickoxide im Vergleich zum Heizöl und Erdgas entstehen.

Die bei der Ermittlung der Emissionsfaktoren angesprochenen Messungen und statistischen Erhebungen können naturgemäß nur an einer sehr kleinen Zahl im Betrieb befindlicher Anlagen durchgeführt werden und liegen z. T. mehr oder weniger lange zurück. Die Abnahme alter und Zunahme moderner, emissionsärmerer Heizungsanlagen, vereinheitlichte Meßverfahren, schadstoffärmere Brennstoffe und eine größere Stichprobenzahl wirken sich auf die einzelnen

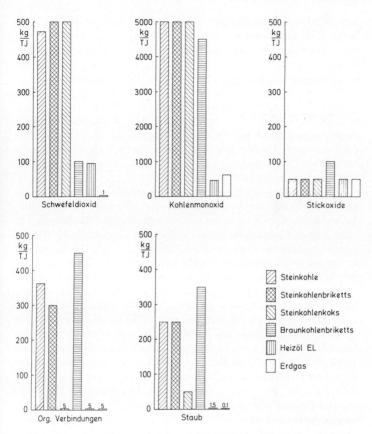

Abb. 7.6: Emissionsfaktoren für den Verbrauchssektor Haushalte (Umwelt-Bundesamt 1988)

Emissionsfaktoren aus und erfordern von Zeit zu Zeit eine Neuberechnung.

7.7.3 Gesamtemissionen

Die insgesamt im Heizungsbereich emittierten Schadstoffmengen ergeben sich durch Multiplikation der jeweiligen Emissionsfaktoren mit dem emissionsrelevanten Energieverbrauch. Sie werden meist in Mt/

Jahr angegeben. Auch hier ist es sinnvoll, die Emissionen der einzelnen Schadstoffe nach Emittentengruppen zu differenzieren. In Abb. 7.7 ist die Entwicklung der Emissionen für die Verbrauchergruppen Kraftwerke, Industrie, Verkehr, Kleinverbraucher und Haushalte von 1966 bis 1986, einschließlich einer Schätzung für 1995 zusammengestellt.

Die Darstellung zeigt, daß sich die Umweltbelastung durch Kohlenmonoxid, Schwefeldioxid und Staub im Laufe der letzten Jahre verringert hat, während sie durch Stickoxide und organische Verbindungen zugenommen hat. Weiterhin ist zu erkennen, daß die einzelnen Emittentengruppen sehr unterschiedlich an der Schadstoffproduktion beteiligt sind und daß die Haushalte in einigen Fällen die zweitgrößte Emittentengruppe darstellen.

Betrachtet man die Entwicklung bei den einzelnen Schadstoffen, so ist der Rückgang bei *Schwefeldioxid* vor allem auf die vermehrte Verwendung von Gas anstelle von schwefelhaltigen Brennstoffen in allen Verbrauchsbereichen einschließlich der Haushalte, die Abgasentschwefelung in Kraft- und Fernheizwerken, den Rückgang des Brennstoffverbrauchs im Industriebereich sowie die Begrenzung des Schwefelgehaltes im leichten Heizöl und im Dieselkraftstoff zurückzuführen. Besonders die Abgasentschwefelung in Großfeuerungsanlagen wird zu einer weiteren Abnahme der SO_2-Emission führen.

Bei den Emissionen von *Stickoxiden* sind die Hauptverursacher der Verkehr und die Kraft- und Fernheizwerke. Während bei letzteren besonders durch den Einsatz emissionsarmer Feuerungsanlagen und Abgasentstickungs-Maßnahmen ein Rückgang zu erreichen ist, hat die starke Zunahme des PKW-Bestandes zu einer ständig steigenden NO_x-Emission im Sektor Verkehr geführt. Der Anteil der Haushalte ist relativ gering und gleichbleibend aufgrund der in den Haushalts-Feuerungsanlagen vergleichsweise niedrigen Verbrennungstemperaturen.

Am Ausstoß von *Kohlenmonoxid* ist ebenfalls der Straßenverkehr in hohem Maße beteiligt, jedoch mit abnehmender Tendenz als Folge gesetzlicher Vorschriften bei der Abgasregelung. Die Haushalte stellen die zweitgrößte Emittentengruppe dar. Die Emissionen haben hier aber durch Umstellung der Heizungsanlagen auf Öl und Gas in den siebziger Jahren beträchtlich abgenommen.

Auch bei den *organischen Verbindungen* ist der Straßenverkehr der größte Emittent, gefolgt von den Haushalten. Während jedoch beim Verkehr eine stetige Zunahme bis zur Mitte der siebziger Jahre als Folge des wachsenden PKW-Bestandes und danach eine weitgehende Stagnation durch die gesetzliche Abgasregelung zu verzeichnen ist, hat

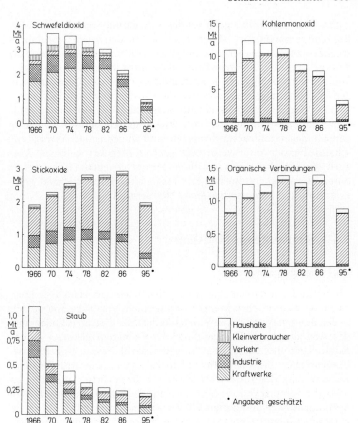

Abb. 7.7: Entwicklung der Emissionen in der Bundesrepublik Deutschland (Bundesminister für Umwelt, Naturschutz und Reaktorsicherheit 1988)

die Emission der Haushalte im gleichen Zeitraum durch die Substitution fester gegen flüssige und gasförmige Brennstoffe abgenommen und ist seitdem im wesentlichen konstant. Organische Verbindungen werden in weit größerem Ausmaß als andere Schadstoffe auch im Prozeßbereich und bei der Lösungsmittelverwendung frei. Sie sind etwa gleich hoch anzusetzen wie die Emissionen beim Energieverbrauch, so daß die Gesamtemissionen dieser Schadstoffe etwa doppelt so hoch sind wie in Abb. 7.7 dargestellt.

Staub entsteht vorwiegend bei der Verfeuerung fester Brennstoffe. Die Luftverunreinigung durch Staub ist in den letzten 20 Jahren erheblich zurückgegangen als Folge gesetzlicher Auflagen durch die TA-Luft und die Großfeuerungsanlagen-VO im Kraftwerksbereich und der Verwendung von Heizöl und Gas statt fester Brennstoffe in den Haushalten.

Die Prognosen deuten auf eine insgesamt weiter abnehmende Schadstoffbelastung unserer Luft hin. Abgasreinigungs-Anlagen im Bereich der Großfeuerungsanlagen und zunehmende Verbreitung schadstoffarmer Autos werden dazu den größten Beitrag leisten. Aber auch die Haushalte können ihren Anteil verringern, insbesondere durch Einsparen von Energie und Ersatz alter durch moderne, emissionsarme und brennstoffsparende Heizungsanlagen.

7.8 Brennstoffe im Haushalt

7.8.1 Energieverbrauch

Zur Erfüllung ihrer vielfältigen Aufgaben benötigen Haushalte Energie in unterschiedlichen Mengen und Formen. Von insgesamt in 1990 in der Bundesrepublik (alte Bundesländer) verbrauchten Endenergie, das sind die durch Umwandlung der Primärenergieträger Rohöl, Kohle, Uran usw., erzeugten Energien Heizöl, Strom, Briketts usw., beanspruchen die Haushalte allein ca. 25%, wie Abb. 7.8 zeigt. Rechnet man den für private Zwecke verbrauchten Anteil von ca. 50% des Sektors Verkehr hinzu, so sind die Haushalte mit ca. 40% Verbrauchsanteil die zweitgrößte Verbrauchergruppe. Die Anteile der einzelnen Energieträger am Haushaltsenergieverbrauch sowie die Verbrauchsentwicklung sind in Tab. 7.7 dargestellt.

Tab. 7.7 zeigt, daß in den alten Bundesländern die Kohle und ihre Veredelungsprodukte nur noch eine geringe Bedeutung bei der Energie-Bedarfsdeckung der Haushalte haben, aber auch der Anteil des Heizöls rückläufig ist bei gleichzeitiger Zunahme des Gas- und Stromverbrauchs.

Der Energieverbrauch der Haushalte läßt sich auf drei Bereiche aufteilen: Raumheizung, Warmwassererzeugung sowie Licht, Kraft und Prozeßwärme.

Zur Wärmeerzeugung können grundsätzlich alle fossilen Brennstoffe eingesetzt werden. Aus anwendungstechnischen und wirtschaftlichen Gründen kommen jedoch nur einige tatsächlich in Frage.

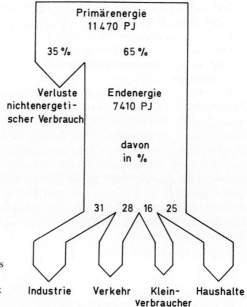

Abb. 7.8: Vereinfachtes Energieflußdiagramm für die Bundesrepublik Deutschland 1990

Tab. 7.7: Endenergieverbrauch der privaten Haushalte nach Energieträgern (Arbeitsgemeinschaft Energiebilanzen)

Jahr	Gesamt PJ	% Endenergieverbrauch in Form von				
		Kohle	Öl	Gas	Strom	Fernwärme
1970	1851	29,9	51,9	6,9	8,6	2,7
1975	1815	13,0	57,0	14,0	13,0	3,0
1980	2016	8,6	51,5	21,4	15,3	3,2
1985	2114	7,4	45,7	26,6	16,6	3,7
1990	1852	4,6	39,9	32,1	19,1	4,3
1992 ges.	2394	8,4	35,6	31,3	18,4	5,9
alte BL	2066	4,7	39,0	33,6	18,4	4,3
neue BL	328	34,8	14,3	17,0	17,8	16,1

BL: Bundesländer

Dies sind bei den
- *festen* Brennstoffen vor allem Anthrazit, Koks und Stein- und Braunkohlenbriketts,
- *flüssigen* Brennstoffen das Heizöl EL,
- *gasförmigen* Brennstoffen das Erdgas und in geringem Maße Stadt- und Ferngas und Flüssiggase.

Für die Licht- und Krafterzeugung, aber auch zur Erzeugung von Prozeßwärme, bei der Warmwasserbereitung und der Raumheizung wird daneben elektrischer Strom als Energiequelle eingesetzt. In Abb. 7.9 sind die genannten drei Bereiche mit ihren Anteilen am Gesamtenergieverbrauch der Haushalte und die vorrangig verwendete Energieform dargestellt. Etwa 75% der in den Haushalten verbrauchten Energie fließt in den Bereich Raumheizung. Da hier überwiegend fossile Energieträger zum Einsatz kommen, zeigt die Beheizungsstruktur der Wohnungen in der Bundesrepublik in Tab. 7.8 ein ähnliches Bild wie der nach Energieträgern aufgeteilte Endenergieverbrauch der Haushalte.

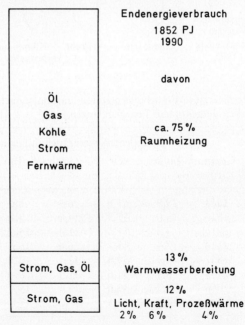

Abb. 7.9: Aufteilung des Energieverbrauches in den Haushalten

Tab. 7.8: Beheizungsstruktur der Wohnungen (alte Bundesländer; Vereinigung Deutscher Elektrizitäts-Werke 1991)

Energieträger	% Anteil an der Beheizung der Wohnungen				
	1970	1975	1980	1985	1990
Kohle	44,0	19,5	11,6	8,4	5,6
Öl	42,6	52,8	51,3	47,6	44,8
Gas	6,9	15,6	22,6	27,5	32,4
Strom	3,4	6,8	7,8	8,6	8,6
Fernwärme	3,1	5,3	6,7	7,8	8,6
Zahl der Wohnungen insgesamt in Mio	20,6	22,8	24,1	25,1	25,9

7.8.2 Energieeinsparung

Zur Schonung der Ressourcen, aber auch zur Verringerung der Umweltbelastung sind alle Bereiche, die Energie und damit Brennstoffe für die verschiedenen Zwecke verbrauchen, angehalten, sparsam mit diesem wichtigen Rohstoff umzugehen.

Da der größte Teil der in den Haushalten verwendeten Energie zur Raumheizung dient, liegt hier auch das größte Einsparpotential. Das hat den Gesetzgeber veranlaßt, bereits 1976 das sog. *Energieeinsparungsgesetz* zu erlassen. Zu diesem Gesetz sind in der Zwischenzeit vier Rechtsverordnungen erschienen: Wärmeschutz-, Heizungsanlagen-, Heizungsbetriebs- und VO über die Heizkostenabrechnungen. Diese Rechtsverordnungen enthalten u. a. Anforderungen über die Wärmedämmung von Gebäuden, Grenzwerte für die Abgasverluste von Heizungsanlagen, Vorschriften für eine automatische Temperaturregelung und die Überwachung von Heizungsanlagen bis hin zur verbrauchsabhängigen Erfassung der Heizkosten.

Mit diesen gesetzgeberischen Maßnahmen sind die Möglichkeiten, Energie zu sparen, jedoch bei weitem noch nicht ausgeschöpft. Jeder Einzelne kann durch verantwortungsbewußtes Handeln seinen individuellen Beitrag leisten, sei es durch Ersatz veralteter Anlagen und Geräte durch moderne mit geringerem Energieverbrauch oder durch Überdenken und Ändern seiner Konsumgewohnheiten.

7.9 Literatur

ARBEITSGEMEINSCHAFT FÜR SPARSAMEN UND UMWELTFREUNDLICHEN ENERGIEVERBRAUCH E. V. (Hrsg.): Umweltchance Erdgas. Frankfurt 1986
– Erdgas und Umwelt. Frankfurt 1988
BRETON, O.; EBERHARD, R.: Handbuch der Gasverwendungstechnik. Oldenbourg Verlag, München 1987
BUNDES-IMMISSIONSSCHUTZ-GESETZ (BImSchG) v. 15. 3. 1974 i. d. F. v. 26. 11. 1986
BUNDESMINISTER für Umwelt, Naturschutz und Reaktorsicherheit: Vierter Immissionsschutzbericht der Bundesregierung, Bonn 1988
ESSO AG (Hrsg.): Esso-Magazin 1, 1982
GROTHE, H. (Hrsg.): Lexikon des Bergbaues; In: LUEGER, Lexikon der Technik, Bd. 4. Deutsche Verlags-Anstalt, Stuttgart 1962
DIN 51603, Teil 1: Heizöle. Heizöl EL, Mindestanforderungen. Beuth Verlag, Berlin 1988
RECKNAGEL, H.; SPRENGER, E.; HÖNMANN, W. (Hrsg.): Taschenbuch für Heizung und Klimatechnik. Oldenbourg Verlag, München 1987
RUHRKOHLE AG (Hrsg.): Ruhrkohlen-Handbuch. Verlag Glückauf, Essen 1984
SCHUSTER, F. Verbrennungslehre. Oldenbourg Verlag, München 1970
UMWELT-BUNDESAMT: Jahresbericht 1988. Berlin 1988
VEREINIGUNG DEUTSCHER ELEKTRIZITÄTSWERKE, in Hauptberatungsstelle für Elektrizitätsanwendung e. V., Frankfurt/Main: Statistisches Faltblatt 1991
VERORDNUNG ÜBER FEUERUNGSANLAGEN (1. BImSchV) v. 1. 1. 1979 i. d. Fassung v. 15. 7. 1988

Sachregister

Kursiv gesetzte Seitenzahlen verweisen auf Abbildungen, halbfett gesetzte auf Tabellen.

Abkühlen
- Schwindung 180, 209
- Spannungen 93

Abnützungswiderstand
- Fußböden 273, 282
- Richtungsabhängigkeit 272

Abrieb
- Festigkeit
- – Dekors 134, 147
- – Fließen 140
- Lagermaterial 179

Abwasser 330
- Beseitigung 331, 332
- Reinigung
- – Fluoridelimination 323
- – Pflanzenkläranlagen 334
- – Phosphatelimination 333
- – Stufen 332, 333

Alterung 180, 196–200

Aluminium
- Bauxit 14
- Brunnenwasserschwärzung 73
- Korrosion 59, 72
- Oxidfilm 59
- – Oxidation, anodisch 61, 62
- Packstoffe **68**
- Recycling 77
- Verbundmaterial 187

Aluminiumwerkstoffe 13
- Bezeichnungskriterien 51
- Korrosionsbeständigkeit 47
- Legierungen 19, 47, **48**
- Reinheitsgrade 13, 50

Anisotropie
- Holz 270, 277
- Metalleigenschaften 26, 45

Anthrazit 342, **343**
Antioxidantien 196, 200
AOX-Wert 331

Asche
- Holz 253, 254
- Verbrennungsrest 355, 356, 358

Aufladung, elektrostatisch 182, 183, 218

Austenit 36, 37
- Legierungselemente 46

Bauholz 270
Benetzung
- Kunststoffe 212
- – Young'sche Gleichung *191*, *192*

Benzpyrene
- Verbrennungsprodukt 358
- Wasserkontimination 323

Beschichtungen 278, 279
Beständigkeit, chemisch
- Glasarten 98, 99, 100, 102
- Holz 257
- Keramik 120, 141
- – Dekors 134, 135, **148**
- – Porzellanglasur 125
- Kunststoffe 188, **195**, **196**,
- – Spülmittel 217
- Linoleum 154

Beständigkeit, mikrobiell 204, 205

Biegefestigkeit **217**
- Bauholz 270
- Richtungsabhängigkeit 269
- Trittstufen 282

Bimetalle
- Einsatz 67
- Wärmeausdehnung 44

Brand
- Keramik 133, 134
- Verhalten
- – Holz 267
- – Kunststoffe 200, **201**, 202–204

Brauchwassergewinnung 305

Brennstoffe
- Arten 338, 339
- – Emissionsfaktoren*361*
- – Emissionsgrenzwerte 359
- – Luftzahl 353
- – Zusammensetzung 359
- Erdgas 351, 352
- – Heizwert 352
- – Verbrennung 354
- Erdöl 347, 348
- – Heizwert 347
- – Verbrennung 354
- fest
- – Arten 341
- – Elementaranalyse **341**
- – Heizwert 340, *341*
- – Inkohlung 342
- – Verbrennung 354
- – Zusammensetzung 340

Brennwert 339, 340
Brikett
- Braunkohle 346
- Brikettierung 343
- – Strangpresse *345*
- – Walzpresse 343, *344*
- Steinkohle 343

Cellulose 254, **255**
- Holz
- – Mengenanteil **253**
- – Verwertung 255
- Kunststoffbasis 153, 154

Chlor
- Trinkwasserbehandlung 312, 313
- – Qualität, sensorisch 318
- – Restmengenbeseitigung 325

Cluster
- Wassermoleküle 297
- – Oberflächenspannung 301
- – Viskosität 301

Sachregister

– – Wasserstoffbrücken 296
Copolymerisate
– Isomerie 161, 162
– Weichmachereffekt 171

Deckenbekleidung 283
Deckschichten
– Kunststoffe 197
– Metalloxide 58, 59
– – Verletzung 72
Dehnbarkeit 29
Dehnung
– Kunststoffe 168
– – Temperatureinfluß 176
– Metalle
– – Bruchdehnung 300
– – Streckgrenze 28
– – Verformungsarten 27, 29
Dekoration
– Glas 93
– Keramik 134–137
Depolymerisation 199
– Abfallbehandlung 223, 224
Dichte s. auch Rohdichte
– Eis 300
– Erdöl 347
– Glas 207
– Heizöl EL 351
– Holz 266
– Kunststoffe 174, 195, 206, 207
– – Trennverfahren 222
– Metalle 207
– Wasser 297, 300
– – Anomalie 300
Dielektrika 192, 183
Drehen
– Rollerkopfverfahren 131, 132
– Schablonenverfahren 130, 131
Druckfestigkeit
– Glas 96
– Holz 271
– – Lignin 256
– – Richtungsabhängigkeit 296
– – Rohdichte 266
– Keramik 121
– Kunststoffe 178
Durchgangswiderstand 207
Duroplaste
– Bildungsreaktionen 158

– Einsatzbereiche 215
– Formgebung 210, 211
– Kettenvernetzung 162, 163, 164
– Recycling 222
– Zersetzung 169
– Zustandsbereiche 176

Edelmetalle
– Filterausrüstung 325, 326
– Glasdekor 93
– Keramikdekor 135
– Silber 63, 64, 72
Eis 299, 300
Edelstahl 53
– Chrom - Nickel - Stahl 52
– – Austenit 52
– – Chromoxidfilm 59
– Eigenschaften 52–54
– Korrosion 57
Eisen
– Eisen-Kohlenstoff-system 37
– – Phasen 38
– – Austenit 37, 38
– Erze 14
– Grundwasser
– – Entzug 310
– – Oxidhydratbildung 309
– Roheisengewinnung
– – Hochofenprozeß 15, 16
– – Raffination 16
Eisenwerkstoffe,
s. auch Stahl
– Begleitstoffe 46
– Legierungselemente 46
– Magnetismus 36
Elaste
– Einsatzbereiche 216
– Glastemperatur 169, 170
– Recycling 222
– Verformung 175
– Vernetzung 169
– Zustandsbereiche 176
Elastizität
– Bodenfliesen 140
– Holz
– – Fußboden 282
– – Resonanzkörper 268
– – Rohdichte 266
– Kunststoffe
– – Weichmacherzusatz 171

Elastizitätsmodul 27, 29, 206, 207
– Glas 96
– Holz 268, 269, 271
– Keramik 121
Elektrizität 366, 367
Email 62, 63, 100
– Schwermetallabgabe 100, 101
Emissionen
– Holzspanplatten
– – Formaldehyd 211
– Kunststoffverbrennung 225–227
– – Metallgewinnung 18, 79, 80
– Verbrennungsprozeß 355
– – Emissionsfaktoren 360, 361
– – Emittentengruppen 362, 363
– – Grenzwerte 359
Energie
– Bindung, chemisch 166, 197
– Einsparung
– – Glasherstellung 87, 110
– – Haushalt 367
– – Metallrecycling 80
– Flußdiagramm 365
– Formen 338
– Licht 197
– Quellen, regenerativ 338
– Verbrauch
– – Glasherstellung 110
– – Haushalt 364, 365, 366
– – Kunststofferzeugung 225
– – Kunststoffrecycling 225
– – Metallgewinnung 18, 80
Erdgas 351, 352
Erdöl 347, 348
– Veredelungsverfahren 348–350
Eutektikum 34, 35
Extraktstoffe 253
– Effekte 256, 257
– Verkernung 257
Extruder 209, 210

Farben
– keramisch 134
– Kunststoffe 184

Sachregister

Flachglas
- Einsatzbereiche 107
- Herstellung 90, 91
- Isolierglas 108
- Sicherheitsglas 107

Flammschutzmittel 202

Flußmittel
- Farben, keramisch 134
- Keramik 117

Flüssigkeitsaufnahme
- Keramik 123, 124, 125
- Kunststoffe 187
- - Polyamidtypen 188

Fluorchlorkohlenwasserstoffe 174

Fluorid
- Emission
- - Aluminiumproduktion 18, 79
- Trinkwasser 322, 323

Fluorkohlenstoffe
- Beständigkeit 196, 199
- Brennbarkeit 202

Formaldehyd
- Holzspanplatten 211
- Raumluft 280, 281
- Verbrennungsprodukt 281, 358

Formbeständigkeit 268

Formgebung
- Glas 89–91
- Keramik 119, 128–130, 132, 133
- - Funktionalität 141, 143
- - Wassergehalt 127
- - Kunststoffe 209–211
- - Möglichkeiten 169
- - Stabilisatoren 196, 199
- Metalle 19–23

Füllstoffe
- glasbildend 85
- Kunststoffe 171, 211

Furnier 274, 275, 283
- Rohdichte 266

Fußböden
- Fliesen 140
- - Reinigung 147, 148
- - Rutschhemmung 139, 148
- Holz 282
- - Pflege 291–294

Gasdurchlässigkeit
- Kunststoffolien 185
- Molmasse 195
- Packmittel 208

Gewässerbelastung
s. auch Schadstoffe
- Desinfektionslösungen 314, 315
- Kochsalz
- - Ionenaustauscher 310, 321, 328
- - organisch 323, 324
- - Phosphat 320, 321
- - Fällung 333

Gebrauchseignung
- Behälterglas 102, 103
- Holzgeräte
- - Spülmaschineneignung 291
- Kunststoffe
- - Lebensmittelverpackung 216
- - Mikrowelleneignung 216
- - Spülmaschineneignung 217
- Metalle
- - Spülmaschineneignung 73
- Porzellan
- - Mikrowelleneignung 145
- - Spülmaschineneignung 148

Gebrauchswert
- Keramik
- - Geschirr 142, 144
- - Glasur 117
- - Porzellan 125
- Kunststoffe
- - Alterung 196
- - Recyclingprodukte 225

Geschirr s. auch Kochgeschirr
- Anforderungen
- - Beständigkeit, chemisch 141
- - Funktionalität 142
- - Stapelfähigkeit 143, 146, 147
- Kunststoffe
- - Dielektrika 183
- - Mikrowelleneignung 216
- - Porzellan 144
- - Reinigung 148
- - Schwermetallabgabe 101
- - Steingut 124

Glas 83
- Abfall 112
- Definition 83
- Dichte 207
- Durchgangswiderstand 207
- Einsatzbereiche
- - Behälterglas 102–104
- - Flachglas 107, 108
- - Isolierglas
- - Wirtschaftsglas 104–107
- Elastizitätsmodul 207
- Fehler 93
- Geschichte 84
- Herstellung 88
- Kunststoffverbund 103, 107
- Netzwerk 94, 95
- Überfangglas 92
- Umweltglas 87
- Wärmeausdehnung 207
- Zugfestigkeit 207

Glasarten
- Garbehälter
- - Energiebedarf 105, 106
- Spülmaschineneignung 109
- Zusammensetzung 96–99
- - Kennzeichnung 105–107

Glasbildner 84, 85
Glasfärbung 86, 87
Glasfaser 171, 174, 211

Glaskeramik
- Schwermetallabgabe 101
- Temperaturwechselbeständigkeit 97
- Wärmeausdehnung 95
- Wärmebehandlung 108
- Zusammensetzung 97

Glasschliff 92

Glastemperatur
- Elaste 168, 170
- Thermoplaste 167, 170
- - Weichmachereffekt 171

Glasur 117, 133
- Abriebfestigkeit 140
- Beständigkeit, chemisch 141
- Funktionen 118
- Härte 146
- Rohstoffe 117
- Temperaturwechselbeständigkeit 146

Sachregister

Glaszustand 166, **167**
Gußeisen 13
Gußharz 211

Härte
- Bleikristall 99
- Glasur 146, 147
- Holz 271
- – Fußböden 282
- – Richtungsabhängigkeit 272
- – Rohdichte 266
- Kunststoffe 178, 179
- Metalle 31, **32**
- Porzellan 125

Härten
- Duroplaste 211
- Metalle 40
- Zweikomponentenkleber 163

Haloforme s. Trihalogenmethane

Halogenverbindungen
- Halogenkohlenwasserstoffe
- – AOX-Wert 331
- – leichtflüchtig 324
- – Trihalogenmethane 324
- – Müllverbrennung 355, 358

Harzkanäle 237, 242, 248

Hausbrand
- Anthrazit 342
- Braunkohle 345
- – Briketts 346
- Brechkoks 344
- Heizöl 350

Haushalte
- Abwasser 330
- – Einwohnergleichwert 331
- – Sauerstoffbedarf, biochemisch 330
- – Sauerstoffbedarf, chemisch 331
- Brennstoffverbrauch 362–364
- Emissionsfaktoren 360
- – Brennstoffart **361**
- – Energieformeneinsatz 338, 364
- – Energieverbrauch 364, 365, 366
- – Energieträger **365**
- – Gesamtemissionen 362
- – Schadstoffmengen 363

- Trinkwasserverluste 330
- – Wasserverbrauch **329**
Hausinstallation
- Korrosion 325
- Trinkwasserversorgung 315
- – Bleirohre 321
- – Sicherheitsvorrichtungen 315, 316
- – Zinkrohre 321

Heißsiegeln 212, 213

Heizöl
- Mindestanforderungen 351
- Klassen 350

Heizungsanlagen
- Anforderungen 359
- Korrosion 70, 71
- Umweltbelastung 360

Heizwert 339, 340
- Brennstoffe, fest 343, 345–347
- Heizöl EL 351
- Erdgas 352
- Erdöl 347

Hemicellulose s. Polyosen
Hohlglas 89, 90

Holz
- Brennstoff 233, 346
- Einsatzbereiche 264, 281, 346
- – Deckenbekleidungen 283, **285**
- – Fußböden 282, **284**
- – Haushaltsartikel 288
- – Küchengeräte 287, 291
- – Teppen **285**
- – Wandbekleidungen 283, **285**
- Elementaranalyse 253
- Festigkeiten 269, 270, **271**
- Geschichte 230, **231**, 232, 233
- Hartholz 272
- Holzwolle 276
- Hygroskopizität 261, 262
- Nutzholz 233, **234**
- Schädlingsbefall 256, 260
- Schnittrichtungen 242
- – Holzbild **243**
- – Maserung 244
- – Verwendungsformen 275
- Wachstum 234, 239

- Zusammensetzung 253, **341**
Holzfaserplatte 276, 278
Holzfeuchte 258–261
- E-Modul 269
- Fasersättigung 261, 262
- Gleichgewichtsfeuchte 262, 266
- Holzwerkstoffe 280
- Sollfeuchte 264, 265
- Stromleitfähigkeit 267
Holzkörper 236, **237**
Holzschutzmittel 280
Holzspanplatten 211, 276, 278
Holzwerkstoffe
- Formaldehydabgabe 280, 281
- Isotropie 277
- Klassen 281
- Möbel 274, 283
- – Furnier 275, 283
- – Platten **276**
Horizontalfilterbrunnen 306–308

Jahrringe 237, 239, **240**

Kalk- Kohlensäure-Gleichgewicht 309, 319
Keramik 115, 128, 129
- Einsatzbereiche 139–141
- Geschichte 118
- Geschirr 141–145
- Produktgruppen **122**
- Schwermetallabgabe **101**
Kernholz 237, 239
- Extraktstoffe 254
Kettenmoleküle
- Bildung 156
- Isomerie **160**, 165
- Kräfte, intermolekular 166
- Länge 166
- Struktur **165**, 168
- Vernetzung 162, 166
- Volumen 164
Klärschlamm 333, 334
Klebstoffe 212, 213
- Aushärten 163
Kochgeschirr 144, 145
- Antihaftbeschichtung 217
- Energiebedarf
- – Topfmaterial 105, **106**

Sachregister 373

- Metalle 64, 65
- Mikrowelle 145
- Temperaturbeständigkeit 144
Kohlenoxide
- Emission 362, *363*
- Treibhauseffekt 356
- Verbrennungsprozeß 354–356
Kohlenwasserstoffe
- Monomere 155
- Verbrennungsprozeß 355, 358
- Wasser *323*
Koksarten 344, 346, 350
Korrosion 54, 55
- Erscheinungsformen 57, 58
- Galvanielement 56
- Glas 109
- Halogenidionen 58, 59, 72
- Holzinhaltsstoffe 257
- Passivierung 59
- Säurekorrosion 56
- Sauerstoffkorrosion 56
- Schwefelsäure 350
- Spannungsreihe 55
- Spannungsrißkorrosion 194
- Wasser
- – enthärtet 328
- – Lochfraß 325
- – pH-Wert 319
- – Sauerstoffdefizit 309
Korrosionsschutz 59–63
- Inhibitoren 326
- Kunststoffeinsatz 182
Kristalle
- Gemische 25
- Gitter 26, 95
- – Baufehler 26
- – Modifikationen 25, 36
- Gleitebenen 27
- Kristallite 26, 164
- Mischkristalle 25, 31
- Zustand 167
Kristallinität
- Dehnung 168
- Flüssigkeitsaufnahme 187, 204
- Gaspermeation 186
- Kunststoffe 164, 165, 195
Kristallisation
- Glaskeramik 108
- Keramik 134

- Rekristallisation 31
- Zustandsdiagramme *33–35*
Kunstharze, härtbar 211
Kunststoffe 152, 153
- Abfälle 205, 216, 219
- – Behandlung **223, 224**
- Aufladung 291
- Beständigkeit 204
- Bildungsreaktionen 155–159
- Bindemittel 278, 280
- Einsatzbereiche 213–215, 274
- Gebrauchsdauer 220
- Geschichte 150–152
- Holzersatz 232, 287
- Ionenaustauscher 327
- Kurzzeichen 227, 228
- Kinderspielzeug 219, 226
- Lebensmittelbereich *219*
- Massenkunststoffe 220
- Metallersatz 196
- Molmasse 193–195
- Naturstoffbasis 153
- Oberflächenspannung 192
- Oxidaton 204
- Photooxidation 198
- Produktion 150–152, 233, *234*
- Sekundärstruktur 164–166
- Übergänge 166–170
- Verbrauch *150*, 151
- Zusatzstoffe 170–174
Kunststoffüberzüge 63, 65
- Konservendosen 69, 70

Lack
- Folienbeschichtung 154
- Möbel 274
- Typen 290
Laubholz
- Härte 271
- Porenanordnung *238*, **241**, *249*
- Rohdichte 252, **265**
- Zellarten **235**, 248–250
Lebensmittel
- Holzgeräte 288
- Metallübergang 74, 75
- Schwermetallübergang
- – Email 100, **101**
- – Glas 97, **101**
- – Keramik **101**, 141
- Verpackung 216

- – Recyclat 222
- – Stoffübergang 188, 189, 221
Legionellen 317, 318
Leichtglasflasche 89, 103
Lichtdurchlässigkeit
- Glas 94, 98
- Kunststoffe 184
Lignin 256
- Einlagerung 234
- Mengenanteil 253
Linoleum 154
Lösungsmittel
- Kunststoffe **206, 207**
- – Reinigen 218
Luftzahl 353

Magnetismus 44, 45
- Eisenwerkstoffe 36, 73
- – Müllsortierung 78
Mangan
Maserung
- Holzarten 236
- Möbel 286
- Schnittrichtung **244**
Massen, keramisch
- Formbarkeit 119
- Formgebung 126–130
- Herstellung 126
- Rohstoffe 116, 117
- – Aufbereitung 125
Metalle 12
- Beständigkeit 195
- Bezeichnungssysteme 48, 49
- Dichte **207**
- Einsatz
- – Bauwesen 70
- – Bimetalle 67
- – Installation 70, 71
- – Küchenbereich 63–65
- – Maschinenelemente 66, 67
- – Sanitärbereich 71
- – Verpackung 67–70
- Festigkeit 174, **207**
- Formgebung 19–23
- Kristallstruktur 25
- Metallbindung 25
- Produktion **11,** 233, *234*
- Reinigung 71, 72
- Reinstmetalle 46
- Textur 26
Migration 190, 191
- Kunststoffe **188, 189,** 219
- Recyclat 221, 222
- Zusatzstoffe 188

Möbel 274
- Furniere 283
- Holzarten 286, 287
- Holzwerkstoffe 283
Molmasse 193, *194*
- Beständigkeit, mikrobiell 204
- Effekte 194, 195
Müll
- Kunststoffe 205, 220
- - Zusammensetzung 221
- Metallverpackungen 76
- Sortierung 78, 222
- Verbrennung
- - Halogenverbindungen 358

Nadelholz
- Aufbau *248*
- Festigkeit 271
- Härte 271
- Porenanordnung *238*
- Rohdichte 265
- Schnittdiagramm 274
- Zellarten **235, 246,** 247
Naturkautschuk 154
Nitrat
- Gewässer 322
- Trinkwasser
- - Elimination 311, 322
- - Nitratbildung 320

Oberflächenwasser 308-311
Ozon
- Bildung 358
- Trinkwasserdesinfektion 313

Parenchym 237, 242
- Laubhölzer 251, 252
- Nadelhölzer 247
Parkettboden 282, 292, 293
- Holzarten 284
Permeation
- Folienbeschichtung 187
- Gase 185
- Kristallmität 186
- Permeationskoeffizient 185, **186**
- Wasserdampf 186
Pflegemittel
- Holz 289-291
- Kunststoffe 218
- Metalle 72
Photooxidation 198
- Stabilisierung 199, 200

Polyaddition 157-159
Polyamide 157-159
Polyblends 157
Polykondensation 157
- Polymere **159**
- Zahlenpolyamide 159
Polymerisation 156, 157
- Polymerisate **155,** 159
Polymerisationsgrad 193
- Cellulose 254
- Polyosen 255
Polyosen 253, 255
Porosität
- Keramik 122
- - Effekte 120, **121,** 145
- - Flüssigkeitsaufnahme 120
Porzellan 122, 124, 125

Qualität
- Email 100
- Glaswaren 88, 93
- Holzwerkstoffe 278, 279
- Keramik 120, 123
- - Klassen 138
- Kunststoffartikel 218, *219*
- - Recyclate 221, 224
- Trinkwasser 316
Quellung
- Holz 255, 263
- - Reinigung 289
- - Rohdichte 266
- - Sperrholz 277
- Kunststoffe 188, 195, 204
- - Alterung 197

Rauch 202
- Gase 356
- Rauchminderer 204
Raumheizung 366, **367**
Rechtsvorschriften
- Bedarfsgegenstände-VO 190, 219
- Bundes-Immissionsschutz-Ges. 359
- Bundes-Immissionsschutz-VO 359
- Bundes-Seuchen-Ges. 316
- Energieeinsparungs-Ges. 367
- Fertigpackungs-VO 103
- Gefahrstoff-VO 281

- Großfeuerungsanlagen-VO 359
- Heizungsanlagen-VO 367
- Heizungsbetrieb-VO 367
- Heizkostenabrechnungs-VO 367
- Klärschlamm-VO 334
- Kristallkennzeichnungs-Ges. 105-107
- Lebensmittel und Bedarfsgegenstände-Ges. 74, 216, 219, 316
- Trinkwasser-VO 304, 314, 321, 326, 334, 335
- Verpackungs-VO 112
- Wärmeschutz-VO 367
- Wasch- und Reinigungsmittel-Ges. 321
Recycling
- Glas 87, 110-112
- - Energieersparnis 110, 112, **113**
- - Glas-Kunststoffverbund 103
- Keramik 119, 138
- Kunststoffe **223, 224**
- - Energieaufwand 224, 225
- - Produktqualität 221, 224
- - Sammeln 220
- - Trennen 220, 222
- - Metalle 76, 78
- - Energieeinsparung **80**
- - Schrott 75, 78
- - Umweltentlastung 79
- Weißblech 79
Reinigung
- Algenbeseitigung 318
- Fliesen 139, 147, 148
- Fußböden 292, 293
- Geschirr 148
- Glas 108, **109**
- Holz 289-291
- Kunststoffe 179, 217
- Lebensmittelbetriebe 316
- Metalle 71, 72
Relaxation *168*, 175
Ruß
- Füllstoff 171
- UV-Absorber 200
- Verbrennungsprodukt 202, 354, 355, 358

Sauerstoff
- Bedarf
- - biochemisch 330
- - chemisch 331
- Grundwasser 309
Sauerstoffindex 201, **202**
Schadstoffe s. auch Schwermetalle
- Emission
- - Faktoren 360, *361*
- - Rechtsvorschriften 359
- Gesamtmengen 361–363
- - Emittentengruppen *363*
- Verbrennungsprozeß 354–357
- Wasser 303
- - Höchstmengen 304
- - Nachaufbereitung 325
- - organisch 323
Schaumstoffe
- Abtrennung 222
- Rohdichte 174
Schmelzen
- Aluminiumoxid 17, *18*
- Eis 298, 299
- Glas 88
- Glasur 134
- Temperatur
- - Kunststoffe 167, *168*
- - Legierungen 19, *33*
- Zustand **167**
Schrott
- Müllaussortierung 75
- Recycling 77, 78
Schwefel
- Entschwefelung 350, 352
- Gehalt
- - Erdgas 352
- - Erdöl 350
- - Heizöl EL 351
- Oxide
- - Emission 79, 350, 362, *363*
- - Schwefelsäurebildung 350
- - Verbrennungsabgase 355, 357
Schwermetalle
- Kunststoffartikel 226
- Lebensmittelkontamination
- - Bedarfsgegenstände 75, **101**

- - Bleikristall 97
- - Verbrennung 358
- - Kunststoffe 225
- - Wasser 303, 321
- - Sensorik 310
- - Trinkwassernachbereitung 325
Schwindung
- Holz 255, 263, 289
- - Rohdichte 266
- - Verformung 263, **264**
- Keramik
- - Brand 127
- - Trocknen 116, 117
- Kunststoffe 209
- Metalle 20
Seigerung 16, 20, 34
Sicherheitsglas 107
Sintern
- Metalle 21
- Porzellan 124, 134
Spannungen
- Bauholz 270
- Glas
- - Abkühlung 93
- - Temperaturwechsel 109
- Kunststoffe
- - Relaxation 168, 175
- - Rißkorrosion 194, 217
- Metalle
- - Abbau 39
- - Rißkorrosion 58
Spannungs-Dehnungskurven
- Metalle 27, *28*, 29
- Polyamid *178*
Sperrholz 275–277
Splintholz 237–239
- Schädlinge 256
Spritzguß 209, *210*
Stahl 13, s. auch Edelstahl, Eisen
- Bezeichnungen 49, 50, 52
- - Desoxidation 17
- Kohlenstoffgehalt 16
- Produktion 11, 152
- Seigerung 16
Staub
- Abgasbestandteil 355, 358
- Emission 79, 80, 362, 364
Steingut 122–124
Steinkohle 342
- Veredelung 343, *344*

- Zusammensetzung **341**
Steinzeug 122, 124
Stickoxide 357, 358
- Emission 79, 362, *363*
Stromleitfähigkeit s. auch Durchgangswiderstand
- Holz 267
- Metalle 41, **42**
- Wasser **302**, 303
Supraleitung 42

Taktizität **160**, 161
Temperaturbeständigkeit
- Glas **99**, 109
- Glaskeramik 105
- Holz 289
- Keramik 121
- - Geschirr 141, 148
- Kunststoffe 180, **181**
- - Thermoplaste 199, 216
- - Thermostabilisierung 196, 199
Temperaturwechselbeständigkeit
- Glas 96, 97, 104
- Glaskeramik 97
- - Glasur 146
- - Kochgeschirr 144
Thermoplaste 166
- Einsatzbereiche 213–215
- Formgebungsverfahren 209, 210
- Spülmaschineneignung 211
- Temperaturbeständigkeit 199, 216
- Zustandsbereiche *167*
- - Glastemperatur **170**
Tonwaren 122, 123
Torf **341**, 346
Trihalogenmethane 312, 324
Trinkwasser
- Desinfektion 308, 309, 311–314
- Gewinnung
- - Aufbereitung 308–311
- - Grundwasser 305–308
- Konservierung 314
- - Nachbehandlung 325, 326
- pH-Wert 319
- Schwermetallgehalt 303, 321

- Sensorik 318, 319, 325
- Speicherung 315
Trinkwassergüte
- Anforderungen 316, 334, 335
- - Erdalkaligehalt 321
- - Fluorgehalt 322
- - Kontaminationsstoffe, organisch 324
- - Nitratgehalt 322
- - Phosphatgehalt 326
- - Schwermetallgehalt 321
- - Temperatur 318
Trocknung
- Holz 266, 291
- Keramikscherben 127, 129
- Kunststoffe 217
Tropenhölzer 282
- Aschegehalt 253
- Extraktstoffgehalt 253, 257
- Jahrringe 239
Trübungsmittel 86

Umweltbelastung s. auch Emissionen, Schadstoffe
- Glasherstellung 110, 112, **113**
- Heizungsanlagen 359, 360
- Metallgewinnung 18, 80
- Emissionsminderung 79, 80

Verbrennung
- Kunststoffe *201*
- - Abfall 225, **226**
- - Prozeß 353, 354
- - Reaktionsprodukte 354–356
- - Schadstoffe 356, 357
Verbundmaterialien
- Aluminium-Verbunde 69, 187
- Glas-Kunststoffe 103, 107
- - Wiederverwertung 216, 220–222
- Kunststoffe 187, 276
- Wiederverwertung 220, 221
Verchromen 41, 62
Verfestigung
- Keramik 129, 133
- Kunststoffe 169

- Metalle 30, 31
Verpackung
- Aluminium 67–69
- Glas 102, 103
- Holz 267
- Lebensmittel
- - Beeinflussung 67
- - Gasdurchlässigkeit 187
- - Lichtschutz 184
- - Schrumpffolien 177
- - Verschlußdichte 211
- Müll
- - Kunststoffe 271
- - Metalle 76
- - Weißblech 69–70
Vertikalfilterbrunnen 306
Vitroide 184

Wärmeausdehnung
- Glas 94, 95, 207
- Glaskeramik 95
- Holz 267
- Keramik 121
- Kunststoffe 180, **206**, 207
- Metalle 43, **44**, 207
- - Bimetalle 44, 67
- Wasser 300
Wärmeleitfähigkeit
- Glas 96, 207
- Holz 267
- - Fußboden 282
- Keramik 121
- - Fußboden 140
- Kunststoffe 179, **206**, 207
- Metalle 43, 207
- Wasser 299
Wärmenachbehandlung
- Glas 88
- Glaskeramik 108
- Kunststoffe 177
- Metalle 37
- - Spannungsabbau 31, 39
- - thermochemisch 41
Wasser 296
- Bedarf 329
- Dampfdruck 299
- Dielektrizitätszahl 302
- Dipolmoment 296
- Farbe 302
- Geschmack 318
- Geruch 318
- Inhaltsstoffe 303, 304, 319, 320
- Jahresförderung 329

- Mikroorganismen 317, 318
- Molekülstruktur 296, 297
- Oberflächenspannung 301
- Schmelzwärme 299
- Tripelpunkt 298, 299
- Verbrauch 329
- Viskosität 301
- Wärme, spezifisch 299
Wasseraufnahme
- Holz 262, 263, 289
- Kunststoffe 204, 206–208
Wasserhärtung
- Fällung 310
- Ionenaustausch 310
- - Gewässerbelastung 310, 328
- - Kunstharz 327, 328
- - Zeolith 321
- Magnetfeldbehandlung 327
Wasserhärte 320
- Bereiche 321
- Stabilisierung 327
Weichmacher 170, 171
Weißblech 69
- Materialkreislauf 79
Wirtschaftsglas 97, 104, 105
Witterungsbeständigkeit 197, 198, **206**, 207

Zersetzungstemperatur *167*, 168, 201
Zugfestigkeit 29
- Glas 96, 207
- Holz 271
- - Cellulose 254
- Keramik 121
- Kunststoffe **206**, 207
- Metalle 30, 207
- Wassergehaltseinfluß 178
Zusatzstoffe **172**, **173**, 196
- antimikrobiell 205
- Beständigkeit
- - chemisch 195
- - mikrobiell 204, 205
- Mengen 170
- Migration 188
Zustandsdiagramm 32
- Metalle 33–435
- Wasser 298, 299